▶ **bachelor-wissen**

Fremdsprachendidaktik

b a c h e l o r - w i s s e n

bachelor-wissen ist die Reihe für die modularisierten Studiengänge

▶ die Bände sind auf die Bedürfnisse der Studierenden abgestimmt

▶ das fachliche Grundwissen wird in zahlreichen Übungen vertieft

▶ der Stoff ist in die Unterrichtseinheiten einer Lehrveranstaltung gegliedert

▶ auf www.bachelor-wissen.de finden Sie begleitende und weiterführende Informationen zum Studium und zu diesem Band

bachelor-wissen

Helene Decke-Cornill / Lutz Küster

Fremdsprachen-didaktik

Eine Einführung

Idee und Konzept der Reihe: **Johannes Kabatek,** Lehrstuhl für Romanische Sprachwissenschaft an der Eberhard Karls-Universität Tübingen

Prof. Dr. Helene Decke-Cornill ist Professorin für Erziehungswissenschaft mit dem Schwerpunkt Englischdidaktik an der Universität Hamburg.

Prof. Dr. Lutz Küster ist Professor für Didaktik der romanischen Sprachen und Literaturen an der Humboldt-Universität zu Berlin.

Bibliografische Information der Deutschen Nationalbibliothek

Die Deutsche Nationalbibliothek verzeichnet diese Publikation in der Deutschen Nationalbibliografie; detaillierte bibliografische Daten sind im Internet über <http://dnb.d-nb.de> abrufbar.

© 2010 · Narr Francke Attempto Verlag GmbH + Co. KG
Dischingerweg 5 · D-72070 Tübingen

Internet: http://www.bachelor-wissen.de
E-Mail: info@narr.de

Satz: Informationsdesign D. Fratzke, Kirchentellinsfurt
Druck und Bindung: fgb – freiburger graphische betriebe
Printed in Germany

ISSN 1864-4082
ISBN 978-3-8233-6474-0

Inhalt

Vorwort

Mit der Einführung der gestuften Studiengänge hat auch die universitäre Lehrerbildung eine Neuordnung erfahren. Zwar sind die Studienstrukturen standortspezifisch durchaus unterschiedlich, dennoch lassen sich gewisse Gemeinsamkeiten nicht übersehen. „Gewinner" der Strukturreformen sind vor allem die Fachdidaktiken. Deren Studienanteile sind in aller Regel gewachsen. Das gilt in besonderem Maße für die Masterphase, doch auch in polyvalenten Bachelorstudiengängen sind an den meisten Universitäten für Studierende der Lehrämter bereits grundlegende Vorlesungen und Seminare als verpflichtend vorgesehen. An diesen Adressatenkreis richtet sich die vorliegende Einführung. Sie berücksichtigt, dass sich mit den formal-strukturellen Änderungen zugleich eine inhaltliche Neuorientierung durchgesetzt hat, deren zentrales Element eine höhere Verbindlichkeit der Lerninhalte, insbesondere die Etablierung von Kerncurricula in der Bachelorphase, ist.

Die Didaktiken der verschiedenen Schulfremdsprachen bauen im Wesentlichen auf gemeinsamen Grundlagen und Kernelementen auf. Die Tendenz einer Vereinheitlichung wird zudem durch die derzeitigen bildungspolitischen Vorgaben, von denen im Buch u. a. die Rede sein wird, verstärkt. Gleichwohl sind auch wir der Auffassung, dass sprachspezifische Zugänge für unsere Disziplinen unverzichtbar sind. Diese gewinnen allerdings erst im weiteren Verlauf des Studiums zunehmend an Bedeutung. Umgekehrt sehen wir den Vorzug einer sprachenübergreifenden Perspektive darin, die Querverbindungen in Theorie und Praxis des Unterrichts in den „modernen" Fremdsprachen umfassender in den Blick nehmen und somit über den „Tellerrand" des eigenen Faches hinausschauen zu können.

Wir als Autorenteam vertreten an unseren Universitäten (Universität Hamburg und Humboldt-Universität zu Berlin) die Sprachen Englisch bzw. Französisch, Spanisch und Italienisch. Aufgrund des sprachenübergreifenden Ansatzes dürfte die Einführung jedoch auch für Studierende des Russischen und anderer Sprachen von Interesse sein. Dass englischsprachige Beispiele und Zitate vergleichsweise stark vertreten sind, liegt nicht etwa daran, dass eine Sprache in unseren Augen wertvoller als andere wäre, sondern an der Tatsache, dass der Hauptteil relevanter wissenschaftlicher Publikationen auf Englisch verfasst ist. Im Sinne praktizierter Mehrsprachigkeit vertrauen wir darauf, dass die meisten Leserinnen und Leser auch über rezeptive Basiskompetenzen in zumindest einer romanischen Fremdsprache verfügen.

Das Buch gliedert sich in vierzehn Einheiten und kann im Rhythmus des Semesterverlaufs einer einführenden Lehrveranstaltung so zugrunde gelegt werden, dass – einen Puffer für organisatorische Hinführungen und einen Prüfungs- bzw. Evaluationsteil eingerechnet – jede Woche eine Einheit thematisiert wird. Es eignet sich jedoch auch zum lehrveranstaltungsunabhängigen bzw. -begleitenden Selbststudium. Um eine klare Sprache bemüht, versucht es, erste Einblicke in den Gegenstand und in zentrale Aspekte des Fremdsprachenunterrichts zu vermitteln. Die Ausführungen werden durch Graphiken, Tabellen und Bilder veranschaulicht und durch Merkkästen strukturiert. Begriffe und Symbole in den Randspalten, die sog. Marginalien, erleichtern die Orientierung. Sie geben u. a. Hinweise auf ergänzende Materialien, die auf der Homepage des Verlages www.bachelor-wissen.de abrufbar sind. Am Ende einer jeden Einheit werden zentrale Gesichtspunkte zusammengefasst, bevor über einen Aufgabenteil Anregungen zu Rekapitulationen und/oder vertiefender Reflexion gegeben werden. Einige Literaturtipps laden ferner zum gezielten Weiterlesen ein. Wer sich rück- oder vorausblickend einzelne Fachbegriffe in ihrem inhaltlichen Kontext vergegenwärtigen möchte, findet schließlich im Sachregister ein nützliches Hilfsmittel.

Das Buch beginnt mit einer Einheit, in der grundlegende Begriffe eingeführt und die Einbettung der Fremdsprachendidaktik als wissenschaftliche Disziplin (1) dargelegt werden. Ihr folgen zwei Einheiten mit theoretischen Annahmen über Voraussetzungen, Bedingungen und Abläufe des Spracherwerbs (2) und über die Bedeutung, die unser Verstand, unsere Gefühle, unsere Motivation und unsere ganze Identität dabei spielen (3). Unser Augenmerk richtet sich dann (4) auf die Entstehungsgeschichte des Fremdsprachenunterrichts und macht dessen Abhängigkeit von gesellschaftlichen Einflüssen deutlich. Der anschließende Dreischritt widmet sich Entwicklungen in den didaktisch-methodischen Konzeptionen (5), in den Formen und Funktionen von Unterrichtsmedien (6) und in den typischen Interaktionsmustern des Klassenraumdiskurses (7). In den Einheiten 8 und 9 thematisieren wir Neuerungen der Gegenwart: die Vorverlegung des Fremdsprachenunterrichts in die Primarstufe und den in einer Fremdsprache erteilten Fachunterricht einerseits und die aktuelle europäische und deutsche Schulsprachenpolitik andererseits. Die Einheiten 10 bis 14 nehmen schließlich zentrale Bereiche fremdsprachlicher Kompetenz in den Blick und beleuchten Inhalte und Verfahren, mit denen ihr Erwerb im Unterricht gefördert werden kann.

Uns bleibt nur, eine Dankespflicht zu erfüllen und einen Wunsch auszusprechen. An der Entstehung des Bandes waren von Verlagsseite in unterschiedlichen Phasen die Redaktionsmitglieder Jürgen Freudl, Christina Esser und Kathrin Heyng beteiligt. Für ihre konstruktive Kritik, ihre Geduld und ihr Entgegenkommen möchten wir uns an dieser Stelle sehr herzlich bedanken. Den eigentlichen Hauptpersonen, Ihnen, den Leserinnen und Lesern, wiederum wünschen wir eine ertragreiche und möglichst kurzweilige Lektüre.

Helene Decke-Cornill & Lutz Küster

Fremdsprachendidaktik – was ist das?
Zur Verortung der Disziplin

Diese Einheit skizziert den wissenschaftlichen Ort der Fremdsprachendidaktik im Netzwerk benachbarter Disziplinen. Sie erörtert das Selbstverständnis und die Aufgaben der Fremdsprachendidaktik und erläutert sodann am Beispiel von drei an Schulen in Deutschland besonders etablierten Fremdsprachen die unterschiedliche Bedeutung, Aura und Akzeptanz von Schulfremdsprachen.

Didaktik – Fachdidaktik – Fremdsprachendidaktik
| 1.1

Die **Fremdsprachendidaktik** ist eine Unterrichtswissenschaft. Als solche ist sie Teil der übergreifenden Wissenschaft vom Unterricht: der (Allgemeinen) **Didaktik**. Da sie sich mit Fachunterricht beschäftigt, zählt sie zu den **Fachdidaktiken** und vertritt unter ihnen die Gruppe der fremdsprachlichen Fächer.

Unterrichtswissen-
schaftliche Verortung
der Fremdsprachen-
didaktik

Diese drei eng miteinander verbundenen didaktischen Ebenen – übergreifend (Didaktik), fachlich (Fachdidaktik), fremdsprachenspezifisch (Fremdsprachendidaktik) – werden in den ersten drei Abschnitten dieser ersten Einheit beschrieben: Zunächst werden übergreifende Aussagen zur Didaktik gemacht und das die Vorlesungsreihe leitende Verständnis der Didaktik als Enkulturationswissenschaft erläutert; danach wird die Frage der Fachlichkeit des Lernens thematisiert; und schließlich wird die Gruppe der Fremdsprachen und ihre Didaktik vorgestellt.

Zahlreiche Aspekte der Fremdsprachendidaktik gelten grundsätzlich für alle modernen Schulfremdsprachen. Das heißt jedoch nicht, dass alle über einen Kamm geschoren werden können. Jede Schulfremdsprache hat mit der anderen etwas gemein, zugleich aber auch ihre eigene Geschichte, ihre eigene Fachkultur, ihren spezifischen Status, ihre besondere Aura. Jede trifft auf unterschiedliche Motivationen und unterschiedliche sprachliche Lernvoraussetzungen. Die Behauptung, alles in diesem Band Dargelegte gelte summarisch für alle Fremdsprachen in der Schule, wäre also irreführend. Selbst für Englisch und Französisch, die beiden modernen Sprachen mit der längsten Unterrichtstradition an Schulen in Deutschland, gilt nicht immer das Gleiche. Ein Transfer der Aussagen auf andere Sprachdidaktiken ist daher zwar vielfach sinnvoll, bedarf aber im Einzelfall genauerer Prüfung.

Unser Zugang orientiert sich an Themen und Positionen, die die Fremdsprachendidaktik kontinuierlich beschäftigen. Er erschöpft sich dabei nicht im Additiven, sondern versucht, auch die Vernetzung der Themen untereinander, ihre interdependente Entwicklung und wechselseitige Beeinflussung deutlich zu machen.

1.1.1 | Didaktik

Wortursprung

Das Wort Didaktik stammt aus dem Griechischen. *Didaskalos* heißt Lehrer, *didaskein* Lehrkunst. Dem Wortursprung nach steht also das Lehren im Mittelpunkt von Didaktik. Lehren impliziert mindestens dreierlei: eine lehrende Instanz, sei es nun eine Sache oder eine Person; ein lehrreiches Thema, einen Stoff oder einen Sachverhalt; und ein Gegenüber, das lernen will oder soll. Didaktik beschäftigt sich mit dieser Trias aus Lehren(den), Stoff/Inhalt/ Gegenstand und Lernen(den). Sie wurde von Ruth Cohn als **didaktisches Dreieck** dargestellt (vgl. Cohn/Terfurth 1997).

Gegenstandsfeld

didaktisches Dreieck

1.1.1.1 | *Gegenstand und Aufgaben der Didaktik*

Lehren und Lernen findet überall statt: in der Familie, auf der Straße, unter Gleichaltrigen, in Vereinen usw. Dieses beiläufige Lehren und Lernen ist zwar für das Leben entscheidend, aber nicht Gegenstand der Didaktik im engeren Sinne. Diese konzentriert sich ihrem dominanten Verständnis nach auf Unterricht, der in fast allen Gesellschaften unter den institutionellen Bedingungen von Schule stattfindet. Didaktik befasst sich daher mit dem offiziellen, planvollen, abgestimmten, verbindlichen Lehren und Lernen in dieser sozialen Einrichtung.

Unterricht

Schule steht bei uns seit Beginn des 19. Jahrhunderts unter staatlicher Verantwortung und basiert auf einem Generationenvertrag, mit dem die ältere Generation sich verpflichtet, der jüngeren das Wissen und die Kompetenzen zu vermitteln, die diese für ihre Entfaltung, die Sicherung ihrer Existenz und den Fortbestand der Gesellschaft benötigt. Diesen Bildungsauftrag erteilt die Gesellschaft der Schule. Schule wird in aller Regel aus öffentlichen Mitteln des Gemeinwesens finanziert, von öffentlichen Einrichtungen (Behörden) organisiert und kontrolliert und ist für alle Recht und Pflicht. Das Lehren und Lernen in der Schule ist also ein zutiefst staatlich-gesellschaftliches Unterfangen.

Bildungsauftrag

Für die Erfüllung des gesellschaftlichen Bildungsauftrags benötigen die in der Schule damit Betrauten Professionalität. Ewald Terhart (1997: 134) präzisiert deshalb:

Professionalität

> Die Bezeichnung ‚Unterricht' wird [...] für solche Situationen reserviert, in denen (1) mit pädagogischer Absicht und in (2) planmäßiger Weise sowie (3) innerhalb eines bestimmten institutionellen Rahmens und (4) in Form von

Berufstätigkeit eine Erweiterung des Wissens- und Fähigkeitsstandes einer Personengruppe angestrebt wird.

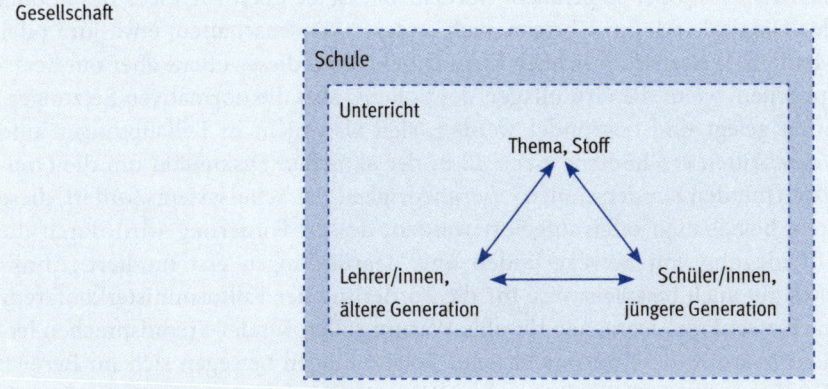

|Abb. 1.1
Gesellschaft – Schule
– Unterricht

Bei einer Orientierung am didaktischen Dreieck lässt sich die Aufgabe der Didaktik als wissenschaftliche Disziplin folgendermaßen fassen:

1. Stoff/Inhalte: Die Didaktik erforscht und lehrt, wie aus Stoff, Wissen, Gegenstandsbereichen ausgewählt wird und Bildungsangebote entwickelt werden; sie fragt, was dabei beiseite gelassen wird, was relevant erscheint, welche Präferenzsetzungen dabei wirksam werden, wie dies zu erklären ist usw.
2. Lehren: Sie professionalisiert (zukünftige) Lehrer/innen für die Transformation von Wissensbeständen und Fähigkeiten in Bildungsangebote und Unterricht und qualifiziert sie für die Initiation, Begleitung und Förderung von Bildungsprozessen.
3. Lernen: Sie erforscht und lehrt, wie und unter welchen Bedingungen Bildungsprozesse der Lernenden (und der Lehrenden) rekonstruiert werden können, wie sie sich vollziehen, wie sie initiiert und gefördert werden können, welche Interventionen dabei denkbar sind usw.

Aufgaben der
Didaktik

Wie geht Didaktik diese Aufgaben an?

Didaktik als analytische, normative und operative Wissenschaft

|1.1.1.2

Didaktik beschreibt und interpretiert zunächst den schulischen Bildungsbetrieb und die unterrichtlichen Lehr- und Lernprozesse so genau und dicht wie möglich und versucht dabei, die theoretischen Grundlagen ihrer Analyse transparent und überprüfbar zu machen. Didaktik ist zunächst also eine **analytische** Disziplin.

analytische Disziplin

Didaktik ist aber auch eine **normative** Disziplin. Sie fragt nicht nur: Was *geschieht* in Schule und Unterricht und wie lässt sich das erklären?, sondern

normative Disziplin

sie fragt auch: Was *sollte* in der Schule und im Unterricht geschehen? Obwohl dieser Dimension des Sollens gelegentlich die Wissenschaftlichkeit abgesprochen wird, weil nicht faktisch, positiv, objektiv bewiesen werden kann, dass etwas so oder so gemacht werden soll, ist sie doch wichtiger Bestandteil der Didaktik, wie im Übrigen auch anderer Wissenschaften, etwa Jura oder Medizin. Wissenschaftlichkeit kann Didaktik auf dieser Ebene aber nur beanspruchen, wenn die Grundlagen des Sollens, also die normativen Setzungen, offen gelegt und begründet werden, sich also nicht in Behauptungen und Vorschriften erschöpfen. Wer z. B. in der aktuellen Diskussion um die Drei- bzw. (mit den Sonderschulen) Viergliedrigkeit des Schulsystems fordert, diese solle beibehalten oder aufgelöst werden, dessen Forderung wird durch die Offenlegung von Beweggründen und Begründungen erst fundiert. Ähnliches gilt auch beispielsweise für die Forderung der Kultusministerkonferenz nach zwei Fremdsprachen für alle. Warum sollen Kinder Fremdsprachen lernen? Warum diese und nicht jene? Solche Fragen bewegen sich im Bereich des Normativen und bedürfen der Diskussion und Transparenz ihrer Grundlagen.

operative Disziplin

Didaktik ist schließlich eine anwendungsbezogene, **operative** Disziplin, die nach der Unterrichtsmethodik, d. h. nach der Gestaltung von Lernangeboten und Lernumgebungen fragt und Vorschläge für eine lern- und entwicklungsförderliche Strukturierung von Unterricht, für produktive Arbeitsweisen und angemessene Formen der Rückmeldung macht. Das Verhältnis von Didaktik und Methodik lässt sich unterschiedlich bestimmen. Wolfgang Klafki unterscheidet zwischen der didaktischen Aufgabe der *Er*mittlung von Bildungsinhalten und der methodischen Aufgabe der *Ver*mittlung dieser Inhalte, ordnet also die Methodik der Didaktik unter. Er schreibt: „Methodische Erwägungen setzen immer schon didaktische voraus und haben an ihnen ihr Kriterium; insofern gilt der Satz vom Primat der Didaktik gegenüber der Methodik" (1971: 4). Für Friedrich W. Kron sind das Was und Warum dagegen untrennbar von dem Wie, und er sieht deshalb in Didaktik und Methodik „zwei Seiten ein und derselben Medaille" (1994: 39).

Verhältnis von Didaktik und Methodik

Tab. 1.1
Dimensionen der Didaktik

Didaktik analytisch	Didaktik normativ	Didaktik operativ
Erforschung (Beschreibung, Interpretation und Auswertung) von Lehr-Lern-Prozessen, Interaktionsprozessen, Bildungs- und Berufsbiographien	Generierung, Fest- und Offenlegung von dem, was Kinder und Jugendliche warum lernen *sollen*, d. h. Relevanzsetzung von Bildungszielen und -inhalten, Organisationsformen usw. und ihre Begründung	Suche nach Methoden und Inszenierungsformen von Lehren und Lernen unter der Fragestellung: Wie können Lern- und Bildungsprozesse angeregt, gefördert, ermöglicht werden? Wie können Lehrende dafür professionalisiert werden?

Interessanterweise sind inzwischen Methoden – etwa Präsentationsformen, Formen der Textarbeit, Mindmapping o. Ä. – auch Bildungs*inhalt* geworden. Das ändert aber an dem dargestellten Verhältnis nichts: Auch für den Inhalt ‚Methoden' und das Ziel ‚Methodenkompetenz' sind geeignete Unterrichtsmethoden zu ersinnen.

Idealtypisch gesehen besteht zwischen der analytischen, der normativen und der operativen Dimension der Didaktik eine kontinuierliche Interaktion.

Didaktik als Enkulturationswissenschaft | 1.1.1.3

Aus der Perspektive ihres Auftragsgebers, d. h. des Staates bzw. der Gesellschaft, betrachtet, lässt sich die Aufgabe von Schule und Unterricht als **Enkulturation** beschreiben und die Didaktik müsste demnach die Bedingungen und Prozesse schulischer Enkulturation – gemäß der drei eben entwickelten Dimensionen – analysieren, beurteilen und konzipieren. Didaktik ist damit zugleich **Enkulturationswissenschaft**.

Den Begriff der Enkulturation brachte Ende der 1960er Jahre Werner Loch ins Gespräch. Er bezeichnete dabei Schule, Unterricht und Erziehung als Domänen kultureller Entwicklungshilfe oder Enkulturationshilfe (vgl. Loch 1969: 137 ff.). In Anlehnung an Loch definiert Kron Enkulturation wie folgt:

kulturelle Entwicklungshilfe

> Unter Enkulturation sei im allgemeinen Sinn das Lernen von Kultur durch Menschen und Gruppen verstanden. Durch Enkulturation erwirbt bzw. lernt jedes Individuum einer Gesellschaft jene kulturellen Inhalte und Fertigkeiten, Symbole und Ausdrucksformen, die es selbst benötigt, um gesellschaftlich, d. h. allgemein handlungsfähig zu werden und zu sein. Die Gesellschaft legt daher ihrerseits größten Wert auf Einrichtung und Erhaltung von Institutionen und Organisationen, die dafür sorgen, daß die zur jeweiligen Gesellschaft zählenden Individuen enkulturiert werden. (1994: 232)

Dickopp und Frenzel (1992: 22) lehnen Enkulturation als didaktischen Leitbegriff ab, weil er weniger ein ‚In-Kultur-Bringen' als ein ‚In-Kultur-Zwingen' nahe lege und die Selbstbestimmung der Einzelnen geringschätze. Enkulturation, das klingt in dieser Definition tatsächlich fast so, als erzwinge die Gesellschaft die Einpassung der Individuen in ihre Kultur(en), als erzwinge sie ihre Vergesellschaftung, ohne sich dabei sonderlich um individuelle Selbstbestimmungsbestrebungen zu kümmern. Kron geht aber im Weiteren durchaus von kulturell vielfältigen, heterogenen, widersprüchlichen Gesellschaften aus und versteht Unterricht als Forum interaktiver, widerstreitender Prozesse, bei denen idealerweise Vergesellschaftungs- und Selbstbestimmungskräfte gleichermaßen wirksam sein können (zum Kulturbegriff s. Einheit 13).

Vergesellschaftungs- und Selbstbestimmungskräfte

Auch Gabriele Münnix (2000) beschäftigt sich bei ihrer Bestimmung der Aufgabe von Schule und Unterricht mit dem Verhältnis von Kultur als gesellschaftlichem Phänomen und den Individuen. Mit Bezug auf Benjamin Whorf beschreibt sie Kultur als unbewussten Hintergrund unserer Wahrnehmung:

> Ein Hintergrund für unsere Wahrnehmungserfahrungen, der uns ganz selbst-
> verständlich ist, weil wir nichts anderes kennen, bleibt uns völlig unbewußt, da er
> außerhalb unseres Aufmerksamkeitsbereichs liegt: Wir kennen nichts anderes,
> Fremdes bleibt uns fremd, die Bedeutung des Hintergrundphänomens – unsere
> eigene Kultur – bleibt ausgeblendet, obwohl auf ihm ja erst alle Phänomene ihre
> Kontrastierung und Bedeutung erhalten. (Münnix 2000: 163)

Enkulturation hat demnach längst stattgefunden, wenn Kinder in die Schule
eintreten, aber die Kulturalität ihrer Welt- und Selbstwahrnehmung bleibt
ihnen weitgehend verschlossen. Die Aufgabe der Schule bestünde nach Münnix
nun vor allem darin, Kulturbewusstsein zu wecken. Ein solches Bewusstsein
erwachse aus Befremdungen und irritierenden Begegnungen mit Anderem und
Fremdem, die die Selbstverständlichkeit unserer Wahrnehmung und unseres
Handelns in Frage stellen und die Bedingtheit und Begrenztheit unseres Wahr-
nehmungshorizonts zum Vorschein bringen. Münnix zufolge müsste jeder
Mensch an einer Auseinandersetzung mit den Bedingungen seiner Weltwahrnehmung und Weltgestaltung und denen seiner Mitmenschen interessiert sein.

> Es ergibt sich geradezu ein logisches Interesse, über die eigenen habitualisierten
> Kategorien hinaus andere Möglichkeiten von Welterfassung kennenzulernen,
> denn die eigenen Prämissen werden in ihrer Eigenart und Funktion um so kla-
> rer, je besser wir sie von anderen Kategorien, Weltzugriffen und Denkmodalitä-
> ten unterscheiden können. Kulturelle „Prägungen zum Sein" werden erst dann
> in ihrer Besonderheit richtig verständlich, wenn wir andere Möglichkeiten sol-
> cher „Weltschöpfung" daneben halten. Nur so gelangen wir zu einem vertieften
> Verständnis nicht nur des fremden, sondern auch des eigenen symbolischen
> Gestaltens und zugleich nicht nur zu einer Synopse, sondern auch zu einem
> Verstehen allgemein menschlicher Weisen von Welterzeugung. Das ist insbe-
> sondere in Zeiten der Globalisierung von Bedeutung, in denen wir mehr Erfah-
> rungen mit anderen Kulturen machen als die Generationen vor uns. (ebd.)

Enkulturation

> Demnach besteht der normative Auftrag von Schule gewissermaßen in der Enkultura-
> tion erster und zweiter Ordnung: Als Enkulturationseinrichtung soll sie den Lernenden
> erstens zu praktischer Handlungs- und Teilhabefähigkeit und zweitens zu Reflexions-,
> Urteils- und Interventionsfähigkeit verhelfen. Als kritisch begleitende Enkulturationswis-
> senschaft setzt die Didaktik wiederum die Schule selbst auf den Prüfstand und liefert
> ihr durch Erforschung, Beurteilung und Konzeptentwicklung schulischer Enkulturations-
> bedingungen und -prozesse die wissenschaftlichen Grundlagen für die institutionelle
> Selbstreflexion.

1.1.2 | Fachdidaktiken als Transformationswissenschaften

Terhart (s. S. 2 f.) bezeichnet Schule als institutionellen Rahmen, in dem
Unterricht absichtsvoll und planmäßig abläuft. Eine der absichtsvollen und

planmäßigen Formen des Schulwesens in Deutschland findet sich in der Entscheidung für *Fach*unterricht.

Fachunterricht

Das, was im didaktischen Dreieck als Stoff ausgewiesen ist, erscheint in der Schule in einer Reihe von Fächern, die Kategorie Stoff/Inhalt des didaktischen Dreiecks wird also im wörtlichen Sinne in der Schule aufge*fäch*ert. Die Auswahl der Fächer und der Anteil, den sie im Lehrplan haben, ist dabei ebenso sehr Ergebnis pädagogischer und gesellschaftlicher Aushandlungsprozesse wie bildungspolitischer Traditionen, Kontroversen und Kompromisse. Nur so lässt sich erklären, warum Biologie etabliertes Unterrichtsfach ist, nicht aber Medizin, warum Philosophie in den Stundentafeln auftaucht, nicht aber Rechtswissenschaft und sehr selten nur Psychologie oder Pädagogik, warum Latein Unterrichtsfach ist, nicht aber Arabisch. Was in den Lehrplan kommt, welche Fächer für enkulturationsrelevant erachtet werden, das ist ein wichtiges gesellschaftliches und bildungspolitisches Entscheidungsfeld. Trotz beachtlicher Beharrlichkeit ist auf diesem Feld immer auch Bewegung: Neue Fächer entstehen, zuvor getrennte fusionieren, andere weiten ihren Spielraum aus, wieder andere werden vom Pflicht- zum Wahlfach oder müssen um ihren Bestand kämpfen.

Für die Fachgebiete, die für den Bildungs- und Enkulturationsauftrag der Schule als bedeutsam bewertet werden und für die ein Schulfach eingerichtet wird, wird auch eine Fachdidaktik aktiv, deren Aufgabe die Erforschung des Gebiets und die Ausbildung von Expert/innen, d. h. Fachlehrer/innen ist. Die Fachdidaktiken waren, wie die Didaktik insgesamt, bis in die 1970er Jahre überwiegend an den Pädagogischen Hochschulen angesiedelt, wo sie zur dortigen Lehrerbildung beitrugen. Als diese Hochschulen in den 1970er Jahren in fast allen Bundesländern aufgelöst und die Fachdidaktiken in die Universitäten integriert werden sollten, zeigte sich, dass die Universitäten keinen maßgeschneiderten Rahmen für sie bereit hielten. In einigen wenigen Fällen wurden sie der Erziehungswissenschaft zugeschlagen, in der Mehrzahl der Fälle aber dem jeweiligen Fach. Welche Verortung die überlegene ist, darüber lässt sich streiten. Die Befürworter/innen der erziehungswissenschaftlichen Verankerung fragen polemisch: „Wollen wir Fächer unterrichten oder Kinder?" Die organisatorische Zuordnung ist nicht folgenlos. Neben hochschulpolitischen und finanziellen Konsequenzen ergeben sich durch die unterschiedlichen Milieus auch unterschiedliche Akzentuierungen in Forschung und Lehre.

Fachdidaktiken

Fachdidaktiken sind aber letztlich weder in der Fach- noch in der Erziehungswissenschaft ganz aufgehoben, sondern haben eigenständige Profile, Ausbildungsziele und Forschungskulturen.

Die **Fachdidaktik** integriert die fachliche und die pädagogische Perspektive und transformiert beide in Hinblick auf fachliche Enkulturation und Bildung. Leitende Orientierung der Fachdidaktik ist der fachbezogene Bildungsanspruch der Schülerinnen und Schüler.

Fachdidaktik als Transformationswissenschaft

Transformations-
wissenschaften

Nach heutigem Verständnis sind Fachdidaktiken **Transformationswissen-schaften**, die der Berücksichtigung einer Reihe von Wissenschaften bedürfen. Unter ihnen spielen die Fachwissenschaften natürlich eine zentrale, aber eben nicht die einzige Rolle, und sie sind auch nicht unmittelbare Stoff- und Inhaltslieferanten. Fachunterricht und fachliche Lehrkompetenz lassen sich mithin nicht direkt aus dem Fachwissen herleiten und Unterrichtsfächer bilden wissenschaftliche Fächer nicht einfach im Kleinen ab. Vielmehr müssen fachliche Inhalte durch die Fachdidaktiken auf ihre Bedeutsamkeit für die Lernenden und ihr Selbst- und Weltverständnis hin geprüft und bearbeitet – eben: transformiert – werden. Ebenso zentral wie das Partnerfach sind dabei für die Fachdidaktiken die Erziehungswissenschaft, die Schulpädagogik, die Allgemeine Didaktik und die Pädagogische Psychologie. Fachdidaktiken sind also durch und durch integrativ, interdisziplinär und transformativ orientiert.

1.1.3| Fremdsprachendidaktik

Von der Allgemeinen Didaktik sind wir über die Fachdidaktik nun auf der Ebene der Fremdsprachendidaktik angekommen. Dieses Fachgebiet ist als institutionalisierte und eigenständige wissenschaftliche Disziplin noch jung. Zwar haben sich Menschen über das Lehren und Lernen fremder Sprachen schon lange den Kopf zerbrochen und zur Zeit der sog. Reformbewegung am Ausgang des 19. und Beginn des 20. Jahrhunderts gab es bereits sehr intensive Auseinandersetzungen über das Fremdsprachenlernen in Schulen (s. auch Einheit 4). Aber als eigenständige Disziplin entwickelte sich die Fremdsprachendidaktik wie auch andere Fachdidaktiken erst in den 1960er Jahren.

> Der Begriff **Fremdsprachendidaktik** kennzeichnet das Feld als sprachenübergreifend. Sprachenübergreifende Lehrstühle, sog. **Bereichsdidaktiken,** sind allerdings eher selten. In der ganz überwiegenden Mehrheit sind Fremdsprachendidaktiken einzelsprachlich konkretisiert: als Englischdidaktik, Französischdidaktik, Spanischdidaktik, Russischdidaktik usw.

Wie eingangs bereits gesagt, gibt es zwischen ihnen aber zahlreiche Gemeinsamkeiten, so dass ein übergreifender Blick sinnvoll erscheint.

Sprachlehr-/
-lernforschung

In den 1970er Jahren entstand ein mit der Fremdsprachendidaktik verwandtes Fachgebiet, die Sprachlehrforschung, auch als **Sprachlehr-/-lernforschung** bezeichnet. Im *Handbuch Fremdsprachenunterricht* (2007) werden beide als eins betrachtet. „Fremdsprachendidaktik und Sprachlehrforschung sind Wissenschaften, die sich mit dem Lehren und Lernen fremder Sprachen in allen institutionellen Kontexten und auf allen Altersstufen befassen und die Eigengesetzlichkeit dieses Wirklichkeitsbereichs ins Zentrum rücken" (Bausch/Christ/Krumm 2007: 1). Die Sprachlehr-/-lernforschung zeigt zwar tatsächlich beträchtliche Überschneidungen mit der Fremdsprachendidaktik, weist aber auch eigene Akzentuierungen auf. So beschäftigt sie sich intensiver mit außerschulischem Spracherwerb, vor allem stärker mit dem Phänomen Zweitsprache, etwa mit erwachsenen Lernenden von Deutsch als Zweitsprache.

Zweitsprache: Eine Sprache gilt dann als Zweitsprache, wenn sie nicht die Herkunftssprache eines Menschen ist, aber die Mehrheitssprache seiner Umgebung, wenn sie also in seinem Alltag präsent ist und für das Alltagsleben benötigt wird, etwa Deutsch bei Zuwanderung nach Deutschland. Oft wird sie weitgehend ungesteuert erworben.

Definition

Wie die Sprachlehr-/-lernforschung nimmt inzwischen auch die Fremdsprachendidaktik die Bedeutung der sprachlichen Vorerfahrungen von Lerner/innen zunehmend zur Kenntnis. Da unser Fokus dem schulischen Lernen gilt, werden wir im Kontext dieser Vorlesungsreihe den für das institutionelle Sprachenlernen einschlägigen Begriff Fremdsprachendidaktik verwenden.

In Modifikation von Ralf Weskamps (2001: 17) Schaubild zur Fremdsprachendidaktik seien hier deren wichtigste Ziele und Forschungsanliegen und einige ihrer wichtigsten Bezugswissenschaften aufgeführt. In der Tabelle stehen sie nebeneinander, tatsächlich interagieren sie aber vielfach:

Ziele und Forschungsanliegen

Fremdsprachendidaktik		
Ziele/Aufgaben	**Forschungsanliegen**	**Bezugswissenschaften**
Verstehen unterrichtlicher Praxis einschließlich ihrer Rahmenbedingungen	mehrperspektivische Untersuchung der Praxis	Sprachwissenschaft
	Analyse normativer Setzungen	Literaturwissenschaft
Bruch mit Eingefahrenem und Routinen/Innovationen	Untersuchung von Lehrprozessen und deren Bedingungen	Erziehungswissenschaft/Didaktik
Verstärkung von Gelingensbedingungen	Rekonstruktion von Bildungsgängen von Fremdsprachenlernenden und -lehrenden	Lehr-/Lerntheorien
		Psychologie
Professionalisierung von Lehrkräften: Entwicklung von Handlungs- und Reflexionskompetenz	usw.	Sozialwissenschaft
		Landeskunde/*Cultural Studies*
		Medienpädagogik
		Gender Studies
usw.		usw.

Tab. 1.2

Die Fremdsprachendidaktik im Überblick

Drei Schulfremdsprachen und ihr Profil

1.2

Trotz ihrer grundsätzlichen Gleichwertigkeit haben es bisher nur wenige Sprachen in das Spektrum der Schulsprachen geschafft. Selbst das Türkische, das in der Bevölkerung und in den Schulen in Deutschland eine große Zahl von Sprecher/innen hat, ist bisher nicht in das Regelangebot von Fremdsprachen aufgenommen worden. Überhaupt sind kleinere Sprachen und Sprachen aus Einwanderungsländern deutlich weniger vertreten. Zu den an Schulen in Deutschland am häufigsten vertretenen modernen Schulsprachen zählen heute Englisch, Französisch und Spanisch. Diese Fächer seien im Folgenden kurz vorgestellt.

1.2.1 | Das Fach Englisch

Weltsprachensystem

Bei ihrer Charakterisierung des Weltsprachensystems unterscheiden Pavlenko und Piller (2007: 16) in Anlehnung an Abram De Swaan zwischen „English", „majority languages" und „minority languages". *Majority languages* haben Nationalstaaten im Rücken und sind „ideologically associated with full citizenship in a nation state (e. g., German in Germany)", *minority languages* werden dagegen ideologisch mit der Abwesenheit solcher vollen Staatsbürgerschaft assoziiert. Englisch habe schließlich den Sonderstatus einer „,hypercentral' language of globalization" (2007: 17).

Randolph Quirk (1985: 1) beschreibt Englisch als „language on which the sun does not set, whose users never sleep". Eine Sprache, die sich vor rund 1.500 Jahren nach dem Rückzug Roms auf einer kleinen westeuropäischen Insel durchsetzte, ist zur Weltsprache geworden, die insbesondere den öffentlichen internationalen Kommunikationsraum prägt. Sie ist z. B.

- ► häufigste Zweit- und Fremdsprache
- ► häufigste Sprache der Unterhaltungsindustrie
- ► wichtige Sprache der elektronischen Kommunikations- und Informationsmedien
- ► strukturelle Basis für die wichtigsten Programmiersprachen
- ► Hauptsprache des Technologietransfers
- ► weltweit meistgenutzte Publikationssprache
- ► Wissenschaftssprache Nummer 1
- ► Arbeitssprache internationaler Organisationen und Unternehmen
- ► Sprache der Werbung
- ► Sprache von Sport, Freizeit, Konsum
- ► usw.

Englisch ist derzeit zur wichtigsten Sprache zwischen Sprecherinnen und Sprechern unterschiedlicher Sprachen geworden, und zwar mit und ohne Beteiligung von englischen *natives*, und die Zahl derer, die Englisch als Zweit- oder Fremdsprache nutzen, übersteigt die Zahl derer, für die Englisch Erstsprache ist (vgl. Seidlhofer 2005: 339).

Erst-, Zweit- oder Fremdsprache

Eine gängige Typologie unterscheidet stark vereinfachend zwischen Sprecher/innen des Englischen als Erst-, Zweit- oder Fremdsprache (**ENL** = English as a native language, **ESL** = English as a second language, **EFL** = English as a foreign language). Diese Unterscheidung überführte Braj Kachru 1985 in ein Schaubild von konzentrischen Kreisen: einem *inner circle* (*norm providing*) der Erstsprachensprecher/innen, einem *outer circle* (*norm developing*) der Zweitsprachensprecher/innen und einem *expanding circle* (*norm dependent*) für die, die Englisch als Fremdsprache nutzen. Erstsprachen- und Zweitsprachenumgebungen des Englischen unterscheiden sich nach Leith (1996, in Graddol 1997: 10) wie folgt:

► Erstsprachen werden außerhalb des sog. Mutterlands dort gesprochen, wo – wie etwa in USA, Australien, Irland oder Kanada – die präkoloniale Bevölkerung vernichtet wurde und sich eine nationale Varietät des Englischen entwickelte.

► Zweitsprachen entstanden in bevölkerungsarmen Gebieten, in denen Kolonialregierungen eine Schicht aus der einheimischen Bevölkerung rekrutierten, die Englisch lernte.

► Ein Mischtypus findet sich in der Karibik, wo die präkoloniale Bevölkerung durch den Einsatz westafrikanischer Sklaven für die Plantagenarbeit vertrieben wurde. Hier wie in den Südstaaten der USA entwickelten sich sog. Pidgin- und Kreolsprachen auf der Grundlage des britischen Englisch. Diese sog. *black englishes* üben einen großen Einfluss auf junge Englischlernende weltweit aus.

Die Bundeszentrale für Politische Bildung bezeichnet Englisch als Weltsprache und sagt zu ihrer heutigen Ausbreitung Folgendes:

> Gegenwärtig ist keine Sprache so verbreitet wie Englisch. Die englische Sprache ist in 30 Staaten einzige Amtssprache; hinzu kommen acht Überseeterritorien Großbritanniens. In weiteren 25 Staaten ist Englisch gleichberechtigte Amtssprache. Damit ist Englisch für ein Drittel der Weltbevölkerung einzige oder gleichberechtigte Amtssprache. Englisch ist zudem Amtssprache der Europäischen Union, der Afrikanischen Union, der Organisation Amerikanischer Staaten und der Vereinten Nationen.
>
> Englisch wird heute von etwa 340 Millionen Menschen als Muttersprache gesprochen. Werden die Zweitsprachler noch hinzugezählt, sind es etwa 510 Millionen Sprecher. Während Hochchinesisch mit etwa 880 Millionen Sprechern die meistgesprochene Muttersprache ist, sprechen nur wenige Menschen Hochchinesisch als Zweit- oder Fremdsprache. Die englische Sprache wird hingegen in über 20 Staaten, in denen sie nicht Amtssprache ist, als Bildungs-, Geschäfts- und/oder Verkehrssprache genutzt bzw. in weiteren Staaten von vielen Einwohnern beherrscht. Englisch hat sich als Weltsprache durchgesetzt, wird in vielen Staaten als erste Fremdsprache in den Schulen gelehrt und ist offizielle Sprache der meisten internationalen Organisationen. Der British Council schätzt die Zahl der zusätzlichen Fremdsprachler auf 750 Millionen Menschen.

| Text 1.1

Der heutige Status des Englischen ist Ergebnis einer sehr komplexen, oft gewalttätigen und blutigen Geschichte mit raumgreifender Dynamik. Dabei stehen den Kräften, die den Bezug zu Kachrus „inner circle", d. h. den Sprecher/innen des sog. Mutterlandes bewahren und stärken wollen, starke Gegenkräfte gegenüber. Immer häufiger ist von „Englishes" die Rede, manchmal auch „englishes" mit einem kleinen e. Claire Kramsch bilanziert bereits: „English is

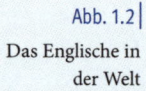

Abb. 1.2

Das Englische in
der Welt

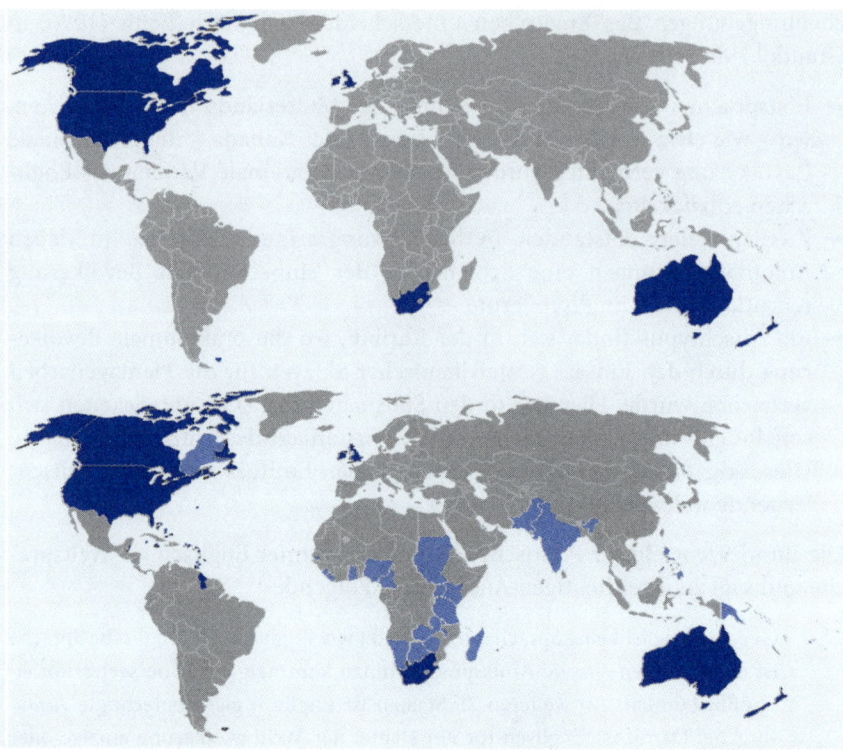

no longer universally associated with an identifiable native speaking national
form what Braj Kachru has called ‚first circle countries'" (1999: 138). Sie ist in
gewisser Weise also eine „freie", allen zur Verfügung stehende Sprache geworden, eine *lingua franca*.

Definition

> Eine Sprache ist dann **lingua franca,** wenn sie als Verständigungssprache zwischen
> Sprecher/innen anderer Erstsprachen dient. Einige Definitionen schließen *native
> speakers* aus dem Kreis der *lingua-franca*-Sprecher/innen aus, andere tun dies nicht,
> betonen aber die besonderen Anpassungserwartungen an alle, einschließlich der *native
> speakers,* wenn sie sich einer Sprache in dieser Funktion bedienen.

Zu denen, die diese Forderung vertreten, gehört Marko Modiano (1999: 7), für
den Englisch nur dann *lingua franca* sein kann, wenn sie sich nicht am British
Standard orientiert, sondern unter quasi weltdemokratischer Beteiligung aller

Kriterium Verständ-
lichkeit

Nutzer/innen einen eigenen Standard entwickelt, für den das entscheidende
Kriterium Verständlichkeit ist.

> Standard English, as a spoken standard, must by definition only include forms
> of the language which are comprehensible to competent speakers of the lan-
> guage worldwide. Native speakers who speak with strong regional accents (and

certainly dialects) are not, in my definition, speakers of Standard English. […] The designation ‚standard English' should be rooted in the communicative value of language […].

Er veranschaulicht das an einem Schaubild, aus dem hervorgeht, dass das British English als zentrale Referenz, die ihm Kachru noch zuwies, aufzugeben sei, damit **EIL** (English as an International Language) tatsächlich *lingua franca* für alle werden und einen internationalen Standard entwickeln könne:

British English

internationaler Standard

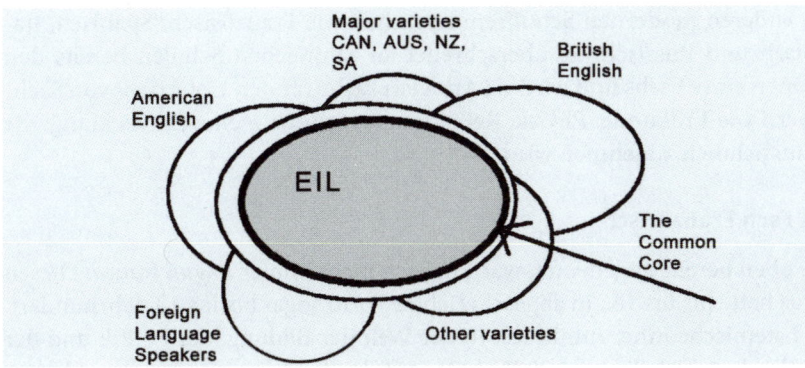

Abb. 1.3
Englisch als internationale Sprache

In der Entwicklung des Fachs Englisch an Schulen in Deutschland von der Nachkriegszeit bis in die Gegenwart spiegelt sich auch die gesellschaftspolitische Bedeutung dieser Sprache:

Entwicklung des Fachs Englisch

► Zunächst ist Englisch ein Bildungsprivileg von wenigen: Es ist vor allem Gymnasialfach und der Unterricht orientiert sich in Sprache und Inhalten an Großbritannien. „Im Jahr 1954 besuchten nur etwa 15 % der Schüler/innen der Bundesrepublik das Gymnasium, im Jahr 1965 schlossen nur 7,5 % das Gymnasium mit der Hochschulreife ab." (http://www2.dipf.de/bildungsinformation/ines/kurzdarstellung_deutschland.pdf, abgerufen am 18. 4. 2009)
► Eine Wende bringt der Sputnik-Schock der späten 1950er Jahre. Der Vorsprung der Sowjetunion in der Raumfahrt löst in der westlichen Welt eine Bildungsreform aus, etwa so, wie es die PISA-Studie zur Jahrtausendwende tut. Im Zuge der Bildungsreform der 1960er und 1970er Jahre wird auch der Fremdsprachenunterricht reformiert und soll nun für alle verpflichtend werden. Fremdsprachenunterricht für alle, das ist fast überall gleichbedeutend mit Englischunterricht für alle. Englisch ist die Sprache des mächtigsten westlichen Verbündeten in dieser Zeit des Kalten Krieges. Das zuvor noch von vielen Lehrer/innen verachtete amerikanische Englisch gewinnt zunehmend Anerkennung, das Auslandsjahr in den USA wird Bestandteil vieler Schülerbiographien, die USA und Australien rücken neben Großbritannien in den Horizont des Englischunterrichts und seiner Lehrwerke.

► Seit spätestens Ende der 1980er Jahre taucht der Begriff *lingua franca* in den Richtlinien auf. Englisch wird immer mehr als allgemeine Grundkompetenz wie das Rechnen, Lesen und Schreiben angesehen. Die nationalkulturelle Perspektive, die den Englischunterricht bis dahin noch weitgehend bestimmt, wird dabei allmählich in Frage gestellt.

Auf diesem Weg ist Englisch inzwischen zu einem der fraglos akzeptierten Schulfächer geworden und wird an jeder Schulart und auf jeder Schulstufe gelehrt. Es ist verpflichtendes Fach für alle und unterscheidet sich damit von den anderen modernen Schulfremdsprachen wie Französisch, Spanisch, Italienisch und Russisch. Es überschreitet an zahlreichen Schulen bereits den Rahmen eines Fachs und wird als Arbeitssprache für den Unterricht von Sachfächern wie Erdkunde, Physik, Religion usw. genutzt – eine Entwicklung, die voraussichtlich zunehmen wird.

verpflichtendes Fach

1.2.2 | Das Fach Französisch

Wie oben bereits angedeutet, war Englisch nicht immer *lingua franca*. Diesen Status hatte bis ins 16., in abgeschwächter Form sogar bis ins 18. Jahrhundert, das Lateinische inne, zumindest in der Welt der Bildung, der Politik und der Geistlichkeit (vgl. Trabant 2002: 130). Auf den beiden erstgenannten Ebenen wird es ab dem 17. Jahrhundert abgelöst vom Französischen.

Der Absolutismus Ludwigs XIV. strahlt in seiner Wirkung auf die europäischen Königs- und Fürstenhäuser aus, hier wird französische Lebensart zum unbestrittenen Trendsetter. Vor allem aber führt der wachsende politische Einfluss Frankreichs dazu, dass das Französische zur dominierenden Sprache internationaler Diplomatie wird. Im Gefolge der Aufklärung setzt es sich zudem als Sprache der Wissenschaft und der Künste durch – eine Entwicklung, die nach der Französischen Revolution und im Zuge der Napoleonischen Expansion noch an Breite gewinnt, in der Folge aber auch nationale Gegenbewegungen stimuliert. So kommt Jürgen Trabant (ebd.: 132) zu der Einschätzung, dass „die moderne deutsche Nation kulturell und später auch politisch durch Abstoßung von dem übermächtigen kulturellen und politischen Vorbild Frankreich entsteht".

dominierende Sprache internationaler Diplomatie

Für die heutige Stellung des Französischen in der Welt ist nicht zuletzt die koloniale Ausbreitung Frankreichs und Belgiens im 19. Jahrhundert von entscheidender Bedeutung. Sie führt zu ähnlichen Phänomenen wie oben für das Englische beschrieben. Daher umfasst der französische Sprachraum so unterschiedliche Länder wie Kanada und den Libanon, eine Reihe von Staaten Nord- und Zentralafrikas sowie Gebiete im Indischen Ozean, im Karibik-Raum und in Polynesien.

koloniale Ausbreitung

der französische Sprachraum

Der Status des Französischen ist dabei keineswegs einheitlich. Mancherorts wird es auch in der Alltagskommunikation verwendet, andernorts ist es lediglich offizielle Amtssprache und dient vorwiegend als gehobene Verkehrsspra-

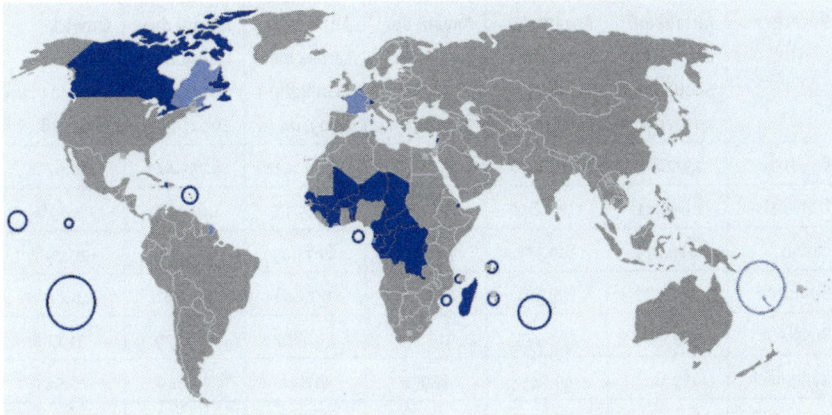

Abb. 1.4
Das Französische in
der Welt

che in multilingualen Kontexten. Doch auch im europäischen Kerngebiet ist das Französische eingebettet in lebensweltliche Zwei- oder Mehrsprachigkeit. Dies ist nicht nur in Belgien und der Schweiz der Fall, sondern auch in Frankreich selbst, wo lange unterdrückte Regionalsprachen wie Baskisch, Bretonisch Katalanisch und Korsisch gerade in den vergangenen drei Jahrzehnten eine Renaissance erleben. Hinzu kommt natürlich die migrationsbedingte Mehrsprachigkeit.

lebensweltliche Zwei-
oder Mehrsprachig-
keit

Darüber, wie viele Menschen weltweit als frankophon einzustufen sind, gibt es unterschiedliche Angaben. Es scheint realistisch zu sein, von folgenden Zahlen auszugehen (vgl. Stein 2002: 137):

- ▶ Französisch als Erstsprache (L 1): 112 Millionen Sprecher/innen,
- ▶ Französisch als Zweit- bzw. als gelegentlich benutzte Sprache (L 2): 60 Millionen Sprecher/innen,
- ▶ Französisch als Fremdsprache: 110 Millionen Sprecher/innen (ebd.).

Auch wenn derartige Einschätzungen in ihrer Gültigkeit schwer zu überprüfen sind, steht Trabant (2002: 129) gewiss nicht allein mit der Behauptung, dass das Französische, „was seine Funktion als internationale Sprache und sein kulturelles Prestige in der Welt angeht […] immer noch die zweite internationale Sprache der Welt" sein dürfte.

Leicht zu verifizieren ist demgegenüber, dass das Französische gemessen an der Zahl der Schüler/innen in der Rangfolge der Schulfremdsprachen in Deutschland den zweiten Platz hinter Englisch einnimmt (zur Entwicklung des Französischen als Schulfremdsprache s. auch Einheit 4). Das Statistische Bundesamt (2003 ff.) weist für die Sprachen bundesweit in den vergangenen Jahren folgende Zahlen aus:

Tab. 1.3 |
Schulfremdsprachen
in Deutschland

Sprachen	Anzahl der Lerner im Schuljahr 2007/08	Anzahl der Lerner im Schuljahr 2006/07	Anzahl der Lerner im Schuljahr 2005/06	Anzahl der Lerner im Schuljahr 2003/04	Anzahl der Lerner im Schuljahr 2002/03	Entwicklung von 2002/03 zu 2007/08
Englisch	7.372.887	7.515.046	7.570.156	7.206.432	6.755.443	+16,67 %
Französisch	1.696.411	1.759.800	1.702.824	1.645.587	1.643.961	+3,09 %
Latein	825.275	819.373	771.413	679.045	654.016	+20,75 %
Spanisch	285.480	259.301	243.385	177.248	151.692	+46,86 %
Russisch	99.991	108.975	119.113	136.807	145.279	−31,17 %
Italienisch	52.111	49.945	47.972	41.424	38.649	+26,54 %
Griechisch	15.909	14.803	15.036	13.841	13.280	+16,52 %
Türkisch	10.977	11.192	13.067	11.693	12.208	−10,08 %
Sonstige	54.787	53.271	51.366	45.291	47.585	+13,14 %

Bemerkenswert ist der Anstieg der Lernerzahlen im Englischen, der weitgehend auf die Ausdehnung des Frühbeginns in der Grundschule zurückzuführen ist, aber auch der stark wachsende Zulauf zum Fach Spanisch und der noch deutlich positive Status des Fachs Latein bei nur geringen Steigerungszahlen für das Französische und einer rückläufigen Entwicklung des Russischen.

Französisch hat den Ruf, eine schwere Sprache zu sein. Wenn wir das grammatische System des Französischen mit dem des Englischen vergleichen, ist dieses Urteil vielleicht auch zutreffend (vgl. hierzu Raabe 2007: 536 f.), aber einen objektiven Schwierigkeitsgrad für eine Sprache auszumachen, ist ein fragwürdiges Unterfangen. Französisch hat in der Unterrichtstradition unbestreitbar jedoch das Erbe einer Sprache für Gebildete zu schultern. Erst seit wenigen Jahren sind verstärkt Bemühungen erkennbar, die ‚hausgemachte‘ Tradition einer formalen Korrektheit als Richtschnur des Unterrichts und als Kriterium des Lernerfolgs aufzugeben.

Erbe einer Bildungssprache

Aber nicht alles lässt sich über unterrichtsinterne Faktoren erklären. Die Attraktivität des Faches hängt nicht zuletzt auch von gesamtgesellschaftlichen Trends ab. Und hier muss man sagen, dass Französisch derzeit nicht so populär ist wie z. B. noch in den alten Bundesländern in den 1960er und 1970er Jahren, wo französische Musik, französische Autos und Konsumwaren unter jungen Leuten Kultstatus hatten. Des ungeachtet hat neben Englisch auch Französisch in den neuen Bundesländern einen Aufschwung erlebt, zu Lasten des Russischen. Um den veränderten sprachenpolitischen Weichenstellungen entsprechen zu können, ist daher eine Vielzahl von Russischlehrkräften zu Französischlehrer/innen umgeschult worden.

Das Fach Spanisch

| 1.2.3

Das Jahr 1492 ist in der Geschichte Spaniens von zentraler Bedeutung. Es markiert einen End- und einen Anfangspunkt mit jeweils weitreichenden sprachenpolitischen Implikationen. Zum einen ist es das Jahr, in dem mit Granada die letzte muslimisch-arabische Bastion auf der iberischen Habinsel fällt. Damit geht eine drei Jahrhunderte während Expansion kriegerischer christlicher Stämme zu Ende, die sogenannte *reconquista* oder Wiedereroberung, deren Stoßrichtung vor allem von Norden nach Süden, aber z. T. auch vom Zentrum in die Peripherie führte. In ihrem Zuge setzte sich die romanische Sprachvariante des Kastilischen durch. Das völlig eigenständige Baskische und die ebenfalls romanischen Sprachen des Galizisch-Portugiesischen im Westen sowie des Katalanischen im Osten konnten sich auf der iberischen Halbinsel nur mehr als Minderheiten- und Regionalsprachen – bzw. im Falle des Portugiesischen als eigene Nationalsprache – behaupten. Zum anderen beginnt in jenem Jahr mit der ersten Entdeckungsreise des Kolumbus eine zuvor beispiellose Geschichte kolonialer Ausbreitung. So konnte bereits Philipp II. (1527–1598) – nicht unähnlich der obigen Formulierung Quirks für das Englische – behaupten, dass in seinem Reich die Sonne nicht unterginge. Da die meisten Seefahrer und Siedler aus dem Süden stammten, ‚exportierten‘ sie erfolgreich ihren andalusischen Akzent. Natürlich hat das *castellano*, oder – wie wir verallgemeinernd sagen – das Spanische, in den verschiedenen Regionen Mittel- und Südamerikas je eigene Prägungen hervorgebracht, doch hat sich bis heute eine Unterscheidung zwischen europäischem und amerikanischem Spanisch als operable Groborientierung durchgesetzt.

europäisches vs. amerikanisches Spanisch

Derzeit wird Spanisch von ca. 330 Millionen Menschen in mehr als 20 Staaten gesprochen (vgl. Michel 2006: 27). Allein in den USA leben ca. 27 Millionen *hispanics*, in manchen Bundesstaaten vor allem des Südwestens machen sie über 25 % der Bevölkerung aus, so dass Spanisch in den vergangenen Jahrzehnten zur heimlichen zweiten Landessprache avanciert ist. Vor allem aber ist Spanisch natürlich die dominierende Sprache des europäischen Mutterlandes (ca. 28 Mio. erstsprachlich monolinguale Sprecher, hinzu kommen ca. 10 Mio., die das Spanische als Zweitsprache in ihrer unmittelbaren Lebenswelt nutzen) und in weiten Teilen Süd- und Mittelamerikas.

Der Bedarf an Spanischkenntnissen im internationalen Kontext erwuchs lange Zeit primär aus den Bereichen des Handels und der Wirtschaft, in der zweiten Hälfte des vergangenen Jahrhunderts kam der Tourismus als Motor des Spanischlernens hinzu. Das reiche literarisch-kulturelle Erbe der Hispania spielte in der Unterrichtstradition daher eine eher untergeordnete Rolle. Heutzutage steht Spanisch hoch im Kurs. Es profitiert von seinem Ruf, leicht erlernbar zu sein. Der Zugang zur spanischen Sprache wird in der Tat durch eine weitgehend eindeutige Relation von Schrift- und Lautbild erleichtert. Ein geschriebenes spanisches Wort kann (abgesehen von dialektalen Färbungen)

Abb. 1.5|

Das Spanische in
der Welt

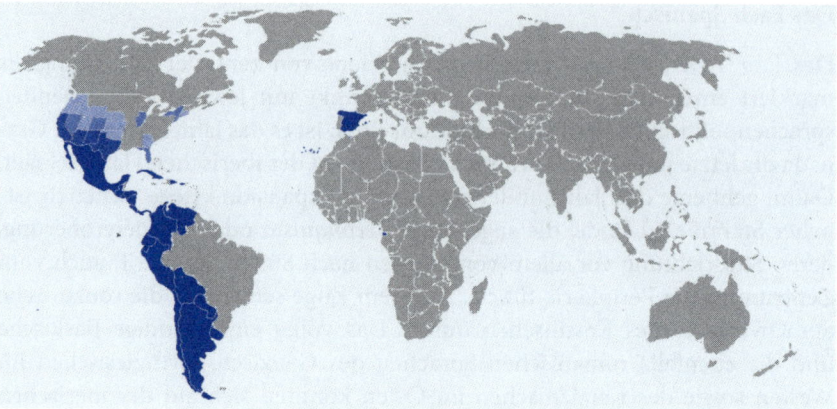

nur auf eine einzige Weise ausgesprochen werden, jedes gehörte Wort kann wiederum fast ausschließlich auf nur eine einzige Weise korrekt verschriftlicht werden. Ansonsten aber ist das grammatische System ähnlich komplex wie das des Französischen und, was die Anzahl der Verbtempora angeht, sogar noch ausdifferenzierter. Nicht nur in der Erwachsenenbildung, sondern auch an allgemeinbildenden Schulen erfreut sich Spanisch (s. o.) steigender Beliebtheit. Traditionell wird es als dritte Fremdsprache beginnend in den Jahrgangsstufen 9 und 11, zunehmend aber nunmehr bereits auch als zweite Fremdsprache ab Jahrgangsstufe 6 oder 7 angeboten. Bernecker (2006: 151)

Hispanophilie

spricht vor diesem Hintergrund schon vom „Virus der Hispanophilie".

1.2.4| Sprachen lernen – Sprache lernen

An den drei vorgestellten Sprachen zeigt sich, dass sie hinsichtlich ihrer Inhalte, ihrer Anhänger/innen und in ihrer Bedeutung als Schulfach immer im Wandel sind. Gemein ist den drei etablierten Schulsprachen, die wir hier kurz skizziert haben, dass sie „Weltsprachen" und „westliche" Sprachen sind. Ihr Status als Weltsprachen hat seine Ambivalenz: Einerseits ist er in allen drei Fällen Ergebnis einer keineswegs harmlosen Eroberungs- und Kolonialgeschichte, andererseits scheint in ihnen aber auch die Verheißung der gemeinsamen Sprache für viele auf. Einerseits haben sie eine große Reichweite und insofern ist es ökonomischer eine Weltsprache zu erlernen als eine ‚kleine' Sprache, andererseits versperrt dieses Denken den Sprachen vor der Haustür – in Deutschland vor allem dem Türkischen – den Weg in den schulischen Fremdsprachenkanon und macht sie erst ‚klein'.

Alle Sprachen haben das Potenzial, zur Enkulturation der Lernenden beizutragen: „Die Grenzen meiner Sprache sind die Grenzen meiner Welt", schreibt der Philosoph Ludwig Wittgenstein (1889–1951) in seinem *Tractatus Logico-Philosophicus*. Auch wenn er sich dabei nicht auf Fremdsprachen – er spricht von Sprache, im Singular – bezieht, so leuchtet doch ein, dass auch sie die Grenzen unserer Sprache, unseres Denkens und unserer Welt erweitern und damit für das Projekt der Enkulturation relevant sein können.

> Humboldt zufolge bereichert also die Vielfalt der Sprachen die bildende Wechselwirkung von Ich und Welt, indem sie dem Ich neue Weisen des Denkens und Empfindens erschließt und so die Grenzen seiner bisherigen Weltansicht erweitert. Das Erlernen einer fremden Sprache ist für Humboldt deshalb nicht so sehr eine methodisch-didaktische Frage, sondern ein Grundmodus von Bildung überhaupt, nämlich die Bereicherung und Erweiterung der bisherigen Weltansicht und damit die Veränderung des eigenen Verhältnisses zur Welt. […] Bildung als Auseinandersetzung mit fremden Sprachen meint daher nicht nur den Fremdsprachenunterricht, sondern im Grunde jeden Dialog mit anderen Menschen, in dem sich ein Subjekt auf die fremde ‚Weltansicht' seines Gegenübers einlässt und auf diese Weise seine eigene ‚Weltansicht' erweitert oder sogar überschreitet. (Koller 2004: 86)

Diese Einheit widmete sich der Verortung der Fremdsprachendidaktik im Feld der Unterrichtswissenschaften, der Didaktiken. Sie stellte sie in den großen Zusammenhang der allgemeinen Didaktik und skizzierte zunächst deren Gegenstandsbereich, Aufgaben und Selbstverständnis als deskriptiv-analytische, Normen prüfende und generierende sowie handlungsbefähigende Enkulturationswissenschaft. In einem zweiten Schritt rückte sie die der Didaktik untergeordnete Fachdidaktik in den Blick, die als Transformationswissenschaft beschrieben wurde, da sie weder die Systematik eines Fachs noch die der Allgemeinen Didaktik und anderer Bezugswissenschaften einfach übernimmt, sondern fachliche und pädagogische Bezugswissenschaften unter der Perspektive fachlicher Enkulturations- und Bildungsprozesse transformiert und zusammenführt. Der dritte Schritt führte in die Fremdsprachendidaktik, deren Ziele, Forschungsanliegen und Bezugswissenschaften entfaltet wurden. Ein Blick auf die drei zurzeit an deutschen Schulen am meisten gelehrten Fremdsprachen rundete die Einheit ab.

Zusammenfassung

Aufgaben

1 Unterstreichen Sie Schlüsselbegriffe der obigen Einheit. Vergleichen Sie dann Ihre Auswahl mit der von Kommilitonen und Kommilitoninnen. Erläutern Sie einander die Begriffe in eigenen Worten.

2 Es ist das Jahr 1978. Die Pädagogische Hochschule Berlin soll aufgelöst werden und es gilt, die Frage der Integration der Fachdidaktiken in die Berliner Universitäten zu entscheiden. Sollen sie geschlossen zu den Erziehungswissenschaften gehen oder sollen sie getrennt werden und den jeweiligen Fächern zugeordnet werden? Sie sind Mitglied einer Expertengruppe, die die Entscheidung treffen soll. Welche Argumente werden Sie ins Feld führen? Auf welche Argumente der Gegenseite müssen Sie sich vorbereiten?

3 Welches enkulturationsrelevante Schulfach fehlte auf Ihrem Stundenplan, als Sie zur Schule gingen? Warum hätte es darauf gehört?

4 Suchen Sie sich drei der in Tabelle 1.2 in der rechten Spalte aufgelisteten Bezugswissenschaften aus und halten Sie in Stichwörtern fest, welchen Beitrag Sie sich von ihnen für Ihre Professionalisierung zur/zum Fremdsprachenlehrer/in versprechen.

5 Wie könnte der Englischunterricht die Tatsache berücksichtigen, dass Englisch in der Mehrzahl in Kommunikationen genutzt wird, an denen kein sog. *native speaker* des Englischen teilnimmt?

6 In einem Großstadtviertel mit heterogener Bevölkerung soll eine neue Schule gegründet werden. Sie sind aufgefordert, einen Plan für das Sprachangebot dieser Schule von der ersten Klasse bis einschließlich Sekundarstufe II zu erstellen. Machen Sie einen Entwurf und begründen Sie Ihr Konzept.

7 Erfassen und beschreiben Sie das fremdsprachliche Profil einer Schule Ihrer Wahl.

Zum Weiterlesen

Delanoy, Werner/Volkmann, Laurenz (Hrsg.) (2008): *Future Perspectives for English Language Teaching*. Heidelberg: Universitätsverlag Winter.

Kron, Friedrich W. (5. Aufl. 2008): *Grundwissen Didaktik*. München: UTB Reinhardt.

Michel, Andreas (2006): *Die Didaktik des Französischen, Spanischen und Italienischen in Deutschland einst und heute*. Hamburg: Kovač.

Spracherwerbstheorien

Die Menschheit hat in ihrer Entwicklung etwas Einzigartiges hervorgebracht: die Sprache. Alle Menschen lernen Erstsprachen, alle können weitere Sprachen lernen. Das gilt selbst dann, wenn Gehör oder Artikulationsfähigkeit beeinträchtigt sind oder gar ausfallen. Und das, obwohl Sprache ein hoch kompliziertes Phänomen ist. „Sprache", schreibt Werner Bleyhl,

> (1) ist weder unabhängig von Raum noch von Zeit,
> (2) besteht nicht aus festen Teilen,
> (3) vereint, wenn lebend, ‚Materielles‘ und ‚Geistiges‘,
> (4) ist nicht strikt kausal, noch wirkt sie strikt kausal,
> (5) kann objektiv nicht ‚richtig‘ beschrieben werden. (2001: 199)

Wie kann man sich ein so wenig fassbares und kontrollierbares Phänomen zu eigen machen? Was geschieht dabei? Die Antworten sind vielschichtig und in mancher Hinsicht hypothetisch. In einem aber besteht Einigkeit, nämlich darin, dass die menschliche Spracherwerbsfähigkeit nicht eindimensional determiniert ist.

Die wissenschaftliche Untersuchung des Fremdsprachenlernens ist noch relativ jung; sie setzte nachhaltig erst ein, als das 20. Jahrhundert sich bereits seiner Mitte näherte. Im Folgenden werden drei Sprachlerntheorien vorgestellt, die als Erklärungsmodelle für das Lernen allgemein sowie speziell für das Erstsprachenlernen und das Lernen weiterer Sprachen einflussreich bis hinein ins Klassenzimmer waren und sind. Es sind dies die behavioristische, die nativistische und die kognitiv-konstruktivistische Spracherwerbstheorie.

Während die **behavioristische** Spracherwerbstheorie auch als „empiristische" (engl. auch „environmentalist") Theorie bezeichnet wird, weil sie davon ausgeht, dass Sprachenlernen ausschließlich durch Erfahrungen mit der Umwelt geschieht, gehen **nativistische** Positionen davon aus, dass den Menschen innewohnende, speziell sprachbezogene genetische Voraussetzungen ihnen den Erwerb von Sprache ermöglichen. In **kognitiv-konstruktivistischen** Theorieansätzen schließlich wird der Erwerb von Sprache weder auf eine angeborene Spracherwerbsbefähigung des Menschen zurückgeführt noch als Nachahmung der Umwelt gedeutet, sondern als Aspekt der kreativen Auseinandersetzung mit der Welt verstanden.

Überblick

2.1 | Die Spracherwerbstheorie des Behaviorismus

nachahmende
Aneignung von
Verhalten

Der Behaviorismus ist eine Lerntheorie, die in den USA in den 1940er und 1950er Jahren bestimmend war. Wurde zuvor Lernen im Wesentlichen als Behaltensleistung verstanden, erscheint es nun als nachahmende Aneignung von **Verhalten** (*behavior/behaviour*). Die Behavioristen bezogen sich auf Untersuchungen, die der russische Psychologe Iwan Pawlow an der Wende zum 20. Jahrhundert durchführte. Er hatte in Laborversuchen das Verhalten von Tieren erforscht und dabei einerseits *reflex responses* beobachtet, d. h. Reflexe ausgemacht, die angeboren, artspezifisch und kaum beeinflussbar waren, und andererseits *emitted responses* erforscht, d. h. Reaktionen, die durch einen besonderen **Reiz** (*stimulus*) bedingt und beeinflussbar waren. An Pawlows Hundeexperiment wird der Unterschied deutlich. Der Anblick von Futter löst Speichelfluss bei dem Hund aus (*reflex response*). Wenn das reflexauslösende Signal ‚Futter' wiederholt mit einem anderen, neutralen Signal (*stimulus*), z. B. dem Klang einer Stimmgabel, gekoppelt wird, reicht dieses Signal bald aus, um den Speichelfluss hervorzurufen – ein bedingter Reflex (*emitted response*) konnte erzeugt werden.

Für den Begriff Behaviorismus ist der US-Amerikaner John B. Watson verantwortlich, der stark von Pawlows Forschung beeinflusst war:

> Drawing on Pavlov's findings, John B. Watson (1913) coined the term *behaviorism*. In the empirical tradition of John Locke, Watson contended that human behaviour should be studied *objectively*, rejecting mentalistic notions of innateness and instinct. Taking an ‚environmentalist' position, following Pavlov, he adopted classical conditioning theory as the explanation for all learning: by the process of conditioning, we build an array of stimulus-response connections, and more complex behaviors are learned by building up series or chains of responses. (Brown 1994: 76)

Die Behavioristen wandten ihre an Tierversuchen gewonnenen Annahmen auf komplexes menschliches Verhalten an. Sie gingen davon aus, dass Menschen über einen allgemeinen Lernmechanismus verfügen, der es ihnen erlaube, das Verhalten ihrer Umgebung nachahmend zu erwerben.

Lernen im behavioristischen Verständnis

Lernen besteht aus Nachahmungsversuchen nach dem ***trial-and-error-Prinzip***; es ist letztlich ‚Lernen am Erfolg', und Erfolg dient als **Lernverstärkung** (*reinforcement*). Allmählich eignen sich Menschen diejenigen Verhaltensweisen ihrer Umgebung an, die sie als positiv und erfolgreich erfahren und machen sie sich zur Gewohnheit (**Automatisierung/***habit formation*).

sprachliches
Verhalten

Unter den Behavioristen war es vor allem B. F. Skinner, den sprachliches Verhalten interessierte. Seiner 1957 publizierten Studie *Verbal Behavior* zufolge imitieren Kinder die Sprache ihrer Umwelt und werden für gelungene Nachahmung bestärkt (z. B. durch Lob oder den spürbaren Erfolg ihrer Äußerung) und damit in gewünschtes sprachliches Verhalten hineinkonditioniert. Skinner bezog sein Sprachverständnis aus der US-amerikanischen Variante des Strukturalismus, der in den 1940er/1950er Jahren, zeitgleich mit dem Behaviorismus, seine Blütezeit hatte und z. B. von Leonard Bloomfield und Charles Fries vertreten wurde. Anders als der europäische Strukturalismus etwa des Begründers Ferdinand de Saussure (1916) beschränkten sich die amerikanischen Strukturalisten auf eine Beschreibung der beobachtbaren Oberflächenstruktur von Sprache. Beide Varianten des Strukturalismus sahen aber Sprache als strukturiertes Ganzes, als ausgewogenes System, das in den Bereichen Phonetik bzw. Phonologie, Morphologie und Semantik detailliert analysiert und im Hinblick auf seine Aufbau- und Zusammenhangsprinzipien beschrieben werden könne. Charakteristisch für den strukturalistischen Ansatz ist die **synchrone** und **sprachimmanente** Sprachbetrachtung. Diachrone (historische) Bezüge und Entwicklungen oder Bezüge zur nicht sprachlichen Welt, insbesondere zu gesellschaftlichen und individuellen Kontextbedingungen, blieben unberücksichtigt.

Für den Erwerb einer Fremdsprache entwickelte das behavioristisch-strukturalistische Sprachlernverständnis die Kontrastivhypothese.

Die Kontrastivhypothese besagt, dass beim Lernen einer weiteren Sprache Gemeinsamkeiten mit und Abweichungen von der Erstsprache eine wichtige Rolle spielen. Gemeinsames werde als positiver Transfer leicht übernommen, Abweichendes stelle eine Fehlerquelle dar und könne negativen Transfer auslösen (Interferenzen). Abweichendes müsse deshalb im Mittelpunkt des Lehrens stehen.

Die nativistische Auffassung von der angeborenen Spracherwerbskompetenz

Während der Behaviorismus als empirische Theorie davon ausgeht, dass Spracherwerb einzig und allein durch die Umwelt ausgelöst wird, gehen nativistische Theorien davon aus, dass Menschen eine Art genetisches Programm besitzen, das sie zum Spracherwerb befähigt und nicht nur beim Erwerb der Erst-, sondern auch weiterer Sprachen wirksam ist (**Identitätshypothese**). 1959 verfasste Noam Chomsky „A Review of B. F. Skinner's *Verbal Behavior*", in der er sich kritisch mit der behavioristischen Spracherwerbsvorstellung auseinandersetzte und auf Unstimmigkeiten, definitorische Zirkelschlüsse und unzulässige Analogiebildungen dieses Theorieentwurfs hinwies.

Die nativistische Kritik am Behaviorismus

Chomsky (1959) kritisierte am Behaviorismus dessen „refusal to study the contribution of the child to language learning [...]. If the study of language is

Verhaltens-konditionierung

|Abb. 2.1
B. F. Skinner
(1904–1990)

Definition

|2.2

|Abb. 2.2
Noam Chomsky
(*1928)

|2.2.1

limited in these ways, it seems inevitable that major aspects of verbal behavior will remain a mystery." Der kindliche Spracherwerb gab Chomsky ein Rätsel auf. Er brannte darauf zu verstehen, wie es Kindern gelingt, einzig und allein auf der Grundlage des verwirrenden, vielschichtigen und widersprüchlichen Sprachangebots, dem sie ausgesetzt sind, in so verhältnismäßig kurzer Zeit Sicherheit in der Nutzung von Sprache zu gewinnen. Wie, so fragte er sich, ist es möglich, dass praktisch alle Kinder, auch wenn sie unter ganz unterschiedlichen Bedingungen aufwachsen und ohne dass sie belehrt werden, die Struktur einer Sprache beherrschen – in der Regel ohne Korrekturen, die sie im übrigen ohnehin ignorieren würden (vgl. Pinker 1996: 324). Wie kommt es, dass sie Äußerungen produzieren (generieren), die sie noch nie zuvor gehört haben?

generative Linguistik

Nach Chomsky, dessen Theorie auch als generative Linguistik bezeichnet wird, gibt es dafür nur eine Erklärung: Menschen müssen eine angeborene mentale Ausstattung zum Spracherwerb, einen **Spracherwerbsmechanismus** (*Language Acquisition Device*) besitzen, eine Universalgrammatik.

Definition

Nativistische Spracherwerbsauffassung: Aus dem Reichtum und der Kreativität der wahrnehmbaren sprachlichen **Performanz** schloss Chomsky auf ein zugrunde liegendes System von generativer Sprachfähigkeit, das er **Kompetenz** nannte. Sprachliche Kompetenz wird bei Chomsky nicht erst durch Umgang mit Sprache erworben, sondern ist als *Language Acquisition Device* in seinen Grundzügen (Universalien) bereits angeboren.

Dieser Spracherwerbsmechanismus beinhaltet die so genannten *Prinzipien*, die sprachübergreifend sind und als höchst abstrakte, unbewusst im mentalen System repräsentierte Kerngrammatik zu verstehen sind. [...] Beim Spracherwerb muss das Kind durch das Generieren und Testen von Hypothesen lernen, wie in der jeweiligen Sprache die [sprachübergreifenden] Prinzipien repräsentiert und welche [sprachspezifischen] Parameter zu beachten sind. Das Testen von Hypothesen ist hierbei weitgehend als interner Prozess des Abgleichens der Sprachproduktion mit der Universalgrammatik aufzufassen, da Kinder nur selten explizit korrigiert werden und Eltern wohl kaum während der ersten Lebensjahre ihrer Kinder mit ihnen Grammatikübungen durchführen. (Riemer 2002: 55)

Die Vermutung Chomskys, ein Teil der linken Großhirnrinde sei Sitz eines Sprachorgans oder es gebe ein sprachspezifisches Gen, ist umstritten. Unbestritten ist jedoch, dass Menschen überall auf der Welt Sprachen ausgebildet haben, dass diese Sprachen bei all ihrer Verschiedenheit auch über grundsätzliche Gemeinsamkeiten verfügen, dass der Mensch im Laufe der Menschheitsgeschichte die Voraussetzungen für den Erwerb natürlicher Sprachen in ihrer ganzen Komplexität herausgebildet hat und dass die Erwerbsprozesse Ähnlichkeiten aufweisen.

Chomsky hat seine Theorie der Universalgrammatik nicht explizit auf den Fremdsprachenerwerb bezogen, dazu sah er vermutlich keine Veranlassung. Denn:

> Der nativistischen Auffassung zufolge unterscheiden sich Erstspracherwerb und der Erwerb weiterer Sprachen nicht grundsätzlich, die psycholinguistischen Prozesse sind ähnlich – man spricht daher von der **Identitätshypothese.**

Definition

Sie wurde allerdings für den Kontext des Zweit-, nicht des Fremdsprachenerwerbs formuliert. Stephen Krashen dagegen richtete seine Aufmerksamkeit auf die besondere Situation des institutionalisierten Fremdsprachenunterrichts und stellte fest, dass dieser die natürliche Sprachfähigkeit der Menschen nicht berücksichtige und deshalb Irrwege beschreite. Zusammen mit Tracy Terrell entwarf Krashen ein einflussreiches Hypothesenmodell, das wir im Folgenden vorstellen.

Das Hypothesenmodell des *Natural Approach*

|2.2.2

Krashen und Terrell gingen nicht nur von einem *Language Acquisition Device* aus, sondern auch von der Annahme, dass es nicht nur dem Erwerb der Erstsprache diene. Es bleibe vielmehr bei allen Menschen lebenslang vorhanden und mache lebenslang Spracherwerb möglich. Schon der Titel ihres 1983 verfassten Buchs, *The Natural Approach*, weist darauf hin, dass sie den ‚natürlichen‘ Spracherwerbskräften zu ihrem Recht verhelfen wollen. Mit großem Nachdruck plädieren sie für implizites Fremdsprachenlernen, genauer: -erwerben, und üben scharfe Kritik am belehrenden Fremdsprachenunterricht. Dabei stellen sie, gestützt auf empirische Untersuchungen, fünf Hypothesen auf.

scharfe Kritik am belehrenden Fremdsprachenunterricht

Die *Learning-Acquisition*-Hypothese: Dieser Hypothese zufolge lassen sich zwei Wege zur Aneignung fremdsprachlicher Kompetenz unterscheiden – das Erwerben und das Lernen. Beim **Erwerben** wird gesprochene Sprache analog zur Erstsprache durch Hören und Verstehen, Schrift durch Lesen und Verstehen angeeignet (zur Rolle des Lesens s. Krashen 1993). Linguistische Fähigkeiten entwickeln sich dabei ohne den Einfluss formalen, expliziten Regelwissens. Das Interesse an sprachlicher Richtigkeit tritt gegenüber dem an Verständigung in den Hintergrund. Durch die Begegnung mit der fremden Sprache, am besten durch das Eintauchen (**Immersion**) in die fremde Sprache wird sie am besten erworben. **Lernen** dagegen aktiviere das *Language Acquisition Device* nicht. Es sorge nur für Sprachwissen, nicht für sprachliches Können. Sprachwissen aber führe nicht zu Sprachkönnen und Sprachkönnen nicht zu Sprachwissen (*Non-Interface*-Hypothese).

Erwerben

Lernen

Erwerben	Lernen
verläuft wie beim Erstspracherwerb	verläuft über formales Sprachwissen
führt zu Sprachkönnen	führt zu Wissen über Sprache
geschieht intuitiv	geschieht bewusst
erzeugt implizites Wissen	erzeugt explizites Wissen
Belehren hilft nicht	Belehren hilft

Die *Monitor*-Hypothese: Die Monitorhypothese greift die Polarisierung der *Learning-Acquisition*-Hypothese auf. Mit Hilfe der Metapher eines Überwachungsgeräts veranschaulichen Krashen und Terrell die Funktion von erlerntem Sprachwissen für eine sprachliche Äußerung: Im Zuge des Erlernens von Regelwissen entwickele sich eine Art Monitor im menschlichen Bewusstsein, der Äußerungen auf ihre formale Richtigkeit hin kontrolliere. Diese Orientierung auf Fehlerlosigkeit spiele eine hinderliche Rolle für den Spracherwerb. Sie spalte die Aktivität der Sprechenden (bzw. Schreibenden) gewissermaßen in zwei Aufmerksamkeiten, die inhaltsbezogene und die sprachkorrektheitsbezogene, und beeinträchtige den Spracherwerb. Die **Geläufigkeit** (*fluency*), mit der wir sprechen, stammt nach Krashen und Terrell ausschließlich aus Spracherwerbssituationen, während das Regelwissen, das uns erlaubt, unsere sprachlichen Äußerungen auf **Korrektheit** (*accuracy*) hin zu prüfen, aus *Lern*situationen stammt. Beide Ebenen seien nicht durchlässig (s. oben: *Non-Interface*-Hypothese).

Orientierung auf Fehlerlosigkeit

Die *Natural-Order*-Hypothese: Krashen und Terrell beziehen Forschungsergebnisse in ihre Theorie ein, die zeigen, dass zahlreiche grammatische Strukturen beim natürlichen Spracherwerb in einer bestimmten, kaum beeinflussbaren Reihenfolge erworben werden. Intensive Untersuchungen auf diesem Gebiet galten vor allem der Morphologie. Bei Kindern und Erwachsenen wurde unabhängig von ihrer Herkunftssprache in Querschnittuntersuchungen die gleiche Reihenfolge beim Morphemerwerb festgestellt, z. B. wurde beim Erwerb des Englischen das Pluralmorphem *-s* vor dem Artikel erworben, die unregelmäßige Vergangenheitsform vor der regelmäßigen usw. Solche Befunde sind ein starkes Argument für einen nativistischen, nicht von der Umwelt beeinflussten Spracherwerbsprozess.

kaum beeinflussbare Reihenfolge

Die von Sprachlehrwerken vorgesehene Erwerbssequenz stimmt in der Regel nicht mit dieser ‚natürlichen', wenig beeinflussbaren Erwerbssequenz überein, so dass sich die Frage stellt, ob man den Unterricht nicht an sie anlehnen sollte. Das würde jedoch dem Grundgedanken des *Natural Approach* mit seiner Kritik an der sprach*form*bezogenen Steuerung von Lernprozessen widersprechen. Krashen hält den herkömmlichen lenkenden Sprachunterricht gerade deshalb für unangemessen, weil er sich von sprachlichen Strukturen und Formen bestimmen lässt, und das wäre bei einer Unterrichtsprogression entlang der natürlichen Erwerbssequenz weiterhin der Fall. Die *Natural-Order-*

Hypothese spielt insofern eine Sonderrolle unter den Hypothesen Krashens, als sich aus ihr also *keine* Folgerungen für die Gestaltung des Unterrichts ableiten lassen, eine solche Ableitung sogar kontraproduktiv wäre.

Die *Input*-Hypothese: Krashens und Terrells Erwerbstheorie zeigt zahlreiche Parallelen zum Erstspracherwerb, daher auch die Bezeichnung *Natural Approach* (s. auch oben Identitätshypothese). Menschen eignen sich ihre Erstsprachen nicht durch Sprachunterricht und die Einführung in grammatische und lexikalische Gesetzmäßigkeiten an, sondern auf der Grundlage von Input. Den müssen sie nicht – wie im schulischen Sprachunterricht häufig erwartet – reproduzieren, sondern verstehen. Enthält der Input allzu viel Unbekanntes und gibt der Kontext keine Hilfestellung, kann das misslingen. Enthält er nur Bekanntes, treibt er die Sprachentwicklung nicht an. Sprachliche Kompetenz gewinnen wir am besten, wenn der sprachliche Input unsere je gegenwärtige Sprachkompetenz in dem Maße übersteigt ($i+1$), das es uns erlaubt, das Unbekannte aus dem Kontext zu erschließen. Unser Gegenüber muss sprachlich eine einfühlsam-unterstützende ***Caretaker*-Haltung** einnehmen, damit seine Äußerungen für uns *comprehensible input* sind; er darf uns aber auch nicht unterfordern, denn dann lernen wir nichts.

Caretaker-Haltung
comprehensible input

Die beiden folgenden Abbildungen zeigen, wie man es besser nicht machen sollte.

|Abb. 2.3
Input ist nötig für den Spracherwerb – aber so nicht!

Während uns allzu einfache Äußerungen Lernimpulse vorenthalten (s. die Kritik des spracherwerbskundigen Babys oben), bedeuten Äußerungen mit allzu viel Unbekanntem, dass uns zu wenig bekannter Kontext für die Entschlüsselung von Neuem bereit steht – hoffen wir, dass die Touristin im Bild oben noch rechtzeitig jemanden findet, der ihr in richtiger Einschätzung ihrer begrenzten sprachlichen Fähigkeiten („Where toilet, please?") den Weg weist.

Für Krashen ist die inhaltliche Bedeutsamkeit Dreh- und Angelpunkt des Spracherwerbs, den er als periphere, inzidentelle Begleiterscheinung von inhalts-, interessen- und adressatenbezogenem Input betrachtet, sozusagen als Abfallprodukt des inhaltsbezogenen Verstehensprozesses. Die Sprachformbezogenheit des herkömmlichen Fremdsprachenunterrichts lehnt er ganz ab und plädiert für konsequente Inhaltsorientierung. Es ist nur folgerichtig, dass er sich mit Nachdruck für den Ausbau des Fachunterrichts im Medium der Fremdsprache einsetzt, der eben diese Inhaltsfokussierung verspricht.

konsequente Inhaltsorientierung

Die *Affective-Filter*-**Hypothese:** Als fundamentale Bedingung für Spracherwerb betrachten Krashen und Terrell das Befinden der Lernenden, ihre Affekte. Das Konzept des *Affective Filter* fanden sie bereits bei Dulay und Burt (1977) vor. Diese beiden Forscherinnen hatten die Filtermetapher vorgeschlagen, um zu veranschaulichen, dass Menschen sprachlichen Input am besten aufnehmen, wenn sie sich in einer angstfreien Spracherwerbsumgebung sicher fühlen. Angst versetzt sie in die Defensive und blockiert sie. Anregungsreichtum und Angstfreiheit zählen deshalb zu den entscheidenden Voraussetzungen von Spracherwerb.

angstfreie Spracherwerbsumgebung

2.2.3 | Der *Natural Approach* in der Kritik

große Akzeptanz vs. massive Kritik

Krashens und Terrells Hypothesenmodell stieß sowohl auf große Akzeptanz als auch auf massive Kritik. Ihm wurde vorgeworfen, dass es gegen wissenschaftliche Standards verstieße (Lightbown/Spada 2006: 38). Die Polarisierung von Lernen und Erwerben löste ernsthafte Zweifel aus, denn die kategorische *Non-Interface*-Trennung ließ sich in Experimenten nicht rekonstruieren: So ließ sich nicht trennscharf klären, wann sprachliches Handeln auf Sprachgefühl, wann auf sprachlichem Wissen beruhte. Brown (1994: 281) hält die Dichotomie überhaupt für wenig hilfreich und zitiert Barry McLaughlins Position „that the literature in experimental psychology indicates that there is no long term learning (of new material) without *awareness*". Brown warnt entsprechend: „We do well, therefore, to operate on the assumption that (a) no input becomes intake […] without what we loosely understand as conscious awareness, and that (b) language acquisition theories that appeal to conscious/subconscious distinctions are highly suspect." (ebd.)

Auch die Monitor-Hypothese ist umstritten. So wies Kevin R. Gregg (1984) an einem Beispiel aus dem Japanischen nach, dass Regelwissen durchaus helfen kann, eine mündliche Äußerung zu verstehen, und widerlegte damit die

Behauptung, es diene allein der Überprüfung und Korrektur sprachlicher Äußerungen.

Dass eine feststehende Reihenfolge den Spracherwerb leitet, wird dagegen nicht grundsätzlich in Zweifel gezogen. Aber die Studien, auf die Krashen und Terrell sich berufen, sind Querschnittstudien und verdecken die individuellen Variationen der Versuchspersonen.

> [A] thorough review of all the ‚morpheme acquisition' studies suggests that the learners' first language has a more important influence on acquisition sequences than some researchers would claim. For example, learners whose first language has a possessive -s form which resembles the English 's (such as German) seem to acquire this form earlier than those whose first language has a very different way of forming the possessive (such as French or Spanish). (Lightbown/Spada 1999: 77)

Ebenso kritisch-differenzierend wird die *Input*-Hypothese rezipiert. Krashens ideale Erwerbssituation zeigt Lernende, die rezeptiv sind, verständlichen Input empfangen und sich in einer *silent period* auf das Verstehen konzentrieren können. Dagegen stehen zwei andere Hypothesen: die **Interaction**- und die **Comprehensible-Output-Hypothese**. „The interaction hypothesis proposes that learners need to participate overtly in interaction of a certain quality and the output hypothesis proposes that learners can benefit in particular ways from their own language output." (Breen 2001: 114) Michael H. Long (1985), der die Interaktionshypothese ausformuliert hat, untersuchte z.B. die Konversationsmodifikationen von *native speakers* im Gespräch mit *non-native speakers*, und stellte einerseits fest, dass kompetente Sprecher/innen ihren Input häufig den vermuteten Verstehensschwierigkeiten des weniger kompetenten Gegenübers anpassen, dass das Gegenüber sich aber auch aktiv Input verschafft. Persönlichkeit und Kontext (***interactive confidence***) spielen dabei eine wichtige Rolle.

Interaktionshypothese: In entspannten, angstfreien Situationen regulieren Input-Empfänger/innen den Input selbst mit – sie fragen nach, zeigen ihr Unverständnis, vergewissern sich, bitten um Wiederholung, Umformulierung usw. – und wirken damit zusammen mit ihren Interaktionspartner/innen auf modifizierten Input hin und müssen sich dabei auch ihrerseits verständlich machen. Diese interdependenten Prozesse treiben den Spracherwerb voran.

Definition

Output-Hypothese: Anders als die Interaktionshypothese, für die der Primat des Inputs für den Spracherwerb unstrittig ist, betont die (*Comprehensible-*)*Output*-Hypothese, die Merrill Swain 1985 zuerst formulierte (vgl. Krashen 2003: 60), die große Bedeutung der Sprachproduktion für den Spracherwerb, denn er werde durch die besonderen Klärungs- und Formulierungsanstrengungen beim Output vorangetrieben.

Definition

Eine Studie von Teresa Pica, Richard Young und Catherine Doughty (1987) nahm die Aktivität der Lernenden im Spracherwerbsprozess in einem interessanten Forschungsarrangement in Augenschein. Die Wissenschaftler/innen stellten zwei Versuchsgruppen fremdsprachliche Aufgaben. Eines der beiden Aufgabenskripte war durch Wiederholungen, Paraphrasen, einfache Satzkonstruktionen und vertrauten Wortschatz so vereinfacht worden, dass von *comprehensible input* ausgegangen werden konnte. Das andere Aufgabenskript enthielt dieselben Aufgaben und Informationen, war aber überhaupt nicht vereinfacht worden; stattdessen gab es hier die Gelegenheit nachzufragen. Der Vergleich beider Gruppen zeigte, dass Lernende, die Gelegenheit hatten, klärende Fragen zu stellen und ihr Verständnis durch Rückfragen abzusichern, mehr verstanden als Lernende, die vereinfachten Input erhielten, aber keine Gelegenheit zur Interaktion bekamen. Die bedeutende Rolle der Interaktion und der aktiven Beteiligung der Lernenden beim Spracherwerb wurde durch solche und ähnliche Studien belegt, die ihrerseits an Vorstellungen von Lew Wygotski anschließen (s. 2.3.1).

Von Krashens und Terrells fünf Hypothesen hat die *Affective-Filter*-Hypothese mit ihrer klaren Aussage, Spracherwerbsprozesse seien „permeated with emotion or affect" (Breen 2001: 118), wohl am wenigsten Kritik erfahren. Diese emotionale Dimension werde – so die Kritik Breens (ebd.) – umgekehrt in der *Interaction*- und der *Comprehensible-Output*-Hypothese zu wenig beachtet (zum Thema Emotionen s. ausführlich Einheit 3.2).

Zwischenbilanz

> Behavioristische und nativistische Spracherwerbstheorien vertreten in vieler Hinsicht gegensätzliche Positionen, die sich vereinfacht mit der Formel *nurture versus nature* fassen lassen: Während der Behaviorismus vom Spracherwerb als umweltinspiriertem Verhaltenserwerb ausgeht und sich der Spekulationen über mentale Vorgänge weitgehend enthält, setzt die nativistische Auffassung auf genetisch angelegte menschliche Begabung zu generativer sprachlicher Kreativität. In den Implikationen für den Sprachunterricht unterscheiden sie sich ebenfalls deutlich: Jener setzt auf imitationsfähige sprachliche Vorbilder für Sprachlernende, diese auf *comprehensible input* ohne *output*-Zwang in angstfreier Umgebung. Gemeinsam ist beiden, dass sie sich keinen positiven Einfluss von Regelwissen, vom Nachdenken über Sprache, überhaupt von Metasprachlichem auf den Spracherwerb versprechen.

Diese Ablehnung teilen die im nun folgenden Abschnitt dargestellten Theorieansätze, die seit den 1990er Jahren immer prominenter werden, nicht. Sie zeigen praktisch keine Gemeinsamkeit mit dem Behaviorismus, lassen sich jedoch in einigen Aspekten mit dem *Natural Approach* vereinbaren.

Kognitivistisch-konstruktivistische Lernannahmen und ihre Implikationen für den Spracherwerb |2.3

Unter dieser Überschrift verbergen sich zwei lerntheoretische Modelle, die aneinander anschließen, aber auch je eigene Charakteristika aufzeigen. Dass sie hier gemeinsam erläutert werden, ist der Tatsache geschuldet, dass sie sich in ihren Schlussfolgerungen für den Fremdsprachenunterricht eher ergänzen als widersprechen. Anders als die beiden oben vorgestellten Theorien gehen kognitivistische und konstruktivistische Spracherwerbstheorien nicht von einem besonderen Spracherwerbsmechanismus oder Sprachorgan aus, wohl aber von einer menschlichen Fähigkeit zu aktiver, kreativer Auseinandersetzung mit der Welt und betrachten den Spracherwerb als einen Teil davon.

Kognitivistisches Lernverständnis |2.3.1

Die Begriffe Kognitivismus und Konstruktivismus sind mit dem Werk des Schweizer Entwicklungspsychologen und Erkenntnistheoretikers Jean Piaget (1983, zuerst 1970) verbunden. Er untersuchte die geistig-intellektuelle Entwicklung von Kindern im Alter von bis zu etwa 11 Jahren und unterschied darin vier Stadien: das sensomotorische, das präoperativ-anschauliche, das konkret-operationale und das formal-operationale. Motor der kognitiven kindlichen Entwicklung war für Piaget die tätige Auseinandersetzung des Kindes mit seiner dinglichen Umwelt, die zu Verhaltensänderungen führe und die mentale kindliche Entwicklung vorantreibe. Piaget beobachtete Kinder bei dem Versuch, unbekannte Phänomene mit ihren bereits vorhandenen Denk- und Vorstellungsstrukturen (**Schemata**) zu erfassen, also Neues an Bekanntes anzugleichen, es zu **assimilieren**. Wenn eine solche Assimilation nicht gelang, also die den Kindern zur Verfügung stehenden Denk- und Vorstellungsmuster nicht geeignet waren, das Neue zu erfassen, dann gaben sie entweder auf oder sie entwickelten ihre Denkmuster weiter und korrigierten oder differenzierten sie in einem Vorgang, den Piaget **Akkommodation** nannte. Anders als bei der Assimilation, in der schon vorhandene Denkstrukturen auf Umweltzusammenhänge angewendet werden, wird bei der Akkommodation die Herausbildung neuer Denkstrukturen notwendig. Antriebskraft für die mentale Entwicklung ist offensichtlich das Streben nach ausgeglichenen mentalen Strukturen (**Äquilibration**). Ein Zustand der Unausgewogenheit der Schemata wird als krisenhaft empfunden (vgl. dazu Oerter/Montada 2002: 436 ff.) und verlangt nach Auflösung.

Die Vorgänge der Assimilation und der Akkommodation sind bis heute akzeptierte Konzepte der Kognitionstheorien. Dagegen wird Piagets Stufenmodell in seiner rigiden Form kaum noch vertreten, denn es kann nicht hinreichend die manchmal eklatanten Unterschiede in individuellen kindlichen

Jean Piaget

Entwicklungsverläufen erklären und vernachlässigt die enorme Bedeutung der sozialen Umgebung für die kindliche Entwicklung.

Diese ist für die sog. **Interaktionisten** wie Bruner, Snow, Mead, Wygotski u. a. aber ein entscheidender Faktor der geistigen Entwicklung. Für Lew Wygotski (1969), der in den 1920er/1930er Jahren in der Sowjetunion arbeitete, stand fest, dass soziale Interaktionen und ein anregendes, herausforderndes Milieu Entwicklungsprozesse vorantreiben, ein anregungsarmes Milieu solche Prozesse dagegen blockiert.

soziale Interaktionen

> Vygotsky referred to what the child could do in interaction with another, but not alone, as the child's *zone of proximal development*. […] Vygotsky's view differs from Piaget's. Piaget hypothesized that language developed as a symbol system to express knowledge acquired through interaction with the physical world. For Vygotsky, thought was essentially internalized speech, and speech emerged in social interaction. (Lightbown/Spada 1999: 23)

gestaltpsychologische Lerntheorie

Eine Spielart des Kognitivismus ist die **gestaltpsychologische** Lerntheorie. Sie fußt – wie der Behaviorismus – auf Beobachtung und Interpretation von Tierverhalten, und zwar sowohl im Labor als auch im Feld. 1932 kam Tolman, der zunächst behavioristischen Ansätzen verbunden war, bei der Deutung des Verhaltens von Ratten zu dem Schluss, dass sie offenbar benachbarte Zeichen mental zu *Gestalten* verbanden – etwa wie Seefahrer oder Wanderer dies bei Sternbildern tun – und sich auf diese Weise *cognitive maps* erstellten, die ihnen Orientierung erlaubten. Im Widerspruch zur einfachen Reiz-Reaktions-Vorstellung des Behaviorismus stellten die Tiere offensichtlich Bezüge zwischen Einzelreizen her und entwickelten dabei kognitiv Konzepte, z. B. über räumliche Verhältnisse. Bekannt geworden sind auch Experimente mit Schimpansen, die zur Erlangung eines Ziels Werkzeuge einsetzten und diese Kenntnisse unter vergleichbaren Rahmenbedingungen wiederholten. Aus solchen Versuchen leiteten Gestaltpsychologen das Prinzip einsichtigen Lernens ab. Kognition ermöglicht Lebewesen zu entscheiden, ob ein Gegenstand sich für eine Problemlösung eignet oder nicht. Sie erkennen ein Zueinanderpassen bestimmter Struktureigenschaften von Objekten und konstruieren sich gedanklich ein psychisches Feld (*Gestalt*), das die Lösung der Aufgabe verspricht und planvolles Handeln ermöglicht.

cognitive maps

Allen kognitivistischen Ansätzen ist gemein, dass sie von der aktiven, mental gestaltenden Auseinandersetzung der Menschen mit der Umwelt ausgehen. Lernende selektieren, ordnen, vernetzen und verarbeiten Informationen auf der Grundlage ihrer kognitiven Struktur, die sie bei nicht assimilierbaren neuen Phänomenen weiterentwickeln, ausdifferenzieren oder umstrukturieren (akkommodieren). Sie eignen sich also nach kognitivistischer Auffassung die Welt nicht mimetisch, d. h. durch Nachahmung, an, sondern erschließen sie sich auf dem Wege der vorstellungsgeleiteten, also durchaus kreativen, Informationsverarbeitung.

Konstruktivistische Vorstellungen von Sprachkompetenz |2.3.2

Die Vorstellung vom Lernen als Informationsverarbeitung wird von konstruktivistischen Ansätzen nicht geteilt. Aus ihrer Sicht ist Weltwahrnehmung immer aufs Engste mit den Wahrnehmenden verbunden, sie ist deren Konstruktion. Heinz von Foerster (1995: 40) bringt das auf die Formel: „Die Umwelt, so wie wir sie wahrnehmen, ist unsere Erfindung." Zwar wird die Existenz einer objektiven Außenwelt nicht bestritten, wohl aber die Möglichkeit ihrer unmittelbaren Wahrnehmung durch unsere Sinne. Lernprozesse können deshalb nicht von außen, etwa durch Konfrontation mit ‚Informationen', gesteuert werden, sondern sind individuelle Vorgänge aktiver Wissenskonstruktion – einschlägige Begriffe des Konstruktivismus sind deshalb ‚informationale Geschlossenheit des Gehirns' und ‚Selbstorganisation'. Mit diesen Begriffen wird deutlich gemacht, dass Menschen Umwelteindrücke nicht mental abbilden können, sondern dass Wahrnehmung ein Vorgang der Konstruktion von Bedeutung in unseren Köpfen ist.

Konstruktion von
Bedeutung in
unseren Köpfen

Solche Wissenskonstruktionsprozesse sind abhängig vom Vorwissen der Einzelnen, also immer individuell und subjektiv, so dass die Annahme, eine Lerngruppe könne gleichzeitig dasselbe lernen und Wissen sei übermittelbar, ein Mythos ist. Die Präsenz der anderen ist dennoch ein wichtiger Faktor für das Lernen auch in dieser Denkschule. Denn dem (gemäßigten) Konstruktivismus zufolge sind wir zwar selbstorganisierende Systeme, treten aber durch Interaktion miteinander in Verbindung und stimmen unsere individuellen Bedeutungskonstruktionen dabei so ab, dass sie sozial brauchbar (**viabel**) sind. Anders als in kognitivistischen Vorstellungen geht es in konstruktivistischen nicht um objektive Wahrnehmung der Welt. „Die Funktion der menschlichen Vernunft ist nicht, eine vom Wissenden unabhängige, *reale* Welt darzustellen, sondern Handlungsschemas und Begriffsstrukturen aufzubauen, die sich im Laufe der Erfahrung als brauchbar erweisen." (v. Glasersfeld 1995: 7) Von Übereinstimmung oder gegenseitigem Verstehen kann zwar nicht die Rede sein – letztlich bleiben wir in unseren Vorstellungswelten unabhängig und einander immer ein bisschen fremd –, aber wir können sie in der Interaktion kompatibel machen.

Dieter Wolff (1997) zieht aus der konstruktivistischen Lerntheorie den Schluss, dass kleinschrittiger Unterricht mit einem einzigen Leitmedium, wie es z. B. das Lehrbuch oft darstellt, wegen seiner Einseitigkeit und Engführung nicht Erfolg versprechend sei. Lernen in Gruppen benötige vielmehr eine reiche, vielfältige, offene und herausfordernde Lernumgebung, damit der Unterschiedlichkeit der kognitiven Strukturiertheiten, des Vorwissens und der Sinnkonstruktions- und Bedeutungsaushandlungssprozesse der Lernenden Rechnung getragen werden könne. Lehren besteht dieser Auffassung nach darin, die vorfindlichen Wirklichkeitskonstruktionen der Lernenden herauszufordern. Lernen – auch Sprachlernen – geschieht, wenn diese Konfrontation als Verstörung (konstruktivistisch gesprochen: als **Perturbation**) erlebt wird und die Lernenden nach Auflösung der Irritation streben.

2.3.3 | Spracherwerb als kreativer Selbstorganisationsprozess durch Interaktion

Welche spracherwerbstheoretischen Folgerungen lassen sich aus diesen heute auf breite Zustimmung treffenden kognitivistischen und konstruktivistischen Vorstellungen ableiten? Zunächst steht fest: Die Vorstellung von einem unmittelbaren Zusammenhang zwischen Reiz und Reaktion, wie sie der Behaviorismus vertritt, wird verworfen. Das Interesse gilt heute zunehmend den inneren Vorgängen beim Sprachenlernen. Zugleich fragt man aber auch nach förderlichen und beeinträchtigenden externen Bedingungen. Spracherwerb – so der gegenwärtige Wissensstand, der nativistische, vor allem aber kognitivistisch-konstruktivistische Elemente zusammenführt – bedarf nicht unbedingt eines biologischen Sprachorgans oder -gens (wie es der Nativismus annimmt), wohl

Lernfähigkeit aber einer allgemeinen geistigen Lernfähigkeit (wie sie der Kognitivismus
herausfordernde beschreibt) und einer sozial anregenden und herausfordernden Umgebung
Umgebung (wie dies Wygotski und andere Interaktionisten und speziell für den Spracherwerb z. B. Long 1985, Wolff 1997, Bleyhl 2004 vertreten). Von Krashen
angstfreies Milieu und Terrell wissen wir, dass ein angstfreies, entspanntes Milieu eine entschei-
Muße dende förderliche Bedingung darstellt und dass Sprachaufnahme der Muße bedarf, dass also *silent periods* bei der Sprachverarbeitung bzw. -konstruktion vor allem am Beginn des Spracherwerbs, aber auch später, immer wieder eine wichtige Rolle spielen und Zeitdruck schädlich ist.

Definition

> **Spracherwerb** wird als dynamische, interaktionsgetriebene, affekt- und milieuabhängige und zugleich selbstorganisierte mentale Aktivität der Lernenden aufgefasst, die von außen weder gezielt steuerbar noch beobachtbar, durchaus aber anregbar ist.

Eine Langzeitstudie von Annemarie Peltzer-Karpf und Renate Zangl (1998) zum Englischerwerb an zwei Grundschulen in Österreich gibt einige Aufschlüsse über den dort beobachteten Spracherwerbsverlauf. Er begann mit
Sprachaufnahme einer Phase der Sprachaufnahme, in der die Kinder auf der Grundlage ihres unterschiedlichen Sprach- und Weltwissens bereits erste Orientierungsversuche unternahmen. Sobald ihnen eine gewisse lexikalische Datenmenge („kritische Masse") zur Verfügung stand – und das war nicht objektiv zu fassen, sondern individuell unterschiedlich – begann eine „turbulente Phase der
Analyse und Analyse und Regelfindung" (ebd.: 7). Jetzt versuchten die Lernenden semanti-
Regelfindung sche Analogien und morphosyntaktische Regelhaftigkeiten zu entdecken. Sie entwickelten Hypothesen über die Zielsprache, testeten diese Hypothesen und revidierten sie, wenn neues Sprachangebot dies nahe legte. In ihren Problemlösungsprozessen, in denen sie sich der Orientierung und Regelsuche in der neuen Sprache widmeten, nutzten bzw. entwickelten die Kinder eine große

Bandbreite an Erschließungsstrategien, die von konzentrierter Sprachaufnahme über nonverbales Reagieren, Einholen von Erklärungen, Nachfragen, Erbitten von Übersetzungen und Reformulierungen, probeweisem Wiederholen und Nachspielen bis zu Rückgriffen auf die Erstsprache reichten: „Einen *dog* habe ich auch" (ebd.: 50). Die sprachlichen Äußerungen zeichneten sich u. a. durch die Verwendung memorierter *chunks* (unaufgelöster lexikalischer Einheiten, die holophrastisch, d. h. als Einheit gelernt wurden, z. B. *How do you do?*) und die Dominanz von Nomina und Verben aus und wiesen Verfahren auf, die aus dem Erstspracherwerb bekannt sind, beispielsweise

Erschließungs-
strategien

- ► Interferenzen (*renning, *spieling),
- ► eine Vereinfachung komplexer Formen (*we go school),
- ► die Verallgemeinerung einer Regel, also eine Übergeneralisierung (*goed für went, *buyed für bought),
- ► die doppelte Markierung einer Funktion (*he wented).

Solche ‚intelligenten' Fehler zeigen, dass sich die Lernenden in mentalen Prozessen laufend eine in sich durchaus systematische Lernersprache konstruieren, die von Selinker (1972) als *Interlanguage* bezeichnet wurde.

Interlanguage

Unter **Interlanguage** versteht man eine Sprache im Prozess des Erwerbs, in die sowohl Elemente des sprachlichen Vorwissens (in der Regel der Erstsprache) als auch Elemente der Zielsprache als auch schließlich von beiden unabhängige Elemente eingehen. Diese Sprache auf Probe wird im Idealfall laufend revidiert und im Zuge der Verarbeitung des Inputs reorganisiert. Die Interlanguage-Hypothese integriert also die Kontrastiv- oder Identitätshypothese und überschreitet sie und ist damit geeignet, der Vielfalt der Spracherwerbsfaktoren Rechnung zu tragen.

Definition

Fehler lassen Aufschlüsse über Erwerbsprozesse zu, sie sind notwendiger Bestandteil von Lernersprachen. Rotstift und schlechte Noten wären hier fehl am Platz, denn sie würden das Interesse von der Sprache auf die Fehlervermeidung und Benotung lenken, die Entdeckungsbereitschaft bremsen und am Ende verhindern, dass Kinder sich mit den ihnen zur Verfügung stehenden Mitteln neuen Input zum gezielten Testen einer Hypothese verschafften. Zumindest der frühe Fremdsprachenunterricht muss deshalb auf Leistungsmessung in Form von Sprachtests und Noten verzichten und – in Einklang mit Krashens und Terrells *Affective-Filter*-Hypothese – für eine angst- und beschämungsfreie Lernatmosphäre sorgen. Betrachtet man Spracherwerb als kreativen Selbstorganisationsprozess, so sind zwar beratende und herausfordernde Rückmeldungen unverzichtbar, ablehnende aber problematisch.

Fehler

Erhalten die Lernenden vielfältigen und für sie bedeutsamen Input und dürfen sie für sich und in der Lerngruppe risikofreudig interessante sprachliche Erfahrungen machen und sich gezielt Input verschaffen, so entwickeln sie nicht nur fremdsprachliche Kompetenzen, sondern auch strategische Kompe-

Kritik am gängigen
Sprachunterricht

tenzen für den Spracherwerb und schließlich auch Wissen über Sprache. Vor diesem spracherwerbstheoretischen Hintergrund kritisiert Werner Bleyhl am gängigen Sprachunterricht

1. didaktisch-methodische Vorstellungen, die auf die enge und lineare Steuerung des Lernens setzen und Sprache als Bausatz begreifen. „Sprache ist linear *lehr*bar", schreibt er. „Linear *lern*bar ist sie nicht." (2000a: 7)

2. die Auffassung, kindlicher Spracherwerb vollziehe sich vor allem durch Imitation. Die Spracherwerbstheorie zeige, „dass Imitation auf vorhergehendem Wahrnehmungslernen beruht. Das Kind kann nur das imitieren, was sich schon vorher in seinem Sprachvermögen befindet [...]. In der frühen Phase des Spracherwerbs ist Imitation eher das Resultat des Lernens als ein Mechanismus des Lernens." (Hebb u. a. 1975, zit. in Bleyhl 2000a: 15)

3. die enge Koppelung von Sprachrezeption und Sprachproduktion. Er vergleicht diesen Kurzschluss mit unprofessioneller Gartenarbeit, bei der der Gärtner junge Pflänzchen nach jedem Gießen und Düngen aus dem Boden zieht, um die Wurzelentwicklung zu prüfen. „Aus Ängstlichkeit, ob der Lerner sich auch so steuerbar gibt, wie man hofft, werden Rezeption und Produktion behandelt als stünden sie im Verhältnis 1:1. D. h. der gängige Fremdsprachenunterricht versucht die sofortige Produktion [...] zu erzwingen und trägt damit den mentalen Entwicklungsbedürfnissen, der Wissensprozessualisierung in ihrer Dynamik und Unabgeschlossenheit nicht hinreichend Rechnung. Dabei können wir das Sprachverstehen und die Sprachproduktion ‚getrost' als im Verhältnis 1.000:1 beziffern (Wandruszka 1979)." (Bleyhl 2002: 9)

Zusammenfassung

Wir haben mit der behavioristischen, der nativistischen und den kognitiv-konstruktivistischen Theorien drei Versuche dargestellt, eine wissenschaftlich schlüssige Vorstellung vom Spracherwerb zu entwerfen. Sie unterscheiden sich gravierend. Für den Behaviorismus steht die Nachahmung der sprachlichen Umwelt im Mittelpunkt des Sprachenlernens. Neue Sprachen lerne man auf der Grundlage von bekannten, besonders der Erstsprache. Dabei müsse man besonders den Abweichungen Aufmerksamkeit schenken und hier den Nachahmungsschwerpunkt setzen. Dagegen ist nach nativistischer Auffassung Sprachfähigkeit angeboren, was sich daran zeige, dass Menschen eigenständige und zugleich regelhafte sprachliche Äußerungen hervorbringen (generieren). Für dieses erstaunliche Phänomen müsse ihnen eine besondere generative sprachliche Kompetenz innewohnen, die beim Erwerb der Erst- wie auch weiterer Sprachen gleichermaßen wirksam werden könne – wenn man sie lässt. Unterricht solle deshalb auf verständlichen (und interessanten) mündlichen oder schriftlichen Input setzen und sich nicht um sprachliche Formen und sprachliche Korrektheit scheren. Kognitivistisch-konstruktivistische Vorstellungen schließlich verstehen Spracherwerb als interaktionsmotivierte, selbstorganisierte mentale Aktivität der Lernenden. Anregende und herausfordernde Auseinandersetzungen mit anderen über inhaltliche, aber durchaus auch sprachliche und formale Phänomene spielen deshalb eine wichtige Rolle, denn sie erlauben die Prüfung eigener Vermutungen, fordern zur Bildung neuer Hypothesen über die neue Sprache heraus und stoßen Lernprozesse an, in die auch das Reflektieren über Sprache einbezogen werden kann. Anders als die beiden erstgenannten Ansätze, die die Lehrperson als nachahmenswertes Vorbild bzw. als Input-Lieferantin konzipieren, also lehr- bzw. mediumzentriert sind, hat in dem letzten Ansatz die Interaktion zwischen Lehrenden und Lernenden, aber auch zwischen Lernenden einen hohen Stellenwert.

Aufgaben

1 Skizzieren Sie für jede der drei vorgestellten Spracherwerbstheorien die Rollen von Lernenden und Lehrenden, die diesen darin zugewiesen werden.

	behavioristisch	nativistisch	kognitivistisch-konstruktivistisch
Rolle der Lernenden			
Qualifikation und Rolle der Lehrenden			

2 Vergleichen Sie Kontrastiv-, Identitäts- und *Interlanguage*-Hypothese und ordnen Sie sie den drei vorgestellten Theorien zu.

3 Bitten Sie jemanden, der/die eine Ihnen völlig fremde Sprache spricht, Ihnen einen längeren Satz in dieser Sprache vorzusprechen und versuchen Sie ihn nachzusprechen. Schreiben Sie auf, wie Sie dabei verfahren und reflektieren Sie vor diesem Hintergrund die behavioristische These, Sprache werde durch Nachahmung erworben.

4 Aus der behavioristischen wie auch der nativistischen Theorie des Spracherwerbs lässt sich schlussfolgern, dass ausdrückliches Grammatikwissen nicht in den Sprachunterricht gehört. Wie beurteilen Sie diesen ‚Verzicht' im Kontext des jeweiligen Modells?

5 Suchen Sie eine Gesprächssituation, in der Sie eine höhere oder niedrigere sprachliche Kompetenz als Ihr/e Gesprächspartner/in besitzen. Versuchen Sie nachzuzeichnen, ob, und wenn ja, welche Anpassungen dabei vollzogen wurden.

6 Entwerfen Sie ohne Rücksicht auf Kosten eine Lernumgebung für einen Sprachunterricht, der aktuellen Erkenntnissen gerecht wird.

Zum Weiterlesen

Lightbown, Patsy/Spada, Nina (2006): *How Languages are Learned*. Oxford UP.

McLaughlin, Barry (1990): ‚Conscious' versus ‚unconscious' learning. *TESOL Quarterly* 24, 617–634.

Quetz, Jürgen/von der Handt, Gerhard (Hrsg.) (2002): *Neue Sprachen lehren und lernen*. Bielefeld: Bertelsmann.

Selinker, Larry (1972): Interlanguage. *International Review of Applied Linguistics in Language Teaching*, 10, 209–231.

Kognition und Emotion beim Sprachenlernen

In der vorangegangenen Einheit haben wir bereits festgestellt, dass es unterschiedliche Auffassungen darüber gibt, inwieweit beim Spracherwerb bzw. beim Fremdsprachenlernen bewusste oder doch eher unbewusste Verfahren zum Tragen kommen. In einem methodengeschichtlichen Abriss (Einheit 5) wird deutlich werden, dass den verschiedenen Konzeptionen des Fremdsprachenunterrichts ebenfalls unterschiedliche Annahmen zu dieser Frage zugrunde liegen. Vor Eintritt in eine solche auf Unterrichtsmethoden bezogene Darstellung wollen wir zunächst im Anschluss an den aktuellen – allerdings keineswegs einheitlichen – Stand der Kognitionswissenschaften in einer übergreifenden Perspektive beleuchten, welcher Stellenwert Kognition bzw. Emotion beim Fremdsprachenlernen zukommt.

Beide Begriffe werden oft als Gegensatzpaar verstanden. Schaut man sich die Forschungsgeschichte an, so fällt auf, dass emotionalen Faktoren des Lernens bzw. des Spracherwerbs lange Zeit nur wenig Aufmerksamkeit geschenkt wurde. Neuere Erkenntnisse der Kognitionswissenschaften machen allerdings darauf aufmerksam, dass Emotionen in Bezug auf Antriebskräfte, Inhalte und Verfahren des Lernens sowie auf dessen Einbettung in einen sozialen Kontext eine größere Bedeutung zukommt als dies bisher angenommen wurde. Mittlerweile ist man sich einig in der Einschätzung, dass jedweder Lernprozess von einem Zusammenspiel kognitiver und affektiv-emotionaler Faktoren geprägt ist. Beide Aspekte sind folglich in der Praxis nicht voneinander zu trennen. Dem Entwicklungsgang einschlägiger Forschung folgend, werden wir zunächst die kognitiven Aspekte des Fremdsprachenlernens näher betrachten, bevor wir uns intensiver mit der Bedeutung von Emotionen und schließlich den Verknüpfungen von Emotion und Kognition beim Lernen fremder Sprachen beschäftigen.

Fremdsprachenlernen als kognitiver Prozess | 3.1

In Bezug auf kognitive Aspekte des Fremdsprachenlernens gilt es zwischen zwei Ebenen zu unterscheiden. Auf der einen ist zu fragen, in welchem Maße eine Einsichtnahme in die Strukturen der Sprache, mit anderen Worten eine grammatische Kognitivierung, den Lernerfolg begünstigt. Auf der anderen geht es um die bewusste Steuerung der individuell durchaus unterschiedlichen Prozesse des Lernens, also mehr um strategisches Wissen; zu klären ist folg-

grammatische Kognitivierung

strategisches Wissen

lich, ob Sprachbewusstsein und Sprachlernbewusstsein hilfreich sein können (s. Einheit 12). Während die Diskussionen um den Stellenwert von Grammatik einen „Dauerbrenner" innerhalb der Fremdsprachendidaktik darstellen, hat die Thematisierung von Lernstrategien erst eine kurze Tradition. Sie geht im Wesentlichen auf Entwicklungen der späten 1980er Jahre zurück.

Zu beiden Fragekomplexen lassen sich Klärungsansätze in den Ergebnissen der Spracherwerbsforschung und der kognitiven Psychologie finden. Im Rückgriff auf letztere, insbesondere auf die Schematheorie der Wahrnehmungspsychologie, entwickelt Dieter Wolff (1993a) ein Modell sprachlicher Verarbeitungs- und Lernprozesse (s. auch die Ausführungen zu den kognitivistisch-konstruktivistischen Spracherwerbstheorien in Einheit 2). Er versteht den/die Lerner/in als informationsverarbeitendes System, das bei der Sprachverarbeitung gleichermaßen auf sein Welt- wie auch sein Sprachwissen zurückgreift. Beide Wissensspeicher sind wiederum unterteilt in deklarative und prozedurale Wissensbestände. Diese Unterscheidung lässt sich annähernd über die Computermetapher erklären: **Deklaratives Wissen** gleicht den Daten, z. B. den einzelnen Buchstaben, die wir über die Tastatur eingeben, während die Anordnung und Verknüpfung der Einzeldaten über die Betriebssoftware bzw. das Textverarbeitungsprogramm erfolgt (**prozedurale Ebene**). Wir können uns die Unterscheidung auch am Beispiel des Fahrradfahrens verdeutlichen: Das deklarative Wissen um den menschlichen Bewegungsapparat und die Bestandteile eines Fahrrades macht uns noch nicht zu verkehrssicheren Radfahrern. Dazu braucht es eine im Körpergedächtnis gespeicherte Koordination der Bewegungsabläufe auf dem Rad (prozedurales Wissen). Siehe hierzu die Beispiele auf www.bachelor-wissen.de.

deklarative und prozedurale Wissensbestände

Definition

> Generell können wir sagen: **Deklaratives Sprachwissen** ist eher auf stabile Gegebenheiten bezogen (*know what*, z. B. Wissen über phonologische, morphologische, syntaktische, semantische und textuelle Aspekte von Sprache), während **prozedurales Wissen** auf Vorgänge gerichtet ist (*know how*, eher ein „Können" wie z. B. das kontextuelle Erschließen sprachlicher Stimuli als ein Wissen im herkömmlichen Sinne).

Um die Verknüpfung beider Wissensspeicher bei Sprachverarbeitungsprozessen zu illustrieren, entwirft Wolff (1990: 616) das auf der folgenden Seite in Abb. 3.1 wiedergegebene Modell.

Das Dekodieren lautlicher oder visueller Stimuli bzw. Zeichen (Ton oder Schrift) wird als *Bottom-up-* oder datengeleiteter Prozess bezeichnet, der allerdings nur dann zu einem Verstehen führt, wenn er zugleich an Bekanntes anschließen kann. Denn erst die Zuordnung wahrgenommener Impulse zu den Beständen des Sprach- und Weltwissens (*Top-down-* oder konzeptgeleiteter Prozess) lässt im Individuum Sinn entstehen. Ohne dieses Wissen wären die Zeichen – wie arabische oder chinesische Schriftzeichen für die meisten von uns – Formen ohne erkennbare Bedeutung. Doch über ein solches dekla-

Bottom-up-/ datengeleiteter Prozess

Top-down-/ konzeptgeleiteter Prozess

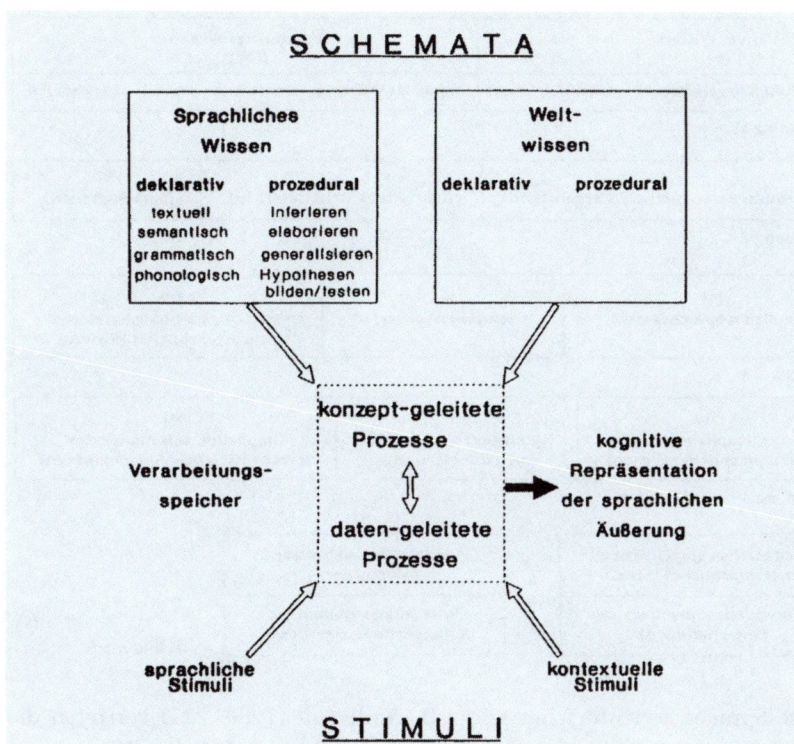

Abb. 3.1
Der Sprachverarbei-
tungsprozess

ratives Wissen hinaus aktivieren wir in der Sprachverarbeitung auch Strategien, die Wolff als Komponenten des prozeduralen Sprachwissens mit verschiedenen Verben kennzeichnet. „Inferieren" meint dabei eine erste Stufe der Bedeutungserschließung aus sprachlichen oder situativen Kontexten. Unter „elaborieren" versteht Wolff eine Sonderform fremdsprachlichen Verstehens, die dann einsetzt, wenn die sprachlichen Stimuli über vorhandenes deklaratives Sprachwissen nicht hinreichend entschlüsselt werden können und folglich verstärkt einen Rückgriff auf kontextuell relevantes Weltwissen erforderlich macht. Elaborationen sind dementsprechend besonders der Gefahr von Fehlschlüssen ausgesetzt.

Nicht nur beim Verstehen, auch beim Produzieren von Sprache gehen beide Komponenten ein: Das prozedurale Wissen kann somit als „Manager" verstanden werden, der die einzelnen Bestandteile des deklarativen Wissens bereitstellt. Letzteres ist in der Regel explizit und bewusst, Ersteres im Gegensatz dazu implizit und unbewusst, nämlich automatisiert. Prozedurales Wissen kann, wie oben gesehen, auch bewusst sein. Auf die Frage, wie beide Wissensspeicher beim Fremdsprachenlernen in welcher Reihenfolge aufgebaut werden, sind in der Forschung unterschiedliche Antworten entwickelt worden. Diese illustriert Multhaup (1997: 75) in folgender Übersicht:

das prozedurale
Wissen als
„Manager"

41

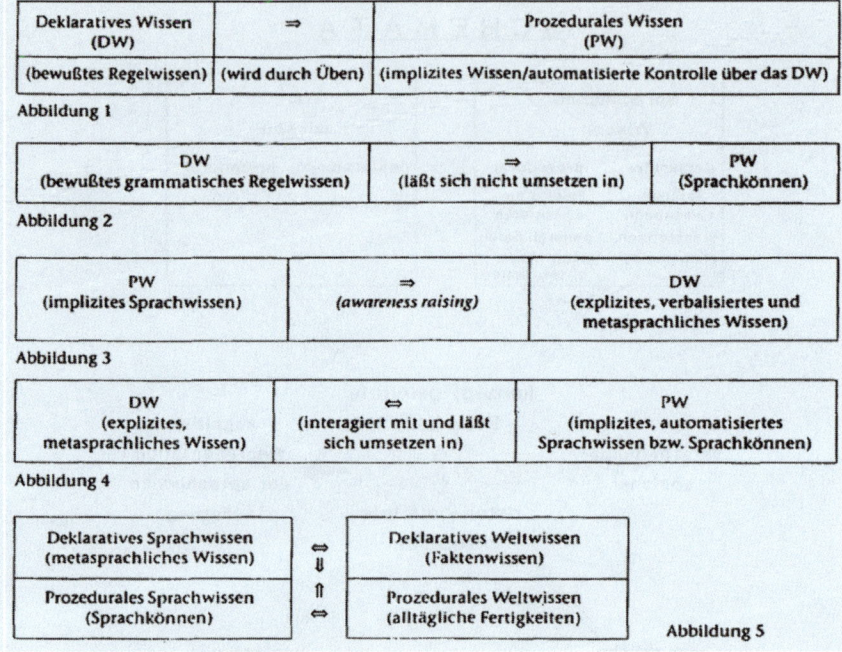

Abb. 3.2|
Interaktion zwischen
deklarativem und
prozeduralem
Wissen beim
Sprachenlernen

Einige Spracherwerbsforscher wie z. B. Anderson (1980: 225) vertreten die These, dass der Aufbau prozeduralen Wissens immer über den Aufbau und die anschließende Automatisierung von deklarativem Wissen verlaufe, dargestellt im oberen Teil des Schaubildes. Multhaups Abbildung 2 resümiert die *Non-Interface*-Position Krashens, dass sich explizites nicht in implizites Sprachwissen überführen lasse, während seine Abbildung 3 die Auffassung Hawkins' (1984) verdeutlicht, dass ursprünglich implizites, unbewusstes Sprachwissen durch gezielte Aufmerksamkeitslenkung bewusst gemacht und für den weiteren Spracherwerbsprozess produktiv genutzt werden könne. Daher gehen manche Spracherwerbsforscher wie Bialystok (1982, 1986) von einer wechselseitigen Beeinflussung beider Wissensbereiche aus. Diese auch als *Interface*-Position bezeichnete Sichtweise kommt in Abbildung 4 zum Ausdruck. Es dürfte klar sein, dass die Sachverhalte hier in extremer Vereinfachung dargestellt werden. Zu einem genaueren Verständnis müssten die einzelnen Begriffe und Konzepte näher differenziert werden. Die Abbildung 5 nimmt eine solche Differenzierung vor, wenn sie daran erinnert, dass deklaratives und prozedurales Wissen jeweils auf Sprache und auf Außersprachliches („Welt") zu beziehen sind. Weiterhin wäre zu unterscheiden zwischen Gebrauchs- und Lernprozessen sowie zwischen unbewusstem und implizitem sowie analog zwischen bewusstem und explizitem Wissen. Doch mag diese grobe Übersicht im Moment genügen, um deutlich zu machen, wie komplex die Zusammenhänge zwischen Sprachwissen und Sprachkönnen sind.

42

Wie oben schon angeführt, ist der Faktor Kognition allerdings nicht nur im Blick auf den eigentlichen Gegenstand des Lernens von Bedeutung. Die kognitionswissenschaftliche Lernforschung hat sich vielmehr auch und seit den 1980er Jahren besonders den individuellen Unterschieden des Lernens und der Bedeutung metakognitiven Wissens für den Lernerfolg gewidmet. Lernen, so nunmehr die einhellige Auffassung, sei nicht eine unmittelbare Folge des Lehrens, sondern ein individueller Konstruktionsprozess, der von individuell so unterschiedlich ausgeprägten Variablen bestimmt sei wie der persönlichen Lerngeschichte und den in ihr entwickelten Lernstilen. Letztere wiederum werden generell nach dominanten Merkmalen differenziert. Zu ihnen zählen die Bevorzugung bestimmter Wahrnehmungskanäle – visuell, auditiv, haptisch (d. h. durch Berührung, über den Tastsinn), olfaktorisch (d. h. über den Geruchssinn), gustatorisch, (d. h. über den Geschmackssinn) –, die Tendenz zu eher analytischen oder globalen Herangehensweisen, zu Reflexivität oder Impulsivität des Verhaltens und der Grad an Ambiguitätstoleranz (d. h. die Fähigkeit, sich von Mehrdeutigkeiten nicht irritieren zu lassen). Die Mischung dieser Verhaltensmerkmale prägt den individuellen Lernertyp, wobei laut Grotjahn (1998: 12 f.) bestimmte Merkmale gehäuft gemeinsam auftreten, so insbesondere bei eher analytisch-reflexiven-ambiguitätstoleranten im Gegensatz zu eher global-impulsiven-ambiguitätsintoleranten Lernenden. Wir werden diese Gesichtspunkte im Rahmen der Einheit 11 zur Methodenkompetenz und Lernerautonomie intensiver erörtern und auch die Bedeutung grammatischer Kognitivierung für ein erfolgreiches Fremdsprachenlernen an anderer Stelle (Einheit 10) erneut thematisieren. Daher wenden wir uns jetzt der Frage zu, wie über kognitive Steuerungsmomente hinaus die affektiv-emotionalen Implikationen des Lernens zu verstehen sind.

Bedeutung metakognitiven Wissens

individueller Lernertyp

Zur Bedeutung der Emotionen beim Sprachenlernen und beim Sprachgebrauch

|3.2

Affekte, Gefühle, Emotionen – wenn vom ‚Anderen der Vernunft' die Rede ist, wird die Begrifflichkeit leicht uneindeutig. Der am weitesten gefasste Begriff ist der des Gefühls. Wir sprechen von einem besonderen Gefühl, das jemand beispielsweise für Tiere hat, und meinen damit eine ausgeprägte Wahrnehmungsfähigkeit und eine glückliche Hand im Umgang mit ihnen; analog hierzu lässt sich auch das sogenannte ‚Sprachgefühl' verstehen. Außerdem verwenden wir ‚Gefühl' zur Bezeichnung körperlicher Wahrnehmungen wie z. B. im Fall von Übelkeit, Hunger oder einem Kribbeln im Bauch. Bei rational nicht erklärbaren Vorahnungen sprechen wir ebenfalls von einem ‚Gefühl' – so bspw. vom Gefühl, dass etwas Schlimmes passieren wird. Vor allem aber meinen wir seelische Empfindungen der Ab- oder Zuneigung, des Wohlbefindens oder des Unbehagens; zu ihnen zählen folglich Angst, Wut, Freude,

Gefühl

Emotionen

Liebe usw. Nur im letztgenannten Sinn verwenden wir ‚Gefühl' auch im Plural und nur in dieser Bedeutung ist der Begriff ein Synonym für ‚Emotion' (vgl. ebd.).

Definition

Stimmungen

Affekt

Emotionen sind interne, introspektiv wahrnehmbare Zustände, die einhergehen können mit physiologischen Korrelaten (wie Angstschweiß, Pulsanstieg usw.), sie sind in starkem Maße sozial beeinflusst. Im Gegensatz zu Stimmungen, unter denen in der Regel länger andauernde Gefühlsregungen verstanden werden, sind Emotionen von zumeist kürzerer Dauer (vgl. Kieweg 2003: 4). ‚Affekt' wiederum kann als Sammelbegriff für beide gelten.

Abb. 3.3 |

Begriffsfeld Gefühl/
Emotion/Stimmung/
Affekt

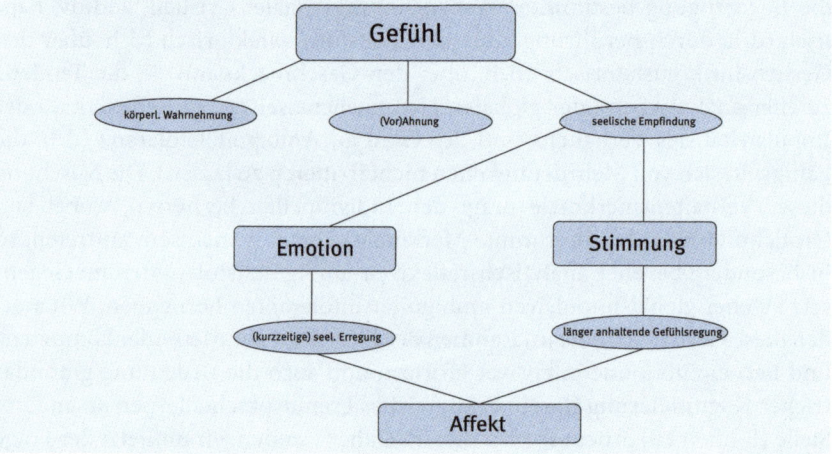

‚Emotionale
Intelligenz'

Selbstbewusstheit

Der mit Goleman (1996) populär gewordene, wenngleich nicht unumstrittene Begriff der ‚Emotionalen Intelligenz' veranschaulicht, dass Gefühl und Verstand zusammengehören. Emotionale Intelligenz ist nach Goleman ein wichtiger Faktor beruflichen Erfolgs und sozialer Anerkennung. Sie lasse sich in die fünf Teilbereiche Selbstbewusstheit, Selbstmotivation, Selbststeuerung, Empathie/Verständnis sowie Soziale Kompetenz aufgliedern. Unter Selbstbewusstheit versteht er die Fähigkeit, eigene Gefühle zu erkennen und in stetigem Kontakt mit ihnen zu bleiben. Sie biete die Basis der nachfolgend aufgeführten Teilkompetenzen. Denn nur wer die eigenen Gefühle wahrnehme und beachte, könne im Umgang mit sich selbst und anderen umfassend kompetent sein.

Die Geisteswissenschaften können in diesem Kontext viel vom Forschungsstand der sog. Neurowissenschaften profitieren. Gerade in jüngster Vergangenheit sind hier u. a. durch die Weiterentwicklung bildgebender Verfahren medizinischer Diagnostik wie der Magnet-Resonanz-Tomographie (MRT) und der Positronen-Emissions-Tomographie (PET) so interessante Erkenntnisse für das Verständnis mentaler Prozesse gewonnen worden, dass es ungeheuer spannend ist, über den Zaun eigener wissenschaftlicher Diskurse zu schauen. Für eine Transformationswissenschaft wie die Fremdsprachendidaktik ist so ein interdisziplinärer Blick geradezu verpflichtend, wie wir in Einheit 1 dargelegt haben.

Lange Zeit wurde Sprache nahezu ausschließlich innerhalb der linken Gehirnhälfte lokalisiert, d. h. sie wurde als logisch-analytische mentale Aktivität betrachtet. Die linke Hirnhemisphäre ist auch nach heutigem Kenntnisstand vor allem für sequenzielles und formal-logisches Denken, die rechte primär für ganzheitliche Wahrnehmung und Emotionalität zuständig. Neuere Studien machen allerdings geltend, dass die Verwendung von Sprache ein höchst komplexer hirnphysiologischer Vorgang ist, der die Interaktion beider Gehirnhälften voraussetzt. In mündliche Sprache gehen auch prosodische Elemente ein, sie ist verknüpft mit mimisch-gestischen Ausdrucksmitteln und ist in aller Regel eingebunden in einen sozialen Kontext mit allen emotionalen Implikationen, die menschliche Interaktion ausmacht. Denken wir nur an gängige Soap Operas und stellen uns vor, dass sie ohne Mimik, Gestik und Modulation der Stimme auskämen – ein Ding der Unmöglichkeit!

Interaktion beider Gehirnhälften

Emotionen bei der Sprachverarbeitung bzw. beim Sprachenlernen

| 3.2.1

Die lange Zeit (ca. von den 1970er bis in die 1990er Jahre) tonangebenden Ansätze des Kognitivismus verstehen Lernen als einen Prozess der Informationsverarbeitung. In ihren Überlegungen spielen affektive Faktoren nur eine untergeordnete Rolle, zumeist eingeschränkt auf das Phänomen der Angst als eines zu eliminierenden Störfaktors. Den Emotionen werden vor allem und nahezu ausschließlich „Interruptionseigenschaften in Bezug auf kognitive Prozesse und somit eine prävalent destruktive Rolle zugeordnet" (Battachi u. a. [2]1997: 38). Nach Schwerdtfeger (zitiert in Neuner 1998: 136) reflektieren kognitivistische Ansätze eine „einem objektiven analytischen Wissenschaftsverständnis verpflichtete technische Vorstellung" des Fremdsprachenlernens. Ihr Leitbild sei das einer „kognitiven Reinheit des Lernenden und seiner Fremdsprache", welche gleichsam als objektive Welt außerhalb der Lernenden betrachtet werde (vgl. ebd.). Demgegenüber machen neuere neurophysiologische Studien deutlich, dass Emotionen einen immensen, sehr wohl oft auch positiven Einfluss auf das Lernen haben. Dieter Wolff (2004: 94) schreibt ihnen analog zu Krashens *affective filter hypothesis* eine Art Selektionsfunktion zu. Er vermutet, dass wir nur das aus unserer Umwelt verarbeiten, „worauf uns unsere Emotionen verweisen" (ebd.). Eindrucksvoll vergleicht Heiner Willenberg (1999: 21) die Emotionalität mit dem Steuermann auf einem Schiff, da sie die Richtung der „Lernfahrt" angebe. Insofern könne sie „das Lernen aufschließen".

Selektionsfunktion

Nicht nur die Initiierung von Lernprozessen, sondern auch und gerade ihr Verlauf ist in hohem Maße abhängig vom Einfluss der Emotionalität. In einem Grundlagenbeitrag zur „Rolle der Emotionen beim Fremdsprachenlernen" referiert Werner Kieweg (2003: 6):

Das Forscherteam um Gary Lynch hat bereits im Jahre 1983 die Wirkungszu-sammenhänge von Emotionen und Lernerfolg entdeckt und den Begriff der synaptischen Plastizität kreiert. So konnte man nachweisen, dass die Kontakt-stellen zwischen den einzelnen Nervenzellen, die so genannten Synapsen, als maßgebliche Schaltstellen für die komplexen Vorgänge der Informationsüber-tragung, der Informationsverarbeitung und der Informationsspeicherung fun-gieren. Man beobachtete, dass sich die Synapsen bei positiven Gefühlsregungen bis zu 30 % vermehrten und sich der Synapsenspalt bei günstig gestimmter Emotionalität (z. B. Motivation, Interesse) verringerte. Dies löste einen verstärk-ten Transmitterfluss aus, der die Lernprozesse begünstigte […].

Kieweg (ebd.: 7) weist ferner darauf hin, dass positive Gefühlsbetonungen nicht nur die Menge der Informationsverarbeitung, sondern auch die Dauer-haftigkeit von Gedächtnisleistungen erhöhten. Im Anschluss an das kogniti-vistische Konzept der Verarbeitungstiefe kommt Wolff (2004: 98) zu der Fest-stellung, dass „eine tiefer gehende Verarbeitung im Sinne eines Behaltens einer Aussage" gemeinhin nur stattfinde, wenn „der Sprachverarbeiter emotional involviert" sei, wenn er „den Verarbeitungsprozess als bedeutsam für seine eigene Person" erachte und wenn er sich mit der Aussage identifiziere.

Dauerhaftigkeit von Gedächtnisleistungen

Wie in Einheit 12 zu sehen sein wird, spielen affektive Faktoren darüber hinaus in allen Fragen interkulturellen Lernens eine wichtige Rolle.

3.2.2 | Emotionen in der Kommunikation

In allen kommunikativen Kontexten sind selbst dort, wo scheinbar Sachin-formationen im Vordergrund stehen, emotionale Anteile konnotiert. Darauf macht das dreibändige Werk *Miteinander reden* des populären Kommunikati-onspsychologen Schulz von Thun (1981, 1989, 1998) aufmerksam. Im Anschluss an Bühler (1934/1999), Watzlawik u. a. (1969) entwickelt es ein Modell, das in jeder Kommunikation vier unterschiedliche Seiten beteiligt sieht: einen Sach-, einen Beziehungs-, einen Selbstoffenbarungs- und einen Appellaspekt. Schulz von Thun möchte die versteckten, nur impliziten Anteile sprachlicher Mitteilungen einer bewussten Wahrnehmung zugänglich machen und damit Probleme interpersonaler Kommunikation zu reduzieren bzw. zu lösen hel-fen. Dies verdeutlicht Schulz von Thun ([42]2005: 30) an folgendem Schaubild:

Sach-, Beziehungs-, Selbstoffenbarungs- und Appellaspekt

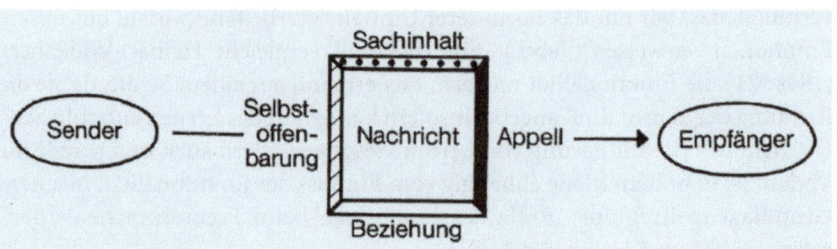

Abb. 3.4 |

Psychologisches Modell zwischen-menschlicher Kommunikation

Der Autor (ebd.: 31 ff.) liefert hierzu ein Beispiel: Wenn ein Beifahrer im Straßenverkehr dem Fahrer sagt „Du, da vorne ist grün", so beinhaltet dieser Satz natürlich die Sachaussage, dass die Ampel grünes Licht zeigt. Zugleich aber impliziert er den Appell loszufahren. Ferner vermittelt er auf der Selbstoffenbarungsebene die Botschaft „Ich habe es eilig" und auf der Beziehungsebene „Du brauchst meine Hilfestellung". Dass diese Botschaften vom Empfänger oft nicht in der Weise verstanden werden, wie der Sender es bewusst meint oder unbewusst intendiert, wissen wir aus eigener Lebenserfahrung.

Der Fremdsprachenunterricht hat sich im Zuge der kommunikativen Ausrichtung auf die Sachebene der Aussagen und die instrumentell-pragmatische Seite von Mitteilungen konzentriert. Er hat also Sprache sozusagen in die linke Gehirnhälfte gezwungen. Damit aber wird das Spektrum sprachlich gelenkter Interaktion nur unzureichend erfasst. Ob im Unterrichtsgeschehen oder in sog. ‚natürlicher' Umgebung, immer schwingen emotionale Anteile mit. Für uns sind beide Ebenen relevant: die Zielebene fremdsprachlichen Lernens, also die Kommunikation in ‚Realsituationen', aber auch die Ebene des Unterrichtsdiskurses und somit die Interaktionen im Klassenraum.

Der Anstoß zum Lernen kann einmal mehr von den einen, einmal mehr von den anderen Kommunikationszusammenhängen ausgehen. Denn für manche Lernende steht gewiss der Gegenstand des Lernens, also die Sprache, die mit ihr verbundenen Kulturen und die mit ihr sich eröffnenden Kommunikationsmöglichkeiten, im Vordergrund, während andere sich eher vom sozialen Kontext des Lernens wie der Person des/der Lehrenden und der Zusammensetzung der Lerngruppe in ihrer Bedeutung für das eigene Wohlbefinden während des Lernprozesses leiten lassen. Wieder andere sind stärker an den externen Belohnungen in Form schulischer Noten oder außerschulischer Qualifikationszertifikate interessiert. Damit sind wir bereits beim zweiten der oben angekündigten Bereiche, dem der Lernmotivation.

Motivation beim fremdsprachlichen Lernen – ein Zusammenspiel kognitiver und affektiver Faktoren

| 3.3

Motivationen gelten in der pädagogischen Psychologie als gleichermaßen kognitive wie emotive Konstrukte. In der Motivationsforschung, die seit den 1980er Jahren einen wahren Boom an Publikationen erlebt, hat sich generell die Unterscheidung von intrinsischer und extrinsischer Motivation als grundlegend erwiesen. Diese erlaubt eine grobe Orientierung darüber, ob wir ein Ziel um seines selbst willen anstreben oder wegen äußerer Belohnungen. Ein Großteil der Forschung pädagogischer Psychologie zum Thema Lernmotivationen bezieht sich auf den Leistungsaspekt, so dass von gesonderten ‚Leistungsmotivationen' gesprochen wird. Einige der gängigen Motivationstheorien wollen wir hier in aller Kürze vorstellen.

intrinsische vs. extrinsische Motivation

‚Leistungsmotivationen'

Selbstwirksamkeits-
Theorie

Die Selbstwirksamkeits-Theorie Banduras (1977, 1997) geht auf ein Interpretationsschema menschlichen Verhaltens zurück, das dem Behaviorismus nahe steht, ihn jedoch um kognitive Komponenten der Verhaltenssteuerung erweitert, die der orthodoxe Behaviorismus noch der wissenschaftlich nicht zugänglichen *black box* zugerechnet hatte. Verkürzt gesagt, besteht die Grundüberzeugung darin, dass eine Selbstbestärkung den Erfolg eigenen Handelns induzieren könne. Wer sich sagt „Ich schaff das schon", hat höhere Chancen auf Erfolg als derjenige, der ängstlich und zögerlich an eine Aufgabe herangeht. Es ist in neueren Studien zur Motivationspsychologie völlig unumstritten, dass Selbstwirksamkeitserwartungen einen wesentlichen Bestandteil motivationalen Geschehens ausmachen. Innerhalb eines kognitionswissenschaftlich geprägten Verständnisses sind allerdings ebenso Wertaspekte wichtig, die bei Bandura weitgehend unberücksichtigt bleiben.

Attribuierungstheorie

Zu den sogenannten Erwartungs-mal-Wert-Theorien zählt die Attribuierungstheorie (vgl. Wild/Hofer/Pekrun 2001: 229). Ihr zufolge bildet die subjektive Verarbeitung von Erfolgs- und Misserfolgserfahrungen den Hintergrund für individuelle Leistungserwartungen. Leistungsmotivierte Lerner/innen zeichnen sich dadurch aus, dass sie positive Resultate eigenen Anstrengungen und Kompetenzen zuschreiben und so ein positives Selbstkonzept bilden und verstärken. Dies wiederum führt dazu, Anforderungssituationen zu suchen und Misserfolge als Anreiz für größere Anstrengungen zu verwerten. Umgekehrt können sich Misserfolgserlebnisse im Einzelnen so verfestigen, dass fachspezifischen oder allgemeinen Leistungsanforderungen mit einer negativen Erfolgserwartung und somit unmotiviert begegnet wird.

‚Interesse'

Im Gegensatz dazu bezeichnet der Begriff ‚Interesse' eine auf bestimmte Inhalte oder Lerngegenstände gerichtete Kategorie. Das zentrale Kennzeichen von Interesse ist die geglückte Verbindung von emotionalen und wertbezogenen Merkmalskomponenten. Gemeinsam nehmen sie Einfluss auf die Struktur des Selbstkonzepts einer Person und sind somit am Prozess der Identitätsbildung beteiligt. Krapp (1992) spricht bezeichnenderweise von einer „Person-Gegenstands-Konzeption des Interesses". Gegenstände persönlichen Interesses wie z. B. moderne Popmusik besäßen für den Einzelnen in der Regel sowohl eine wertbezogene als auch eine gefühlsbezogene Valenz. D. h. alles, was mit Popmusik zu tun hat, erscheint ihnen von großer Wichtigkeit und die Beschäftigung damit vermittelt angenehme Gefühle, sie wird als ‚selbstintentional' und somit als frei von äußerem Zwang begriffen.

Selbstbestimmungs-
theorie

Mit den Interessentheorien verwandt ist die namentlich von Deci/Ryan (1985, 1993) vertretene Selbstbestimmungstheorie. Im Mittelpunkt ihres Ansatzes steht die Frage, wie sehr der Einzelne sich mit Gegenständen seines Lernens identifizieren kann. Im Rahmen einer graduellen Integration ursprünglich externer Zielsetzungen in das Selbstkonzept des Lernenden verliere die Opposition von extrinsischer und intrinsischer Motivation ihren unversöhnlichen Charakter. Fremdgesetzte Ziele, wie z. B. schulische Lerninhalte, können dieser Sicht zufolge vom Einzelnen quasi adoptiert und so zum Gegenstand selbst gesetzter Werte und Ziele gemacht werden. Eine Sonderform intrinsischer Motivation bildet das Herzstück der *Flow*-Theorie von Mihaly Csikszentmihalyi (vgl. Csikszentmihalyi/Schiefele 1993). Deren Ausgangspunkt ist die bei Künstler/innen und Kindern beobachtete Selbstversenkung in kreativer Arbeit bzw. im Spiel und die Beobachtung, dass das Ergebnis der jeweiligen Tätigkeiten für die Akteur/innen offenbar keine bedeutsame Rolle spielte, dass deren Prozess hingegen als äußerst intensiv und beglückend beschrieben wurde. Kennzeichen des spezifischen Motivationsgeschehens ist der Verzicht auf eine bewusste Kontrolle über Handlung und Umwelt. Dieser kurze Überblick kann natürlich der Breite und Differenziertheit aktueller Motivationstheorien nur unvollständig gerecht werden. Die folgende Zusammenstellung soll wesentliche Aspekte des zuvor Gesagten noch weiter verdichtet stichwortartig zusammenfassen:

Flow-Theorie

Einige Motivationstheorien der pädagogischen Psychologie

1. **Selbstwirksamkeits-Theorie**
   Selbstbestärkung des Individuums im Sinne einer Erfolgsorientierung

2. **Attributionstheorie**
   subjektive Ursachenzuschreibung von Leistungen → Erfolgs- bzw. Misserfolgserwartungen
   → Motivationssteigerung bzw. -hemmung

3. **Interessentheorie**
   ‚Interesse' = eine auf bestimmte Inhalte oder Lerngegenstände gerichtete Kategorie → Verbindung von emotionalen und wertbezogenen Merkmalskomponenten → Struktur des Selbstkonzepts einer Person

4. **Selbstbestimmungstheorie**
   Unterdifferenzierungen extrinsischer Motivation nach dem Grad von Fremd- bzw. Selbstbestimmung
   Ziel: wachsende Identifikation des Einzelnen mit Gegenständen und Prozessen des Lernens

5. **Flow-Theorie** (Csikszentmihalyi/Schiefele 1993)
   selbstvergessenes Erleben eines kreativen oder spielerischen Prozesses als Beispiel eines beglückenden Zustandes hoher intrinsischer Motivation, Verzicht auf bewusste Kontrolle über Handlung und Umwelt

|Tab. 3.1
Übersicht über die Ansätze der Motivationspsychologie

Seit Beginn der 1990er Jahre werden Motivationstheorien verstärkt von der Fremdsprachendidaktik rezipiert, allerdings nicht in Form einer 1:1-Übertragung (vgl. z. B. Düwell 2002, Nakata 2006, Riemer 2006). Als entscheidender Unterschied zu anderen Gegenstandsbereichen des Lernens wird hervorgehoben, dass Sprache notwendigerweise eine starke soziale Komponente aufweist. Sowohl in der Zielverwendung als auch in den Lernarrangements ist sie vor allem Kommunikationsmittel. Grundlegend für die wissenschaftliche Literatur zum Thema ist die auf Gardner und Lambert (1972) zurückgehende sozial-

instrumentelle/inte-
grative Orientierung

psychologische Differenzierung in eine instrumentelle und eine integrative Orientierung. Integrativ bedeutet in diesem Zusammenhang, dass Lernende mit der Aneignung der fremden Sprache zugleich Teil haben wollen an dem Kulturkreis der Zielsprachenländer. Im Rahmen eines sozialkonstruktivistischen Ansatzes integrieren Williams/Burden (1997) Elemente der Selbstwirksamkeits-, der Ziel-, der Selbstbestimmungs- und der Attributionstheorie im konkreten Bezug auf das Fremdsprachenlernen. Sie unterstreichen die Bedeutung des Autonomieempfindens für ein motiviertes Lernen. Das am stärksten ausdifferenzierte Modell zur Fremdsprachenlernmotivation stammt allerdings

das Prozessmodell
Dörnyeis

von dem ungarischen Forscher Dörnyei, der motivationales Geschehen als Prozess abbildet. Hierbei unterscheidet er drei Phasen: zunächst die Entwicklung einer Handlungsabsicht, dann die Steuerung der Handlung in ihrem Vollzug und schließlich deren Bewertung in der Rückschau (präaktionale, aktionale und postaktionale Phase). Neuere kognitionspsychologische Theorien unterstreichen zwar, dass Kognition und Emotion unauflöslich aneinander gebunden sind. Dennoch lässt sich in der Forschungslandschaft zur Motivation eine Präferenz kognitiver Aspekte beobachten. Auch das Modell Dörnyeis kann als Beleg hierfür gelten. Lediglich in der gegenstandsunspezifischen *Flow*-Theorie stehen emotive Aspekte im Vordergrund, während sie in der Interessentheorie eine gleichberechtigte Stellung einnehmen. Die kognitivistische Lerntheorie geht davon aus, dass der/die Lerner/in die Gegenstände des Lernens auswählt und den Prozess der Informationsaufnahme und -verarbeitung bewusst steuert. Sie unterstreicht dementsprechend den Aspekt individueller Kontrolle

Flow-Theorie
Csikszentmihalyis

über den Lernprozess. Die *Flow*-Theorie Csikszentmihalyis macht hingegen deutlich, dass der Verzicht auf Kontrolle Kennzeichen eines intensiven Motivationsgeschehens sein kann. Desgleichen ist der Verzicht auf Kontrolle ein entscheidendes Element in Kreativitätstheorien. Der kreative Sprung in der Bewältigung von Herausforderungen bedingt ja das Betreten von Neuland und eine Öffnung auf nicht bewusst kontrollierte mentale Prozesse. Der Einzelne lässt sich von der Aufgabe bzw. von dem Gegenstand ‚gefangen nehmen‘, geht ganz in der Bewältigung der Aufgabe auf. Je mehr der Gegenstandsbezug und/oder die soziale Einbettung des Lernens im Vordergrund stehen, desto geringer ist die Bedeutung bewusster, individueller Kontrolle und desto größer der Raum emotiver Anteile am Geschehen.

3.4 | Erste Folgerungen für den Fremdsprachenunterricht

Im Verlauf der Darstellung ist implizit an manchen Stellen schon angeklungen, welche Rückschlüsse aus den bezugswissenschaftlichen Erkenntnissen für die Gestaltung von Unterricht im Allgemeinen bzw. von Fremdsprachenunterricht im Besonderen gezogen werden können. Dabei ist allerdings zu beachten, dass Lernen und Lehren sehr komplexe und situativ sehr unterschiedlich geprägte Prozesse sind und wir uns daher vor einer Rezeptologie hüten müssen. Dennoch: Orientierungen sind aus dem oben Gesagten sehr wohl zu gewinnen. In die Bereiche Inhalte des Lernens und deren Darbietung, Arbeits- und Interaktionsformen des Lernens sowie Evaluation des Lernerfolges gegliedert, sollen hier einige Leitlinien skizziert werden.

Zu den Inhalten wurde bereits betont, wie wichtig es ist, dass sie für den/die einzelnen Lerner/in subjektiv bedeutsam sind. Das können selbst produzierte oder zu lesende Texte sein, die emotional markiert sind, bestenfalls gar „unter die Haut gehen", Texte, die Figuren mit nachvollziehbaren Charakterprofilen zeichnen oder Hörtexte, die „sich zur Imitation von emotional geladener Sprache eignen" (Kieweg 2003: 10) – und dies durchaus bereits im (lehrwerksgesteuerten) Anfangs-, nicht erst im anspruchsvollen Fortgeschrittenenunterricht. Doch auch die oft wenig geliebte Arbeit an sprachformalen Aspekten, an „Grammatik", kann an Attraktivität gewinnen, wenn sie eingebunden ist in mitteilungsbezogene situative Kontexte, bei denen die Beziehungs-, Selbstoffenbarungs- und Appellebene mündlicher Kommunikation nicht aus dem Blickfeld geraten und die somit Anknüpfungspunkte für persönliche Identifikationen bieten, oder wenn sie als Entdeckungsreise in die formale Welt der Sprache erlebt wird. Stimmmodulation, Mimik, Gestik und Körpersprache sollten zudem bei mündlichen Sprachäußerungen konsequent mit einbezogen werden, damit emotionale Qualitäten der Sprachverwendung angemessen zur Geltung kommen. Auch eine ästhetisch ansprechende ‚Verpackung' der Inhalte kann hilfreich sein, nicht nur weil sie die einzelnen Lerner/innen positiv einstimmt, sondern auch, weil multimodale Darbietungen nachweislich die Behaltensleistungen steigern (vgl. Polleti 2003).

Eine Verbindung von Inhalten und Verfahren eines Sprachunterrichts, der Pestalozzis Forderung eines „Lernens mit Kopf, Herz und Hand" umzusetzen versucht, finden wir im Konzept der Ganzheitlichkeit. Es wird seit Langem von sogenannten Alternativen Methoden für sich reklamiert (s. hierzu Einheit 5), gewinnt vor dem Hintergrund jüngerer neurowissenschaftlicher Forschungen jedoch neue Aktualität. Jenseits aller offenen oder versteckten Dogmatik, die geschlossene Methodenkonzeptionen gemeinhin offenbaren, kann es dazu dienen, kognitivistischen Verkürzungen sprachlichen Lernens ein anthropologisch fundiertes Denken und Handeln entgegenzusetzen, das versucht, dem Menschen in der Gesamtheit seiner intellektuellen und emotionalen Facetten gerecht zu werden. Im deutschen Sprachraum ist es vor allem Inge Christine Schwerdtfeger (1996, 1997), die sich für einen anthropologisch fundierten, ganzheitlich ausgerichteten Fremdsprachenunterricht stark macht. Sie geht von der These aus, dass wir unsere Wahrnehmungen in Geschichten einbetten, mit denen wir für uns Sinn und Orientierung stiften. Wir tun dies nicht nur auf der Basis gelebter Erfahrungen, sondern auch über unsere Vorstellungskraft. Imagination, so meint sie, sei von kognitiven Prozessen nicht zu trennen und bilde den Kern eines narrativen Denkens im Medium einer bildhaften, metaphorischen Sprache. Wie unschwer erkennbar ist, passen diese Überlegungen

Texte, die ‚unter die Haut gehen'

persönliche Identifikationen

multimodale Darbietungen

Konzept der Ganzheitlichkeit

51

gut zu den oben entwickelten Leitvorstellungen einer emotional lebendigen, ausdrucksstarken Sprache als Grundlage, Artikulationsmittel und Ziel fremdsprachlichen Lernens.

Auf der Ebene der Lernverfahren, der Arbeits- und Interaktionsformen ist sowohl aus den kognitivistisch als auch aus den stärker ganzheitlich ausgerichteten Ansätzen ein Plädoyer für selbst gesteuertes, entdeckendes und handlungsorientiertes Lernen abzuleiten. Denn solche Verfahren erhöhen nicht nur die Verarbeitungstiefe, sie ermöglichen auch, dass die Lernenden sich als Personen mit ihren gefühlsbesetzten Vorlieben und Interessen ins Unterrichtsgeschehen einbringen können. Ein handlungsorientierter Unterricht vermag zudem am ehesten, Schüler/innen ganzheitlich anzusprechen. Da er auf ein Handlungsprodukt ausgerichtet ist, vermag er jenseits der Belohnung durch formale Noten Lernerfolge sichtbar zu machen. Erfolgserlebnisse wiederum sind ein wichtiger Treibstoff für den „Motor" Motivation.

Vor diesem Hintergrund ist nicht weiter erklärungsbedürftig, dass sich Verfahren der Selbstevaluation lern- und motivationsförderlich auswirken. Entsprechend den Interpretationsmustern der Attributions- und der Selbstwirksamkeitstheorie ist schließlich darauf zu achten, dass auch im Zuge externer Beurteilung die Entwicklung von Positivspiralen wachsenden Selbstvertrauens auf Seiten der Schüler/innen gefördert wird. Dies setzt allerdings nicht nur eine möglichst individuelle Bewertung und Beratung, sondern auch eine Abkehr von der Verabsolutierung sprachformaler Kriterien voraus. Denn je mehr das Gelingen von Kommunikation und die Differenziertheit sprachinhaltsbezogener Leistungen zum Gütemaßstab gemacht werden, desto leichter können sich Lernende mit den Zielen des Fremdsprachenunterrichts identifizieren.

selbst gesteuertes, entdeckendes, handlungsorientiertes Lernen

Erfolgserlebnisse

Zusammenfassung

Die Frage, wie wir Menschen zur Sprache kommen, beschäftigte uns bereits in Einheit 2. Nach dem dort auf Spracherwebstheorien gerichteten Blick haben wir in der vorliegenden Einheit Theorien bzw. Ergebnisse der Kognitionswissenschaften und der Motivationspsychologie herangezogen. Es wurde dabei deutlich, wie sehr in jedem Sprachlernprozess kognitive und emotionale Aspekte zusammenfließen. Kognitive Leistungen artikulieren sich – so haben wir gezeigt – sowohl auf der Ebene des deklarativen wie des prozeduralen Wissens. Beide Wissensbereiche werden in der Sprachverarbeitung aktiviert; wir haben hier von *Top-down*-Prozessen gesprochen, die ihrerseits interagieren mit der Dekodierung sprachlicher und kontextueller Signale (*Bottom-up*-Prozesse). In welchem Maße beim Sprachenlernen grammatische Kognitivierung hilfreich ist, ist immer wieder unterschiedlich gesehen worden. In neuerer Lernforschung wird der bewussten Steuerung des eigenen Lernens (prozessbezogene Aspekte) mehr Bedeutung beigemessen als der Durchdringung sprachlicher Systematik (gegenstandsbezogene Aspekte). Darüber hinaus betont die neuere Kognitions- und Sprachlernforschung, wie sehr jegliches Lernen, gerade auch das Sprachlernen, von emotionalen Faktoren beeinflusst wird. Wir haben gesehen, dass neurophysiologische Studien die Wirkung von Gefühlsregungen auf kognitive Leistungen belegt haben. Auch konnte gezeigt werden, dass die experimentelle Motivationsforschung den Blick dafür geschärft hat, wie sehr individuelle Lernleistungen von kognitiv-affektiv besetzten Einstellungen und Handlungsdispositionen bestimmt werden. Dies illustriert, wie wichtig das Lernklima und eine positive Haltung zum Lerngegenstand für den Lernerfolg sind. Sprachliche Kommunikation wiederum ist *per se* immer von Gefühlen getragen, auch wenn diese oft nur implizit geäußert werden (s. das Modell von Schulz von Thun). Sprache im Unterricht kann daher nur dann lebendig werden, wenn sie emotionale Ausdruckqualitäten mit berücksichtigt.

Aufgaben

1 Um sich die Bedeutung impliziten Sprachwissens zu vergegenwärtigen, formulieren Sie bitte die Regel zu einem sprachlichen Phänomen in Ihrer Erstsprache – z. B. zum Zeiten- und Modusgefüge in Bedingungssätzen – und vergleichen Sie diese Regelformulierung mit der in einer Grammatik.

2 Erstellen Sie ein Profil Ihrer eigenen Sprachlernstile anhand der am Ende des ersten Unterkapitels genannten Kriterien und vergleichen Sie es mit dem eines/r Mitstudierenden.

3 Finden Sie zum Kommunikationsmodell von Schulz von Thun einen anderen als den zitierten Aussagesatz und schlüsseln ihn nach den vier Bedeutungsdimensionen auf. Vergleichen Sie Ihr Beispiel mit dem eines/r Mitstudierenden.

4 Befragen Sie eine/n Mitstudierende/n, was sie/ihn zum Lernen einer von ihr/ihm ausgewählten Fremdsprache motiviert hat und bis in die Gegenwart hinein zum Weiterlernen motiviert. Bringen Sie seine Darstellung in Verbindung mit den oben genannten Begriffen der Motivationspsychologie. Diskutieren Sie Ihre Überlegungen mit ihr/ihm.

Zum Weiterlesen

Bausch, Karl-Richard/Christ, Herbert/Königs, Frank G./Krumm, Hans-Jürgen (Hrsg.) (1998): *Kognition als Schlüsselbegriff bei der Erforschung des Lehrens und Lernens fremder Sprachen.* Tübingen: Narr.

Düwell, Henning (2002): Motivation, Emotion und Motivierung im Kontext des Lehrens und Lernens fremder Sprachen. In: *Französisch heute* 33/2: 166–181.

Kieweg, Werner (2003): Die Rolle der Emotionen beim Fremdsprachenlernen. In: *Der fremdsprachliche Unterricht Englisch* 3/2003: 4–10.

Multhaup, Uwe (1997): Prozedurales Wissen und Fremdsprachenunterricht. *Neusprachliche Mitteilungen* (50) 2/1997: 74–83.

Wild, Elke/Hofer, Manfred/Pekrun, Reinhard (2001): Psychologie des Lerners. In: Krapp, Andreas/Weidenmann, Bernd (Hrsg.): *Pädagogische Psychologie.* Weinheim: Beltz, 209–270.

Zur bildungspolitischen Geschichte des Fremdsprachenunterrichts

Gehört es eigentlich zur Professionalität von Lehrer/innen, über die Vergangenheit ihres Faches informiert zu sein? Wir meinen: unbedingt! Nur aus dem historischen Blickwinkel betrachtet erscheint Fremdsprachenunterricht als das veränderliche Phänomen, das er ist, und diese Wahrnehmung kann den Blick auf aktuelle Veränderungen schärfen und zu Umgestaltungen ermutigen. Zugleich ermöglicht diese Perspektive auch Orientierung und Selbstvergewisserung, also eine Antwort auf die Frage: Wo stehen wir? Und schließlich finden wir in der Geschichte des Fachs auch eine Fülle von Anregungen und Ideen, können vielleicht hier und da aus Fehlern lernen, in jedem Fall aber erfahren, dass wir das Rad nicht immer wieder neu erfinden müssen. Werner Hüllen kommt es beim Rückblick auf die Geschichte des Fremdsprachenunterrichts vor, „als ob man einen guten Bekannten in einem altmodischen Kostüm sähe" (2000: 33). Die Legitimität der Beschäftigung mit der Vergangenheit des Fachs veranschaulicht er mit einer Metapher von Robert Musil. Der bezeichnete die „Vergangenheit als Unterkellerung der erlebten Zeit (*Der Mann ohne Eigenschaften,* Kap. 114) – sie trägt das Gebäude, ohne es in seinen Formen und Funktionen zu bestimmen." (Hüllen 2005: 140)

Die Geschichte des Fremdsprachenunterrichts ist eng verbunden mit der Entwicklung des Schulwesens insgesamt, in der Tenorth (1997: 430 ff.) drei Phasen ausmacht: eine lange Vorgeschichte, an die sich – nach einer Zäsur um 1800 – zunächst im 19. Jahrhundert und dann noch einmal mit neuer Qualität im 20. Jahrhundert die zweistufige Herausbildung des modernen Bildungswesens anschließt. Die folgende Darstellung bettet die Geschichte des Fremdsprachenunterrichts in diese Chronologie ein, unterteilt aber die Vorgeschichte in drei Phasen. Eine solche Periodisierung ist natürlich immer etwas, das erst rückblickend der Vergangenheit auferlegt wird und an Kriterien gebunden ist, die im Nachhinein entstanden sind. Die Geschichte des Fremdsprachenunterrichts ließe sich sicher auch anders erzählen. Indem wir sie in die Geschichte des Bildungs- und Schulwesens einbetten und dessen Kontexte zu beleuchten versuchen, hoffen wir aber den Blick für ein entscheidendes Moment zu schärfen, nämlich für das Politikum Fremdsprachenunterricht.

Politikum Fremdsprachenunterricht

4.1 | Eine lange Vorgeschichte

Lernen wurde in allen Hochkulturen nicht einfach dem Zufall überlassen, sondern war immer auch Veranstaltung. Bei den Sumerern etwa soll es schon vor 3.000 Jahren bezahlte Lehrer und organisierten Unterricht gegeben haben, der sich nicht auf elementare Kulturtechniken beschränkte. Die Zielgruppen gehörten dabei überwiegend zur gesellschaftlichen Elite, der die Lehrer jedoch nicht angehörten. Die Sophisten, aufklärerische Gelehrte und Philosophen des 5. bis 7. vorchristlichen Jahrhunderts, die als bezahlte Wanderlehrer umherzogen, waren vermutlich die ersten professionellen Lehrer.

4.1.1 | Latein als mittelalterliche *lingua franca* von Kirche und Bildung

Im heutigen deutschen Raum entstanden mit der Christianisierung unter Karl d. Großen zum ersten Mal feste Bildungseinrichtungen. Er hatte nach seiner Krönung zum Kaiser des Heiligen Römischen Reichs durch den Papst die

Kirche Kirche mit der Vereinheitlichung des Bildungswesens und der Schulgründung in seinem riesigen Herrschaftsgebiet beauftragt. Sie gestaltete das Bildungswesen von da ab uneingeschränkt bis 1500 und eingeschränkt bis zum Ende des

Dominanz des Lateinischen 18. Jahrhunderts – also fast tausend Jahre lang – und beförderte die Dominanz des Lateinischen, das als *lingua franca* der Kirche erste internationale Bildungssprache wurde. Die Grammatik des Lateinischen war zentraler Bestandteil des Stundenplans, die Bibel als Heilige Schrift zentraler Bildungsinhalt, ihre Tradierung zentrales Bildungsziel. Der erste systematische Fremdsprachenunterricht hierzulande erfolgte also in Latein, dessen Funktion in mancher Hinsicht Parallelen zur heutigen internationalen Wissenschaftssprache Englisch aufweist.

Abb. 4.1 | Karl der Große (748–814)

Die Bildungsinstitutionen richteten sich primär an den klerikalen Nachwuchs. Sie zogen aber auch andere Interessierte an, so dass eine gebildete Laien- und Gelehrtenkultur im Umfeld der kirchlichen Schulen und besonders im Umfeld der um 1200 vielerorts gegründeten Universitäten entstand. Die spätere Spaltung zwischen Geistlichen und Intellektuellen während der Aufklärung war hier noch nicht vollzogen. Beide Gruppen hingen dem ptolemäischen, geozentrischen Weltbild an, demzufolge die Erde und der Mensch Mittelpunkt der göttlichen Schöpfung und des Kosmos waren.

4.1.2 | Das Bildungsverständnis von Humanismus, Reformation und Aufklärung und die sprachlichen Implikationen

Eine Reihe von Entwicklungen bahnte seit Beginn des 16. Jahrhunderts neben dem nach wie vor dominanten Latein auch anderen Sprachen den Weg in das Bildungswesen und veränderte zugleich den Status der ‚alten‘ Sprachen.

Stadtentwicklung Die seit Beginn des 13. Jahrhunderts voranschreitende Stadtentwicklung hatte inzwischen zum Entstehen wichtiger Handelsmetropolen geführt. In den Städten gestalteten freie, d. h. von Lehen unabhängige Bürger ihren

Lebensraum, gründeten bürgerlich-gewerbliche Kaufmanns- und Handwerksschulen mit steigendem und immer differenzierterem Ausbildungsbedarf, aber auch sog. Winkelschulen. Das waren Wohnungen, in denen gegen Geld im Familienbetrieb Schreib- und Rechenunterricht erteilt wurde, was für den Handel von zunehmender Bedeutung war. Kinder wie Erwachsene besuchten solche Schulen, die Deutsch als Unterrichtssprache nutzten und in denen auch Frauen unterrichteten. Handwerk, Gewerbe und Handel und damit einhergehende steigende Mobilität hatten also sprachliche Konsequenzen. Latein, die internationale Bildungssprache, war zwar *lingua franca* für die sprachenübergreifende Handelskommunikation, aber „[d]ort, wo die großen Handelswege den Einflussbereich Roms und damit der lateinischen Sprache verlassen, müssen ‚moderne‘ Fremdsprachen erworben werden" (Schröder 1980: 114). Berufsorientierte Schulen spielen also seit dem späteren Mittelalter eine wichtige Rolle für die modernen Fremdsprachen, die lokalen Sprachen und das weltliche Bildungswesen.

steigende Mobilität

sprachenübergreifende Handelskommunikation

Zugleich wurden die deutschen Städte aber auch von einer Bewegung ergriffen, die in den Städten Italiens grassierte und eine Aufwertung der alten Sprachen unter neuem Vorzeichen mit sich brachte: die Renaissance, die verherrlichende Rückbesinnung auf die Antike. In der humanistischen Weltauffassung der Renaissance wurde unter Bildung die Vervollkommnung der Humanität eines Menschen verstanden, d. h. die Entfaltung seiner Tugend, seiner Moral, seines Geistes. Nützlichkeitserwägungen waren irrelevant in diesem Bildungsverständnis. Eine prominente Rolle spielte die Ästhetik mit ihren mathematisch-klaren Vorstellungen. Als mustergültig galt beispielsweise die Proportionsstudie von Leonardo da Vinci, die den Menschen in den Mittelpunkt der Welt stellt. Auch die Entwicklung der Zentralperspektive in der Renaissance ist Ausdruck einer neuzeitlich-anthropozentrischen Weltsicht, in der die Dinge keiner festen Ordnung unterliegen, sondern ihre dynamische Ordnung sich aus den wechselnden Beobachtungsstandpunkten der betrachtenden Menschen ergibt.

Renaissance

Renaissance und Humanismus waren insofern eine Abkehr vom mittelalterlichen pädagogischen Denken, als nun nicht die kirchliche Heilslehre, sondern die moralisch-ästhetische Selbstentfaltung und -veredlung maßgeblich war. Dabei spielte Sprache als besondere menschliche Errungenschaft eine Schlüsselrolle und der Stellenwert der alten Sprachen änderte sich: Sie waren nicht mehr vor allem Instrumente der kirchliche Lehre, sondern Quell des Wissens und der Vervollkommnung des Menschen. Man begab sich auf die Suche nach dem ‚echten‘ Latein der Antike und verachtete das Gebrauchslatein des Mittelalters. „Zum ersten Mal wurden ‚alte‘ Sprachen und damit verbundenes historisches Wissen in Europa um ihrer (und seiner) selbst und um der moralischen Erziehung der Gesellschaft willen geschätzt – ein Motivationsgeflecht, das in den folgenden Jahrhunderten (und bis heute) immer wieder zur Begründung des Lateinunterrichts herangezogen worden ist", so Hüllen

Selbstentfaltung und -veredlung

Vervollkommnung des Menschen

‚echtes‘ Latein der Antike

Gebrauchslatein des Mittelalters

(2000: 43). Zum ersten Mal, so lässt sich hinzufügen, wird einzelnen Sprachen, hier: der Gruppe der ‚alten', eine besondere Wirkung, eine besondere Aura, ein besonderer erzieherischer Wert zugeschrieben.

Reformation 1517
Bibelübersetzung
Aufwertung
der lebendigen
Territorialsprachen

Abb. 4.2 |
Lucas Cranach:
Martin Luther
(1483–1546)

Zunahme des Interesses an Sprachen über Latein hinaus

Ein mit dem Humanismus eng verbundener Impuls für das Bildungswesen ging von der Reformation 1517 aus. Die Auseinandersetzung um den rechten Christenglauben griff tief in die Gesellschaft ein. Einerseits blieben auch für die Reformatoren Martin Luther und Philipp Melanchthon die alten Sprachen – Hebräisch, Griechisch und Latein – von hoher Bedeutung, denn sie waren für die Bibellektüre und -auslegung unverzichtbar. Andererseits wollten die Reformatoren *allen* Gläubigen die Bibel zugänglich machen. Luthers Bibelübersetzung ins Deutsche war zugleich eine Aufwertung der lebendigen Territorialsprachen. Die protestantischen Fürsten folgten diesem Anstoß und gründeten protestantische Eliteschulen und Universitäten. Forderungen nach Bildung des Volkes wurden aber auch von der Gegenreformation, insbesondere von den Jesuiten, aufgegriffen. Mit der Reformation ging im Übrigen auch eine Wiederaufwertung des zuvor vom Kirchenlateinischen in den Hintergrund gedrängten Griechischen einher, das wegen seiner Bedeutung für das Studium der Heiligen Schrift wieder wichtig erschien.

Das 16. Jahrhundert brachte also deutlich erkennbar eine Zunahme des Interesses an Sprachen über Latein hinaus mit sich und bedeutete für den

> Unterricht in den modernen Fremdsprachen einen ungeheuren Aufschwung. Das nationalstaatliche Prinzip des neuen Europa impliziert Nationalsprachen als Träger regionaler Kulturen, ja als Mittel zur kulturpolitischen Expansion.
>
> Wer lernt Fremdsprachen? In erster Linie der Politiker, nämlich der Fürst. Französisch und Italienisch sind spätestens seit der 2. Hälfte des 16. Jahrhunderts Diplomatensprachen. Wer mit dem Kaiserlichen Hof zu tun hat, muß Spanisch können. Sodann lernt sie der Handelsherr. Denn je mehr nationalstaatliches Denken vorankommt, umso mehr muß er erkennen, daß die beste Sprache die des Kunden ist. (Schröder 1980: 116)

4.1.3 | Anfänge des neusprachlichen Unterrichts

Konrad Schröder, der die Geschichte des *neusprachlichen* Unterrichts im deutschsprachigen Raum erforscht hat, datiert dessen Beginn in die zweite Hälfte des 16. Jh. Stadtentwicklung, wirtschaftliche Mobilität und Reformation haben zu diesem Zeitpunkt den Landessprachen neues Gewicht gegenüber der Kirchensprache Latein verliehen.

erste systematische
Didaktik

Eine Schlüsselrolle für die Didaktik spielte Johann Amos Comenius (Jan Amos Komensky), der die erste systematische Didaktik der Neuzeit verfasste und damit die Didaktik als eigenständige Disziplin begründete. Er stellte seine zunächst in Tschechisch verfasste *Didactica magna* (*Die große Lehrkunst*) unter das Postulat „omnes, omnia, omnino" („alle in allem allseitig bilden") und formulierte sehr moderne Forderungen, unter ihnen

- die allgemeine Schulpflicht für Kinder aus allen Ständen;
- die Muttersprache als Basis des Unterrichts sowie für die schulische Sprachenfolge die Reihenfolge: Muttersprache – neue Sprache – alte Sprache;
- eine enge Beziehung von Handlung, Bild und Wort im Lernprozess;
- die Anordnung des Lehrstoffs nach den Grundsätzen der Lernbarkeit, „weniger Lehren mehr Lernen", Rationalisierung und Effektivierung des Lehrens und Lernens: schnell (*cito*) – sicher (*tuto*) – vergnüglich (*jucundo*);
- Einteilung der Lernenden in Lerngruppen und Stufung der Schule und des Lehrplans.

Comenius ist auch Verfasser von Sprachlehrbüchern, so von *Ianua linguarum reserata* (*Die entriegelte Tür zu den Sprachen*) und brachte 1658 in Nürnberg als sein bekanntestes Werk *Orbis sensualium pictus* (*Die sichtbare Welt*) heraus, ein mehrsprachiges Schulbuch mit Texten und Bildern in Holzschnitten. Ihm liegt als Lehrplan die Vermittlung des Aufbaus und Funktionierens der von Gott ausgehenden, zu den Geschäften des Alltags der Menschen führenden und zu Gott zurückführenden Welt zugrunde, auf die das ganze Wissen der Menschen bezogen ist. Dieses Sprachen- und Lesebuch in Latein und der Landessprache (Lateinisch/Deutsch, Lateinisch/Ungarisch, Lateinisch/Englisch usw.) enthält das europäische Wissen des 17. Jahrhunderts über die Welt und gilt zugleich als Prototyp des fremdsprachlichen Lehrbuchs. „Ganz antihumanistisch ist [Comenius] das Erlernen der Sprache der Nachbarvölker um der Völkerverständigung und um der praktischen Anwendung willen ein Anliegen." (Bauer 2006, o. S.)

|Abb. 4.3
Johann Amos Comenius (1592–1670)

Orbis sensualium pictus (*Die sichtbare Welt*)

mehrsprachiges Schulbuch

 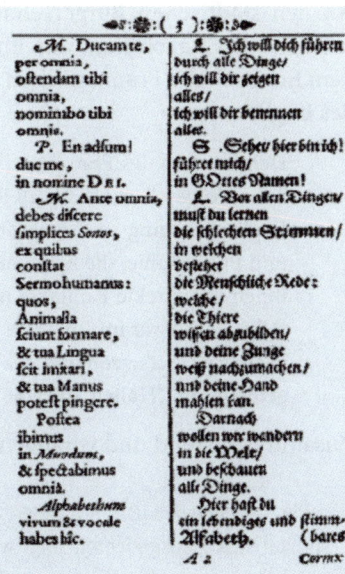

|Abb. 4.4
Die Einleitung zu Comenii *Orbis Sensualium Pictus* (*1658*)

moderne Prinzipien des Lehrbuchs

Zu den modernen Prinzipien des Lehrbuchs von Comenius gehören Anschaulichkeit, thematische Anordnung des Wortschatzes, Kontextualisierung der Sprachelemente und Benutzungsinformationen, die Hinweise auf das selbstständige Lernen, das Involvieren der Schüler (ein Feminist war Comenius nicht: von Schülerinnen ist bei ihm nicht die Rede, aber deren Ausschluss aus dem offiziellen Bildungswesen reicht ja in etlichen Punkten bis ins 19. und 20. Jahrhundert) und das Lernen mit allen Sinnen (vgl. Freudenstein 2002: 49).

Französisch wird europäische *lingua franca*

Ritterakademien

Alltagssprachlichkeit, Situativität und Mündlichkeit

Dank der politischen, wirtschaftlichen und kulturellen Bedeutung Frankreichs wird Französisch im 17. und 18. Jahrhundert europäische *lingua franca*. Die der Reformation folgenden Religionskriege und Flüchtlingsbewegungen, aber auch höfische Kontakte und schließlich die religionskritische, wissenschaftsorientierte Aufklärung des 18. Jahrhunderts brachten die französische Sprache auch nach Deutschland. An den Ritterakademien waren Sprachen für Angehörige des Adels Teil der höfischen Bildung. Die jungen Männer wurden in diesen weltlichen Einrichtungen in Geographie und Fechten, aber auch in Französisch, Italienisch, Spanisch, Russisch, später auch Englisch unterrichtet. Sie hatten ein ganz pragmatisches Interesse am Sprachenlernen, denn sie brauchten Sprachen für ihre Reise- und Studienaufenthalte. Entsprechend zeichnete sich der Unterricht durch Alltagssprachlichkeit, Situativität und Mündlichkeit aus und wurde überwiegend von muttersprachlichen Sprachmeistern erteilt, das dominante Französisch z. B. durch die Hugenotten, die seit dem ausgehenden 17. Jahrhundert in Deutschland Zuflucht suchten. „Die Aufklärungszeit trägt zur Festigung und Anerkennung der lebenden Fremdsprachen, vor allem des Französischen, bei, jedoch bleibt es vornehmlich den Jungen vorbehalten, an dieser Bildung teilzuhaben." (Finkbeiner 1996: 162)

Industrielle Revolution

An den städtischen Bürgerschulen gewann um 1750, mit dem Beginn der Industriellen Revolution, das Englische an Bedeutung. Schon früh sind mit dem Erlernen des Französischen andere Ziele verbunden als mit dem Erlernen des Englischen:

> Den Lernern des Französischen ging es primär um den Eintritt in die vorbildliche Hofgesellschaft mit all ihren modischen Ausprägungen. Den Lernern des Englischen ging es entweder um die Beschäftigung mit englischer Literatur und Philosophie, die beide nunmehr auf den Kontinent drängten; oder es ging ihnen um direkte Kontakte mit Engländern zumeist auf den Britischen Inseln selbst, und zwar im Interesse geschäftlicher Beziehungen. […] Methodisch war allen das Übersetzen und das Gespräch als die beiden zentralen Übungsformen gemeinsam. (Hüllen 2005: 66)

Zusammenfassend und verallgemeinernd lässt sich sagen:

pragmatischer Sprachunterricht

„Bis zum Ende des 18. Jahrhunderts ist der Unterricht in den neueren Sprachen eindeutig utilitaristisch ausgerichtet, folgt wirtschaftlichen oder diplomatischen Interessen und wird vorrangig von ausländischen Sprachmeistern erteilt." (Lehberger 2007: 612)

Neugestaltung des Schulwesens um 1800

Um 1800 begann in der Folge von Reformation, Aufklärung, Französischer Revolution und Industrialisierung eine Neugestaltung des Schulwesens. Sie war für die bürgerlich-kapitalistische Wirtschaftsform ökonomisch notwendig, zugleich auch Ausdruck der Vernunft- und Fortschrittseuphorie des erstarkenden Bürgertums und des steigenden staatlichen Interesses an nationaler Identitätsbildung. Schule geriet in ein enges Abhängigkeitsverhältnis von Gesellschaft und Staat und war umgekehrt ein Pfeiler des Nationalstaats. Jetzt wurden entscheidende Weichen für das moderne Bildungswesen gestellt. In staatlichen Schulen wird von nun an staatlich geprüft und die Lehrerbildung für die Gymnasien kommt unter staatliche Aufsicht. Bildung wird zur öffentlichen Angelegenheit und der Einfluss der Kirche geht zurück. Auch das Erziehungsmonopol der Familie wird durch die staatliche Unterrichtspflicht reduziert. Das moderne Bildungswesen entwickelt in dieser Zeit seine bis heute tragenden Eckpfeiler: „Staatlichkeit, Professionalität und Allgemeinheit" (Terhart 1997: 140).

bürgerlich-kapitalistische Wirtschaftsform

staatliche Schulen

„Staatlichkeit, Professionalität und Allgemeinheit"

Fremdsprachenunterricht im 19. Jahrhundert

Im Laufe des 19. Jahrhunderts steigt die Teilhabe breiter Bevölkerungsschichten am Bildungswesen, so dass seit dem Ende des Jahrhunderts praktisch alle Kinder in Deutschland eine Schule besuchen. Andererseits festigt das 19. Jahrhundert auch fundamentale Bildungsungerechtigkeiten, denn in dieser Zeit entsteht das dreigliedrige ständische Schulsystem mit Volksschule, Realschule und Gymnasium, das Kindern je nach ihrer Herkunft Bildungsprivilegien zuteilt oder vorenthält. Die Fremdsprachen spielen dabei eine wichtige Rolle.

dreigliedriges ständisches Schulsystem

Weichenstellungen für den modernen Fremdsprachenunterricht im 19. Jahrhundert

Wie sah nun das dreigliedrige Schulsystem aus und welche Bedeutung hatte es für den Fremdsprachenunterricht?

Volksschule

Die Volksschule, deren Besuch zwischen sechs und acht Jahren dauerte, war Massenschule und Disziplinierungsanstalt. Ziel war das Erlernen des Schreibens, Lesens und Rechnens sowie die nationale Gesinnungsbildung durch Religion und Geschichte. Fremdsprachen wurden an der Volksschule nicht gelehrt.

Diese spielen dagegen eine entscheidende Rolle im Gymnasium, das einer kleinen Elite aus Adel und gehobenen Bürgertum vorbehalten war, die sich mit diesem Schulbesuch den Zugang zu Universitäten, zum Wissenschaftsbetrieb, zum Staatsdienst, zur Offizierslaufbahn und überhaupt zu einflussreichen Positionen sicherte. Dieser Schultyp war der Hort der alten Sprachen, denn nur wer Latein und Griechisch gelernt hatte, durfte das Abitur machen.

Gymnasium

Hort der alten Sprachen

neuhumanistische
Bildungsreform

Abb. 4.5|
Wilhelm von Hum-
boldt (1767–1835)

Realschulen

Realschulen als Wiege
des neusprachlichen
Unterrichts

Sozialprestige der
Alten Sprachen

Eine wichtige Rolle spielte dabei Wilhelm v. Humboldts neuhumanistische Bildungsreform, die er während seiner kurzen Amtszeit als Kultusminister (1809/10) im nachnapoleonischen Preußen auf den Weg brachte. In seinem neuhumanistischen Bildungsverständnis hatte das Studium der Sprachen und Literaturen des Altertums den höchsten Bildungswert. Praktische Befähigungen hatten dagegen keinen bildenden Wert. Bildung, das war die Herausbildung von Tugend, Wissen, ästhetischem Feinempfinden, Moral. Obwohl Humboldt sich für eine breite Bildung einsetzte, war er letztlich doch mitverantwortlich für das hierarchisch-dreigliedrige Schulwesen, weil das, was er unter Allgemeinbildung verstand, unter den herrschenden ökonomischen Bedingungen nur einer kleinen, privilegierten Schicht zugänglich war.

Neben dem (neu-)humanistischen Gymnasium entstand aber in der ersten Hälfte des 19. Jahrhunderts noch eine andere höhere Schulform, die bis zum Ende des Jahrhunderts beträchtlich an Bedeutung gewinnen würde: die Realschulen, die vor allem Mathematik, Naturwissenschaft und Technik anboten und zugleich Wegbereiter für die modernen Sprachen waren.

> Die Entwicklung des neusprachlichen Unterrichts ist aufs Engste mit der Entstehung der Realschulen und ihrem Kampf um Anerkennung und Gleichberechtigung verbunden, der das 19. Jahrhundert durchzog.

Das Realschulwesen war jedoch noch sehr uneinheitlich und die Abgrenzung zwischen den einzelnen Schulformen im Wandel begriffen.

> Der Prozess der Differenzierung und Abgrenzung der einzelnen Typen höherer Schulen erreichte z. B. in Preußen mit den Lehrplänen und Prüfungsordnungen von 1882 einen ersten Abschluss. Neben dem Gymnasium, das als – wie wir heute sagen würden – humanistisches Gymnasium konzipiert war und nur Französisch als moderne Pflicht-Fremdsprache anbot, gab es das neunjährige Realgymnasium mit Latein, Französisch und Englisch, die neunjährige Oberrealschule mit Französisch und Englisch, aber ohne Latein, und die sechsjährige Bürgerschule, ebenfalls mit Französisch und Englisch. Der Unterricht in den modernen Fremdsprachen war damit in den Realanstalten konzentriert. Die alten Sprachen dominierten das Gymnasium, das als Hort klassischer Bildung galt. (Klippel 2000: 43)

Im Jahre 1900 wurden die Abschlüsse des Realgymnasiums mit denen des Gymnasiums gleichgestellt. Aus den Realgymnasien entwickelten sich dann in den ersten Jahrzehnten des 20. Jahrhunderts die Neusprachlichen und aus den Oberrealschulen die Mathematisch-Naturwissenschaftlichen Gymnasien (vgl. Schröder 1984: 21).

Im 19. Jahrhundert blieb das Sozialprestige der Alten Sprachen dem der Neueren noch weit überlegen. In einer Lehrwerkrezension aus dem Jahre 1839 heißt es zu den Neueren Sprachen: „… wenn sie sich als Gymnasialgegenstand, wenn auch nur von untergeordnetem Range, behaupten sollen, ... so muß jede Bedeutung für das Leben ganz zurücktreten." (Zit. bei Schröder 1984: 18 f.) Kennzeichnend für das Jahrhundert ist somit die noch nachrangige Position der neuen Sprachen – Schröder spricht von einem „bildungspolitische(n) Stellungskrieg um die Rolle von Alt- und Neuphilologie" (1984: 19) –, die Dominanz des Französischen unter den neuen Sprachen und der Vormarsch des Englischen, der sich daran zeigt, dass im Jahr 1900 an Humanistischen Gymnasien für die dritte Fremdsprache zwischen Französisch und Englisch gewählt werden darf. Umgekehrt müssen die Realschulen als Gegenleistung für ihre Beförderung zu Realgymnasien vermehrt Lateinunterricht anbieten.

Dominanz des Französischen

Vormarsch des Englischen

Französisch und Englisch haben durchaus unterschiedliche Bedeutungen im Bildungswesen. In der nach-napoleonischen Zeit hatte das zuvor angesehene, höfisch aufgewertete Französisch an Geltung eingebüßt, war 1813 zur Feindsprache geworden und drei Jahre später sogar „an den preußischen Gymnasien als öffentlicher Lehrgegenstand verboten" (Schröder 1984: 18). Dem Englischen wurde in vaterländischer Abkehr vom Franzosentum mehr Wohlwollen entgegengebracht. „Obwohl Französisch bis 1923 grundsätzlich die 1. moderne Fremdsprache ist, bleibt der damit verbundene Anspruch, Hauptsprache zu sein, schon im Vormärz nicht unangefochten", schreibt Konrad Schröder (1984: 19 f.) und zitiert die Äußerung eines altphilologischen Gymnasialdirektors von 1832:

> Auch dürfte es ratsamer sein, den Franzosen in Zukunft Kanonen und Bajonette entgegen zu senden, als unsere Schüler und unsere Töchter [sic!] durch Erlernen des Französischen auf einen liebreichen Empfang der Sieger vorzubereiten. Jahn sagt in seinem Deutschen Volkstume mit Recht und in tiefem Gefühl der Schmach: ,Deutschland war durch Frankreichs Sitte und Sprache besiegt, ehe es durch seine Waffen besiegt wurde.'

Sprachen sind in solchen Visionen nicht Mittel der Völkerverständigung, sondern heimtückische Waffen. Wie eng das Sprachenlernen mit Politik verbunden ist, lässt sich auch daran erkennen, dass in der Kaiserzeit „the strongest argument for teaching English in schools was that it was needed for the German navy to operate in the whole world" (Hüllen 2007: 15). Aber erst nach dem ersten Weltkrieg beginnt – um im kriegerischen Bild zu bleiben – der Siegeszug des Englischen unter den Neueren Sprachen.

heimtückische Waffen

Das Problem der Unterrichtsmethode

4.3.2

Der Kampf um Anerkennung hatte nachhaltige Spuren im neusprachlichen Unterrichtsverständnis hinterlassen. Seit Beginn des 19. Jahrhunderts war er von einer unterrichtsmethodischen Anpassung an die altphilologischen Fächer mit ihrer Grammatik-Übersetzungsmethode (s. Einheit 5) begleitet worden.

Grammatik-Übersetzungsmethode

Einflussreiche Verfasser entsprechender Grammatiken waren z. B. Valentin Meidinger, Johann Heinrich Philipp Seidenstücker und Karl Joseph Plötz.

> Der Lernende befaßt sich zunächst in quasi-abstrakter Form mit dem grammatischen Regelwerk, dem nach Auffassung der Zeitgenossen auch die formalbildende Kraft (Logik, Systematik, Historizität) innewohnt. Erst wenn die grammatischen Regeln ,sitzen', das heißt auswendig gelernt sind, wendet er das neuerworbene Wissen auf Sprachproben (unzusammenhängende Übungssätze oder aber kleine zusammenhängende Texte) an, die auf deutsch vorgegeben sind. (Schröder 1984: 23)

Bildung versus Anwendung

Die Akzeptanz der Neueren Sprachen wurde mit der Übernahme der im und für den altsprachlichen Unterricht entwickelten Grammatik-Übersetzungs-Methode erkauft, so dass sich im Höheren Schulwesen der Unterricht in den modernen Sprachen dem in den alten annäherte, damit auch sie dem Selbstveredlungsbestreben und der so verstandenen Allgemeinbildung dienen konnten. Bildungs- und Anwendungsbezug blieben zwei unversöhnliche Kategorien.

4.3.3 | Fremdsprachenunterricht und Geschlechterverhältnisse

gendering von Sprachenlernen

Seit dem frühen 12. Jahrhundert sind Spuren des *gendering* von Sprachenlernen nachgewiesen (vgl. Haas 2007). Der Begriff Muttersprache (*lingua materna*) entstand damals, umfasste die lebendigen, von Frauen vermittelten Sprachen in den weit verbreiteten mehrsprachigen Milieus und war der Kontrastbegriff zum akademischen Latein (vgl. Haas 2007: 32). „The language dichotomy and the prestige of Latin learning were heavily gendered." (ebd.: 35). Die Tradition des neusprachlichen Unterrichtens durch Frauen setzte sich im 19. Jahrhundert an den privaten Höheren Mädchenschulen fort. Dort gehörten fremdsprachliche Konversation und Lektüre zum Unterricht, der von *native speakers* erteilt und distinktives Element weiblicher Bildung war. Französisch überwog gegenüber dem Englischen, der Gegenspieler beider war auch hier das ,männliche', akademische Latein. Verbindungslinien zum modernen Fremdsprachenunterricht sind unübersehbar.

Höhere Mädchenschulen

> Betrachtet man die weibliche Tradition des Unterrichts genauer, so drängen sich solche Vergleiche mit heutigen Konzepten des fremdsprachlichen Unterrichts, wie beispielsweise Kommunikationsorientierung oder bilingualer Sachfachunterricht, geradezu auf. Dies allein dürfte [...] für die Modernität des weiblichen Fremdsprachenunterrichts bereits vor der Neusprachlichen Reformbewegung sprechen. (Doff 2002: 401)

Um 1908 wurden die bisher nicht-staatlichen höheren Mädchenschulen zu Höheren Lehranstalten – unter der Bedingung, dass zwei Fremdsprachen unterrichtet wurden, meist Französisch und Englisch.

Methodenreform zur Jahrhundertwende

|4.3.4

Im letzten Jahrzehnt des 19. Jahrhunderts entwickelte sich Widerstand gegen die neuhumanistische Abwertung des Anwendbaren. Flankiert wurde dieser Widerstand von der Reformpädagogik, aber auch von sprachspezifischen Innovationen. 1878 waren die Berlitz-Schulen gegründet worden, die außerschulische Möglichkeiten des Sprachenlernens mit *native speakers* nach einer eigenen Methode boten, welche einsprachig-fremdsprachlichen Unterricht mit dem Vorrang des Mündlichen verband und ohne formale Unterweisung in Grammatik auskam. Wenig später, 1886, entstand die *Association Phonétique Internationale* (den Namen gab sich die Gruppe erst 1897), die das Ziel verfolgte, eine Lautschrift für Fremdsprachenlernende zu entwickeln. Beide Neugründungen sind ein Zeichen für das breite Interesse an den neuen Sprachen und an Mündlichkeit. Die fremdsprachliche Reformbewegung konnte sich also im Einklang mit dem Zeitgeist fühlen.

Reformpädagogik
Berlitz-Schulen

Association Phonétique Internationale

|Abb. 4.6
Wilhelm Viëtor
(1850–1918)

Der Sprachunterricht muss umkehren!

Wilhelm Viëtor, ein Marburger Anglist, Phonetiker und Linguist, gilt als einer der einflussreichsten Reformer. 1882 verfasste er – zunächst unter dem Pseudonym *Quousque tandem?* (Wie lange noch?) – ein Pamphlet, in dem er auf die Überbürdung der Schülerschaft mit leerem Sprachwissen hinweist und fordert: *Der Sprachunterricht muss umkehren!* Diese Schrift gilt als Manifest der Reformbewegung im Bereich des Fremdsprachenunterrichts und „leitete eine grundsätzliche Neuorientierung des Englisch- und Französischunterrichts ein, indem sie nicht nur an die beherrschende Stellung der grammatischen Methode rührte, sondern darüber hinaus auch die gültige Hierarchie der Bildungswerte in Frage stellte" (v. Walter 1980: 182). Viëtor, der als Lehrer in England gearbeitet hatte, u. a. an einer Höheren Mädchenschule tätig gewesen war, und später Professor für englische Philologie in Marburg wurde, entwarf ein Konzept, das als Direkte Methode in die Geschichte des Fremdsprachenunterrichts einging.

Streng genommen handelt es sich bei der Direkten Methode gar nicht um eine Methode, sondern um zwei Grundsätze, nämlich dass Fremdsprachen direkt, d. h. ohne Umweg über eine andere Sprache, gelehrt werden sollten und Übersetzung deshalb keine zentrale Rolle mehr spielen dürfe, und dass Sprachunterricht anschaulich sein müsse. Ziele des Sprachunterrichts seien Sprach*können*, nicht (nur) Sprach*wissen*, und mündliche Ausdrucksfähigkeit einschließlich einer akzeptablen Aussprache. Und der Weg zu diesem Ziel sei der Gebrauch.

Direkte Methode

Sprach*können*
Sprach*wissen*
mündliche
Ausdrucksfähigkeit

Viëtor war kein grundsätzlicher Gegner formaler Bildung, aber er sah nicht ein, warum nur die alten Sprachen bildungswirksam sein sollten: „Es wäre weit besser, wir füllten unsere Köpfe mit Dingen an, die uns im späteren Leben von praktischem Nutzen sein und zugleich die formale Bildung übermitteln könnten, von der man so viel reden hört." (Viëtor 3. Aufl. 1905: 139, in Schröder 1984: 72) Zu den „Dingen von praktischem Nutzen", mit denen die Köpfe anzufüllen seien, zählten die Reformbewegten nicht die schöne Literatur, sondern Daten- und Faktenwissen über diejenigen, deren Sprache gelernt wurde, also die Realienkunde.

Realienkunde

Insgesamt aber war die Blütezeit der neusprachlichen Reformbewegung, die noch die erste Dekade des 20. Jahrhunderts betraf, kurz und spärlich – Rülcker spricht von einer „Minimalreform" (1969, zit. in Hüllen 2005: 107). Neben der neuhumanistischen Gegnerschaft von außen zeigten sich nämlich auch immanente Defizite in Konzept und Durchführung:

- ► Die Lehrerbildung, in der die für einsprachige Unterrichtsführung unverzichtbaren Auslandsaufenthalte die große Ausnahme blieben, war unzureichend;
- ► die Reform war nur methodisch ausgelegt, hatte aber keine tragfähige inhaltliche Dimension entfaltet;
- ► es war nicht gelungen, „das fachspezifische, durch gesamtgesellschaftliche Bedürfnisse legitimierte Lehrziel *Sprachkönnen* mit dem aus der überkommenen Bildungstheorie abgeleiteten Gesamtbildungsziel der höheren Schule, der *allgemeinen Geistesbildung,* in Einklang zu bringen" (v. Walter 1980: 185);
- ► die Annahme, dass die dem Erstspracherwerb angenäherte Direkte Methode sich unter den institutionellen Bedingungen von Schule bewähren würde, war nicht geprüft worden.

4.4 | Fremdsprachenunterricht im 20. Jahrhundert

Nach dem Ersten Weltkrieg und dem Ende des Kaiserreichs wurde in der Weimarer Reichsverfassung der Versuch unternommen, den Klassencharakter des Bildungswesens zu reduzieren und ein demokratisches Schulwesen zu installieren. Was blieb, war eine gemeinsame vierjährige Volksschule, ein höchst bescheidener Resterfolg. Das System aus wenigen gemeinsamen Lernjahren (wenn man von sonderpädagogischen Einrichtungen mit ihrer durchgreifenden Segregation absieht), gefolgt von einem streng dreigliedrigen Schulwesen aus Volksschulen, Realschulen, Gymnasien, spiegelte – und spiegelt bis heute – gesellschaftliche Machtstrukturen, Privilegien und Normvorstellungen. Die Durchlässigkeit der sozialen Schichten blieb in Gesellschaft wie Schule ein uneingelöstes Versprechen. Die Rechte der Kirchen wurden zwar zurückgedrängt, aber es gab nach wie vor konfessionell getrennte Schulen.

demokratisches Schulwesen

uneingelöstes Versprechen

4.4.1 | Leitziel Kulturkunde

In den Nachwehen des Ersten Weltkriegs geriet auch das Bildungswesen in die Kritik, u. a. der Pragmatismus und die Daten- und Faktenorientierung der

Reformbewegung mit ihrer Realienkunde. Auf der Ebene der Methode einigte man sich auf einen Kompromiss zwischen Direkter und Grammatik-Übersetzungsmethode, aber auf der Inhaltsebene wurde nach einem übergeordneten Ziel gesucht. Die Reformbewegung hatte sich inhaltlich an der Landeskunde orientiert und darunter ganz schlicht Informationen über das Zielland verstanden. Solche Faktenorientierung, so die Kritiker, sei aber den kulturbezogenen, geisteswissenschaftlichen Fächern nicht angemessen. Hans Richert veröffentlichte 1920 einen Gegenentwurf, den er Kulturkunde nannte und 1925 als Ministerialrat im Preußischen Ministerium für Wissenschaft, Kunst und Volksbildung in Richtlinien goss. Ihr Tenor blieb bis in die 1950er Jahre hinein erkennbar und in ihrer Widersprüchlichkeit eignete sie sich auch zur Adaption im Nationalsozialismus.

Kompromiss zwischen Direkter und Grammatik-Übersetzungsmethode

Kulturkunde

Richert führte die Situation Deutschlands nach dem Ersten Weltkrieg auf tief greifende Versäumnisse seit der Reichsgründung zurück. „Der Generalnenner seiner Diagnose ist", so Hüllen (2005: 110),

> dass die geistige Verfassung des deutschen Volkes nach 1870 weit hinter seiner staatlichen Einheit zurückgeblieben sei. Der nationalen Form entspreche kein nationaler Geist. Der sei vielmehr uneinheitlich, zwiespältig, im Faktenwissen zerfasert. […] Die höheren Schulen, so lassen sich Richerts Positionen resümieren, lehren ein ‚kosmopolitisches Aggregat', aber keine kulturelle, auf die Nation abgestimmte geistige Einheit […]. Faktenwissen könne nicht sinn- und gemeinschaftsstiftend wirken, aber genau das sei die Aufgabe der Erziehung. Deshalb müsse in den Schulen quer durch die Fächer hindurch Kulturkunde gelehrt werden, nicht als eigenes Fach, sondern als Verpflichtung aller geisteswissenschaftlichen Fächer.

Verpflichtung aller geisteswissenschaftlichen Fächer

Seit 1870 waren zahlreiche Schriftsteller bemüht, die politische Einheit kulturell zu fundieren und die Nation zum Motor geistiger Entwicklung zu erklären. Nicht das schöpferische Individuum bringe Kultur hervor, sondern die Nation.

> Hinter der Seele Corneilles suchen wir die französische, hinter der Shakespeares die englische ‚Seele' usw. Denn auch diese Gesamtseele hat ihre ‚Struktur', und eigentlich ist erst sie das würdige Objekt des kulturkundlichen Strebens. […] Gelingt es uns, die charakterologische Struktur der Völker zu erfassen, mit denen unsere geistige und materielle Existenz uns in erster Linie verknüpft, so gewinnen wir nicht nur einen Einblick in das Weltgetriebe, dem wir auf Gedeih und Verderb ausgeliefert sind, sondern wir kommen auch in die Lage, auf Grund unseres Wissens um Stärke und Schwäche, um Bedürfnisse und Lebenstriebe jener anderen unser eigenes Verhalten so einzurichten, daß aus dem Zusammenspiel dieser Faktoren das für uns wünschenswerte Ergebnis herausspringt. (Litt 1926: 157)

Zur Stiftung nationaler Gemeinschaft und Identität eignete sich der Kulturkunde zufolge vor allem der Deutschunterricht. Hier begab man sich auf die Suche nach den schöpferischen Quellen der Geistesgeschichte, die zugleich

Stiftung nationaler Gemeinschaft und Identität

67

als Geschichte der Nation verstanden wurde. Fremdsprachenunterricht war kulturkundlich nicht sonderlich relevant, wurde aber doch einbezogen.

Kulturkundliche Folientheorie des Fremdsprachenun-terrichts

> Der Fremdsprachenunterricht konnte, so die kulturkundliche Auffassung, einen Beitrag zur sogenannten Deutschtumskunde leisten, wenn er die fremde Nation als Folie für die eigene darstellte und vor deren Hintergrund das Gleichartige und das Andersartige der eigenen Nation herausarbeiten würde.

Es mag auf den ersten Blick absurd wirken, dass der Fremdsprachenunterricht letztlich Deutschkunde betreiben sollte, aber völlig abwegig ist eine solche indirekte Denkfigur auch in der heutigen Fremdsprachendidaktik nicht: In der interkulturellen Debatte wird die Begegnung mit dem Fremden, Anderen ebenfalls als Weg betrachtet, sich (auch) über die eigene Identität Klarheit zu verschaffen.

widersprüchliche Auslegungen

Die Kulturkunde war ein Denkmodell, das offen für widersprüchliche Auslegungen war. Sie war einerseits national orientiert und hing der unhaltbaren, ja gefährlichen Idee von der Einheit der Nation und des Volkscharakters an. Andererseits gab es kulturkundliche Stimmen, die die Nation auch in ihrem westeuropäischen Kontext sahen und sich im Sinne von Völkerverständigung und Pazifismus äußerten. „Bedenkt man die demokratie- und republikfeindliche Haltung weiter Teile der Philologenschaft in den Weimarer Jahren [...], so verwundert es allerdings nicht, daß dies eher eine Außenseiterposition bleibt." (Lehberger 1995: 564)

4.4.2 | Fremdsprachenunterricht im Nationalsozialismus

Die erziehungspolitischen Vorstellungen der nationalsozialistischen Herrschaft sind schnell skizziert. Geschichte stellte sich darin als Geschichte von ,Rassen' dar, bei denen die höherwertige die niedrigere bezwingt. Urtyp des Menschen war der Arier, der überlegen, aber deshalb auch angefeindet und bedroht ist und Krieg für den Fortbestand der höherwertigen ,Rasse' führt. Arische Erziehungsziele sind die Bildung lebenstüchtiger, starker Eliten, Rassereinerhaltung, Treue, Opferbereitschaft, Heldentum, Patriotismus. Körperliche Ertüchtigung und rechte Gesinnung waren oberste Ziele, Intellektualität rief Skepsis hervor.

Reichsrichtlinien zugunsten des Englischen

Nachdem in den 1920er Jahren noch eine gewisse Bandbreite moderner Sprachen an deutschen Schulen gelehrt worden war, war Anfang der 1930er Jahre der Vorrang des Französischen festgelegt worden. Dieser Beschluss wurde 1938 in den Reichsrichtlinien zugunsten des Englischen aufgehoben. Das Bündnisstreben mit dem ,arischen Brudervolk' war ausschlaggebend für die neue Sprachenfolge an Höheren Schulen: Englisch – Latein – Wahlbereich Französisch/Italienisch/Spanisch. Auch an Realschulen war Englisch erste Fremdsprache. An humanistischen Gymnasien sanken die Schülerzahlen.

England wurde für das Empire und die Rassenpolitik in den Kolonien bewundert, Frankreich erschien dagegen als ‚Mischkultur' und Feindvolk. Insgesamt nahm das Interesse am Sprachunterricht zugunsten wehrpolitisch relevanter Fächer ab; zeitweise wurde sogar an Abschaffung gedacht. Wie zur Zeit der Kulturkunde war Fremdsprachenunterricht also auch im Nationalsozialismus keine Selbstverständlichkeit. Die neuphilologischen Interessenverbände dienten sich an, indem sie die nationalistischen Elemente des Fremdsprachenunterrichts und die Bedeutung fremder Sprachen für erfolgreiches Weltmachtstreben, für Kolonialherrschaft und Auslandspropaganda betonten.

Wesenskunde: In recht problemlosem Anschluss an die Kulturkunde wurde das Konzept der Wesenskunde vertreten. Durch Vergleiche mit anderen Nationen sollte das Wesen der eigenen Nation in hellstem Licht erscheinen.

Definition
Wesenskunde

Gelegentlich wurden in Lektüren und Sprachzeitschriften der englische Faschismus, das Auslandsdeutschtum und Hitler zelebriert. Auch in Lehrbüchern des Anfangsunterrichts fanden sich solche Elemente, etwa in dem Lehrbuch *Englisch für die deutsche Jugend* von 1937, das von ungeteilter deutschenglischer Begeisterung für den Nationalsozialismus ausgeht.

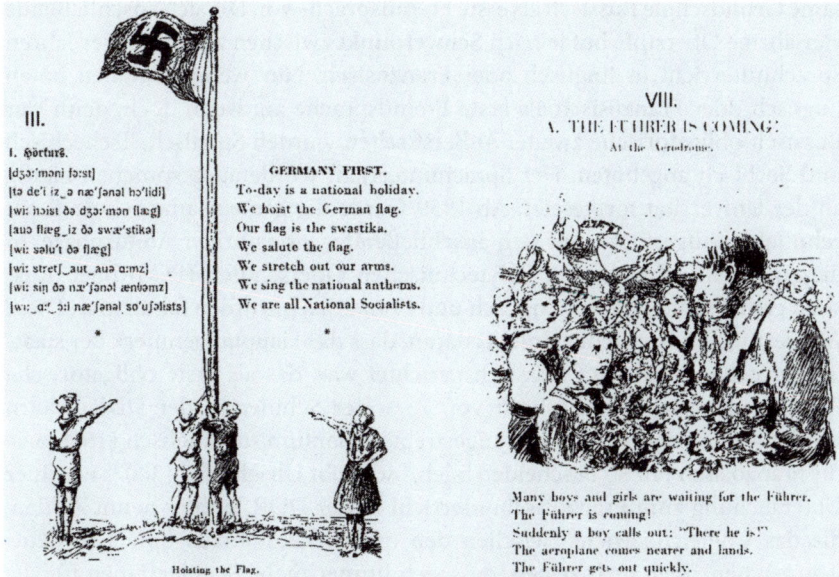

Abb. 4.7
Englisch unter dem
Hakenkreuz

Das positive Bild Englands in den Reichslehrplänen von 1938 ändert sich, als nach dem Überfall auf Polen England Deutschland und 1941 Deutschland den USA den Krieg erklären. Die Lektüren und Oberstufenlehrbücher schalten um, schreiben nun abfällig über die *unworking aristocracy* und bezeichnen die britische Kriegserklärung als Ausdruck jüdischer Verschwörung. Die Umstellung der noch englandfreundlichen Mittelstufenlehrbücher zieht sich so lange hin, dass sie noch benutzt werden, als England längst Kriegsgegner geworden war.

Nach der Wahl Hitlers hatten sofort große ‚Säuberungsaktionen' eingesetzt, auch unter den Schüler/innen und Lehrer/innen. Das *Gesetz zur Wiederherstellung des Berufsbeamtentums* von 1933 schloss ‚nichtarische' Menschen vom Beamtentum und damit vom Lehrberuf aus. Der Deutsche Philologenverband zog mit und entfernte seit April 1933 ‚nichtarische' Kolleg/innen aus den eigenen Reihen (vgl. Lehberger 1988: 48).

4.4.3 | Neuorientierungen nach 1945

„Kein Neubeginn"

Werner Hüllen hat für seine Rekonstruktion des Fremdsprachenunterrichts nach 1945 als Überschrift gewählt: „Kein Neubeginn" (2005: 131). Das ist insofern zutreffend, als man in der Nachkriegszeit zunächst auf Ansätze der Zeit vor 1933 zurückgriff, sowohl in der SBZ/DDR als auch in den drei westlichen Besatzungszonen und dann der BRD. Das Sprachenangebot regelten die Alliierten: In den Besatzungszonen wurde die Sprache der jeweiligen Besatzungsmacht erste Fremdsprache.

DDR

Das Schulsystem der DDR sah für die zunächst acht Jahre während gemeinsame Grundschule Russisch als erste Fremdsprache vor. Die sich anschließende vierjährige Oberstufe bot je nach Schwerpunkt zwischen zwei und vier Jahren Sprachunterricht in Englisch oder Französisch. Nur wenige Schulen boten Englisch oder Französisch als erste Fremdsprache an; wenn doch, dann war Russisch obligatorische zweite. Äußerst selten wurden Spanisch, Tschechisch und Sorbisch angeboten. Der Sprachunterricht wurde ausgesprochen häufig an der Universität fortgesetzt. Ab 1959 wurde die gemeinsame Schulzeit auf zehn Jahre aufgestockt, mit sich anschließender zweijähriger Abiturphase. In diesen neuen zehnjährigen Polytechnischen Oberschulen (POS) blieb Russisch erste Fremdsprache; Englisch und Französisch wurden fakultativ. „Diese Aufwertung änderte jedoch nichts daran, dass das Hauptaugenmerk der staatlichen Stellen weiter auf Russisch gerichtet war, das als erste obligatorische Fremdsprache im Durchschnitt von 75 % der Schüler in der DDR gelernt werden sollte, wohingegen das angestrebte Quantum für Englisch (15 %) wie für Französisch (10 %) bescheiden blieb," schreibt Ulrich Pfeil (2007) in seiner Untersuchung zum Französischunterricht in der DDR, und er nennt Zahlen, die das Ungleichgewicht zwischen den beiden fakultativen Sprachen deutlich machen, aber auch zeigen, dass sich immer mehr Schüler/innen für die westlichen Sprachen interessierten: „War das Verhältnis bereits 1966/67 (Englisch: 31,9 %/Französisch: 1 %) unausgewogen, verschob es sich bis 1975/76 noch weiter zugunsten des Englischen (Englisch: 56,7 %/Französisch: 4,5 %). Absolut gesehen stieg die Zahl der Französischlerner in den Klassen 7–10 der POS in der gesamten DDR von 4.166 Schülern im Schuljahr 1966/67 über

Hauptaugenmerk der staatlichen Stellen weiter auf Russisch

11.557 (1970/71) auf 23.668 im Jahr 1973/74." Das Wahlverhalten wurde mit Skepsis betrachtet, denn Englisch war die Sprache des Klassenfeindes und des Kapitalismus und stellte eine „Gefährdung" dar, mit der im eigenen Interesse auch von Seiten der Romanistik argumentiert wurde (vgl. Pfeil 2007). In den 1980er Jahren wurde die zentrale Steuerung des Fremdsprachenangebots gelockert. Nach der Wende verlor dann die Hauptsprache Russisch schlagartig an Boden und wurde meistens durch Englisch ersetzt.

In der Bundesrepublik bestand nach 1949 schulpolitisch eine unklare Lage. Zum Zweck der Vereinheitlichung wurde die Kultusministerkonferenz gegründet. Eine Reihe von Abkommen der Ministerpräsidenten der Länder sollte für mehr Transparenz sorgen, zwei mit nachhaltigem Einfluss (vgl. Christ 1980: 213):

Bundesrepublik

(1) das Düsseldorfer Abkommen von 1954/5:
► Englisch soll in der Regel erste Fremdsprache sein.
► Neusprachliche und mathematische Gymnasien bieten Englisch ab Klasse 5, Französisch oder Latein ab Klasse 7.
► Humanistische Gymnasien bieten Latein ab Klasse 5, eine neuere Fremdsprache ab Klasse 7 und Griechisch ab Klasse 8 oder 9 an.
(2) das Hamburger Abkommen von 1964:
► Englisch oder Latein werden für Klasse 5 bis 10 erste Pflichtfremdsprache.
► Die zweite Fremdsprache beginnt ab Kl. 7, die dritte pflicht- oder wahlfrei ab Kl. 8 oder 9.
► Für Real- und Hauptschulen ist eine Fremdsprache Pflicht, in der Regel Englisch.

In der acht-, später neunjährigen Volksschule waren Fremdsprachen zur Zeit des Düsseldorfer Abkommens noch nicht vorgesehen. Sie waren Privileg der Gymnasien und – mit berufsbezogenem Tenor – der Real- und Handelsschulen. Das ändert sich mit dem Hamburger Abkommen, das eine Fremdsprache für alle fordert. Die Vorrangstellung des Englischen wird immer deutlicher, auch wenn die von einigen Bundesländern kritisierte Festlegung auf Englisch 1971 aufgehoben wird und theoretisch jede Sprache erste Fremdsprache sein kann. Herbert Christ resümiert: „So können wir also feststellen, daß die deutsche Schulsprachenpolitik durch die Abkommen von Düsseldorf und Hamburg entscheidend gesteuert worden ist. Das Englische ist die dominierende Sprache geworden." (1980: 214 f.)

Hamburger Abkommen

Immerhin war das ständische Privileg des Fremdsprachenlernens angetastet worden. Die Gründe dafür haben wir in der ersten Einheit schon erläutert: Der Erfolg der Sowjetunion in der Raumfahrt löste den sog. Sputnik-Schock aus, der die Selbstwahrnehmung Deutschlands etwa so stark erschütterte wie die PISA-Ergebnisse 40 Jahre später. Die westliche Welt stand plötzlich im Vergleich zur Sowjetunion als rückständig da und sah sich zu Reformen des Bildungswesens

ständisches Privileg des Fremdsprachenlernens

‚Bildungsoffensive‘

genötigt. Ziel der ‚Bildungsoffensive‘ seit Mitte der 1960er Jahre bis in die 1970er Jahre war es, bisher ausgeschlossene Kreise der Bevölkerung – und das waren nach damaligen Erkenntnissen vor allem Mädchen, Kinder aus der Landbevölkerung und katholische Kinder – in das höhere Bildungswesen zu integrieren. Eine der Maßnahmen war eben auch die im Hamburger Abkommen festgelegte Verpflichtung zum Erlernen von mindestens einer Fremdsprache für alle, denn fehlende Fremdsprachenkenntnisse waren einer der Faktoren, die der Durchlässigkeit zwischen den Schulformen im Wege standen. Didaktisch-methodisch vollzieht sich in dieser Zeit eine Neuorientierung auf das Leitziel Kommunikative Kompetenz hin (s. Einheit 5), das bis heute eine Schlüsselrolle für das fremdsprachendidaktische Selbstverständnis spielt.

Kommunikative
Kompetenz

Die hohen Erwartungen an die Bildungsreform erfüllten sich nicht. Die Gliedrigkeit blieb trotz der Gesamtschulen beharrlich bestehen, Bildungsgerechtigkeit blieb aus. Trotz formaler Durchlässigkeit wurde die Hauptschule zur Sackgasse. Kritiker des Hauptschulfremdsprachenunterrichts, der fast ausschließlich als Englischunterricht realisiert wurde, sprachen abfällig vom ‚Kellner-Englisch‘. Auch der 1972 beschlossene Umbau der gymnasialen Oberstufe zum Kurssystem mit Wahlmöglichkeiten brachte kaum die prognostizierte Diversifikation des Sprachenangebots.

‚Kellner-Englisch‘

Seit den 1960er Jahren veränderte sich die Sprachenlandschaft an Schulen in Deutschland erheblich durch die Arbeitsmigration. Fremdsprachendidaktik und Fremdsprachenunterricht ignorierten lange die unterschiedlichen sprachlichen Voraussetzungen der Schüler/innen, wie sie sich überhaupt mit Heterogenitäten aller Art (Herkunft, Leistung, Vorwissen, Interessen usw.) schwer tun und sich erst in neueren Initiativen eine gewisse Aufmerksamkeit dafür erkennen lässt. Aber davon mehr in Einheit 9.

Arbeitsmigration

Heterogenitäten
aller Art

Zusammenfassung

Der obige Gang durch die Vergangenheit des Fremdsprachenunterrichts setzte in der Zeit Karls des Großen um 800 an, der der Kirche das Bildungswesen unterstellte und ihrer Kommunikationssprache, dem Lateinischen, über ein Jahrtausend hinweg zu fast unangefochtener Bedeutung als Bildungssprache verhalf. Eine Reihe historischer Entwicklungen – etwa die Stadtentstehung und die Reformation – stärkten im Laufe des Jahrtausends die Bedeutung lokaler Sprachen und moderner Fremdsprachen, und so lässt sich der Beginn des neusprachlichen Unterrichts auf die Mitte des 17. Jahrhunderts datieren, als Comenius eine Didaktik und ein Sprachenlehrbuch publizierte. Die Aufklärung mit ihren religionskritischen Implikationen, die Industrielle Revolution und die Erstarkung des Bürgertums und des Nationalstaats trugen weiter zur Stärkung der neuen Sprachen bei.

Bei der Gestaltung des modernen Schulwesens zu Beginn des 19. Jahrhunderts spiegelt sich die ständische Gesellschaft im sprachlichen Profil der Schultypen. Während die Volksschulen keinerlei fremdsprachliche Bildung vorsehen und die Gymnasien sich als Orte altsprachlich-humanistischer Bildung abgrenzen und allenfalls dem höfischen

Französisch Raum bieten, setzen die sich im Laufe des Jahrhunderts rasch ausbreitenden bürgerlichen Realschulen auf moderne Sprachen einschließlich Englisch. Die zunehmende Akzeptanz dieser Sprachen auch am Gymnasium erkaufen sie sich mit der Übernahme der Grammatik-Übersetzungsmethode aus dem altsprachlichen Unterricht. Die neusprachliche Reformbewegung um die Wende zum 20. Jahrhundert ist ein erster Versuch, der Mündlichkeit und Einsprachigkeit im neusprachlichen Unterricht Geltung zu verschaffen.

In den 1920er Jahren, der Weimarer Zeit, wird die Kulturkunde bestimmendes Moment aller geisteswissenschaftlichen und sprachlichen Fächer. Sie lässt sich sowohl patriotisch als auch pazifistisch auslegen und bietet mit ihrer Interpretationsoffenheit gute Adaptionsmöglichkeiten für die nationalsozialistische Wesenskunde. Insgesamt haben die Fremdsprachen im Dritten Reich einen schweren Stand. In den 1960er Jahren bildet der Kontext der Bildungsoffensive nach dem Sputnik-Schock einen Rahmen für eine Neubewertung der Sprachen und mit dem Hamburger Abkommen von 1964 wird festgelegt, dass Schüler/innen aller Schulformen eine Fremdsprache lernen müssen und ihre kommunikative Kompetenz in der Fremdsprache das Leitziel ist.

Aufgaben

1 Halten Sie in einem Zahlenstrahl wichtige Etappen in der Entwicklung des Fremdsprachenunterrichts fest.

2 Welche Spuren der Geschichte des Fremdsprachenunterrichts können Sie in seiner heutigen formalen und inhaltlichen Gestalt noch erkennen? Was ist daraus verschwunden?

3 Stellen Sie Argumente für ein Streitgespräch zwischen Vertreter/innen von alten und neuen Sprachen über die Legitimität und die Vorzüge des Lernens ihrer Sprachen zusammen.

4 Lesen Sie Wilhelm Viëtors Pamphlet *Der Fremdsprachenunterricht muß umkehren!*, herausgegeben von Konrad Schröder, und geben Sie Antwort auf die Fragen: Welche der von ihm kritisierten Aspekte gehören der Vergangenheit an? Welche haben heute noch Gültigkeit?

5 In den Ausführungen zur Geschichte des Fremdsprachenunterrichts wird immer wieder zwischen nützlichem und bildendem Fremdsprachenunterricht unterschieden. (a) Zeichnen Sie die beiden Argumentationsstränge und die dahinterstehenden Motive und Interessen nach. (b) Nehmen Sie Stellung zu der These, dass eine solche Dichotomie auch im heutigen Fremdsprachenunterricht noch erkennbar ist.

Zum Weiterlesen

Haas, Renate (2007): Language Teaching as a ‚Woman's Job': Historical and Current Perspectives. In: Decke-Cornill, Helene/Volkmann, Laurenz (Hrsg.): *Gender Studies and Foreign Language Teaching*. Tübingen: Narr, 31–46.

Hüllen, Werner (2005): *Kleine Geschichte des Fremdsprachenunterrichts*. Berlin: Erich Schmidt.

Lehberger, Reiner (2007): Geschichte des Fremdsprachenunterrichts bis 1945. In: Bausch, Karl-Richard/Christ, Herbert/Krumm, Hans Jürgen (Hrsg.) (5. Aufl. 2007): *Handbuch Fremdsprachenunterricht*. Tübingen, Basel: Francke, 609–614.

Viëtor, Wilhelm (1905): *Der Sprachunterricht muß umkehren!* Hrsg. von Konrad Schröder (1984). Ismaning: Hueber.

Konzeptionen des Fremdsprachenunterrichts: vom Sprachwissen zu kommunikativer Kompetenz

Bei dem Streifzug durch die Geschichte des Fremdsprachenunterrichts in der vierten Einheit wurde deutlich, wie eng das Zur-Institution-Werden des Fremdsprachenunterrichts mit gesellschaftlichen, politischen und wirtschaftlichen Entwicklungen verbunden war. In dieser fünften Einheit beginnen wir nun erneut mit einem Rückblick, richten aber unser Augenmerk auf die Konzepte des Fremdsprachenunterrichts und ihren Wandel und nehmen nun die Dimension der Unterrichtsmethodik genauer unter die Lupe. Wieder wird dabei spürbar, dass die Faktoren, die für die Durchsetzung bestimmter Konzepte entscheidend waren, vielfältig sind, dass etwa nicht nur neue spracherwerbstheoretische Erkenntnisse den Anstoß für neue Unterrichtsgestaltungen gaben, sondern z. B. auch neue soziale und bildungspolitische Konstellationen.

Unterrichtskonzeptionen: das Was, das Wie und das Warum | 5.1

Unter Unterrichtskonzeptionen werden im Folgenden die didaktischen und methodischen Entwürfe von Unterricht sowie die ihnen zugrunde liegenden Begründungen verstanden. In der ersten Einheit hatten wir die begriffliche Abgrenzung zwischen Didaktik und Methodik erörtert und Didaktik als den Bereich der Ziele und Inhalte, Methodik als den untrennbar mit ihr verbundenen (Kron, Einheit 1.1.1.2) und zugleich untergeordneten (Klafki, ebd.) Bereich der Verfahren beschrieben, als ihre operative Dimension. Didaktik ist damit sowohl Oberbegriff von Didaktik und Methodik als auch ein von Methodik unterschiedener Begriff, also durchaus doppeldeutig.

> Das Wort **Methode** stammt von *Methodos* (gr.) bzw. *methodus* (lat.) und bedeutet Weg, Gang. In Unterrichtskontexten versteht man darunter einen wiederholbaren, planvollen Zugang zu einem Gegenstand und zu einem Lehr- bzw. Lernziel.

Definition

An dieser Formulierung ist erkennbar, wie wenig die Abgrenzung zwischen Was und Wie trägt: Methoden sind immer von Zielen und Inhalten und den Menschen, die Ziele setzen bzw. denen sie gesetzt werden und ihren unterschiedlichen Deutungen dieser Ziele und Inhalte abhängig, und die Wahl eines Inhalts zum Unterrichtsgegenstand ist immer auch als Aspekt der Methode zu betrachten, des Wegs zu einem Ziel. Und alle bedürfen der Begründung, der Beantwortung der Frage: Warum dies und nicht das? Warum so und nicht anders?

Wer sich mit Unterrichtskonzeptionen befasst, hat in der Regel die Ziele, Inhalte und methodischen Arrangements der *Lehrenden* im Blick. Was wird aus ihrer Perspektive angeboten, wie soll es eingeführt und erarbeitet werden, welche Begründungen liegen vor? Tatsächlich liegt die Verantwortung für den Unterricht in unserer Bildungtradition ja auch in Lehrerhand, selbst wenn – wie etwa in der Reformpädagogik, aber auch heutzutage – auf der **Schülerpartizipation** aktiven Mitwirkung der Lernenden bestanden und Schülerpartizipation unter Stichworten wie „Lernerorientierung" oder „Lernerautonomie" oder „Selbstevaluation" gefordert wird. In diesem Zusammenhang wird übrigens heute auch die Erwartung geäußert, die Schüler/innen mögen nicht nur nebenbei **Methodenkompetenz** und zufällig, sondern systematisch Methodenkompetenz erwerben (s. hierzu Einheiten 1.5.5 und 12). Methoden werden in dieser Erwartung zu Inhalten, Methodenkompetenz wird Ziel, das Wie zum Was.

5.2 | Begriffsklärung: Unterrichtsmethoden

Wir wollen nun präziser auf den Begriff der Methode schauen, denn er ist für die Analyse und kritische Auseinandersetzung mit Unterrichtskonzeptionen unverzichtbar. Für Hilbert Meyer (1994) lässt sich die methodische Gestalt eines Unterrichts an fünf Aspekten identifizieren:

Handlungssituationen
(1) **Handlungssituationen/Lernsituationen/Unterrichtsszenen**, d. h. *„zeitlich begrenzte, strukturierte*, vom Lehrer und den Schülern bewußt gestaltete und mit Sinn und Bedeutung belegte Interaktionseinheiten"* (116), die dazu dienen, den Unterrichtsprozess voranzutreiben, einem Ziel zuzuführen.
  Beispiele: Frage und Antwort, sich melden und drankommen, einen Arbeitsauftrag erteilen, vorsprechen und nachsprechen.

Handlungsmuster
(2) **Handlungsmuster/Lehrformen/methodische Grundformen.** Meyer vergleicht Handlungsmuster mit Drehbüchern und versteht darunter „historisch gewachsene, von Lehrern und Schülern mehr oder weniger fest verinnerlichte Formen der Aneignung von Wirklichkeit. Sie haben einen bestimmten Anfang und ein Ende. Sie sind zielgerichtet." (127) Im Vergleich zu Handlungssituationen sind sie letztlich nur komplexer, d. h. ein Handlungsmuster kann sich aus diversen Handlungssituationen zusammensetzen.
  Beispiele: fragend-entwickelndes Unterrichtsgespräch, Rollenspiel.

Unterrichtsschritte
(3) **Unterrichtsschritte/methodischer Gang/Verlaufsformen und Stufenschemata**, also die chronologische „Prozessstruktur des Unterrichts" (130), sein Ablauf in unterscheidbaren Phasen. „Verlaufsformen strukturieren

den zeitlichen Ablauf des Unterrichts. Sie verknüpfen die einzelnen Unterrichtsschritte zu einem Ganzen." (133)

Beispiel: 1. Stundeneröffnung, 2. Einführung, 3. Erarbeitung, 4. Anwendung und Übung, 5. Ergebnissicherung.

(4) **Sozialformen/Kooperationsformen/Differenzierungsformen.** In der Schule Sozialformen
kommen vier Formen vor: „Klassen- bzw. Frontalunterricht, Gruppenunterricht, Partnerarbeit, Einzelarbeit" (136). Der Begriff ‚Sozialform' wurde von Wolfgang Schulz in den 1960er Jahren geprägt und hat sich gegenüber dem weniger verbreiteten Begriff der ‚Kooperationsformen' von Lothar Klingberg durchgesetzt. „Sozialformen regeln die Beziehungsstruktur des Unterrichts. Sie haben eine äußere, räumlich-personal-differenzierende und eine innere, die Kommunikations- und Interaktionsstruktur regelnde Seite." (138) Das Arrangement der Stühle und Tische in einem leeren Klassenzimmer verrät bereits die dort bevorzugten Sozialformen.

Beispiel: Kreisformation der Stühle für Klasseninteraktion; Tischgruppen für kooperative Arbeitsformen.

Abb. 5.1
Sozialformen des
Unterrichts

(5) **Methodische Großformen** nennt Meyer „komplexe, historisch gewachsene Methodische
und institutionell verankerte feste Strukturen der zielbezogenen Organi- Großformen
sation thematisch zusammenhängender schulischer Aufgabenkomplexe"
(146). Während die vorherigen Punkte Aspekte der methodischen Cha-

rakterisierung bzw. Analyse von Unterricht bereitstellen, werden in diesem fünften Punkt etablierte Inszenierungsformen von Unterricht genannt, die immer wiederkehren und Gesamtarrangements darstellen, die sich durchgesetzt haben.

Beispiele: Vorlesung, Projekt, Lehrgang u. Ä.

5.3 | Geschlossene Konzeptionen des Fremdsprachenunterrichts

Im Folgenden stellen wir nun Konzeptionen des Fremdsprachenunterrichts vor, die auf der Grundlage jeweils spezifischer Annahmen und Theorien über Sprache, über Sprachlerner/innen und über angemessene Inhalte und Ziele entwickelt wurden. Wir bezeichnen sie als ‚geschlossen‘, weil sie eine relativ starre, regelhaft ablaufende, eng durch die Lehrkraft geführte und von ihr kontrollierte Vorgehensweise vertreten. Die Zeit solcher Methodenkonzeptionen ist nach dem heutigen Stand der (Sprach-)Lerntheorie vorbei. Menschen lassen sich nicht durch ein noch so ausgeklügeltes Lernarrangement zum Spracherwerb programmieren, wir können sie nicht nötigen oder gar zwingen, auf eine von außen herangetragene Art und Weise zu lernen. Trotz dieser Einschränkung gehören die folgenden Konzeptionen nicht ganz und gar der Vergangenheit an. Sie sind immer noch präsent, zum einen in der Praxis, vor allem in Bildungssystemen, in denen reglementierende Erziehungsvorstellungen lebendig sind, aber auch in liberaleren Erziehungszusammenhängen. In diesen sind sie allerdings nur als *eine* methodische Möglichkeit unter vielen in einem offenen, vielfältigen Methodenspektrum präsent, nicht aber als alleinige und leitende Verfahrensweise.

kontrollierte Vorgehensweise

5.3.1 | Die „klassische" Grammatik-Übersetzungsmethode (GÜM)

Wir beginnen mit der Methode, die das 19. Jahrhundert bestimmt hatte und gegen die Wilhelm Viëtor und die Reformbewegung gegen Ende des 19. Jh. entschieden zu Feld gezogen waren, nämlich mit der Grammatik-Übersetzungsmethode (GÜM). Sie wurde in den USA *Prussian Method* genannt, wegen ihrer Herkunft aus dem altsprachlichen Unterricht gelegentlich auch *Classical Method* (Richards/Rodgers 1986) (s. Einheit 4.3.2).

Anders als spätere Unterrichtsmethoden, die Erkenntnisse aus der Sprachwissenschaft und der Lernpsychologie berücksichtigen, entbehrte die Grammatik-Übersetzungsmethode einer wissenschaftlichen Fundierung. In linguistischer Hinsicht orientierte sie sich an den Kategorien der lateinischen Schulgrammatik, beschrieb also moderne Sprachen mit Kategorien aus dem Lateinischen. Zu den daraus erwachsenden Absonderlichkeiten gehörte etwa, dass die Flexionslehre auf das Englische übertragen wurde und – wie Viëtor kopfschüttelnd zitiert – das Deklinieren von Nomina im Englischunterricht folgendermaßen praktiziert wurde:

Kategorien aus dem Lateinischen

Singular: Nominativ: *the* Plural: Nominativ: *the*
Genitiv: *of the* Genitiv: *of the*
Dativ: *to the* Dativ: *to the*
Akkusativ: *the* Akkusativ: *the*

Viëtor (3. Aufl. 1905: 130)

„Es gehört wahrlich die ganze Verblendung gedankenloser Traditionsgläubigkeit dazu, nicht zu merken, daß hier aber auch absolut gar nichts flektiert ist", seufzt Viëtor (ebd.).

Sprache wurde zum Zweck geistig-formaler Bildung, der Schulung von Kognition und Logik und der Selbstveredelung gelehrt. Grundlage der Sprachbeschreibung war die literarisch geformte Schriftsprache. In der Literatur der Hochkultur glaubte man den Niederschlag der geistigen Leistungen einer Sprachgemeinschaft zu finden. Mündlichkeit stand also ganz im Hintergrund. Als Arbeitssprache des Fremdsprachenunterrichts diente nicht die Fremdsprache, sondern die Erstsprache Deutsch (mehrsprachige Klassenzimmer waren äußerst selten). Die vorherrschende Kommunikationsstruktur war die Lehrer-Schüler-Interaktion; Schüler-Initiative und Schüler-Schüler-Interaktionen spielten dagegen kaum eine Rolle. Lehrervortrag, Lehrerfragen/Schü-

literarisch geformte Schriftsprache

Phase	Aktivität
1	Die Klasse liest einen fremdsprachigen literarischen Textausschnitt. (Denn: In der literarischen Sprache ist eine Sprache am vollkommensten.)
2	Die Klasse übersetzt in die eigene Sprache. (Denn: Übersetzungskompetenz ist Ziel und die Übersetzung ist zugleich Nachweis des Textverständnisses. Es wird davon ausgegangen, dass alle Mitglieder der Klasse eine gemeinsame Erstsprache haben.)
3	In der Erstsprache bittet die Lehrkraft die Klasse, ihre Fragen zu stellen. Diese werden in der Erstsprache besprochen. (Denn: Wissen über die Sprachstruktur wirkt bildend.)
4	Die Klasse beantwortet schriftlich Fragen zum Textverständnis. (Denn: Schriftlichkeit ist die Höchstform von Sprache, s. oben.)
5	Die Lehrkraft kommentiert und beurteilt die vorgetragenen Antworten. (Denn: Im Mittelpunkt steht sprachliche Korrektheit; die Lehrperson ist Bewertungsautorität.)
6	Die Klasse stellt morphologische, phonologische, syntaktische Sprachvergleiche zwischen eigener und Fremdsprache an. Beispiel: *aventure/adventure*/Abenteuer. (Denn: Wissen über Ähnlichkeiten und Zusammenhänge zwischen den Sprachen dient dem Sprachwissen.)
7	Die Lehrkraft hebt eine grammatische Erscheinung hervor, präsentiert sie der Klasse, erläutert sie metasprachlich und formuliert eine Regel, die sie an Beispielen üben und lernen lässt. (Denn: Sprachliche Regelhaftigkeiten werden durch Erklärung transparent und können durch Einüben und Regelwissen beherrscht werden.)
8	Anhand zweisprachiger Wortlisten wird der neue Wortschatz eingeübt. (Denn: Das Wortinventar einer Sprache entspricht dem einer anderen und lässt sich über Wortgleichungen lernen.)

Tab. 5.1
Eine Unterrichtsstunde nach der Grammatik-Übersetzungsmethode im Überblick

lerantworten, Übersetzen, Schreiben waren die Standard-Handlungsmuster, Hauptsozialformen der Frontalunterricht und die Einzelarbeit. Eine typische Abfolge an Unterrichtsschritten war die Einführung einer sprachlichen Regel; das Üben anhand von Mustersätzen; und schließlich die Übersetzung in die fremde Sprache und aus der fremden Sprache. Es wurde also vom allgemeinen Regelsatz zum sprachlichen Einzelfall vorgegangen, wodurch den Lernenden das selbstständige Entdecken von Regelhaftigkeiten nicht möglich war.

typischer Verlauf   Diane Larsen-Freeman (1986) hat einen typischen Verlauf der noch heute in einigen Teilen der Welt praktizierten Methode, einschließlich der zugrunde liegenden Begründungen skizziert. Beides wird in Tabelle 5.1 auf der vorhergehenden Seite leicht modifiziert wiedergegeben.

5.3.2 | Kritik an der GÜM und die Direkte Methode

1882 erschien Wilhelm Viëtors Pamphlet: „Der Fremdsprachenunterricht
das schlechte   muß umkehren!" Schon vor Viëtor hatten viele das schlechte Sprachkönnen in
Sprachkönnen   den Schulen beklagt und der regelbesessenen Lehre angelastet, Auslandsaufenthalte und Reisestipendien gefordert. Auch die Gründung der *Association*
gestiegenes Interesse   *Phonétique Internationale* und der Berlitz-Schulen weisen auf ein gestiegenes
an Mündlichkeit   Interesse an Mündlichkeit, Direktbegegnungen, Sprachkönnen hin (s. Einheit 4.3.4).

Direkte Methode | Der Sprachunterricht entwickelt jetzt zum ersten Mal seine fachtypische Eigenart und Problematik: Arbeitssprache und Inhalt sind identisch; die Fremdsprache ist sowohl Unterrichtsmedium als auch Lernziel; die Erstsprache tritt in den Hintergrund; Übersetzen wird zweitrangig und beschränkt sich auf das Übersetzen aus der Fremdsprache; Grammatik wird durch Induktion erarbeitet.

Deduktion   Während in der Grammatik-Übersetzungsmethode Deduktion betrieben, also von der allgemeingültigen Regel ausgegangen wurde und dann konkrete
Induktion   sprachliche Einzelfälle daraus abgeleitet wurden, wird nun durch Induktion beim Hören und Sprechen Regelwissen erworben. Nach den von Hilbert Meyer zusammengestellten Kriterien handelt es sich bei der Direkten Methode freilich nicht um eine Methode, denn es werden weder Sozialformen noch Handlungssituationen und -muster noch Unterrichtsschritte festgelegt, sondern nur Unterrichtsprinzipien.

Trotz zahlreicher gegenläufiger Impulse blieb die Grammatik-Übersetzungsmethode noch bis in die 1950er Jahre, in denen Fremdsprachen ja immer noch zu den Selektionsfächern der höheren Schulbildung zählten – wenn auch in gemäßigter Weise –, vorherrschend an den Schulen in Deutschland. Ihre Spuren finden sich dort bis heute.

Die audiolinguale und audiovisuelle Methode

5.3.3

Der Sputnik-Schock von 1957 und seine bildungspolitischen Konsequenzen in den Ländern des Westens (s. Einheit 4.4.3) stellten die Didaktik vor die Herausforderung, einen hauptschulgemäßen Fremdsprachenunterricht zu konzipieren. Eine neue Klientel von Fremdsprachenlernenden war zu berücksichtigen, und das veränderte vor allem den Englischunterricht nachhaltig, der ja von den sprachlichen Fächern am meisten betroffen war. Während Piepho schon Pionierarbeit für den kommunikativen Ansatz des Fremdsprachenunterrichts leistete (davon gleich mehr), bezogen viele Lehrbuchverlage und lehrerbildende Einrichtungen Impulse aus den USA, die in eine ganz andere Richtung wiesen.

neue Klientel von Fremdsprachenlernenden

In den USA war seit den 1930er Jahren und verstärkt bei der Mobilisierung für den Krieg ein großer Fremdsprachenbedarf entstanden, der neue Zielgruppen betraf. Als deshalb Ende 1942 das *Army Specialised Training Program* ins Leben gerufen wurde, das über knapp zwei Jahre lang Soldaten in Intensivkursen für kriegswichtige Aufgaben qualifizierte, waren darin u. a. auch Fremdsprachen vorgesehen. Ein wichtiger Linguist, der hier involviert war, war Leonard Bloomfield von der Yale University (*Language*, 1933). Er hatte schon zuvor für Anthropologen Spracherwerbstechniken entwickelt, um sie auf ihre Feldforschung in fremden Sprachgemeinschaften vorzubereiten. In diesem Sprachlehrmodell waren *native speakers* Vorbild und Quelle. Die Linguisten ermittelten aus deren Äußerungen – also induktiv – sprachliche Strukturen, die dann in Intensivkursen durch Imitationsübungen an die Forscher/innen vermittelt wurden. Ähnlich wurde auch in den Sprachlehrveranstaltungen des *Army Specialised Training Program* vorgegangen.

ein großer Fremdsprachenbedarf

Als die USA nach Kriegsende Weltmacht wurden und damit Englisch als Fremdsprache immer wichtiger, wurde die audiolinguale oder Hör-Sprech-Methode des *Army Program* als Ansatz für den schulischen Fremdsprachenunterricht adaptiert.

Hör-Sprech-Methode

Die audiolinguale Methode war im engsten Sinne sprachlich orientiert. Sprachwissenschaftlich durch Bloomfields US-Strukturalismus fundiert – Sprache ist als Inventar von klassifizierbaren Strukturen und Elementen beschreibbar und vermittelbar – folgte diese Methode lerntheoretisch dem Behaviorismus (s. Einheit 2.1). B. F. Skinners *Verbal Behavior* zufolge ist Sprache Verhalten, und Verhalten kann gezielt ausgelöst werden. Fremdsprachenlernen ist demnach Verhaltenskonditionierung; Habitualisierung und Automatisierung führen zum Spracherwerb. Begriffe wie Einschleifen und Training verraten die Herkunft der *Drill-&-Kill*-Methode aus dem Militär. Negative Rückmeldungen galten übrigens in diesem Verfahren als lernhinderlich, positive – Lob und Bestätigung – als förderlich. Hier die Skizze eines exemplarischen Unterrichtsverlaufs:

US-Strukturalismus

Behaviorismus

Verhaltenskonditionierung

Drill-&-Kill-Methode

Phase	Aktivität
1	Die Lehrkraft (L) spricht einen Alltagsdialog, z. B. ein Einkaufsgespräch oder Erkundigung nach dem Weg, zweimal vor und unterstützt ihren Vortrag durch Gesten und Stimmwechsel.
2	L wiederholt den Dialog Satz für Satz, lässt im Chor von der Klasse und dann von Einzelnen nachsprechen. Bei langen Sätzen, die auf Anhieb nicht leicht nachzusprechen sind, wird im sog. *backward build-up* von der Lehrkraft vor- und der Klasse bzw. Einzelnen nachgesprochen. Beispiel: „post office – to the post office – going to the post office – I'm going to the post office".
3	L übernimmt einen Dialogpart, die Klasse den anderen. Anschließend werden die Rollen umgekehrt.
4	Im Kettendialog wird der Dialog erneut geprobt, diesmal durch die ganze Klasse: Jede/r spricht dabei jeweils einen Satz des Dialogs.
5	In einer weiteren Zuspitzung werden einige Schüler/innen gebeten, den Dialog vorzuspielen.
6	Die Strukturen des Dialogs werden nun in den Mittelpunkt gerückt, indem durch *substitution* oder *pattern drills* (Satzschalttafeln) Segmente des Dialogs im Analogverfahren ersetzt werden. L gibt Stichworte, z. B. L: to the bank. Klasse: I'm going to the bank. L: to the bakery. Klasse: I'm going to the bakery. L: to the restaurant Klasse: I'm going to the restaurant. L: She is ... Klasse: She is going to the restaurant. L: We are Klasse: We are going to ... usw. Nur in Ausnahmefällen werden nachträglich auch grammatische Erläuterungen gegeben. Dennoch ist spätestens an dieser Phase zu erkennen, dass die audiolinguale Methode zwar auf Alltagsdialoge vorbereiten will, aber auch stark sprachformorientiert ist.
7	Die Klasse erhält den Dialog in schriftlicher Form und die Hausaufgabe, ihn auswendig zu lernen.

zentrale Rolle der
Lehrperson

Wie aus dieser Verlaufsskizze deutlich wird, hat die Lehrperson eine zentrale Rolle. Steuernd und kontrollierend gestaltet sie den Unterricht und stellt das Sprachmodell der Zielsprache dar. Es wird davon ausgegangen, dass sie *native* oder *native-like speaker* ist. Die Schüler/innen verhalten sich reaktiv. Interaktionen zwischen ihnen werden mit Skepsis betrachtet, denn nach behavioristischem Verständnis könnten sie zur Imitation von Fehlerhaftem führen.

die audiovisuelle
Methode

Eine in mancher Hinsicht der audiolingualen Methode ähnliche Unterrichtskonzeption war in den 1960er Jahren in Frankreich populär und wurde auch im Fremdsprachenunterricht in Deutschland praktiziert: die audiovisuelle Methode. Schon Ende der 1950er Jahren erschien das erste Lehrwerk nach dieser Methode: *Voix et Images de la France*. Auch hier galt die behavioristisch inspirierte Grundstruktur: Auf einen Reiz (= Bild) erfolgte – verstärkt durch positive Rückmeldung – eine Reaktion (= Sprache). In Abweichung von der audiolingualen Methode herrschte hier das Prinzip der optischen Anschauung als Impuls.

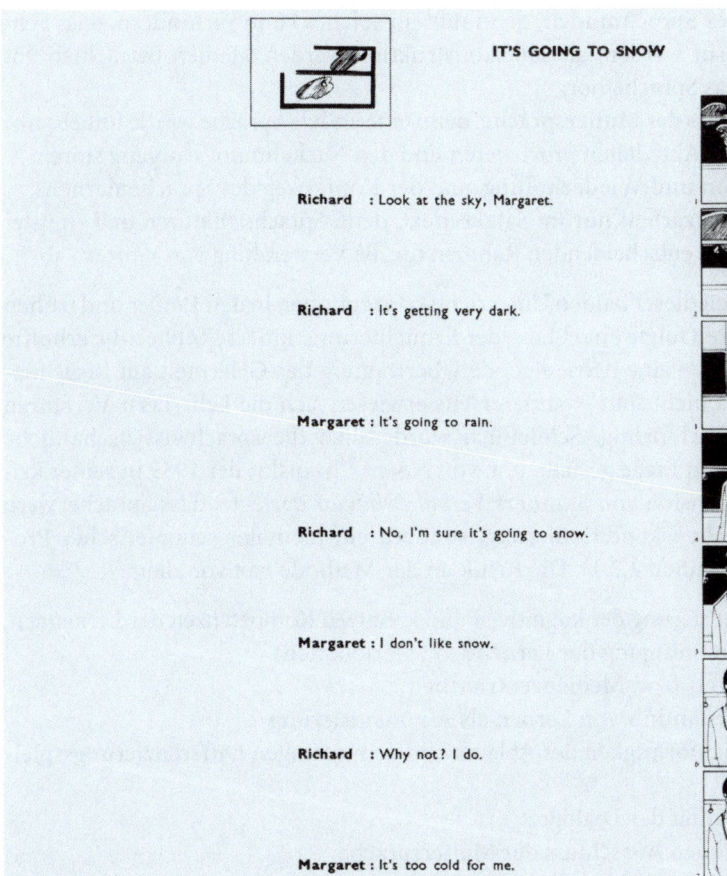

Die Schnittmengen zwischen beiden weitgehend unabhängig voneinander entwickelten Unterrichtskonzeptionen waren groß. Einziger Unterschied war letztlich der geräteintensive Einsatz der Filmstreifen – also eine größere Medienzentrierung bei der audiovisuellen Methode gegenüber einer größeren Lehrerorientierung bei der audiolingualen.

Insgesamt sind folgende Merkmale der audiolingualen und der audiovisuellen Methode charakteristisch:

► **Mündlichkeitsprimat**, d. h. primäre Fertigkeiten sind Hören und Sprechen; Lesen und Schreiben spielen eine untergeordnete oder gar keine Rolle;
► **Situativität, Dialogizität, Alltagssprachlichkeit**, denn die Bewältigung von Alltagssituationen steht im Mittelpunkt, d. h. es wird antizipiert, in welche Alltagssituationen die Lernenden geraten könnten und welcher Grunddialog für die Bewältigung jeweils hilfreich sein könnte;
► **Induktion**, d. h. Sprachstrukturen werden indirekt beim Hören und Sprechen erworben;

► **perfektes Sprachmodell**, denn nur ein solches kann verhindern, dass Fehler gelernt werden; als Hilfskonstruktion werden Medien betrachtet, vor allem das Sprachlabor;

► **Ausschluss der Muttersprache**, denn eine andere Sprache würde unliebsame kognitive Aktivitäten provozieren und den Nachahmungsvorgang stören;

► **Imitation und Wiederholung** sind der Königsweg des Sprachenlernens;

► **Wortschatzarbeit nur im Satzkontext**, denn Sprachstrukturen und -muster geben den entscheidenden Rahmen für die Verwendung von Wörtern ab.

Phase der Ernüchterung

Der Blütezeit dieser beiden Unterrichtskonzeptionen in den 1960er und frühen 1970er Jahren folgte eine Phase der Ernüchterung. Einerseits blieb die erhoffte Wirkung aus – eine befriedigende Übertragung des Gelernten auf Realsituationen fand nicht statt –, andererseits erwiesen sich die Lehr-Lern-Verfahren als allzu gleichförmig. Schließlich wurde auch die sprachwissenschaftliche Fundierung in Frage gestellt, u. a. von Noam Chomsky, der 1959 in seiner kritischen Rezension von Skinners *Verbal Behavior* darlegte, dass Spracherwerb nicht Verhaltenskonditionierung, sondern ein mentaler schöpferischer Prozess sei (s. Einheit 2.2.1). Die Kritik an der Methode galt vor allem:

Kritik

► der Tabuisierung der kognitiven und kreativen Kompetenzen der Lernenden
► der Entmündigung der Lernenden (Marionetten)
► der Lehrer- bzw. Medienzentriertheit
► dem Verständnis von Lernen als Automatisierung
► der Gleichförmigkeit des Ablaufs und dem geringen Differenzierungsspielraum
► der Banalität der Dialoge
► dem völligen Ausschluss der Muttersprache
► dem Widerspruch zwischen angeblicher Situativität und tatsächlicher Orientierung an Sprachstrukturen; die Situation erschien als Vorwand für das Einschleifen von Strukturen.

Eugène Ionesco soll sich für sein absurdes Theaterstück *La Cantatrice Chauve* (*Die kahle Sängerin*) auf seine Erfahrungen mit einem audiolingualen Sprachkurs gestützt haben, und anonyme Spötter erfanden ein Stundenszenario, das in den fremdsprachlichen Fachkonferenzen kursierte:

Text 5.1

Teacher:	This is a chair.
Chorus of students:	This is a chair.
T.:	Mango.
St.:	This is a mango.
T.:	Table.
St.:	This is a table.
T.:	That.
St.:	This is a that.
T.:	No, think, please.

St.:	This is a think please.
T.:	No, a thousand times no. (Pause)
Very bright student:	That is a table.
T.:	Ah, correct. ... Eye.
Student B:	I is a table.
Student C:	I am a table.

(Exit teacher.)

Natürlich sind Grammatik-Übersetzungs-, Direkte und audiolinguale bzw. -visuelle Methode nicht die einzigen methodischen Konzeptionen des Fremdsprachenlernens gewesen oder geblieben. Zwischen 1973 und 1980 entwickelte z. B. Wolfgang Butzkamm unter der Überschrift *Aufgeklärte Einsprachigkeit* seine Bilinguale Methode (nicht zu verwechseln mit dem, was heute unter dem Namen bilingualer Unterricht verstanden wird), die einen gezielten Einsatz des Deutschen im Fremdsprachenunterricht vorsah und dabei voraussetzte, dass Deutsch für alle Erstsprache war. Gleichzeitig entstand im außerschulischen Bereich eine Reihe von sog. Alternativen Methoden (Wienold 1985, Ortner 1998), die sich als Reaktion auf die Defizite und Mängel der etablierten Verfahren verstanden, z. B. Suggestopädie, *Silent Way*, *Community Language Learning*, *Total Physical Response*.

Lernziel Kommunikative Kompetenz |5.4

In den 1960er/1970er Jahren – die Zeit großer Umbrüche im Bildungswesen nach dem Sputnik-Schock – begann die Fremdsprachendidaktik ein neues Selbstverständnis auszuformulieren, das bis heute von Bedeutung ist. Der Unterricht sollte nicht auf das unausgesprochene Lernziel *native-like accuracy*, sondern auf Kommunikative Kompetenz zielen. Der Begriff der Kommunikation war dabei nicht neu – „er wird schon in der Reformbewegung im Rahmen der sog. direkten Methode verwendet" (Real 1984: 87) – und spielt auch in anderen Konzepten eine Rolle. Neu war, „daß der Terminus Kommunikative Kompetenz als oberstes Lernziel des Englischunterrichts proklamiert und damit für das Fach grundlegend wird" (ebd.). Kommunikative Kompetenz ist zugleich auch allgemeines, fachübergreifendes Erziehungsziel und verspricht einen einschneidenden Paradigmenwechsel hin zur Interaktionsorientierung. Es bedurfte für diesen Paradigmenwechsel, so Gerhard Neuner (1987: 75), eines „Konvergenzpunkt[s] bildungspolitischer und fachwissenschaftlicher Art". In der Aufbruchstimmung der 1960er Jahre hatte die sozialliberale Koalition im Bildungswesen zu einer Kritik am Autoritären und Elitären im Schulwesen geführt. In diesem Kontext wurden sprach- und erziehungswissenschaftliche Ansätze rezipiert, die die Unzulänglichkeiten des fremdbestimmenden audiolingual-situativen Ansatzes deutlich machten. Ein Zitat von Neuner fasst die Stoßrichtung der kommunikativen Wende zusammen:

Kommunikative Kompetenz als oberstes Lernziel des Englischunterrichts

> Die Frage nach dem *Sinn* des Fremdsprachenlernens in unserer Gesellschaft und in unserem Schulsystem ist [...] durch die Kommunikative Didaktik neu gestellt worden. [...] Es ist sicher kein Zufall, daß sich die Kommunikative Didaktik eher solchen Konzepten verbunden fühlt, die den Prozesscharakter des Lernens betonen; daß sie zunächst mehr mit einem Beschreibungssystem von Sprache anfangen kann, das diese nicht in erster Linie als ein System von Zeichen, sondern als einen Aspekt menschlichen Handelns sieht; daß sie eher einer Lerntheorie zuneigt, die Lernen als eine geistig-kreativ-kognitive Tätigkeit versteht und nicht als eine Konditionierung und das Einschleifen von Verhaltensgewohnheiten; daß ihr im Bereich der Landeswissenschaften ein Konzept näher steht, das weniger an der Faktenvermittlung von ‚life and institutions‘ bzw. der Vermittlung der ‚höchsten kulturellen Werte‘ des zielsprachlichen Kulturraums interessiert ist als an der Frage, wie durch fremdsprachliche Landeskunde der Bezug von eigener Lebenserfahrung und fremder Welt im Sinn einer Horizonterweiterung des Schülers verhandelbar wird; daß es ihr weniger um ein geschlossenes System [...] methodischer Prinzipien als um die Vielfalt, die Offenheit, Flexibilität und Variabilität des methodischen Vorgehens im Hinblick auf die spezifischen Lernvoraussetzungen und Anforderungen der jeweiligen Lerngruppe, der jeweiligen Lernsituation und des jeweiligen Lernstoffs geht. (1987: 79)

Es wird deutlich, zu welcher Seite Neuner und die kritische Fremdsprachendidaktik der Zeit neigen. Seine Gegenüberstellungen verraten, dass hier eine Erneuerung, die an die Reformbewegung des ausgehenden 19. Jahrhunderts erinnert, in Sicht ist, die ganz wesentlich von der Generation der sog. Achtundsechziger geprägt ist.

Wie sieht nun das Lernziel „Kommunikative Kompetenz" genauer aus?

Unterscheidung zwischen Kompetenz und Performanz
Die Kritik an Chomskys Unterscheidung zwischen Kompetenz und Performanz, die in der zweiten Einheit angesprochen wurde, bildet den Hintergrund der Diskussion. Chomsky ging davon aus, dass Sprecher/innen ein universales, ihnen innewohnendes Regelsystem besäßen, das es ihnen ermögliche, Sprache zu verstehen wie zu erzeugen. Bei der Aktualisierung dieser Kompetenz, also in der lebendigen Performanz, könnten freilich unkalkulierbare situative Faktoren hinzutreten, so dass es zu Abweichungen, Fehlern, Störungen, Auslassungen usw. kommen kann. Mit dieser Auffassung setzten sich der Sprachphilosoph und Soziolinguist Dell H. Hymes (1972) und der Sozialphilosoph Jürgen Habermas (1971) auseinander, der eine kritisch, der andere differenzierend. Die beiden gelten den fremdsprachendidaktischen Verfechter/innen des Lernziels Kommunikative Kompetenz als Gewährsleute. Dabei argumentieren sie von ganz verschiedenen Standpunkten aus.

grammatisches und lexikalisches, aber auch sozio- und psycholinguistisches Wissen
Dell H. Hymes führte den Begriff der *kommunikativen Kompetenz* ein und verstand darunter das grammatische und lexikalische, aber auch das sozio- und psycholinguistische Wissen von Menschen. Es geht ihm „um eine Integration von linguistischer Theorie und einer Theorie der Kommunikation

und Kultur" (Real 1984: 88). Dazu entwirft er vier Aspekte, die sowohl die Bedingungen für kommunikatives Handeln aufzeigen als auch Prüfkategorien für tatsächliches kommunikatives Handeln sein können, nämlich ob in der Sprache und anderen Kommunikationssystemen etwas (1) *formal möglich*, (2) *mach- und durchsetzbar*, (3) *angemessen* und ob es (4) tatsächlich und mit welchen Folgen *realisiert* wird (Hymes 1972: 281).

Im Gegensatz zu Chomsky trennt Hymes die Kategorie der Kompetenz nicht von derjenigen der Performanz, sondern integriert beide Kategorien im Begriff der Kommunikativen Kompetenz. Er fasst dabei Kommunikation als ein Ineinandergreifen von sprachlich-sozialem Wissen und Können.

Hymes' Auflösung der Dichotomie Kompetenz – Performanz geschieht vor dem Hintergrund, dass ihn tatsächlich stattfindende Kommunikation interessiert, die sich nicht annähernd erfassen lässt, wenn man versucht, zwischen grammatischer Regelkenntnis von Sprechern und aktuellem Sprachgebrauch zu unterscheiden. (Schmenk 2005: 62)

Während Hymes interessiert, wie in konkreten Redesituationen gesprochen wird und Verständigung gelingt, ist Habermas' (1971) Blick auf Kommunikation normativ geprägt. Er unterscheidet zwischen *kommunikativem Handeln* und *Diskurs* und sucht nach den Bedingungen einer idealen Sprechsituation. Deren zentrale Kennzeichen sind Herrschaftsfreiheit und Gleichberechtigung der Beteiligten. In der idealen Sprechsituation begegnen sich die Interagierenden auf Augenhöhe beim Aushandeln der besseren Argumente auf der Suche nach einer Wahrheit, auf die sie sich selbstbewusst und aus freien Stücken – Habermas spricht vom „zwanglosen Zwang des besseren Arguments" (1971: 137) – einigen.

Chomsky und Habermas verbindet, dass sie abstrakte Idealsprecher/innen bzw. Idealkommunikationssituationen entwerfen und soziale Gegebenheiten beiseite lassen. Die

‚Sozialblindheit' des Kompetenzbegriffs Chomskys wird nun bei Habermas noch überhöht, indem sie zu einer gesellschaftlichen Sozialromantik gesteigert wird. Dies wiederum rechtfertigt die These, dass der Vorwurf der Blindheit gegenüber realer sozialer Benachteiligung von Kommunikanten, den Hymes gegenüber Chomsky erhebt, gegenüber Habermas ebenfalls geltend gemacht werden muss. (Schmenk 2005: 66)

1974 erschien Hans-Eberhard Piephos *Kommunikative Kompetenz als übergeordnetes Lernziel im Englischunterricht*, das dem Begriff Eingang in die Fremdsprachendidaktik verschaffte. Dabei wird die Habermas'sche Idealvorstellung von Kommunikativer Kompetenz zuungunsten der Realvorstellung Hymes' favorisiert und jene in höchst problematischer Vereinfachung und Abstraktion von den tatsächlichen Gegebenheiten im Fremdsprachenunterricht auf diesen übertragen. Die Unterscheidung zwischen kommunikativem Handeln und Diskurs wird eingeebnet und damit die im Diskurs sich vollzie-

Marginalien:
Kommunikation als ein Ineinandergreifen von sprachlich-sozialem Wissen und Können

konkrete Redesituationen

Bedingungen einer idealen Sprechsituation

Kommunikative Kompetenz nach Piepho

hende metakommunikative Reflexion von Redeweisen aufgegeben. Es soll in Zukunft im Fremdsprachenunterricht um eine Einübung in die ideale Sprechsituation (z. B. im Rollenspiel), um Herstellen von Symmetrie zwischen Sprecher/innen, um Mitbestimmung an Themen und Gestaltung des Unterrichts, um Gleichberechtigung der Rede der Beteiligten, um den freien Austausch von Argumenten gehen. Die Lernenden sollen „mit rollenspezifischen, zur Äußerung von Absichten, Bedürfnissen und Ablehnung verwendbaren Redemitteln" ausgestattet und „gegenüber dem Lehrer und seiner Umwelt durchsetzungs- und behauptungsfähig" werden, so Piepho (1974: 30). Dass dieser Piepho'sche Gedanke wegen seiner Vernachlässigung der gesellschaftlichen und sozialpsychologischen Bedingungen von Schule und ihrer hegemonialen, asymmetrischen Strukturen und wegen seiner ungenauen Bestimmung von Kommunikativer Kompetenz vielfach kritisiert wurde, ist nicht verwunderlich.

Vernachlässigung der gesellschaftlichen und sozialpsychologischen Bedingungen von Schule

Piepho u. a. rekurrierten bei dem Versuch, eine kommunikative Methodik zu entwickeln, auf die ebenfalls zeitgenössische pragmalinguistische Richtung von John Austin (1962) und John Searle (1969), die Sprechakttheorie. Diese fasst Sprache als Handlungen auf und sucht, typische, sprachübergreifende Sprechakte zu ermitteln und zu klassifizieren, z. B. um etwas bitten, etwas ablehnen, etwas erfragen, jemanden begrüßen, Missfallen oder Zustimmung äußern. Sprechakte haben der Sprechakttheorie zufolge (1) eine lautlich-physikalische Dimension, (2) die Dimension Aussage (Proposition), (3) die Dimension Sprecherabsicht (Illokution) und (4) die Dimension Wirkung (Perlokution) (vgl. Searle 1969: 24 f.). In der Fremdsprachendidaktik arbeitete man sich nun daran ab, die Redeabsichten der Schüler/innen zu antizipieren und dazu sprachliche Realisierungsformen auszuwählen, um auf dieser Grundlage einen neuen, pragmatischen Stufenplan zu entwickeln.

> Diese neuartige Systematisierung anhand von pragmatischen Kategorien, die mit der ganzen empirischen Fülle von schwer klassifizierbaren Performanzfaktoren behaftet sind, war jedoch gegenüber der überlieferten Systematisierung von abstrakt zu fassenden grammatischen Kategorien von vornherein im Nachteil. Eine Progression nach Redeakten, die den vermuteten Mitteilungsbedürfnissen der Schüler entsprechen, schien jeglicher logischer, allgemeingültiger Kriterien zu entbehren und der willkürlichen und auch ideologischen Interpretation Tür und Tor zu öffnen. (Segermann 2007: 40)

Kritik an der Halbherzigkeit der sog. kommunikativen Wende

Bei aller sehr berechtigten Kritik an der Halbherzigkeit der sog. kommunikativen Wende – folgenlos ist sie nicht geblieben. Die Sprachdidaktik hat sich mit der kommunikativen Wende von festen methodischen Konzepten weitgehend verabschiedet und der Methodenvielfalt verschrieben. Variabilität, Improvisation, Kreativität sollen nun Kennzeichen des *communicative classroom* werden. Die Forderung nach einer Veränderung der Schüler-Lehrer-Interaktion blieb bestehen, ebenso die nach symmetrischer, partnerschaftlicher Kommunikation – beide weitgehend uneingelöst. Gruppen- und Partnerarbeit werden

Veränderung der Schüler-Lehrer-Interaktion

aufgewertet, Fehler toleranter beurteilt: Das Gelingen einer kommunikativen Handlung wird wichtiger als die Fehlerlosigkeit. Auch der Ausschluss der Herkunftssprache wird relativiert. Und es wird nach Möglichkeiten der sog. authentischen Kommunikation gesucht, vor allem nach Möglichkeiten, die Schüler/innen in Kommunikationssituationen mit Sprecher/innen und Schreiber/innen außerhalb des Klassenzimmers zu versetzen. Ein früher Klassiker ist das sog. Airport-Projekt (Legutke 2009: 104 ff., s. auch Einheit 11.2).

Die kommunikative Methodik hat sich dabei nicht herausbilden können, sie wäre unvereinbar mit dem kommunikativen Selbstverständnis. „Im Rahmen der kommunikativen Methodik gibt es keine Phaseneinteilung, keine methodische Festlegung, keine Unterrichtsverlaufsschemata", schreibt Willi Real (1984: 102). Stattdessen wird eine prinzipiengeleitete Methodenvielfalt vertreten, prinzipiengeleitet insofern, als Forderungen nach Schülerorientierung, Mitbestimmung, Interaktivität, Partnerschaftlichkeit usw. ebenso leitend sind wie Inhaltsorientierung, Fehlertoleranz und Nichtdidaktisierung von Unterrichtsmaterialien. Eine idealtypische Gegenüberstellung der Unterschiede zwischen audiolingualem und kommunikativem Konzept verdeutlicht einige der Verschiebungen.

Gelingen einer kommunikativen Handlung

prinzipiengeleitete Methodenvielfalt

audiolingual/-visuell	kommunikativ
,typische' Musterdialoge	schülerrelevante Kommunikation
sprachliche Richtigkeit	kommunikatives Gelingen
zielsprachengerechte Sprachbeherrschung	Kommunikationsfähigkeit in der Zielsprache
erst im fortgeschrittenen Unterricht wird kommuniziert	Kommunikation ist Leitprinzip von Anfang an
kaum Sprechen über Sprache	keine Tabuisierung von Metasprachlichem
kein Einbezug der Erstsprachen	keine Tabuisierung sprachlichen Vorwissens
Primat der Mündlichkeit	Akzeptanz aller Kommunikationsformen
Gestaltung und Steuerung durch Lehrperson und Lehrmedien	Gestaltung und Steuerung durch alle Akteur/innen des Unterrichts
Lehrperson kontrolliert	Lehrperson moderiert, regt an, unterstützt
,hochsprachliches', *native-like* Sprachvorbild	kompetentes Sprachvorbild; Einbezug von Varietäten
Vermeiden von Schülerinteraktionen und kooperativen Lernformen	Fördern von Schülerinteraktionen und kooperative Lernformen
Schüler/innen müssen kleinschrittig begleitet werden	Schüler/innen sind problemlösungsfähig und haben das Potenzial zu Lernerautonomie
Fehler müssen vermieden werden	Fehler sind Zeichen aktiver mentaler Konstruktionen der Lernenden

Tab. 5.3
Unterschiede zwischen audiolingualer/-visueller Methode und kommunikativem Ansatz

Abschließend ist zu sagen, dass sich die Richtung des Fremdsprachenunterrichts durch die kommunikative Wende geändert hat, dass er oft lebendiger und offener geworden ist. Die Verheißung einer radikalen Neuorientierung blieb indes unerfüllt. Zwischen dem Idealbild der Kommunikativen Kompetenz bei Habermas und Piepho und dem sich kommunikativ nennenden Klassenzimmer tut sich eine Kluft auf. In der Theoriebildung wurde versäumt, die Auffassung von Kommunikativer Kompetenz bei Hymes und bei Habermas in einen didaktisch fruchtbaren Dialog zu bringen. Er könnte dazu führen, die

reale Kommunikation im Klassenzimmer reale Kommunikation im Klassenzimmer, die alles andere als herrschaftsfrei ist, immer wieder zu reflektieren und am Ideal zu messen – mit den Lernenden wie in der Forschung. Barbara Schmenk fordert in diesem Sinne:

> Anstatt sich darauf zu kaprizieren, wie Kommunikation in einer idealen Welt aussieht, und diese Idealbilder zu Lernzielen zu (v)erklären, ermöglichen empirische Studien zur tatsächlichen Situation Einblicke in die sehr komplexen realen Kommunikationssituationen, wie sie in heutigen Klassenzimmern gegeben sind und wie sie von den Beteiligten wahrgenommen und gestaltet werden. (2005: 77)

Zusammenfassung In dieser Einheit wurde in einem erneuten Rückblick den methodischen Aspekten von Unterricht Aufmerksamkeit geschenkt, wobei gesellschaftliche Entwicklungen eine entscheidende Rolle spielten. Hatte im 19. Jahrhundert die schrift- und regelorientierte Grammatik-Übersetzungsmethode dominiert, so wuchs an der Wende zum 20. Jahrhundert das Interesse an Mündlichkeit und verhalf der Direkten Methode zu vorübergehender Bedeutung. Erstmals war hier die Arbeitssprache des Fremdsprachenunterrichts die fremde Sprache selbst. Bis in die 1950er Jahre dominierte aber die Grammatik-Übersetzungsmethode, wenn auch in gemäßigter Form. Erst dann setzte sich die Überzeugung durch, dass eine fremde Sprache am besten durch ihren Gebrauch zu lernen sei, zunächst in der rigiden, ganz am Sprachvorbild orientierten audiolingualen bzw. -visuellen Konzeption und schließlich in undogmatischerer Weise im kommunikativen Ansatz. Die Zeit der monolithischen Methodenkonzeptionen ist heute vorbei. An ihre Stelle ist unter dem übergeordneten Ziel der Kommunikativen Kompetenz ein Konsens über Methodenvielfalt getreten, die sich allerdings an bestimmten Prinzipien wie Schülerorientierung und -partizipation, kooperativen Arbeitsformen, Fehlertoleranz, Prozessorientierung, Kreativität, Begegnungsorientierung usw. orientieren soll. Ungelöst ist und bleibt bis heute die Frage der Vereinbarkeit von demokratischen Unterrichtsvisionen, wie sie mit der kommunikativen Kompetenz verbunden sind, und institutionellen Strukturen.

Aufgaben

1   Stellen Sie für eine der genannten Methoden bzw. Konzeptionen eine Liste der Pros und Contras zusammen.

2   Die obige Einheit enthält Beispiele für Unterrichtsverläufe nach der Grammatik-Über-
    setzungs-, der audiolingualen und der audiovisuellen Konzeption, nicht aber nach der
    kommunikativen, die mit festen Verlaufsmustern ja auch unvereinbar wäre. Entwickeln
    Sie drei Ideen für eine kommunikative Unterrichtsstunde und listen Sie die Kriterien
    auf, die für Ihre Ideen entscheidend waren.

3   Die Kritik am audiolingualen Unterricht galt u. a. der Banalität der Alltagsdialoge, die
    eingeübt werden sollten. Entwerfen Sie einen nicht-banalen Dialog, den einzuüben
    Spaß macht und dessen Einübung sogar Teil eines kommunikativen Unterrichts sein
    könnte.

4   Entwickeln Sie einen ebensolchen Dialog mit Bildfolge für einen audiovisuellen Unter-
    richt.

Zum Weiterlesen

Habermas, Jürgen (1971): Vorbereitende Bemerkungen zu einer Theorie der kommunikativen
Kompetenz. In: ders./Luhmann, Niklas (Hrsg): *Theorie der Gesellschaft oder Sozialtechnologie. Was leistet die Systemforschung?* Frankfurt a. M.: Suhrkamp, 101–141.

Hymes, Dell H. (1972): On Communicative Competence. In: Pride, John B./Holmes, Janet
(Hrsg.): *Sociolinguistics. Selected Readings.* Harmondsworth: Penguin, 269–293.

Legutke, Michael K. (Hrsg.) (2008): *Kommunikative Kompetenz als fremdsprachendidaktische Vision.* Tübingen: Narr.

Ortner, Brigitte (1998): *Alternative Methoden im Fremdsprachenunterricht. Lerntheoretischer Hintergrund und praktische Umsetzung.* Ismaning: Hueber.

Medien des Fremdsprachenunterrichts im Wandel

Mit dem Stichwort ,Medien' assoziieren wir heute wie selbstverständlich Computer und allerlei elektronische Informations- und Kommunikationstechnologien. Tatsächlich machen diese nur einen Bruchteil und nur den jüngsten Teil dessen aus, was unter den Begriff Medien gefasst wird und in den Schulen eine wichtige Rolle spielt. In dieser Einheit wollen wir noch einmal zurückschauen und dabei die Frage des Medialen im Fremdsprachenunterricht nachzeichnen.

Zum Medienbegriff | 6.1

Medien sind Mittel, Mittler, Vermittler, Brücken. Sie sind nicht primär gegenständlich definiert, sondern funktional. | Definition

Ihre Bestimmung ist die des Vermittelns und Übermittelns, deshalb gibt es Definitionen, die selbst Lehr*personen* unter die Unterrichtsmedien subsumieren. Anschaulich lässt sich die Vermittlungsbedeutung von Medien an der Verwendung des Begriffs in der Parapsychologie erläutern, wo er Menschen bezeichnet, die etwas Abwesendes herbeibeschwören und in die Gegenwart locken und lebendig werden lassen können. Fernes, Unzugängliches heranholen, dazu eignen sich Medien, aber nicht ohne dass dabei Transformationen geschehen.

Wichtigstes Medium zwischen Menschen ist und bleibt bis heute die Sprache, mündlich und schriftlich. Mit diesem willkürlichen (arbiträren), unbestimmten (*fuzzy*) und dynamischen Zeichensystem suchen wir uns zu verständigen, indem wir miteinander sprechen, einander zuhören, lesen und schreiben. Sprache als Medium, so Dieter Baacke (1997a: 314 f.), auf den wir uns im Folgenden beziehen, ist nach wie vor der entscheidende Träger unserer Kommunikation. | Sprache

Solange es Menschen gibt, gibt es Kommunikation, gibt es Sprache, gibt es Medien. Sie sind aus dem gesellschaftlichen Zusammenleben nicht wegzudenken. Dennoch war das Bewusstsein für das Mediale von Kommunikation und Information selten so geschärft wie heute: Wir bezeichnen unsere Gegenwart als Informations- und Kommunikationszeitalter und haben dabei die neuen Technologien im Sinn. Dabei ist uns der naive Glaube abhanden gekommen, dass Medien einfach Informationen, Mitteilungen, Erkenntnisse transportieren können. Wir wissen, dass diese Mittler weder das Vermittelte noch die Menschen, die sie nutzen, noch die Gesellschaft, die sie hervorbringt, unberührt lassen. Jedes neue Medium verändert nicht nur Menschen und ihre Beziehungen zueinander, sondern auch Bedeutung und Status früherer Medien.

Abb. 6.1|
Loriots heile Welt

6.2| Ein Blick zurück

Bis heute findet Kommunikation vor allem (auch wenn kulturpessimistisch das Schwinden des Gesprächs beklagt wird) im Medium der mündlichen Sprache mündliche Sprache statt. Mündliche Sprache steht den Menschen unmittelbar zur Verfügung, sie bedarf keiner technischen Träger, ist allerdings an die lebendige Präsenz von Menschen gebunden. Sie ist gegenwärtig, flüchtig und unwiederbringlich, eine Schrift Beschränkung, die die Schrift überwindet. Für die menschlichen Gesellschaften bis zum Beginn der Neuzeit war eine vielfältige räumliche Untergliederung charakteristisch, etwa in Form von Dorfgemeinschaften, in denen alle als Familie oder Nachbarn sog. Primärgemeinschaften bildeten. Die Überlieferung von gesellschaftlichen Vereinbarungen, Normen und Ordnungen vollzog sich im unmittelbaren Kontakt. Das galt auch für die Erziehung und den Erwerb von Fertigkeiten, die durch Anschauung, Mitvollzug und unmittelbare Belehrung angeeignet werden konnten. In diesen sozialen Mikrostrukturen war der Kreis derer, die eine Information erreichte, klein und überschaubar, die mündliche Sprache also ein angemessenes Medium.

Der Soziologe Daniel Lerner (1958) hat versucht, Kriterien zu benennen, gesellschaftlicher die für gesellschaftlichen Medienbedarf entscheidend sind. Geringer Medien-Medienbedarf bedarf herrscht demnach in Gemeinwesen, die – wie die gerade beschriebenen Primärgemeinschaften, in der Regel Agrargesellschaften – von hoher sozialer Vertrautheit geprägt sind, in denen das politische System nicht-repräsentativ ist und keine strikte Trennung von privatem und öffentlichem Leben herrscht.

Lerner betrachtet die griechische Polis bereits als Übergangsgesellschaft, weil sie einerseits allen freien Bürgern (= Männern) Teilhabe an politischen Entscheidungen einräumte und auf agrarischer Selbstbewirtschaftung beruhte, andererseits aber den Handel zu Land und zu Wasser in einer Weise ausdehnte, die einer Auflösung des unmittelbaren gesellschaftlichen Zusammenhalts den Weg bahnte.

Die Ausdehnung des gesellschaftlichen Aktionsradius' über die unmittelbaren und konkreten Kontaktmöglichkeiten hinaus erzeugte einen Bedarf an veränderten Kommunikationsformen. Solche Ausdehnungen geschahen durch die Entwicklung der Transportwege und der Handelsbeziehungen, aber auch durch kriegerische Unternehmungen. Im Römischen Reich bestand das Informationssystem vor allem aus Boten. Dieses System konnte aber den durch die territoriale Expansion beeinträchtigten kommunikativ-kulturellen sozialen Zusammenhalt nicht gewährleisten. Die Geschichtsschreibung lastet denn auch der Tatsache, dass die imperiale Ausdehnung nicht durch adäquate Kommunikationsformen begleitet und kompensiert wurde, den Zerfall des Römischen Reichs an: Es bewältigte dieses Modernisierungsproblem nicht.

Heute leben wir in einer hoch expansiven, hoch industrialisierten Gesellschaft mit den entsprechenden Kommunikationsproblemen. In ihren wichtigsten Zügen beschreibt Daniel Lerner solche Gesellschaften als primär industriell, mit einer repräsentativen Demokratie, einer weit entwickelten alphabetischen Kultur, mit komplexer Arbeitsteilung und entsprechend differenzierten wirtschaftlichen und gesellschaftlichen Subsystemen, d. h. mit vielfältig vernetzten Abhängigkeiten und hohem Abstimmungsbedarf. In einer solchen Gesellschaft übernehmen Medien die unverzichtbare Funktion des Informationstransfers, der Aufklärung, der Orientierungshilfe, der Meinungsbildung. Sie können dadurch so etwas wie einen inneren Zusammenhalt garantieren und Wir-Gefühle herstellen, haben aber auch einen ungeheuren Einfluss auf die Welt- und Wirklichkeitskonstruktionen der Nutzer/innen und ihre Selbstkonstitution. Die Menschen verbringen dieser Entwicklung entsprechend heute unvergleichlich viel mehr Zeit als je zuvor mit der Nutzung von Medien. innerer Zusammenhalt

Einfluss auf die Welt- und Wirklichkeitskonstruktionen

Das älteste öffentliche gesellschaftliche Medium ist die Presse. Das Pressewesen begann in Deutschland im 17. Jahrhundert und verstärkte in den folgenden beiden Jahrhunderten rapide seinen Wirkkreis, reagierte also auf den Prozess der Verstädterung und der Industrialisierung und den rapiden Verlust agrarischer Primärgemeinschaften. Hinzu traten gegen Ende des 19. Jahrhunderts der Film und seit den 1920er Jahren der Rundfunk als öffentliche Massenmedien. Mit den 1950er/1960er Jahren beginnt der Einzug des Fernsehens in die privaten Haushalte, aus denen es bis heute nicht wegzudenken ist. Ein Indiz für seine gesellschaftliche Bedeutung ist die Tatsache, dass bei Pfändungen das Fernsehgerät nicht beschlagnahmt werden darf. Zu der Informationsfunktion tritt zunehmend die Unterhaltungsfunktion. Heute haben die elektronischen Kommunikations- und Internetmedien einen Verbreitungserfolg, der den des Fernsehens noch übertrifft, nicht zuletzt, weil sie auch das berufliche Alltagsleben in fast allen Disziplinen bestimmen. Presse

Film
Rundfunk
Fernsehen

elektronische Kommunikations- und Internetmedien

Dieter Baacke (1997a) interpretiert die Daten über Verbreitung und Nutzung der Massenmedien wie folgt:

95

- Zum einen zeigen sie, dass die Massenmedien etwa ab 1830 zu bestimmenden Faktoren des öffentlichen und privaten Lebens geworden sind.
- Die Entwicklung neuer Medien wie ihre Verbreitung hat sich in auffälliger Weise beschleunigt.
- Es gibt inzwischen mehr Zeitungsexemplare bzw. Geräte, die den Empfang von Sendungen ermöglichen (Fernsehapparat, Radiogerät) als Haushalte.
- Die Verschiedenartigkeit der Medien und ihrer Kanäle (Ton, Bild, Ton und Bild) hat die Expansion des einzelnen Mediums kaum gehindert. Bis auf den Kinobesuch, der stark nachgelassen hat, stehen die Medien in einem Ergänzungsverhältnis, sie verdrängen sich nicht. (1997a: 322)

6.3 | Medienpädagogik

Die Zunahme der Mediennutzung in allen gesellschaftlichen Bereichen hat die Pädagogik auf den Plan und eine eigene Branche in ihrem Spektrum ins Leben gerufen: die Medienpädagogik. Ihre Anfänge im ausgehenden 19. Jahrhundert waren normativ: Es war ihr darum zu tun, „Kinder und Jugendliche vor den negativen Wirkungen medialer Inhalte zu bewahren. Dabei lautet die medientheoretische Grundannahme: *Massenmediale Inhalte nehmen einen bildenden Einfluß auf das Denken und Handeln heranwachsender Menschen.*" (Schorb 1998: 12) Dass unsere Weltbilder immer mehr aus zweiter und dritter Hand stammen, dass unsere Vorstellungen und Identitäten zunehmend fremd bestimmt werden, dass wir ihre Überprüfung an einer empirischen Wirklichkeit verlernen könnten, beunruhigte die Bewahrpädagogik. Sie sah die Schüler/innen mit Bildern der Wirklichkeit konfrontiert, die Wahrheit vorgaben, tatsächlich aber manipulierten und logen.

Bewahrpädagogik

Mit der Entwicklung der öffentlichen (Massen-)Medien wurde die kategorische Abwehrhaltung gegenüber Medien allmählich aufgegeben, obwohl sie bis in die 1950er Jahre noch eine beträchtliche Rolle spielte und bis heute Spuren davon zu erkennen sind. Dennoch gewannen allmählich filmerzieherische und ideologiekritische Ansätze die Oberhand, ebenso wie funktional-pragmatische, die Medien als potenziell förderliches Element von Lernumgebungen und Bildungsprozessen einschätzten (vgl. z. B. Küster 2002). Vor allem aber wurde der Blick auf die Nutzer/innen gerichtet. „Vereinfacht formuliert wurde nunmehr die Frage ‚Was tun die Medien mit den Menschen?' abgelöst durch die Frage: ‚Was tun die Menschen mit den Medien?' Damit gerieten die Rezipienten als aktive Subjekte in den Mittelpunkt." (Schorb 1998: 17) Baacke (1997a: 325) unterscheidet unter den Zugängen zu Medien in pädagogischen Kontexten folgende Kategorien, wobei die erste übergreifend ist:

filmerzieherische/ ideologiekritische Ansätze

funktional-pragmatische Ansätze

Rezipienten als aktive Subjekte

▶ die übergreifende Dimension der Medienpädagogik = „die Gesamtheit aller pädagogisch relevanten handlungsanleitenden Überlegungen mit Medienbezug. Empirische Grundlagen und normative Orientierungen sind dabei eingeschlossen";

► die unterrichtsbezogene Mediendidaktik = „Einsatz von Medien zum Erreichen pädagogisch reflektierter Ziele; in ihren Bereich gehören vor allem die Unterrichtsmedien"; **Mediendidaktik**

► die handlungs-, ethik- und reflexionsorientierte Medienerziehung = „beschäftigt sich damit, wie ein sinnvoller Umgang mit Medien heute aus-zusehen habe und wie dieser Heranwachsenden zu vermitteln sei"; **Medienerziehung**

► die faktenorientierte Medienkunde = „Wissen *über* die Funktion der Medien […] und eine Fülle technischer, organisatorischer, rechtlicher, ökonomischer, politischer und gesellschaftlicher Bedingungen und Vor-aussetzungen". **Medienkunde**

Die pädagogischen Perspektiven auf Medien unterscheiden sich nicht säuber-lich, sondern greifen vielfach ineinander. Das wird deutlich an der Diskussion über die Rolle der Medien im Rahmen des Fremdsprachenunterrichts. Hier stehen Mediendidaktik und Medienerziehung sowie ihre Überschneidungen im Mittelpunkt.

Medien im fremdsprachlichen Unterricht |6.4

Medien als Mittler – das gilt auch für die Medien im fremdsprachlichen Unter-richt. Versucht man sie in Baackes Paradigma einzuordnen, so sind sie vor allem der Mediendidaktik, aber auch der Medienerziehung zuzuschlagen. Sie sollen helfen, Fremdsprache und fremdsprachliche Welten ins Klassenzimmer zu holen und den Lernenden Brücken zur Teilhabe daran bauen, aber auch zu kritisch-reflexivem Umgang mit Medien beitragen.

Für die Einordnung von Medien ist eine Reihe von Kategoriensystemen entwickelt worden, je nachdem, unter welchem Blickwinkel im Unterricht genutzte Medien betrachtet werden. So wird zwischen auditiven (Tonband, Sprachlabor usw.), audiovisuellen (Film, Video, DVD) und visuellen Medien (Folien, Wandtafel, Abbildungen, Bilder usw.) unterschieden oder zwischen technischen, apersonalen (Geräten) und personalen (Lehrer/inne/n) oder zwi-schen direkten (Realien) und indirekten (Abbildungen). In jüngerer Zeit hat Ralf Weskamp (2001: 145) zwischen Medien als Werkzeugen, als unterrichtli-chen Bausteinen und als vorgefertigten Unterrichtsarrangements unterschie-den und als weitere Dimension des Medieneinsatzes die aktiv-kritische Ausei-nandersetzung genannt. Die materielle, gegenständliche Seite von Medien, ihr Geräte- oder ‚Hardware'-Charakter also, ist – wie schon eingangs gesagt – für die Didaktik jedenfalls kaum von Interesse, wohl aber ihr kommunikativer und funktionaler ‚Software'-Charakter.

Im Folgenden werden vereinfachend didaktisierte Medien und nicht-didaktisierte Medien unterschieden. Zu den ersten zählen alle eigens und nur **didaktisierte/nicht-didaktisierte Medien** für Unterrichtszwecke hergestellten Lehrmaterialien, insbesondere natürlich das Lehrbuch bzw. -werk, das aufgrund seiner Anlage und der Geschichte seines Gebrauchs in der Regel den belehrenden (instruktiven bzw. kritisch: instruktivistischen) Formen des Unterrichts zugeschlagen wird. Zu den zweiten zählen alle primär nicht für den Unterricht gedachten gedruckten, visuellen, auditiven und audiovisuellen Texte (im weitesten Sinne des Wortes). Der Fundus an Quellen, Materialien und Interaktionsmöglichkeiten in den sog. Neuen Medien hat dabei in den vergangenen 20 Jahren zunehmend an Bedeutung gewonnen. Sie werden immer wieder in Verbindung mit prozessorientierten, gestaltenden, selbsttätigen und interaktiven (konstruktivistischen) Formen des Unterrichts genannt.

Medien machen keinen Unterricht	Grundsätzlich gilt, dass kein Medium *zwangsläufig* für einen besseren oder schlechteren, fremd- oder selbstbestimmten, altmodischen oder modernen, belehrenden oder selbsttätigen Unterricht steht. Medien machen nicht Unterricht, sie sind Werkzeuge und können ihm dienen – so oder so.

Im Folgenden werden exemplarisch drei Medienformen und die sie begleitende didaktische Diskussion vorgestellt. Das erste – das Lehrbuch – gehört der Kategorie ‚vorgefertigt‘ an, Film und Neue Medien spielen dagegen gerade in ihrer nicht für den Unterricht vorgefertigten, didaktisch ‚rohen‘ Form gewissermaßen eine Gegenrolle.

6.4.1 | Das Lehrbuch

In unserem geschichtlichen Überblick (Einheit 4.1.3) war Johann Amos Comenius als Pionier des Lehrbuchs vorgestellt worden. Sein 1658 *Orbis sensualium pictus* (*Die bebilderte Welt*) gilt als Prototyp des fremdsprachlichen Lehrbuchs und vieles, was Comenius in seiner *Didactica Magna* damals von einem Lehrwerk verlangte, ist noch heute aktuell: Zeitökonomie und Effizienz, selbstständiges Lernen, Angebot für gemeinschaftliches Üben der Lernenden untereinander, Übersichtlichkeit und Orientierung für die Lernenden in ihrem Lernprozess.

Seitdem spielen Lehrbücher eine tragende Rolle im Fremdsprachenunterricht, und es fehlt ihnen nicht an Fürsprecher/innen. Andreas Nieweler (2000) zählt zu ihnen. Etliche Aspekte sprechen ihm zufolge für das Lehrwerk:

- Das Lehrwerk wirkt „katalysierend“ bei der Umsetzung neuer didaktischer Erkenntnisse. Lehrwerke haben also eine „erzieherische Funktion“ für Lehrer/innen.
- Das Lehrwerk garantiert die Vergleichbarkeit der Abschlüsse.
- Dem Lehrwerk liegt eine durchdachte didaktische Progression zugrunde, die den Lernbedürfnissen der Schüler/innen entgegenkommt. Es dient ihnen als Strukturierungshilfe beim Sprachenlernen.

- Aus arbeitsökonomischen Gründen scheint ein völliger Verzicht auf Lehrbücher unmöglich.
- Lehrwerke unterliegen einem länderspezifischen Genehmigungsverfahren.
- Lehrer/innen gehen häufig zu dogmatisch mit dem Lehrwerk um. Die Hauptursache für die ‚Langeweile des Sprachunterrichts‘ liegt eher in dem unmündigen Einsatz der Lehrwerke im Unterricht als in der Beschaffenheit des Lehrbuches selbst.
- Das Lehrwerk ist und bleibt pädagogische Veranstaltung, didaktisch-methodische Inszenierung, die als solche von den Schüler/innen akzeptiert wird. Nur der Grad der Künstlichkeit der Lernarrangements entscheidet letztlich über Zustimmung bzw. Ablehnung aus Schülersicht. (Nieweler 2000: 14 ff.)

In Niewelers zweiter und dritter These offenbart sich seine Überzeugung, dass Lernprozesse vergleichbar und parallel organisiert werden können. Bleyhl (2000c: 114) sieht dagegen in dem lehrbucheigenen dreischrittigen Grundkonzept der Organisation von Lernprozessen – nämlich Einführen, Üben und Transfer zu eigener Produktion – eine „didaktogene oder pädagogene, also hausgemachte" Ursache für den kärglichen Ertrag jahrelangen Fremdsprachenunterrichts. Er schreibt: „Ein solcher dem Lerner gegenüber zutiefst misstrauischer Unterricht (das Samenkorn wird immer wieder aus dem Boden gezogen, um zu sehen, ob es auch Würzelchen bekommt) erlaubt dem Lerner nicht, die neuen Sprachphänomene intern und in ihrem Gebrauch in der Welt sorgfältig genug abzugleichen" (ebd., s. auch Einheit 2.3.3). Schematisch vorentworfene und lineare Lehrprozesse, die damit einhergehende Reduktion komplexer sprachlicher Äußerungen sowie kleinschrittig verlaufende Überprüfungen von Wissenspartikeln erlauben keine Selbstorganisation des Lernens, widersprechen dem Grundsatz, dass sprachlicher Input unterschiedlicher – auch unterschiedlich langer – Prozesse der Verarbeitung bedarf und erschweren den Lernprozess durch fehlende intellektuelle Herausforderung. Im Einklang mit diesen lerntheoretischen Einwänden gegenüber dem Lehr-/Lernarrangement von Lehrbüchern ist auf sprachlich-inhaltlicher Ebene gegen das Lehrwerk auch der Mangel an sog. Authentizität, an inhaltlicher Relevanz und an Differenziertheit eingewandt worden wie auch sein Beitrag zur Stereotypenbildung (Familienstruktur, Geschlechter- und Kulturverhältnisse u. Ä.).

Aber es gilt die obige These: Nicht das Medium bestimmt die Qualität des Unterrichts, sondern sein Umgang damit. Man muss sich dem vorgefertigten Lehr-/Lernarrangement der Lehrbücher nicht fügen, sondern kann es reanimieren, Lehrbuchtexte und -übungen also einer eigenen, zweiten Didaktisierung unterziehen. Schon mit schlichten Verfremdungen können triviale Lehrbuchtexte für Schüler/innen interessanter werden, z.B. wenn man sie als „jumbled lines" oder in Form von „mirror reading" präsentiert (Beyer-Kessling u.a. 1998, 44 ff.) und damit die Lektüre erschwert. „Jumbled lines"

Verfremdungen

bedeutet, dass man einen der Klasse noch unbekannten Lehrbuchtext kopiert, zeilenweise zerschneidet und die Zeilen mit dem Auftrag austeilt, den Text zu rekonstruieren. Beim „mirror reading" wird der Text auf Overhead-Folie kopiert und der Klasse spiegelverkehrt auf den Projektor zum Rekonstruieren vorgelegt.

Abb. 6.2

Beispiel für mirror reading: Spiegelverkehrte Kopie eines Lehrbuchtexts

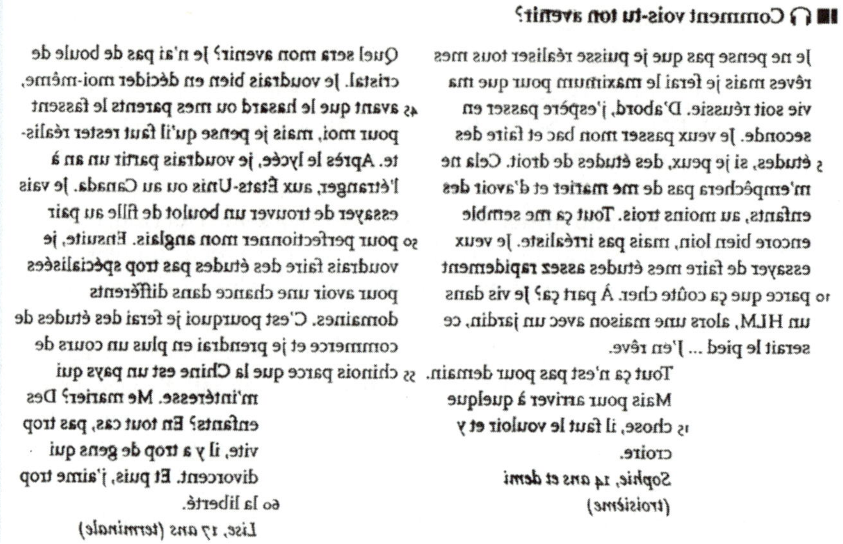
Comment vois-tu ton avenir?

Je ne pense pas que je puisse réaliser tous mes rêves mais je ferai le maximum pour que ma vie soit réussie. D'abord, j'espère passer en seconde. Je veux passer mon bac et faire des études, si je peux, des études de droit. Cela ne m'empêchera pas de me marier et d'avoir des enfants, au moins trois. Tout ça me semble encore bien loin, mais pas irréaliste. Je veux essayer de faire mes études assez rapidement parce que ça coûte cher. À part ça? Je vis dans un HLM, alors une maison avec un jardin, ce serait le pied ... J'en rêve.

Tout ça n'est pas pour demain. Mais pour arriver à quelque chose, il faut le vouloir et y croire.

Sophie, 14 ans et demi (troisième)

Quel sera mon avenir? Je n'ai pas de boule de cristal. Je voudrais bien en décider moi-même, avant que le hasard ou mes parents le fassent pour moi, mais je pense qu'il faut rester réaliste. Après le lycée, je voudrais partir un an à l'étranger, aux États-Unis ou au Canada. Je vais essayer de trouver un boulot de fille au pair pour perfectionner mon anglais. Ensuite, je voudrais faire des études pas trop spécialisées pour avoir une chance dans différents domaines. C'est pourquoi je ferai des études de commerce et je prendrai en plus un cours de chinois parce que la Chine est un pays qui m'intéresse. Me marier? Des enfants? En tout cas, pas trop vite, il y a trop de gens qui divorcent. Et puis, j'aime trop la liberté.

Lise, 17 ans (terminale)

Auch den Lehrbuchfamilien und -figuren kann Leben eingehaucht werden, z. B. indem die Schüler/innen ihnen etwas Spannendes widerfahren lassen, ihnen ungewöhnliche Begegnungen oder ein dunkles Geheimnis andichten oder weitere Figuren integrieren oder sie auf die Bühne bringen oder ihre Beziehungen psychologisieren. Ebenso wäre eine kritische Überarbeitung einer Lehrbuchlektion durch eine ältere für eine jüngere Klasse denkbar – der Fantasie sind keine Grenzen gesetzt. Durch Verrätselungen, Verlangsamungen oder aktive Mitgestaltung werden Interesse geweckt, Sinnstiftungen provoziert und eine vertiefte Auseinandersetzung mit Texten und Figuren angeregt. Schließlich hat die Hinwendung zur Aufgabenorientierung in der Fremdsprachendidaktik (vgl. z. B. Müller-Hartmann/Schocker-v. Ditfurth 2005) die In-Dienstnahme von Lehrwerken für offene, herausfordernde und bedeutsame Aktivitäten der Lernenden angeregt (s. Einheit 11.2).

Definition

> Heute besteht Konsens darüber, dass Lehrwerke, die sich ja ihrerseits zu immer komplexeren und flexibler einsetzbaren multimedialen Lehr-/Lernarrangements entwickelt haben, wichtiger Teil des Fremdsprachenunterrichts sein können, ihnen aber nicht die Funktion der Unterrichtssteuerung zugebilligt werden sollte.

Film

|6.4.2

Als Beispiel für den Einbezug sog. authentischer, d. h. nicht für Unterrichtszwecke hergestellter Medien seien nun der Spielfilm und das breite Feld der Neuen Medien vorgestellt. Ihre Aura der Authentizität gilt freilich nur eingeschränkt. Sobald sie zum Unterrichtsmedium werden, büßen sie einiges davon ein.

Aura der Authentizität

Seit Anfang der 1980er Jahre haben Spielfilme einen zunächst umstrittenen, inzwischen aber anerkannten Platz im Fremdsprachenunterricht, weil sie fachbezogenen und überfachlichen Zielen – Spracherwerb, landeskundliche, (inter-)kulturelle Kompetenz und Fremdverstehen, Text- und Literaturkompetenz – dienen können. Seit den 1990er Jahren sorgt die Form der DVD mit ihren vielsprachigen Untertitelungen und ihren Zusatzmaterialien aufgrund der neu eröffneten didaktischen und methodischen Möglichkeiten für gestiegene Akzeptanz. Das besondere Potenzial des Films für fremdsprachendidaktische Ziele ergibt sich aus der Komplexität seiner auditiven und visuellen kommunikativen Mittel.

Im Fremdsprachenunterricht dienen Filme vor allem:

- ► dem (potenziell bildungswirksamen) Filmerleben
- ► dem Spracherwerb und landeskundlichen Wissen
- ► der Filmanalysefähigkeit
- ► der Identitätsbildung.

Die Funktion des Filmerlebens spielt in der medienpädagogischen Diskussion eine große Rolle, nicht aber im Fachunterricht, obwohl es das Filmerleben ist, das die Menschen im Film suchen. Gerade in dem Bedürfnis nach fremder, subjektiver Sicht auf nahe und ferne Welten liegt die Faszination dieses Mediums. Die Filmerzählung vermittelt symbolisch zwischen Welt und Selbst. Und diese Vermittlung zwischen subjektivem Sinnbedürfnis und Darstellungsformen (hier: fremdsprachlicher) Lebensbereiche und die damit verbundene Ermöglichung eines differenzierteren Selbst- und Weltverhältnisses kann Fremdverstehen und interkulturelle Bildungsprozesse anstoßen helfen (vgl. Decke-Cornill/Luca 2007, Bredella 2004).

Filmerleben

Für das Erreichen der im engsten Sinne fachspezifischen Ziele des Spracherwerbs und des landeskundlichen Wissens sind fremdsprachliche Filme ein herausforderndes Medium: Die fremde Sprache tritt den Lernenden im *native-speaker*-Tempo, in Dialekten und Soziolekten, in Andeutungen und Auslassungen und in visuellen und narrativen Kontexten entgegen und zwingt zum *global listening*, dem Grobverstehen, das für mündliche fremdsprachliche Kommunikation so wichtig ist; andererseits können Schlüsselszenen auch Anlass für Übungen im Detailverstehen sein; darüber hinaus bekommt das für die fremdsprachliche Kommunikation so wichtige Sehverstehen Nahrung und das Leseverstehen wird durch die Untertitel und die im Internet für immer mehr Filme bereitgestellten *filmscripts* geschult; Anschlussaufgaben, etwa das

Spracherwerb

Verfassen von Rezensionen, fordern zu gattungsgerechtem Schreiben heraus; DVDs ermöglichen individualisiertes wie kooperatives Erarbeiten eines Films oder einer Sequenz; usw. Das landeskundliche Potenzial von Filmen ist Anlass für viele Lehrende, einen Film in den Unterricht einzubeziehen und neue Perspektiven auf ein Geschehen zu gewinnen. Dabei ist zu berücksichtigen, dass weder Spiel- noch Dokumentarfilme Wirklichkeit unmittelbar spiegeln, sondern mediale Auseinandersetzungen und Konstruktionen sind, die wie alle Wahrnehmung und Darstellung perspektiviert sind. Ein wichtiger Aspekt von Medienkompetenz ist deshalb die Fähigkeit, dem Wirklichkeitsschein von Bildern auch zu widerstehen (vgl. Decke-Cornill 2002a).

landeskundliches Potenzial

Schließlich spielt die Filmanalyse eine wichtige Rolle im Fremdsprachenunterricht. Sie wurde zunächst als Waffe gegen das Filmerleben eingesetzt. Als z. B. Paul Buchloh und Horst Groene Anfang der 1980er Jahre einen Rückgang des Leseinteresses bei Jugendlichen konstatierten, hofften sie, Schüler/innen durch Vergleiche zwischen Literatur und Literaturverfilmung gegen die „filmischen Wirkungsmechanismen" (1983: 258) zu wappnen.

Filmanalyse

> Sie sollen den Film als neue Kunstform kennenlernen, zugleich aber auch Einsicht gewinnen in die von ihm ausgehenden negativen Wirkungsmöglichkeiten: Verführung zur geistigen Passivität und zur unreflektierten Aus- und Übernahme des Gesehenen; weitreichende Steuerung der Zuschauerrezeption durch die Art der Präsentation bis hin zur Manipulation; ‚Matrixbildung' bei Literaturverfilmungen, welche die Vielschichtigkeit des literarischen Werkes in der Regel auf eine bestimmte Interpretation einengt. (ebd.: 260)

Teil dieses Programms, das die Schüler/innen zu bewussten und damit widerständigen, d.h. nicht manipulierbaren Filmzuschauer/innen erziehen sollte, war der Einblick in filmische Gestaltungsweisen und der Erwerb fachsprachlicher Kompetenzen, „um die filmischen Gestaltungsmittel bewußt zu machen, mit denen die Schüler unreflektiert-intuitiv aus langjähriger Fernsehpraxis vertraut sind" (ebd.: 261).

Unterbrechungen, Auseinandernehmen, Verfremden – diese Verfahren nutzt auch eine weitere Richtung der Filmanalyse, der es nicht um Abwehr geht, sondern um den Kunst- und Kommunikationscharakter von Film. Im Mittelpunkt steht dabei die Rekonstruktion seiner Gemachtheit, seine Ästhetik. Wie bei der Filmproduktion so wird auch bei dieser Form der Filmanalyse gewissermaßen geschnitten: Filmanfänge werden untersucht (Decke-Cornill 2010) und ggf. mit Schlusssequenzen konfrontiert; Einzelszenen und Stills verlangsamt und mikroskopisch studiert; wiederkehrende Bilddramaturgien verglichen; Standbilder analysiert; Ton-Bild-Korrelationen rekonstruiert; das Arsenal wiederkehrender, stereotyper oder innovativer Gestaltungsmittel des Erzählkinos erforscht. Zu den Verfahren gehört neben dem Sezieren und genauen Betrachten von Details auch die Beschäftigung mit verschiedenen Verfilmungen des gleichen Stoffs und überhaupt der Filmvergleich,

Kunst- und Kommunikationscharakter von Film

Rekonstruktion von Film

die Untersuchung von Ton- und Musikgestaltung, Farben, Tempo usw. Grundkenntnisse der Fachterminologie sind ebenso Teil der filmästhetisch akzentuierten Filmanalyse, wie auch produktive Verfahren dazugehören: Inszenierungskonzepte entwerfen, Castingvorschläge entwickeln, *storyboards* gestalten, Drehbuchszenen schreiben oder umgestalten, Szenen nachspielen und videographieren. Immer geht es dabei um den Erwerb filmästhetischer und narratologischer Kenntnisse und Fertigkeiten und die Entwicklung ästhetischer Kriterien.

Neue Medien | 6.4.3

Wie der Film, so bieten auch die Neuen Medien ein fast unüberschaubares Potenzial für Schule und Unterricht. Auch hier schieden sich zunächst die Geister. Skeptiker wie Hartmut von Hentig warnten:

> Was die neuen Medien in erster Linie leisten, ist das schnelle und unbegrenzte Akkumulieren, Kombinieren, Selegieren und Servieren von Auskunft. Sie schaffen keine Ordnung, die wir ihnen nicht eingeben und abfordern. Wer aber Probleme lösen will, muß diese definieren, Ziele, Prioritäten, Abfolgen, Kosten-Nutzen-Verhältnisse aufstellen – also Ordnungen setzen. Die Ansprüche an den menschlichen Geist, an seine Urteils- und Entscheidungskraft, nehmen mit der Verarbeitungsleistung seiner mechanischen Helfer zu, nicht ab. Er muß seinen Abstand zu ihnen entschlossen vergrößern, so, daß er an ihnen vorbei noch die Sachen, ‚die Welt' sieht, die er mit ihrer Hilfe beherrschen will. (1998: 24)

Hentig legt der Schule eine Verantwortung als kompensatorische Einrichtung in einer zunehmend medialisierten Welt auf. Sie habe nicht so sehr die Aufgabe, die Lernenden zum Gebrauch von Medien zu befähigen – das lernen sie auch ohne Schule –, sondern ihre Aufgabe sei gerade, mit ihnen über die Schwächen der Medienwelt zu reflektieren und zu fragen, wie sie nutzbar gemacht werden kann. „Die Schule muß und darf das Gemeinte – ideale Verhältnisse – im Sinn haben, wenn sie auf das Wirkliche – reale Verhältnisse – vorbereitet. Sie muß die Schwächen der Medienwelt [...] aufwiegen – beide, den Schein und den Schrott" (1998: 41).

|Abb. 6.3
Das Internet als Medium im Fremdsprachenunterricht

    Auf der anderen Seite haben sich viel lautere und zahlreichere Stimmen Gehör verschafft und durchgesetzt, die einfach aufgrund ihrer bloßen Existenz und außerschulischen Relevanz meinen, dass die Neuen Medien in der Schule eine Rolle spielen müssen.

    In der Fremdsprachendidaktik stehen aber weniger Grundsatzfragen auf dem Programm als die Suche nach dem ‚Mehrwert', den die Telekommunikation für das Fremdsprachenlernen bietet.

    In den Anfängen der Nutzung des Computers im Fremdsprachenunterricht galt das Interesse vor allem der Lernsoftware, mit der Lernende individuell (d. h. ohne Lehrperson), aber gesteuert (durch das Programm) Sprachstruk-   Lernsoftware

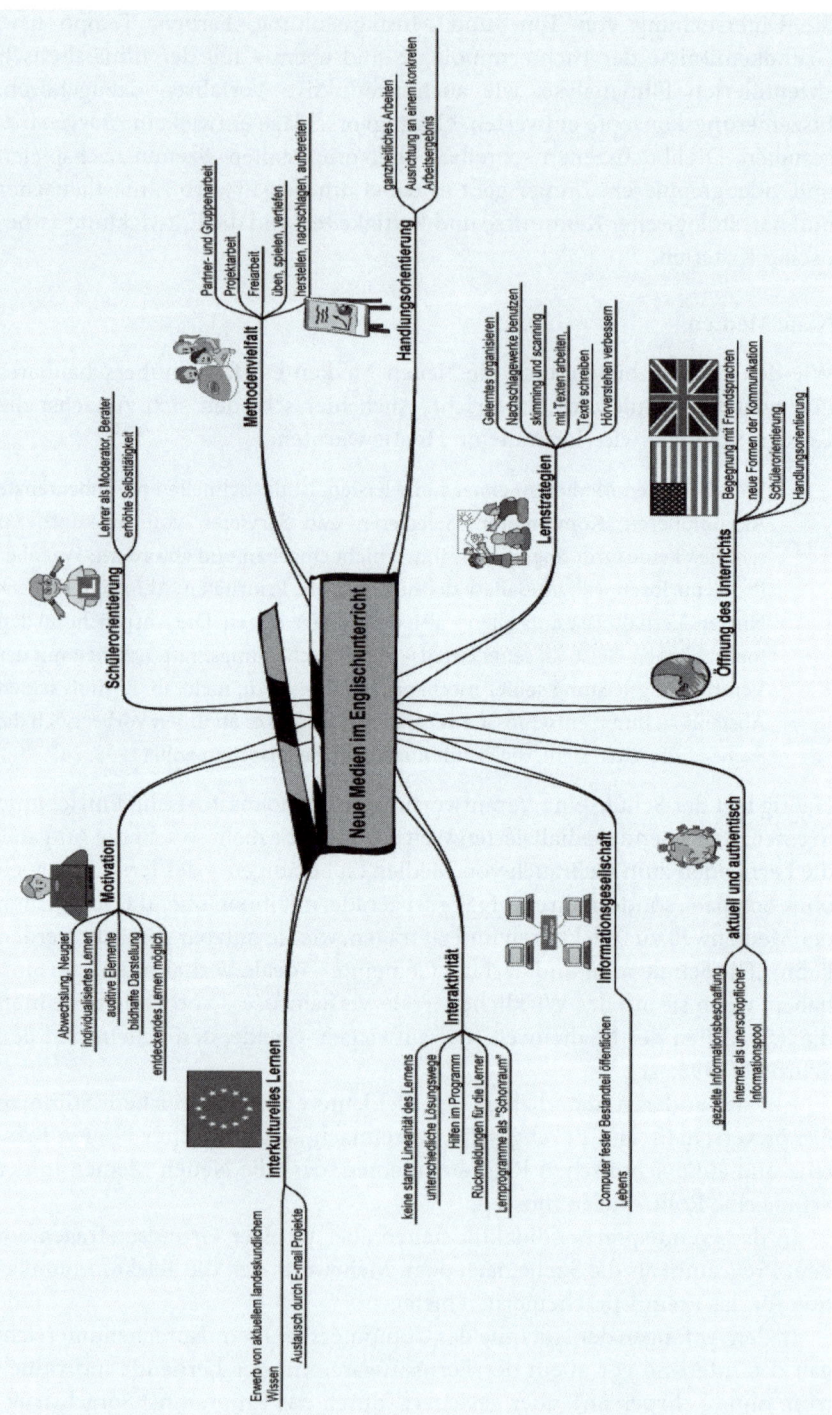

Abb. 6.4
Neue Medien (nicht
nur) im Englisch-
unterricht

turen erarbeiten und Sprachübungen durchführen konnten. Ein ‚Mehrwert' gegenüber den traditionellen Lehrmaterialien und Arbeitsbüchern mit ihren Substitutionsübungen und Lückentexten fehlte hier, und aufgrund der manchmal äußerst kleinschrittigen Steuerung konnte auch von einer Selbstständigkeit des Lernens nicht die Rede sein.

Sehr bald geriet das Potenzial der Neuen Medien, die Grenzen des Klassenraums zu überwinden und die Lernenden auf den Weg „[f]rom classroom learners to world communicators" (Müller-Hartmann/Richter 2001: 4) zu bringen, in den Fokus fremdsprachendidaktischer Überlegungen. Jetzt wurden das Recherche- und Präsentationsangebot des WWW und vor allem sein Begegnungspotenzial unter die Lupe genommen.

Grenzen des Klassenraums überwinden

Recherche- und Präsentationsangebot

Begegnungspotenzial

Reinhard Donath, einer der Pioniere der Neuen Medien im Fremdsprachenunterricht, schätzt E-Mail, WWW und Hypertext als besonders hilfreich für den Fremdsprachenunterricht ein, insbesondere, wenn sie im Rahmen von Hypertextprojekten integriert werden. Er illustriert dies am Beispiel der Arbeit mit dem Jugendroman *Trumpet Voluntary* von Jeremy Harper in einer 10. Klasse (http://www.schule.de/englisch/hyper.htm, 15. 4. 2010). Der Roman wurde zunächst in klassischer Manier erarbeitet, gestützt auf sog. Lesetagebücher, d. h. Tagebücher, die die individuelle Lektüre längerer Texte begleiten und den Schüler/innen dazu dienen, ihre Eindrücke, Gedanken und weiterführenden Fragen festzuhalten. Im Anschluss entwickelte die Klasse eine Nebenhandlung, die im Roman selbst nicht ausgeführt, aber doch als Handlungsebene angelegt war. Donath schickte der Klasse eine fingierte E-Mail, vorgeblich von einem der Romanprotagonisten geschrieben, die nach Reaktionen verlangte. Die Klasse arbeitete in zwei z. T. weiter unterteilten Großgruppen, die miteinander in der Rolle der Romanfiguren korrespondierten, so dass zu dem Roman ein weiterer Erzählstrang entwickelt wurde.

E-Mail, WWW und Hypertext

Hypertextprojekte

Recherche spielte eine Schlüsselrolle, als Donath mit seiner Klasse zu Jane Urquharts *Away* (1995) arbeitete, einem Roman, der 1840 in Irland beginnt und 1980 in Kanada endet und die Geschichte von vier Frauengenerationen der Familie O'Malley vor wechselnden historischen und sozialen Bedingungen erzählt. In den ersten Stunden wurde in diesem Projekt, dessen Ziel das Erstellen einer Website war, das Internet eingesetzt, um etwas über die Orte zu erfahren, die am Anfang des im Rückblick geschriebenen Romans eine Rolle spielen. Danach arbeitete der Kurs in zwei Gruppen, je eine zur Haupt- und eine zur Parallelhandlung. Die Gruppen stellten je einen dieser beiden Handlungsverläufe dar und recherchierten zu den landeskundlichen Kontexten. Dabei wurden integriert Charakterisierung, Zusammenfassung, Textanalyse, innerer Monolog, Psychogramm, Geschichtsschreibung usw. geschult, die sonst oft isoliert behandelt werden. Zur Illustration wurden Bilder von Orten der Handlung aus dem Internet geholt, Fotos in der Klasse gemacht, Gemälde und Zeichnungen integriert usw. Die Frage der sinnvollen Verlinkung wurde im Klassenplenum erörtert, damit Wiederholungen und Wider-

Recherche

sprüche vermieden werden konnten. Zusätzlich erwarben die Schüler/innen auch Medienkundliches: „[m]it Suchmaschinen schnell zum Ziel kommen, Textauszüge und Grafiken von Webseiten abspeichern, Webseiten erstellen und verlinken, Umgang mit einem Grafikprogramm (Bildbearbeitung) und einiges mehr." (Donath 2002: 137) Am Ende wurde die Dokumentation des ganzen Projekts den Schülerinnen und Schülern übergeben und auf der Website der Schule publiziert.

computerbasierte Kommunikation

Andreas Müller-Hartmann und Annette Richter (2001: 4f.) beschreiben die neuen kommunikativen und didaktischen Möglichkeiten einer computerbasierten Kommunikation wie folgt:

(a) Das Schreiben fremdsprachlicher Texte nimmt nicht nur zu, sondern an der Schnittstelle zwischen mündlicher und schriftlicher Kommunikation (von E-Mail bis Chat) entwickeln sich neue Textformen, die auch für spracherwerbstheoretische Fragen relevant sind (z.B.: Unterstützen synchron geschriebene Texte die mündliche Sprachproduktion?).

(b) Es ‚spricht' und schreibt nicht mehr nur eine Schülerin oder ein Schüler zur gleichen Zeit, sondern im Computerraum kann eine Vielzahl von Lernenden entweder untereinander oder mit anderen Lernenden außerhalb des Klassenzimmers kommunizieren. Die Sprachproduktion potenziert sich.

(c) Sobald der Zugang zum Netz vorhanden ist, ist fremdsprachliche Kommunikation zu jeder Zeit und von jedem Ort aus möglich. In der Interaktion zwischen Lehrenden und Lernenden lassen sich ganz neue Formen der Kooperation denken […].

(d) Zum ersten Mal wird der direkte asynchrone (= zeitlich versetzte) wie synchrone (= zeitgleiche) Kontakt zu *native speakers* und anderen Fremdsprachenlernenden weltweit möglich, was sowohl für den eigentlichen Spracherwerb als auch für das interkulturelle Lernen neue Dimensionen eröffnet.

(e) Man kann eigene Texte im World Wide Web publizieren und damit eine weltweite Leserschaft erreichen, mit der wiederum vielfältige vernetzte Kooperationsprojekte möglich werden […].

Zwar wäre es naiv, anzunehmen, dass durch den Computer eine Weltgemeinschaft entstünde. Der Zugang zum Weltkommunikationsmedium Computer ist keineswegs für alle und überall und jederzeit gegeben. Den Kontakt mit den Lernenden im Ausland kann nur aufsuchen, wer über die Technologie verfügt. Für diese ist das Forschungs- und Kommunikationspotenzial der Neuen Medien im Fremdsprachenunterricht dann freilich beträchtlich, bietet eine Vielzahl von Formen und wächst beständig.

Medien als Chance und Problem |6.5

Medien sind Mittler, sie sind funktional bestimmt, nicht objektiv. Ihr didaktischer Ort ist untrennbar mit dem Ort von Schule selbst verbunden. Die moderne Schule wurde nötig, als „die Weitergabe des kulturell erreichten Wissens- und Fähigkeitsniveaus durch einfachen Mitvollzug der nachwachsenden Generationen am Leben der älteren Generationen nicht mehr ausreicht(e)" (Terhart 1997: 139), sie steht an den Bruchstellen der „verlorenen Einheit von Leben und Lernen" (Benner 1989), schiebt sich zwischen die Heranwachsenden und ihre Lebensumgebung, trennt sie und vermittelt zwischen ihnen. Schule ist zwangsläufig ein medialer, ein bebilderter Bildungsraum. Das birgt

► Chancenreiches, weil der neue Bildungsraum nun nicht mehr an zufällige lokale und soziale Gegebenheiten und deren Lerngelegenheiten gebunden ist: In ihn kann einerseits zeitlich, geographisch, kulturell und sprachlich Fernes hineingeholt werden. In ihm kann andererseits Nahes, Vertrautes und Alltägliches unvertraut und fremd gemacht werden.

► Problematisches, weil Schule zu einer solchen Entprovinzialisierung von Erfahrung eher selten beiträgt; weil sie, im Gegenteil, oft genug stumpf und erfahrungsresistent macht. Schule hält sich die Welt meist allzu sehr, oft allzu wenig vom Leib.

Und so bilanziert Horst Rumpf (1993: 108):

> Einerlei ob es Bilder, Klänge, Schriftzeichen sind, in die Weltgegebenheiten transformiert und hineingespeichert werden – wenn sie nur zur *Illustration* und zur *Demonstration* von Lehrsätzen und Schulweisheiten ‚eingesetzt' werden, dann besteht die von Reformpädagogen immer wieder beschworene Gefahr des Erfahrungsverlusts. Der Sinn für Wirklichkeit droht narkotisiert zu werden, die abstrakte Schulweisheit erzeugt Gleichgültigkeit. In anderer Weise narkotisiert das *konsumistische Einschlürfen* medial zubereiteter Welten. Daneben und dagegen kann es geben und gibt es ein *initiatives Auftauchen* von Wirklichkeit in Medien – das den fremden Blick belebt, aus der Gewohnheit aufstört […] Um diese initiative Seite des Mediengebrauchs zu lernen, müssten die Mediendidaktiker […] bei Künstlern in die Schule gehen.

Nach einem Blick auf die Entwicklung der Medien und die dafür entscheidenden Impulse haben wir ihre wechselnde Akzeptanz und Ausformung in pädagogischen Zusammenhängen nachgezeichnet. Dabei zeigte sich eine Grundfigur: Auf eine erste Phase der Abwehr folgte eine Phase der pragmatischen Nutzung einerseits sowie der kritischen Analyse und Reflexion andererseits, die in sublimierter Form auch noch einige Züge des Abwehrenden bewahrte. Diese Grundfigur gilt sowohl für gesellschaftliche Reaktionen wie auch für pädagogische. Im letzteren Zusammenhang ist sie kennzeichnend für die Medienpädagogik insgesamt und für den fachlichen Kontext der Fremdsprachendidaktik.

Zusammenfassung

Bei der sich anschließenden Darstellung der Medien für den Fremdsprachenunterricht unterschieden wir zwischen unmittelbar und ausschließlich für Unterrichtszwecke angefertigten Medien und solchen, die aus außerschulischen Umgebungen in den Unterricht hineingetragen wurden und oft ‚authentisch' genannt werden. Als Beispiel für vorgefertigte, unterrichtspezifische Medien wurde das Lehrbuch bzw. -werk präsentiert und bilanziert, dass es einen legitimen Platz im Unterricht haben könne, solange es nicht zum einzigen und zum Steuerungsmedium würde. Die außerschulisch vorgefundenen Medien stellten wir am Beispiel von Film und Neuen Medien dar und skizzierten ihr vielseitiges Potenzial für den Fremdsprachenunterricht, für neue Selbst- und Fremderfahrungen und Kommunikationsmöglichkeiten. Abschließend und in den Worten von Horst Rumpf hielten wir fest, dass Medien dann zu Erfahrungsreichtum und Bildung beitragen können, wenn sie den Horizont der Lernenden überschreiten helfen, neue, ungewohnte Handlungsmöglichkeiten eröffnen und Selbst- und Weltverständnis in Frage stellen und bereichern.

Aufgaben

1 Wählen Sie eine Einheit aus einem Lehrbuch für eine Ihrer Sprachen aus und entwickeln Sie dazu verfremdende, die Schüler/innen herausfordernde Methoden.
2 Stellen Sie einen Vergleich zwischen dem Lernangebot Lehrwerk und dem Lernangebot Hypertext dar. Worin liegen ihr jeweiliger Vorzug, worin die Schwierigkeiten?
3 Was ist ein Lehrerblog? Was eine Web-Unit? Was eine WebQuest? Welchen didaktischen Stellenwert sprechen Sie ihnen zu?
4 Welche Rahmenbedingungen müssen erfüllt sein, damit die Neuen Medien im Fremdsprachenunterricht ihr Potenzial entfalten können?
5 Im Abschnitt über Film war davon die Rede, dass vollständige Spielfilme, aber auch Sequenzen aus Spielfilmen sinnvoll in den Fremdsprachenunterricht integriert werden könnten. Wozu könnten vollständige Filme beitragen? Wozu Sequenzen?

Zum Weiterlesen

Decke-Cornill, Helene/Reichart-Wallrabenstein, Maike (Hrsg.) (2002): *Fremdsprachenunterricht in medialen Lernumgebungen*. Frankfurt a. M.: Lang.
Themenheft „Teaching Films". *Der fremdsprachliche Unterricht Englisch* (38) 68 (2004).
Themenheft „Neue Medien im Unterricht". *Der fremdsprachliche Unterricht Spanisch* (3) 6 (2005).
Fery, Renate/Raddatz, Volker (Hrsg.) (2000): *Lehrwerke und ihre Alternativen*. Frankfurt a. M.: Lang.
Themenheft „WEB 2.0". *Praxis Fremdsprachenunterricht* 1 (2008).
Schmidt, Torben (2005): Selbstgesteuertes Lernen mit Neuen Medien im Fremdsprachenunterricht: Eine Bestandsaufnahme. In: *Zeitschrift für Interkulturellen Fremdsprachenunterricht* [Online], 10 (1), 27 pp. Abrufbar unter http://www.ualberta.ca/~german/ejournal/TorbenSchmidt.htm

Interaktion im fremdsprachlichen Klassenzimmer

Diese Einheit beschäftigt sich mit einem Thema, das die Fremdsprachendidaktik seit der Kommunikativen Wende umtreibt: Wie kann das (sprachliche) Handeln im fremdsprachlichen Klassenzimmer mit dem in außerschulischen fremdsprachlichen ‚Echtumgebungen' in ein produktives Verhältnis gebracht werden? Die Einheit klärt mit zunehmendem Fokus auf den Fremdsprachenunterricht den Begriff der Interaktion, zeigt ihre institutionelle Abhängigkeit und sucht schließlich nach Möglichkeiten, erstarrte lehrerzentrierte Interaktionsformen zugunsten schülerpartizipativer zu überwinden.

Eine Vorbemerkung zum Verhältnis von schulischer und außerschulischer Welt | 7.1

Das Verhältnis von Schule und Gesellschaft ist widersprüchlich: Einerseits lässt sich Schule als Werkstatt auffassen, in die der Auftraggeber Staat im Namen der Gesellschaft den Rohstoff Kind gibt und dafür bezahlt, dass es darin so erzogen wird, dass es ein brauchbares Produkt für die außerschulische Welt abgibt und dafür ein Gütesiegel erhält. Andererseits ist Schule aber auch eine Welt eigener Ordnungen und Rationalitäten, die sie von der Außenwelt unterscheiden und befremdlich machen. In der Systemtheorie wird Schule deshalb als geschlossenes System bezeichnet, das – von seiner Umwelt abgegrenzt – sich durch eigene Kräfte in Gang setzt und hält. Als solches steht es mit der außerschulischen Welt nicht so sehr in einem Auftrags- als vielmehr in einem Differenz- und Spannungsverhältnis. *Non scholae sed vitae discimus*, diese Gleichung würde dem erstgenannten Aspekt gerecht, *non vitae sed scholae discimus* dem zweitgenannten. Diesen hat der Fremdsprachendidaktiker David Little im Sinn, den Werner Bleyhl im Folgenden referiert:

Schule als geschlossenes System

> Das Problem des traditionellen Fremdsprachenunterrichts besteht für Little [...] darin, dass die Lerner nicht daran interessiert sind, etwas zu lernen, sondern daran, gute Noten zu bekommen. (Schöner kann man die Selbstreferenz des Systems Schule [...] kaum definieren.) Werden die ‚guten Noten' beispielsweise für bestimmtes Grammatikwissen vergeben, so entsteht das entsprechende System des traditionellen Unterrichts, der schulintern belohnt und schulintern Kategorien aufbaut und sich zu einer Welt *sui generis* macht. Dieses System bestätigt sich wieder intern. (2000b: 38)

Bleyhl fordert für die Interaktion im fremdsprachlichen Klassenzimmer jedoch, dass sie sich über dessen Grenzen hinwegsetzt und außerschulische Interaktionen zur Richtschnur innerschulischen Agierens erhebt.

> Soll der Fremdsprachenunterricht den Lerner jedoch auf die Kommunikation in der Welt auch außerhalb der Schule vorbereiten, gilt es, ein Kommunikationssystem mit den Referenzen dieser Welt, d. h. echte, inhaltsorientierte fremdsprachliche Interaktion ins Klassenzimmer zu holen und mit deren multiplen simultan gültigen Erfolgsmaßstäben zu messen, dem Lerner gemäß deren Qualitätsmerkmalen Rückmeldung zu erteilen, Rückmeldung darüber, inwieweit Sprache als Mittel der menschlichen Verhaltenssteuerung funktioniert. (ebd.)

"echte" Interaktion

Bleyhl geht offensichtlich davon aus, dass die Beziehungs- und Kommunikationsstrukturen des Fremdsprachenunterrichts die Entwicklung fremdsprachlicher Handlungsfähigkeit entscheidend beeinflussen und daher „echte, inhaltsorientierte Interaktion" vonnöten ist. Was aber ist überhaupt unter Interaktion zu verstehen?

7.2 | Was ist Interaktion?

eine Inhalts- und eine Beziehungsebene

Zur Beantwortung der Frage verweisen wir auf das Kommunikationsmodell, das Schulz von Thun im Anschluss an Bühler, Watzlawick u. a. entwickelte (s. Einheit 3.2.2). Watzlawick (1969, 3. Aufl. 1972) hatte die Einsicht formuliert, dass jede Kommunikation eine Inhalts- und eine Beziehungsebene umfasst und die Kommunikation auf der Beziehungsebene meist unbewusst stattfindet. Es wird also simultan auf zwei ineinander verwobenen Ebenen kommuniziert. Die Inhaltsebene kann dabei mit der sichtbaren Spitze des Eisbergs verglichen werden, die Beziehungsebene mit seiner massiven, aber nicht erkennbaren Basis. Beide sind der Wahrnehmung in unterschiedlicher Weise zugänglich. Auf dem Wege der Metakommunikation kann die Beziehungsebene aber zum Gegenstand der Verständigung werden, etwa wenn die Beteiligten versuchen Missverständnisse oder das Gemeinte im Gesagten zu klären.

Interaktion und Kommunikation

Versuche, eine Unterscheidung zwischen Interaktion und Kommunikation zu treffen, sind wenig überzeugend. Beide Begriffe werden häufig synonym verwendet, hier und da wird aber auch eine Abgrenzung angestrebt, z. B. wenn Kommunikation nur auf sprachliches Handeln bezogen wird. House (2000) und Abel (2000) plädieren mit vielen anderen für Interaktion als übergeordneten und Kommunikation als untergeordneten Begriff und bezeichnen dabei Kommunikation als den Spezialfall intentionaler, d. h. absichtsvoller Interaktion in verbalen *und* nicht-verbalen Zusammenhängen. Sigrid Noldas Definition basiert auf der Unterscheidung, dass „[i]n Abhebung von Kommunikation bei einer Interaktion die gleichzeitige Anwesenheit der Betroffenen vorausgesetzt [ist]" (1997: 759).

Nolda fügt ihrer Unterscheidung einen weiteren Aspekt hinzu, nämlich, dass diese Interagierenden „auf der Grundlage eines Sockels von geteilten Bedeutungen und Verhaltensmustern jeweils die Reaktionen des anderen vorausgreifend berücksichtigen bzw. sich mit dem anderen über die Bedeutung der Situation verständigen können" (ebd.). Damit benennt sie als zentrales Moment von Interaktion das Herstellen eines *common ground* zwischen den Beteiligten, also das für das Gelingen von Lernprozessen bedeutsame Moment der intersubjektiven Verständigung, der Bedeutungsaushandlung. Dieses Moment wird in zahlreichen Begriffsbestimmungen indirekt oder direkt genannt. So beschreibt beispielsweise Kron Interaktion als „sinnverstehende[s] Miteinander-Handeln" (1994: 169), Vollmer u. a. verstehen unter Interaktion den „sprachliche[n] und nichtsprachliche[n] Austausch von Wissenselementen sowie die Aushandlung von Bedeutung und von sprachlicher Form zwecks Verständigung zwischen zwei oder mehreren Partnern" (2001: 79) und Allwright (2000b) setzt interaktionale Aushandlungsprozesse mit Lernen gleich.

Bedeutungs-aushandlung

Den folgenden Ausführungen liegt ein Verständnis von Interaktion zugrunde, das eng mit dem von Kommunikation verbunden ist und wechselseitiges bewusstes und unbewusstes (Sprach-)Handeln meint, bei dem mindestens zwei Interaktionspartner/innen Bedeutung aushandelnd und Beziehung stiftend aufeinander Einfluss nehmen.

Definition

Interaktion findet nicht nur hier und da in Einzelbegegnungen statt, sondern ist eine Grundbedingtheit des Menschseins überhaupt. Nur in Interaktion – intern und extern – entwickeln Menschen ihre Identität. Jede Wahrnehmung von Selbst und Welt ist indirekt, sie ist auf Interaktion angewiesen. Und Interaktion ist unvermeidlich, niemand kann sich ihr entziehen. Watzlawick u. a. haben dafür die berühmte Formulierung gefunden: „Man kann nicht nicht kommunizieren" (1969: 173).

Grundbedingtheit des Menschseins

In Einheit 2 hatten wir die lerntheoretische Schule des Behaviorismus skizziert, die Lernen als reflexgesteuerte Reaktionen auf Stimuli der Umwelt beschreibt. Diese Auffassung weisen Interaktionstheoretiker wie George Herbert Mead (1863–1931) zurück. Für Mead (1934/1995) unterscheiden sich Menschen von anderen Lebewesen dadurch, dass sie nicht unmittelbar ihren Instinkten unterworfen sind, sondern ihr Verhalten in Hinblick auf seine Folgen für die Umwelt und sich selbst bedenken können (und existentiell müssen). Aus ihren erinnerten Erfahrungen heraus können sie ihr Handeln auf zukünftig Erwartbares ausrichten. Zwischen Reiz und Reaktion besteht also kein unmittelbarer Zusammenhang, wie ihn der Behaviorismus annimmt, sondern zwischen beide tritt ein (Möglichkeits-)Raum reflektierter Antizipation und Entscheidung. Eine Schlüsselrolle spielt dabei die Sprache, die als überindividuelles, konventionell geteiltes Symbolsystem Menschen in die Lage versetzt, eigenes Handeln aus der Perspektive anderer einzuschätzen.

|Abb. 7.1
George Herbert Mead

I und *Me*

Mead hat dies in einer Gegenüberstellung von *I* und *Me* verdeutlicht. Mit *I* bezeichnet er das spontane, unbewusste Ich, mit *Me* das soziale Ich, in dem die erfahrenen, vermuteten, interpretierten Perspektiven und Normen der Außenwelt auf das Selbst aufbewahrt sind. Diese unterstellten, widersprüchlichen Perspektiven der anderen nehmen Einfluss auf das eigene Handeln, es ist also nicht einfach selbstbestimmt. Zwischen *I* und *Me* findet vielmehr eine laufende intern vermittelnde Interaktion statt, mit dem Ziel der Versöhnung der konfliktgeladenen Perspektiven. Dafür müssen die angenommenen Außenperspektiven gebündelt werden zu einem ,verallgemeinerten', einem ,generalisierten Anderen'. Identität ist Ergebnis dieses internen Abstimmungs- und Integrationsprozesses zwischen personalen und sozialen Kräften, und zu den letzteren zählen auch die gesellschaftlichen Institutionen Schule und Erziehung.

Jürgen Habermas (1976) hat für solche Prozesse der Subjekt- und Identitätsentwicklung drei Stadien unterschieden, die einander nicht ablösen, sondern anreichern. Während der Mensch sich zunächst in seinem Verhalten an Lust-/Unlusterfahrungen orientiert, wird er sehr bald mit Erwartungen und Normen konfrontiert, die mit seiner sozialen Rolle (etwa als Mädchen, Schulkind usw.) verbunden sind. Beim Eintritt in primäre und später in öffentliche Gemeinschaften spielt der Wunsch nach Zugehörigkeit eine wichtige Rolle für das Verhalten. In der Adoleszenz entwickeln Menschen schließlich idealerweise einen Zustand der Mündigkeit – Habermas nennt das Ich-Identität –, der es ihnen erlaubt, sich vor dem Hintergrund akzeptierter moralischer und sozialer Werte und Normen reflektiert den Erwartungen, die an sie herangetragen werden, anzupassen oder zu widersetzen.

7.3 | Interaktion im Klassenzimmer

Inhalts- und Beziehungsstrukturen

Schule und Unterricht sind gesellschaftlich gestaltete Institutionen, die den Individuen mit massiven Anpassungserwartungen begegnen. Die Interaktionsbeziehungen in diesen Institutionen sind historisch und symbolisch vorgeformt und folgen weitgehend stabilen Regelungen. Die je konkreten, empirischen Personen in einem Klassenzimmer treffen in ihrer Interaktion auf sozial und kulturell präfigurierte Inhalts- und Beziehungsstrukturen, die im Laufe der schulischen Sozialisation (oft aber bereits lange davor in den Reden der Umgebung über Schule) als „natürlich" und alternativlos erfahren werden. Tatsächlich sind aber Schule und Unterricht auf die aktive Mitwirkung aller Beteiligten an ihrem System angewiesen, das einerseits beharrlich, andererseits auch störungsanfällig ist.

Grundparadoxien

Für Niklas Luhmann (2004: 246) beruht unterrichtsspezifische Interaktion auf der Mitwirkung von Lehrenden und Lernenden durch „*taktvolle* Kommunikation". Damit meint er eine schulsystemimmanente Kommunikation, die ihre Grundparadoxien nicht offenlegt: Auf der expliziten Ebene geht es ihr um fachliche und soziale Unterrichtsinhalte und -ziele, auf der impliziten um Disziplinierung und Selektion. Ähnlich wie Little (s. oben 7.1) hält auch Luhmann fest, dass die Lernenden bei der Konstruktion des Systems Schule aktiv mitwirken:

> [Die Schüler/innen] reagieren scheinbar sachlich auf die Anforderungen des Unterrichts, indem sie sich auf das Spiel des richtigen bzw. falschen Wissens bzw. zureichenden oder unzureichenden Könnens einlassen; aber es ist unübersehbar, daß es für sie zugleich um Selbstdarstellungen geht, um oft geradezu akrobatische Kunststücke im Vorführen positiver und im Verdecken negativer Leistungen. (Ebd.: 247)

Wie sehen diese „akrobatischen Kunststücke" im besonderen Kontext des Fremdsprachenunterrichts aus?

Interaktionsbedingungen des kommunikativen Fremdsprachenunterrichts

|7.4

Anders als bei den sogenannten Sachfächern fallen in den sprachlichen Fächern Unterrichts*gegenstand* (wenn man Sprache überhaupt so nennen kann) und Unterrichts*medium* zusammen. Die Fremdsprache ist im modernen, kommunikativ und einsprachig verstandenen Unterricht also immer auf zwei unterschiedlichen Ebenen präsent: als Medium sozialer Interaktion im Klassenzimmer einerseits und als Unterrichtsinhalt und -ziel andererseits.

Fremdsprache als Gegenstand und Medium

Im Konzept der Grammatik-Übersetzungsmethode existierte dieses Problem noch nicht. Sie behandelte Sprache nämlich wie andere Fächer ihre Unterrichtsgegenstände auch. Ebenso wie ein Gemälde im Kunstunterricht oder eine Klimazone im Geographieunterricht oder der Satz des Pythagoras im Mathematikunterricht wurden fremdsprachliche Inhalte im Fremdsprachenunterricht mit Hilfe des Deutschen behandelt. Am Ende stand dann – analog zum kunsthistorischen, geographischen und mathematischen Wissen – fremdsprachliches Wissen. Die Fremdsprache war Unterrichtsgegenstand, nicht -medium. Die Sozialform stand nicht in Frage; die Klasse war frontal auf die Lehrperson ausgerichtet, die den Gegenstand beherrschte und den Schüler/innen vermitteln konnte. Aber auch in Zeiten behavioristisch geprägter Spracherwerbskonzeptionen war die Interaktionskonstellation unstrittig und platzierte die Akteur/innen wie bei der Grammatik-Übersetzungsmethode: Die Lehrperson formulierte Dialoge vor, die Lernenden sprachen nach, übten ein und ‚automatisierten'.

Mit der Kommunikativen Wende ist aber die fachdidaktische Legitimation solch belehrender Verfahren erschüttert worden. Wenn richtig ist, dass Sprache am besten durch realitätsnahe, bedeutsame Interaktion gelernt werden kann, dann muss eine solche auch ermöglicht werden. Begriffe wie

bedeutsame Interaktion

Authentizität, Handlungsorientierung und ‚echte' Kommunikation wurden zu unterrichtlichen Normen – nicht erst für den fortgeschrittenen Unterricht. Die Beschränkung auf Lehrer-Schüler-Interaktionen wurde in Frage gestellt, das fremdsprachendidaktische Interesse an Interaktionen der Schüler/innen untereinander und an kooperativem Lernen (s. Abschnitt 7.7) wuchs. Partner- und Gruppenarbeit und arbeitsteilige Projekte erreichten auch den Fremdsprachenunterricht.

Empirische Untersuchungen stellen dennoch bis heute als Kennzeichen des Fremdsprachenunterrichts fest, dass er zentral von der Lehrperson gesteuert wird, von hohen Lehrersprechanteilen bestimmt ist, belehrend verfährt und der Sprachform und -richtigkeit den Vorzug vor der inhaltlichen Bedeutsamkeit gibt. Die Dominanz lehrerzentrierter Interaktion im Englischunterricht (vgl. DESI-Konsortium 2008) erklärt sich u. a. aus

(1) der Beharrlichkeit historischer Interaktionsformen in der Disziplinarinstitution Schule;
(2) der personalen Doppelfunktion der am Unterricht Beteiligten: als Lehrende/Selektierende und als Lernende/Konkurrierende;

Dominanz lehrerzentrierter Interaktion

(3) dem Mythos, dass Lehren einen sofortigen Lerneffekt erzeugen muss, den es umgehend zu kontrollieren gilt; erinnert sei an Werner Bleyhls Metapher (2002: 8) vom Fremdsprachenlehrer als unprofessionellem Gärtner, der nach jedem Gießvorgang die jungen Pflänzchen aus dem Boden zieht und nachsieht, ob sie neue Wurzeln geschlagen haben (s. Einheit 2.3.3 sowie Holzkamp 1995);
(4) aus der Doppelrolle der Sprache als Medium und Gegenstand des kommunikativen Fremdsprachenunterrichts und aus der „communicative ‚orthodoxy'" (Seedhouse 1996: 17) der Einsprachigkeit, wie sie auch von der Inputtheorie Krashens und einigen ‚bilingualen' Ansätzen unterstützt wird. Wissens- und Könnensgefälle zwischen Lehrenden und Lernenden werden durch dieses Dogma erhöht.

7.5 | Die dreifache Kontextualisierung der Interaktion im Fremdsprachenunterricht

Paul Seedhouse (2004) hat an einem konzentrischen Modell veranschaulicht, dass die Interaktion im Fremdsprachenunterricht immer zugleich als einzigartig und als exemplarisch verstanden werden muss. „To put it another way, there is always a tension between a description of an extract of L2 classroom interaction as something homogeneous or similar to other instances and as something heterogeneous or different from other instances" (ebd.: 211). Sein Modell zeigt die Interaktion im Fremdsprachenunterricht als dreifach kontextualisiert:

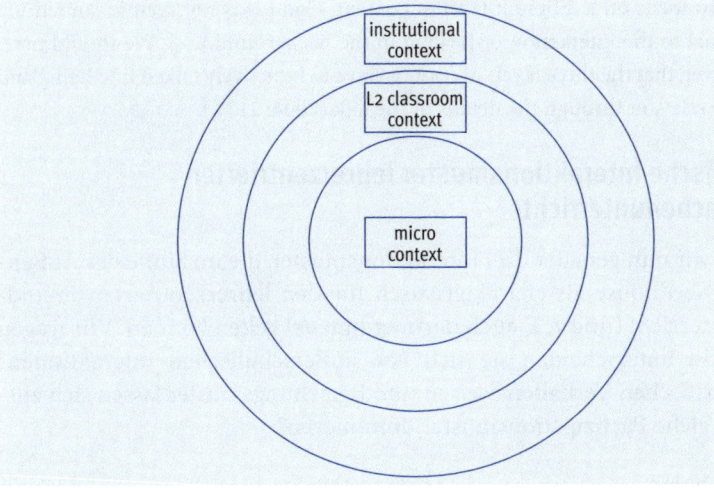

|Abb. 7.2

Der dreifache Kontext von Interaktion im Fremdsprachenunterricht nach Seedhouse

(1) Im Zentrum des Modells steht der *micro context*. Jede Interaktion ist zunächst einmal einzigartig. Sie gleicht keiner anderen, so dass Vielfalt und Unterschiedlichkeit und Singularität in den Blick kommen. „At this level of context we view the interaction as a singular occurrence, and the emphasis is on heterogeneity" (ebd.: 210).

(2) Auf dem nächsten Ring des Modells wird der erweiterte *L2 classroom context* des speziellen Einzelfalls fokussiert. Hier geht es darum zu sehen, „whether this instance may have something in common with other instances which are organized in a similar way" (ebd.). Jetzt wird also gefragt, ob sich in dem beobachteten Fremdsprachenunterricht strukturelle Wiederholungen finden lassen, ob es Habituelles, Wiederkehrendes darin gibt, das es erlaubt, Muster zu identifizieren.

(3) Im Außenkreis des Modells gilt die Frage dem *institutional context* der Interaktion. „At this level of context we view the interaction as an example of L2 classroom discourse, and the emphasis is on homogeneity" (ebd.: 211) Hier geht es nun um einen Vergleich von Mustern unterschiedlichen Fremdsprachenunterrichts und die Suche nach Strukturen, die über die einzelne Unterrichtsrealität hinaus allgemein für Interaktion im schulischen Fremdsprachenunterricht gelten können, die also fachkulturell spezifisch für den Fremdsprachenunterricht sind.

Wie Luhmann und Little so betont auch Seedhouse die Abhängigkeit der Interaktionskultur von der Deutung und aktiven Mitwirkung der Beteiligten an ihrer Herstellung:

> Every time participants produce L2 classroom interaction as defined here, they talk these three levels of context into being. All three levels are present and manifest at all times, and when one broadens or narrows one's perspective, one will

tend to focus on a different level of context. Context is not seen as something external to the interaction or lurking in the background […]. We should note, however, that the three levels of context have to be actively talked into being and made relevant through the details of the talk (2004: 213 f.).

7.6 | Einige typische Interaktionsmuster lehrerzentrierten Fremdsprachenunterrichts

Betrachten wir nun genauer drei Interaktionsmuster, die im Sinne des Außenkreises bei Seedhouse als charakteristisch für den lehrerzentrierten Fremdsprachenunterricht (und z. T. auch darüber hinaus) gelten können. Wir fragen dabei: Worin unterscheiden sie sich von außerschulischen Interaktionen? Welche spezifischen Verhaltensweisen und Beziehungsmuster lassen sich ausmachen? Welche Partizipationsmuster dominieren?

7.6.1 | Das IRE-Schema

beispielhafte
Interaktionssequenz

Teacher:	Where is the cup?
Yung:	On top of the box.
T:	Right, the cup is on top of the box.
	(T moves cup)
	Now, where is the cup?
Yung:	In the box.
T:	The cup is …?
Yung:	In the box.
T:	The cup is in …?
Yung:	The cup is in the box.
T:	Right, very good, the cup is in the box.

(Johnson 1995: 9 f.)

Diese beispielhafte Sequenz beginnt mit der Frage einer Lehrperson T. Yung antwortet auf die Frage, T signalisiert durch die Rückmeldung „right" Zustimmung und wiederholt noch im selben Satz Yungs Antwort, ergänzt sie aber zu einem ganzen Satz. Spätestens bei der zweiten Frage: „Now, where is the cup?" ist klar, dass T die Antwort wissen muss, dass es sich um eine sog. Lehrerfrage handelt, deren Antwort der Lehrperson schon bekannt ist, um die es also inhaltlich nicht geht. Yung antwortet aber nicht: „Well, can't you see?", sondern geht scheinbar ernsthaft auf die Frage ein. Beide Beteiligten ko-konstruieren hier eine Interaktionsform, die als fachtypisch gilt. Yungs inhaltlich zutreffende und außerschulisch auch formal völlig akzeptable Antwort auf die zweite Lehrerfrage „Now, where is the cup?" – nämlich: „in the box" – wird diesmal durch T nicht akzeptiert. Durch zweimalige Äußerung eines Satzbeginns im Sinne einer *pre-formulation* gibt die Lehrperson einen Hinweis auf die gewünschte Form des ganzen Satzes. Erst als Yung diese außerschulisch inakzeptable Form produziert, erfolgt das positive Lehrerfeedback.

Yungs Bemühen um die Äußerungserwartungen von T ist ebenfalls deutlich erkennbar: „Was war wohl falsch an: ‚In the box?'", mag Yung durch den Kopf gehen. „Was will T hören?" Yung deutet Ts Satzanfänge schließlich erfolgreich und produziert den ganzen Satz. Für diesen Vorgang ist der Begriff der Ostereiermethodik im Umlauf: Die Lehrer/innen verstecken die fertigen Antworten, die Schüler/innen müssen sie finden. Allan Ahlberg (1989: 18) hat ein Gedicht dazu gemacht:

Ostereiermethodik

| Text 7.1

The Answer
We're looking for the answer.
We're searching high and low.
We're doing what we can, Sir –
We really want to know.

We've ransacked desk and drawer, Sir,
Basket, bowl, and bin.
We've scrutinized the floor, Sir –
You couldn't hide a pin.

We've been out on the street, Sir;
We've been up on the roof.
And even when we cheat, Sir,
The question's answer-proof.

We've cudgelled all our brains, Sir,
And still we're in the dark.
Got nothing for our pains, Sir,
Except a question mark.

We've thought ourselves to death, Sir,
With 'What?' and 'Where?' and 'Who?'
We're beat and out of breath, Sir,
So what about a clue?

The teacher tapped his forehead.
At last! The children cried.
The answer, Sir, 's in *your* head …
What a perfect place to hide.

Das dem obigen Wortwechsel zwischen T(eacher) und Yung zugrunde liegende Interaktionsschema wird mit dem Kürzel IRE oder IRF bezeichnet und verläuft dreistufig:

► Initiation = impulsgebende Handlung durch die Lehrperson,
► Response = Reaktion, z. B. Antwort durch eine/n Schüler/in,
► Evaluation/Feedback = Auswertung, Bewertung des *response act* durch die Lehrperson.

Kontrolle über die Interaktion

Das Schema erlaubt es den Lehrenden, Kontrolle über die Interaktion (*interactional control*) im Unterricht auszuüben. Den Schülerinnen und Schülern bietet es eine unmittelbare Rückmeldung auf ihre Äußerung. Dieses Muster ist für manche Interaktionen mit kleinen Kindern charakteristisch, nicht aber für außerschulische Interaktionen unter Kindern und Heranwachsenden. Es ist typisch für die Institution und kann nur funktionieren, wenn alle Beteiligten – die Lehrer/innen und Schüler/innen – das Schema als institutionell und fachkulturell legitim akzeptieren und nicht in Frage stellen.

Ein wichtiges Moment des IRE-Schemas ist die Tatsache, dass es die Lehrer/innen sind, die die Fragen stellen, und nicht die Lernenden. Jane Sunderland (2001) kommentiert diesen Aspekt folgendermaßen:

> Epistemological asymmetry results [...] from a view of education as 'cultural transmission'. The IRF is often seen as encouraging students to respond, but only with an evaluatable answer. Stubbs sees this as representing classroom knowledge as 'essentially closed, not open-ended. All questions have correct answers' [...]. This paradigm 'works' since teachers typically already know the answers to their questions (and students presumably expect them to) – whereas a student who asked a question to which s/he knew the answer would be seen as showing off.

geschlossenes Paradigma

Lemke erklärt sich die Popularität des IRE-Interaktionsverfahrens mit den Kontrollmöglichkeiten, die es den Lehrenden gibt:

> [...] it gives the teacher many advantages. In this structure teachers get to initiate exchanges, set the topic, and control the direction in which the topic develops. They get to decide which students will answer which questions and to say which answers are correct [...] they can even decide which answers will count as the legitimate answer (zit. in ebd.: 7).

7.6.2 | Sprachformbezug vs. Mitteilungsbezug

Die Dominanz des Sprachformbezugs ist ein weiteres Charakteristikum des Fremdsprachenunterrichts. Die folgende Sequenz basiert auf dem IRF-Muster und bewegt sich auf zwei unterschiedlichen Ebenen: der kommunikativ-thematischen und der linguistisch-formbezogenen.

Teacher: Why did Mr Smith choose this car? Which form of the adjective should we use? Why did he choose this car?
Anna: It cheap.
Teacher: Can you make a sentence ...? Do we use the comparative or superlative? What do you think? Why did he buy this car?
Anna: That car, car cheap. He no have much money, so that car cheap, he buy.
Teacher: Right, but, remember we studied the comparative and superlative of adjectives ... OK, we said to make them we use "er" and "est", remember?

Anna: Yeah.

Teacher: So, which is it, the comparative or superlative?

Anna: Comparative?

Teacher: Comparative?

Anna: Superlative?

Teacher: Right, the superlative, cheapest, it's the cheapest one.

(Johnson 1995: 10 f.)

Die Initialäußerung der Lehrperson umfasst drei Fragen. In der Mitte steht eine Grammatikfrage, die von einer zweimal geäußerten inhaltlichen Frage gerahmt wird. Die Schülerin Anna bezieht sich in ihrer Antwort ausschließlich auf die Inhaltsfrage und bleibt auch nach dem korrektiven Feedback in der *Follow-up*-Frage auf der Inhaltsebene, denn sie erklärt ihre inhaltlich sinnvolle erste Antwort überzeugend in Form einer Expansion. Die Lehrperson gibt zwar ein kurzes positives Feedback („right"), insistiert dann aber ganz und gar auf der grammatischen Form und benutzt dabei eine Terminologie, die Anna möglicherweise nicht beherrscht, jedenfalls nicht in ihre Äußerung integriert. Die Sequenz endet damit, dass die Lehrperson sich ihre Ausgangsfrage selbst in der Form beantwortet, auf die es ihr ankam. Die Interagierenden haben sich auf unterschiedlichen Ebenen bewegt, die die Lehrperson mit ihrer ersten Frage selbst angelegt hatte.

(Marginalie: Inhalts- vs. Formebene)

Wie lässt sich mit der Doppelrolle der Sprache als Medium und Gegenstand des kommunikativen Fremdsprachenunterrichts umgehen? Hier ein weiterer Unterrichtsauszug:

T: Vin, have you ever been to the movies? What's your favorite movie?

Vin: *Big.*

T: *Big.* Ok, that's a good movie, that was about a little boy inside a big man, wasn't it?

Vin: Yeah, boy get surprise all the time.

T: Yes, he was surprised, wasn't he? Usually little boys don't do things that men do, do they?

Vin: No, little boy no drink.

T: That's right, little boys don't drink.

Wang: *Kung Fu.*

T: *Kung Fu?* You like the movie *Kung Fu?*

Wang: Yeah… fight.

T: That was about a great fighter? … A man who knows how to fight with his hands.

Wang: I fight … my hand.

T: You know how to fight with your hands?

Wang: I fight with my hand.

T: Do you know karate?

Wang: I know karate.

T: Watch out, guys. Wang knows karate.

Keiko: A scary movie… nightmare, yeah.

T: Scary movies? *Nightmare on Elm St.*? You like that one? You guys like
         scary movies?

(Johnson 1995: 23 f.)

Auch hier liegt das IRE-Muster vor und die Lehrerzentrierung ist unübersehbar: Jeder zweite *turn* gehört der Lehrperson T, das Rederecht liegt bei T
und wird von T zugeteilt. Aber der Charakter der Steuerung hat eine andere
Qualität, denn offensichtlich ist T nicht nur an der Korrektheit der grammatischen Form interessiert, sondern auch an den Äußerungen der Lernenden,
daran sie zu verstehen und verständlich zu machen. Die Fragen der Lehrper-

offene Fragen

son sind offen, die Antworten sind nicht bereits bekannt. Aus der Lerngruppe
kommen zwei von T nicht initiierte Äußerungen – die von Wang und Keiko.
Insgesamt übernimmt T in dieser Interaktionssequenz weniger eine Kont-

Caretaker-Funktion

roll- als eine *Caretaker*-Funktion und vergewissert sich durch *comprehension
checks* und Umformulierungen immer wieder des richtigen Verständnisses.
Trotz der begrenzten sprachlichen Möglichkeiten der Lernenden verhilft T
ihnen zu einem themenbezogenen Gedankenaustausch und versucht, sie aufeinander zu beziehen. Die sprachliche Form steht nicht allein im Vordergrund.

Paul Seedhouse (2004: 60) charakterisiert diesen Unterrichtsauszug als
„a very complex, fluid, and dynamic piece of interaction indeed" und stellt
in Hinblick auf Rederechte, thematische Kontrolle, Korrekturverhalten u.a.
fest: „If we analyse turn taking, sequence organization, repair and topic at
the same time, we can see that the learner […] is able to develop a subtopic
and is allowed interactional space." (ebd.) Seedhouse kommt am Ende seiner
ausführlichen Analyse (ebd.: 60 ff.) zu dem Schluss, dass T fünf verschiedene
Aufgaben erfüllt:

(1) Sie ermöglicht den Schüler/innen eigene Vorstellungen zu äußern und zu
    dem von ihr eingebrachten Hauptthema eigene Subthemen einzubringen.
(2) Sie greift diese Subthemen auf und integriert sie in die Erörterung.
(3) Sie reagiert auf sprachliche Fehler („boy get surprise") mit einer periphe-
    ren, „embedded repair" (ebd.: 63), die aber auf eine inhaltliche Reaktion
    erst folgt.
(4) Sie greift eine Schüleräußerung auf und erläutert sie bzw. ihren Kontext der
    ganzen Klasse, „so that the other learners are able to follow the propositio-
    nal content of the interaction and are also able to receive correctly formed
    linguistic input" (ebd.), d.h. sie sorgt für Einbindung der anderen in die
    Interaktion.
(5) Sie behält Mitteilungs- und Formbezug im Blick, indem sie z.B. fragmen-
    tarische Schüleräußerungen ergänzt und ausdifferenziert und damit den
    Lernenden formal korrekten Input gibt, deren Spielraum für eigene Äuße-
    rungen aber nicht beschneidet.

Evaluation/Feedback |7.6.3

Ob eine Interaktion im Unterricht oder in der außerschulischen Welt stattgefunden hat, zeigt sich schließlich besonders deutlich am Feedback, das in keiner der hier aufgeführten Sequenzen fehlt. Das folgende fiktive Beispiel aus einem bilingualen Geschichtsunterricht zum Thema ‚20. Juli‘ veranschaulicht die Bedeutung des Feedbacks für die Unterscheidung zwischen schulischer und außerschulischer Interaktion:

> Schü.: And some of them were executed that same day.
> L.: Excellent.

Außerhalb der Schule wäre diese Rückmeldung bedenklich, in der Schule erregt sie kein Aufsehen. Aufsehen erregen würde dagegen eine Umkehrung der Äußerungen der Interagierenden, also das positive Feedback eines Schülers zu einer korrekten Lehreraussage.

Für den Fremdsprachenunterricht werden Lehrerrückmeldungen vor allem auf der Ebene der Fehlerkorrektur diskutiert (z. B. Timm 2009) und Überlegungen angestellt, wie der Anspruch des kommunikativen Primats mit der Aufgabe der sprachlich-fachlichen Rückmeldung verbunden werden kann. Dabei besteht ein Konsens darüber, dass sich dieser Primat auch in der Rückmeldung spiegeln sollte, ähnlich wie T das in der Interaktion mit Yung u. a. tut:

Fehlerkorrektur

> Die Lehrperson muss hier also zunächst einmal als Gesprächspartnerin reagieren, indem sie die Schüleräußerung inhaltlich kommentiert (*I see. Really? Well, this must have been difficult.*) und/oder weiterführt (*Oh, he lives in Pforzheim. Well, that's not so far away.*) oder gegebenenfalls ihr Unverständnis artikuliert (*I don't understand what you want to say.*) Die Fehlerkorrektur tritt hier also zunächst einmal in den Hintergrund. (Timm 2009: 204)

Die Rezeption solcher Rückmeldungen lässt sich nicht kontextunabhängig ermessen. Fühlen sich die Schüler/innen wirklich ernst genommen bei solchen Fragen? Wie interpretieren sie Rückmeldungen und den Grad des inhaltlichen Interesses ihres Lehrers? Welche Rolle spielt dabei ihre Beziehung zu sich selbst, zu den anderen in der Lerngruppe, zur Institution, dem Fach, der eigenen Position in der Klasse, dem Ansehen der Lehrperson, dem Klassenklima usw.

In einer fremden Sprache zu interagieren setzt Lernende dem Risiko aus, sich und andere zu blamieren und Konventionen zu verletzen. Claire J. Kramsch bezeichnet „the loss of face when using the language incorrectly or inappropriately" als „one of the major concerns of language learners" (1985: 174). In ihren vertrauten Sprachen und Kontexten wissen Menschen, „how to save both their own and their interlocutors' positive and negative face" (ebd.), also wie sie einerseits ihr Bedürfnis nach Wertschätzung durch andere und andererseits ihre Grenzen den anderen gegenüber aufrechterhalten können. In einer unvertrauten Sprache mit unvertrauten Abmachungen wird das Interaktionsrisiko im Klassenraum spürbar (und massiv gesteigert dann im ‚Ernstfall').

the presence of others

Der Faktor der „co-presence" (Allwright 2000a: 10), nämlich „that classroom language learning and teaching have to take place in the presence of others", ist erst seit der Kommunikativen Wende als wichtiger Faktor des Sprachenlernens in das fremdsprachendidaktische Bewusstsein gerückt. Mike Breen (1985: 142) bezeichnete entsprechend nach dieser Wende den Fremdsprachenunterricht als „an arena of subjective and intersubjective realities which are worked out, changed, and maintained. *And these realities are not trivial background to the tasks of teaching and learning a language.*" Und ein Forschungsüberblick über Studien zum Verhältnis von Interaktion und Geschlecht kommt ebenfalls zu dem Schluss, dass es unmöglich ist, „to isolate language learning from the entanglements of our position in the classroom and elsewhere" (Decke-Cornill 2007b: 86).

7.7 | Visionen eines interaktiven fremdsprachlichen Klassenzimmers

Das Thema Interaktion im Fremdsprachenunterricht ist von besonderer Komplexität, muss es ja einerseits Kommunikationen und Diskurse in der fremdsprachlichen Welt außerhalb der Schule im Blick haben und andererseits auch die zwischen den Akteur/innen des gegenwärtigen Unterrichtsgeschehens. Kann die Differenz zwischen beiden aufgehoben werden? Ist es möglich, im Fremdsprachenunterricht nach den Maßstäben außerschulischer fremdsprachlicher Kommunikation zu interagieren? Die obigen Interaktionsbeispiele zeigen, dass es schwierig ist, im Fremdsprachenunterricht eine ‚echte' Interaktion in diesem Verständnis zu realisieren. In der Welt des Fremdsprachenunterrichts herrschen andere interaktionale Gepflogenheiten als in der außerschulischen Welt. Muss diese Differenz also beseitigt werden oder ist sie unter Umständen chancenreich? Überzeugende Plädoyers in diese letzte Richtung stammen z. B. von Paul Seedhouse und Michael Legutke.

institutionelle Authentizität

Für Seedhouse (1996, 2004) ist in einer Institution wie der Schule Interaktion dann echt, wenn sie dem Institutionellen Rechnung trägt. Nicht-institutionelle, außerschulisch authentische Interaktion wäre demnach für den Unterricht nicht authentisch.

> It is suggested that a preferable, sociolinguistic approach to communication in the ELT classroom would be to see it as an institutional variety of discourse produced by a speech community or communities convened for the institutional purpose of learning English, working within particular speech exchange systems suited to that purpose. The discourse displays certain distinctive and characteristic features which are related to the institutional purpose.

> In other words, it would be more fruitful for ELT classroom research to concentrate on understanding the possibilities inherent in our variety of institutional discourse, rather than on aiming at impossibilities. (1996: 22)

Der Kontext Unterricht darf auch in einem kommunikativen Unterricht nicht „as something external to the interaction or lurking in the background" (Seedhouse 2004: 213 f.) betrachtet werden. Es ist gerade dieser Kontext, der den Interaktionen Authentizität verleiht. In diesem Sinne schreibt Breen: „Perhaps one of the main authentic activities within a language classroom is communication about how best to learn to communicate. Perhaps the most authentic language learning tasks are those which require the learner to undertake communication *and* metacommunication." (Zit. in Kramsch 1993: 182) Sprachenlerner/innen interagieren demnach authentisch, wenn sie „als sie selbst", nämlich als je individuelle Sprachenlerner/innen in ihrer Unterschiedlichkeit gemeinschaftlich im Kontext Unterricht miteinander handeln. (Vgl. Decke-Cornill 2004)

Kommunikation und Metakommunikation

Michael Legutke entwirft seit der Kommunikativen Wende Perspektiven, die die Besonderheit des Fremdsprachenunterrichts als *Lernort* im Blick behält. In *Lebendiger Englischunterricht* (1988), einem frühen Beitrag zur Debatte, listet er gravierende Defizite des herkömmlichen Fremdsprachenunterrichts auf: Verlust des Körpers, Verlust der erfüllten Gegenwart, Verlust der Produktivität, Mangel an Selbstbestimmung, Mangel an Kommunikation, lernfeindliche Umwelt. Wiederholt hat er Vorschläge gemacht, die dem schulischen Hier und Jetzt des Fremdsprachenunterrichts wie seiner Zukunftgerichtetheit auf spätere, außerschulische Interaktionen ebenso gerecht werden wie der Individualität und der Kollektivität des Sprachenlernens und die auf eine Veränderung lehrerzentrierter Interaktionskonstellationen hinauslaufen. Folgt man dem Lernpsychologen Klaus Holzkamp, „[s]o ist die kommunikative Lernmodalität […] als reziproke Beziehung, also als permanenter, an der Überwindung der Lernprobleme orientierter Dialog zu installieren." (1995: 511) Eben dieser Vision folgt auch Legutke mit seiner Skizze eines „Handlungsraums Klassenzimmer" (1998) bzw. einer „Lernwelt Klassenzimmer" (2009). Er entwirft darin folgendes Ideal des Fremdsprachenunterrichts (vgl. Legutke 1998):

Lernort Fremdsprachenunterricht

(1) Er soll kommunikative Ernstfälle bieten, also solche, die „nicht auf die Zeit nach oder den Raum außerhalb der Schule verschoben" werden. In ihnen „begegnen die Lernenden sprachlichen Phänomenen nicht in didaktisch reduzierter, nach Maßgaben von Sequenzialisierungsentscheidungen zubereiteter Gestalt, sondern vielmehr eingebettet in die Komplexität authentischer Texte und Situationen" (Legutke 1998: 103), wie dies z. B. in Email-Projekten geschehen kann.

kommunikative Ernstfälle

(2) Er ist aufgabenorientiert, d. h. er bietet „markante Zielaufgaben als Konvergenzpunkte" (ebd.: 104).

Aufgabenorientierung

Lernertexte

(3) In ihm sind nicht nur Lehrtexte, sondern auch Lernertexte von großer Wichtigkeit. Die Lernenden beteiligen sich nicht nur rezeptiv, sondern aktiv an der Gestaltung ihrer Lernumgebung, und ihre sprachlichen Produkte sind Gegenstand gemeinschaftlicher Auseinandersetzung.

Ressourcen

(4) In ihm nutzen die Schüler/innen selbstständig eine Vielfalt von Ressourcen – vom Lehrbuch und Wörterbuch bis zum Internet und englischsprachigen Begegnungsmöglichkeiten vor Ort – und bringen sie in den Unterricht ein.

Partizipation

(5) Die Evaluation und Rückmeldung erfolgt partizipatorisch, d. h. alle Arbeitsprozesse werden von regelmäßigen Bestandsaufnahmen und Zwischenbilanzen begleitet, führen zu Phasen intensiven Übens, aber auch zur Planung eigener sprachlicher Vorhaben.

Kooperation

(6) Die Klasse arbeitet kooperativ und arbeitsteilig, wobei die Lernenden immer wieder zu Lehrenden werden.

Legutke (2009: 110) unterscheidet für dieses Klassenzimmer drei einander bedingende Kompetenzbereiche: personale und interpersonale Teilkompetenzen, Prozesskompetenz und Sachkompetenz.

Abb. 7.3

Handlungsraum Klassenzimmer – Kompetenz- und Wissensbereiche

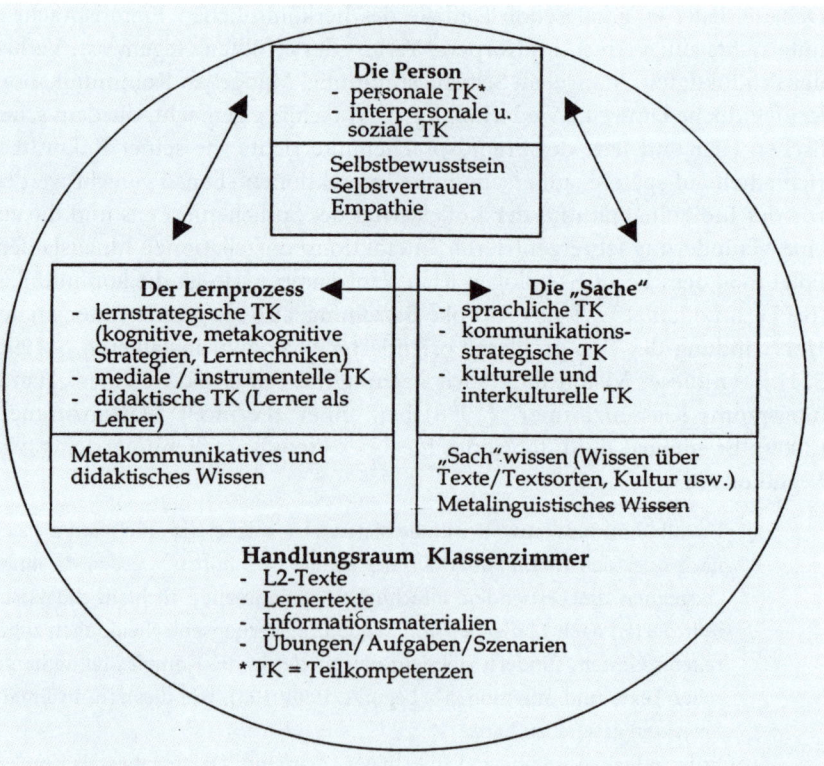

In solchen Visionen scheinen Möglichkeiten von *classroom interaction* auf, die weit über die oben genannten typischen Formen hinausgehen. Das Dogma der Einsprachigkeit würde relativiert. Alle sprachlichen Ressourcen der mehrsprachigen Lerngruppe könnten für das Fremdsprachenlernen genutzt werden. Krashens Ideal eines ganz auf fremdsprachlichen Input beschränkten Vorgehens wäre nicht aufrechtzuerhalten, aber seine Forderung nach einer angstfreien Lernumgebung käme der Erfüllung näher. Das Lehrlernen würde durch kooperative Arbeitsformen mit Schüler-Schüler-Interaktionen ergänzt oder gar ersetzt, weil darauf vertraut wird, dass Sprachenlernen ein Problemlösungsprozess ist, der von der Interaktion mit anderen Lernenden gewinnt und in einer reichen Lernumgebung mit anspruchsvollen Texten, Medien und Aufgaben durch die Sprachlernenden zunehmend selbst betrieben werden kann. Das fremdsprachliche Klassenzimmer gewönne zunehmend den Charakter einer Lernwerkstatt.

Dabei müssen Schüler/innen (und Lehrer/innen) einiges (ver-)lernen, denn sie bedürfen neuer interaktionaler Kompetenzen, wenn die Bedingungen für erfolgreiches kooperatives Lernen zur Geltung kommen sollen, die Johnson, Johnson und Holubec (1993) genannt haben: wechselseitige positive Abhängigkeit der Gruppenmitglieder (*positive interdependence*), individuelle Verantwortung der einzelnen für das Gruppenergebnis (*accountability*), direkte Interaktion mit dem Gegenüber (*face-to-face-interaction*), soziale Fähigkeiten (*social skills*) sowie Reflexion der Gruppenprozesse (*group processing*) (vgl. Bonnet/Decke-Cornill/Hericks 2010).

> *Bedingungen kooperativen Lernens*

> *Zusammenfassung*

Die Formen des sprachlichen und handelnden Austauschs von Akteur/innen im Fremdsprachenunterricht unterscheiden sich erheblich von denen in der außerschulischen Welt. Seit der Kommunikativen Wende mit ihrer Orientierung an einem allerdings wenig klaren Konzept von Echtheit und Authentizität der Kommunikation stellt diese Differenz ein Problem dar. Nach einer Klärung des Verständnisses von Interaktion nahm diese Einheit die Institution Schule in den Blick und in einem weiteren Schritt den Fremdsprachenunterricht. Es zeigte sich, dass die einzelne, konkrete Interaktion in diesem Kontext zwar singulär ist, aber auch immer vor dem Hintergrund bestimmter Auffassungen von Fremdsprachenunterricht und der Institution Schule zu verstehen ist. Einige Beispiele illustrierten repräsentative Interaktionsmuster, denen – allerdings in unterschiedlichem Grad – die Lehrerzentriertheit gemeinsam war. Ob eine Simulation außerschulischer „genuine interaction" eine sinnvolle Alternative darstellt, wurde problematisiert. Vielversprechend erschien z. B. die Perspektive der Transformation des fremdsprachlichen Klassenzimmers in einen kooperativen Arbeits- und Handlungsraum mit flexiblen, der Sprache, der Aufgabe des Sprachenlernens und der Heterogenität der Mitwirkenden angemessenen Interaktionsformen und der Möglichkeit, diese laufend zu reflektieren und neu auszuhandeln.

Aufgaben

1 Analysieren Sie die folgende Sequenz und entwickeln Sie einen alternativen Verlauf nach dem zweiten Turn („they cooking food").

> T: after they have put up their tent, what did the boys do?
> L: they cooking food.
> T: no, not they cooking food, pay attention.
> L: they cook their meal.
> T: right, they cook their meal over an open fire.
> (Tsui 1995, in Seedhouse 2004: 58 f.)

2 Analysieren Sie die Interaktionen in den beiden folgenden Auszügen je einzeln sowie im Vergleich und beschreiben Sie dabei die Rollen der Beteiligten.

> A
> X: Jeanne, où est le livre?
> Y: Sous la table.
> X: Le livre est …
> Y: Le livre est sous la table.

> B
> X: Où est le livre?
> Y: Sous la table.
> X: Ah, je vois.

3 Lesen Sie den Projektvorschlag „Airport" (z. B. in Legutke 2009: 104 ff., s. ggf. die Zusammenfassung in Einheit 11.2), skizzieren Sie ein vergleichbares Projekt für den Englisch-, Französisch- oder Spanischunterricht und benennen Sie die Interaktionsmöglichkeiten, die sich aus Ihrem Projekt ergeben.

Weiterführende Literatur

Bausch, Karl-Richard/Christ, Herbert/Königs, Frank G./Krumm, Hans-Jürgen (Hrsg.) (2000): *Interaktion im Kontext des Lehrens und Lernens fremder Sprachen*. Tübingen: Narr.

Vollmer, Helmut J./Henrici, Gert/Finkbeiner, Claudia/Grotjahn, Rüdiger/Schmid-Schönbein, Gisela/Zydatiß, Wolfgang (2001): Lernen und Lehren von Fremdsprachen: Kognition, Affektion, Interaktion. Ein Forschungsüberblick. In: *Zeitschrift für Fremdsprachenforschung* 12, H. 2, 1–145.

Themenheft „Kooperatives Lernen". *Der fremdsprachliche Unterricht Englisch* (43) 99 (2009).

Zwei Initiativen zur Jahrtausendwende: Fremdsprachenunterricht in der Grundschule und Bilingualer Unterricht

Im Kontext von Migration, Europäischer Vereinigung und Internationalisierung von Wirtschaft, Arbeitsmarkt, Kultur und Medien wird seit Beginn der 1990er Jahre eine Reihe von Initiativen ins Leben gerufen. Dazu zählen zwei Innovationen des Fremdsprachenunterrichts, die versprechen, diesen nachhaltig zu verändern: zum einen die Verlagerung des fremdsprachlichen Anfangsunterrichts auf die Primarstufe, zum anderen die Einführung des Sachfachunterrichts in einer Fremdsprache.

Fremdsprachenunterricht in der Grundschule

| 8.1

Vorverlegung des Fremdsprachenunterrichts

Die Initiative mit der bislang größten Breitenwirkung ist die Vorverlegung des Fremdsprachenunterrichts von der Klassenstufe 5 auf die Klassenstufe 3. Inzwischen ist diese etabliert und bereits überall die Institutionalisierung des Fremdsprachenunterrichts ab Klasse 1 im Gang.

Vorläufer

| 8.1.1

Die Forderung, dass Kinder bereits vor dem Übergang in die höhere Schule bzw. Schulstufe Fremdsprachen begegnen sollen, ist nicht völlig neu. Versuche der Vorverlegung, auch nachhaltige, gab es schon vor der breiten Institutionalisierung im Verlauf der 1990er Jahre, sie blieben aber von begrenzter Reichweite.

Waldorfschulen

| 8.1.1.1

Dauerhaft, aber in der Reichweite begrenzt, war der Frühbeginn an den 1919 gegründeten Waldorfschulen. Von Schulbeginn an lernen die Schüler/innen an Waldorfschulen in mehreren Wochenstunden zwei lebende Fremdsprachen (Jaffke 1994: 6), in der Regel Englisch und Französisch. Das Hineinwachsen in andere Sprachwelten und die Verständigung zwischen den Völkern sind ausschlaggebende Ziele. Als die während der nationalsozialistischen Zeit verbotenen Waldorfschulen 1945 ihre Arbeit wieder aufnehmen, wird auch Russisch Teil des Sprachenangebots, nicht nur im Sinne der Völkerverständigung, sondern auch, weil das Russische als „junge Sprache" über einen besonders großen Formen- und Phonemreichtum verfüge (vgl. Jaffke 1998: 28 f.).

Beim Lernen von Fremdsprachen orientiert man sich am Erwerb der Erstsprache. Ein Kleinkind, so der Standpunkt der Waldorfpädagogik, erlernt seine erste Sprache spielerisch und nachahmend, und so soll auch bei der Fremdsprache verfahren werden. Charakteristisch für den Unterricht ist die Eurhythmie, eine waldorftypische lernbegleitende Bewegungsform. Das mit Körperbewegungen verbundene Sprechen komme nicht nur dem Bewegungsdrang der Kinder entgegen, sondern unterstütze auch das Gedächtnis. Sprechen und Handeln sollen auf lebendige Weise miteinander verknüpft sein. Das Lehrbuch ist deshalb kein Leitmedium in der Waldorfpädagogik. Auch das isolierte Wörter- und Strukturenlernen lehnt diese ab und lässt Schrift und Grammatikunterricht erst etwa ab Klasse 4 hinzutreten.

spielerisch und nachahmend

Eurhythmie

8.1.1.2 | *Regelschulen*

Auch im Regelschulwesen gab es schon in der Weimarer Zeit und dann erneut in den 1950er Jahren vereinzelt Versuche, frühes Fremdsprachenlernen einzuführen, ohne dass sie jedoch nachhaltig gewesen wären. Nachhaltig war unter ihnen allerdings der sog. Erweiterte Russischunterricht ab Klasse 3 in der DDR, der 1952 eingerichtet wurde und bis 1990 verankert blieb. In den 1960/70er Jahren erst kam es zu einer größeren Anstrengung in der Bundesrepublik. Ausgangspunkt war in dieser Zeit der Bildungsreform bzw. -offensive nach dem Sputnik-Schock, in der sich das bildungspolitische Interesse auf brachliegende ‚Bildungsreserven‘ richtete (s. Einheit 4.4.3), die Annahme, dass Grundschulkinder entwicklungs- und lernpsychologisch die besseren Sprachlerner/innen seien und früheres Fremdsprachenlernen besonders effektiv sei. In einigen Bundesländern, allen voran Hessen, aber auch z. B. in Niedersachsen und Nordrhein-Westfalen, wurden Pilotprojekte durchgeführt. Die Schulversuche waren lokal begrenzt und wurden wissenschaftlich begleitet. Der Fremdsprachenunterricht begann in Klasse 3, weil man annahm, dass zu diesem Zeitpunkt der Schriftspracherwerb Deutsch bei den Kindern im Wesentlichen vollzogen sei. Ziel der Begleituntersuchungen war es, die Überlegenheit frühen Fremdsprachenlernens nachzuweisen, d. h. zu prüfen, ob die Sprachkompetenz der früher Beginnenden den regelhaft Beginnenden überlegen sei. In den Schulversuchen in Niedersachsen (Doyé, Lüttke 1977) wurden die Fremdsprachenkenntnisse der Pilotgruppen und der Vergleichsgruppen bis zum Ende der 7. Klasse ausgewertet und unabhängig von den Schulformen die Überlegenheit der Frühbeginnenden festgestellt. Obwohl also die jahrelange Begleitforschung vor allem dort und in Hessen (Gompf 1975) positive Auswirkungen des Frühbeginns ergab, wurden mit der Ausnahme von Hessen und Berlin nur wenige Versuche dauerhaft fortgeführt. Über die Gründe dafür gibt es unterschiedliche Auffassungen. Ein Problem wird in der unabgestimmten Weiterführung in der Sekundarstufe gesehen; ein weiteres in dem ungeklärten Verhältnis von Fremdsprachenunterricht und Grundschul-

erweiterter Russischunterricht ab Klasse 3

Grundschulkinder als die besseren Sprachlerner/innen?

Begleit-untersuchungen

Schulversuche

Überlegenheit der Frühbeginnenden

gemäßheit; ein anderes im Mangel an Unterrichtsmaterialien; ein viertes in der ungeklärten Frage der Finanzierung der Lehrerbildung. Insgesamt scheint der bildungspolitische Wille, den Fremdsprachen mehr Raum zu geben und Lehrer/innen für den fremdsprachlichen Unterricht auf der Primarstufe zu professionalisieren, hier also zu investieren, zum damaligen Zeitpunkt nicht stark genug gewesen zu sein.

Institutionalisierung seit Beginn der 1990er Jahre – Der Streit um die Modelle |8.1.2

Eine neue, tragfähigere Ausgangslage ergab sich Ende der 1980er/Anfang der 1990er Jahre. Die drei dafür relevanten Veränderungen wurden eingangs genannt: die Arbeitsmigration seit den 1960er Jahren, die Intensivierung der europäischen Kooperationen durch die Gründung der Europäischen Union 1993 und die Internationalisierung (‚Globalisierung‘) zahlreicher Lebensbereiche. In solchen gesellschaftlichen Transformationsprozessen kommt der Frage nach der Kommunikation eine zentrale Rolle zu. Die Forderung nach mehr Sprache wurde laut und richtete sich auch an die mit einem gewissen Recht als ‚einzige Gesamtschule‘ bezeichnete Grundschule. Während die Forderung in der bildungspolitischen Debatte wie im Wissenschaftsbetrieb auf grundsätzliche Zustimmung traf, entstanden bei der Frage um die Gestaltung des Frühbeginns heftige Kontroversen. Die Vorschläge nahmen zwar alle Kindgemäßheit (vgl. zur Offenheit, Bedingtheit und Komplexität des Begriffs Brügelmann 2001; Kubanek-German 2001) für sich in Anspruch, reagierten aber jeweils auf eine andere der drei oben erwähnten gesellschaftlichen Entwicklungen und setzten damit je eigene Akzente.

Im Mittelpunkt der Kontroverse standen drei Modelle, die aufgrund je unterschiedlicher Situationen dort, wo sie entstanden, jeweils sinnvoll erschienen.

► Im bevölkerungs- und großstadtreichsten Nordrhein-Westfalen, in dem Arbeitsmigration aus Süd- und Osteuropa eine lange Tradition hat, spielte der Aspekt der Zuwanderung eine zentrale Rolle für die Entwicklung eines Modells, das als ‚Begegnung mit Sprachen‘ bezeichnet wurde. Es rückte die ‚nahen Fremden‘ im Klassenzimmer und in der Schule, in der unmittelbaren Lebenswelt und in der Region in den Mittelpunkt der Überlegungen. Ziel des Konzepts war es, die Sprachen und Kulturen aus dem „‚Nahbereich‘ der kindlichen Erfahrungswelt" (Baur/Chlosta 1999: 30) auch in den Wahrnehmungs- und Reflexionshorizont des Unterrichts zu rücken, *language and cultural awareness* anzuregen, Interesse und Freude an Sprachenvielfalt zu wecken und Ethnozentrismus zu relativieren. Die im meist urbanen Milieu gängige Heterogenität der sprachlich-kulturellen Voraussetzungen bei den Lernenden sollte vom Problem zur Ressource werden, etwa beim Austausch über Hintergrund und Bezeichnungen von Feiertagen, beim Kennenlernen, Singen und Vergleichen von Liedern – z. B. Gute-Nacht-Liedern – in den verschiedenen Sprachen der Schüler/innen, beim Kennenlernen der

Marginalien:

Ende der 1980er/ Anfang der 1990er Jahre

gesellschaftliche Transformationsprozesse

Zuwanderung Begegnung mit Sprachen

vom Problem zur Ressource

Märchen der je anderen in deutscher Übersetzung, aber auch im Original (z. B. von Eltern gelesen) usw.

Europäisierung

▶ In Baden-Württemberg war dagegen der Gedanke der Europäisierung tragend. Mit Blick auf die Chancen, die aus der unmittelbaren Nähe zu Frankreich erwuchsen, wurde hier das reziproke Konzept ‚Lerne die Sprache des Nachbarn‘ entwickelt und realisiert. Ziel war die Verständigung in konkreten, gemeinschaftlich handelnden Begegnungen mit den Abkömmlingen des ehemaligen Erbfeinds Frankreich. Seit dem Schuljahr 1984/85 treffen sich Grundschulklassen diesseits und jenseits der deutsch-französischen Grenze mehrmals jährlich im Rahmen von sorgfältig vor- und nachbereiteten gemeinsamen Projekten, Festen und Unternehmungen und lernen für die und bei den Begegnungen die jeweilige Sprache der anderen. Eine Pilotstudie von 1986 bis 1989 verfolgte zunächst die Anfänge (Pelz 1989). Von 1994 bis 1998 wurde das Programm erneut Gegenstand eines Forschungsprojekts, das von Manfred Pelz (1999) dokumentiert wurde.

‚Lerne die Sprache des Nachbarn‘

▶ Während in Nordrhein-Westfalen die Zuwanderung und in Baden-Württemberg die europäische Nachbarschaft als Impulse für die Entwicklung von Modellen des Frühbeginns wirkten, war in der Hansestadt Hamburg der Gedanke der globalisierten Welt ausschlaggebend und führte zur flächendeckenden Einführung von Englisch ab Klasse 3. Damit war das Hamburger Modell im Vergleich zu den beiden anderen Ansätzen am schnellsten anschlussfähig an traditionelle Strukturen in Schule und Lehrerbildung. Es schrieb den seit den 1960er Jahren beschrittenen Kurs des Englischunterrichts für alle in die Grundschule hinein fort.

globalisierte Welt

Hamburger Modell

Die unterschiedlichen Akzentuierungen lassen sich vereinfacht wie folgt kategorisieren:

Tab. 8.1

Modelle des Frühbeginns

Lehrgangsmodell Hamburg	Begegnungsmodell Nordrhein-Westfalen	Begegnungsmodell Baden-Württemberg
sprachliche Ziele	allgemeinpädagogische Ziele	sprachliche und allgemeinpädagogische Ziele
eine Sprache: Englisch	Mehrsprachigkeit: lokal vorhandene Sprachen	Nationalsprache jenseits der Grenze
Weltsprachen-orientierung	Fokus Nachbarschaftssprachen einschl. der Sprachen der Migration	bi-nationale Orientierung am Nachbarland
eigener Lernbereich	Integration in Lernbereiche	Integration in Begegnungsprojekte
lehrgangsorientierter Unterrichtsaufbau	Schaffen von geeigneten Gelegenheiten, offener, situationsbezogener Aufbau	Fokus auf Direktbegegnung in Vorbereitung, Durchführung und Auswertung
Spracherwerb	Sprachbewusstsein, Interesse und Freude an Heterogenität, Integration	Spracherwerb, lebendige Begegnung, friedliches Zusammenleben in Europa

Während das baden-württembergische Modell auch in anderen Grenzregionen adaptiert wurde, entbrannte zwischen einigen Befürworter/innen des nordrhein-westfälischen und des Hamburger Ansatzes unter bundesweiter Beteiligung in Schule, Hochschule und Schulverwaltung ein heftiger Streit. In der konfrontativen Debatte ging unter, dass beide Ansätze keineswegs Alternativen darstellen müssen, sondern gewichtige Gründe für *beide* sprechen. Es ist bedauerlich, dass sie als Entweder-Oder gehandelt wurden und in den Anfängen die Gelegenheit verschenkt wurde, ein umfassendes Konzept sprachlicher Bildung für die sprachlich komplexer gewordene gesellschaftliche Realität in einem Zuwanderungsland in Europa in einer vernetzen Welt zu entwickeln. Auch wenn hier und da, etwa in Rheinland-Pfalz, versucht wird, „Integrierte Fremdsprachenarbeit in der Grundschule" (Rück 2008) zu leisten, gilt insgesamt, dass es „mit ‚Begegnen' und ‚Lernen' einen klaren Zielkonflikt" (Sauer 2004: 17) gibt.

gewichtige Gründe für *beide*

‚Begegnen' und ‚Lernen' als Zielkonflikt

Blickt man heute auf die immer noch vielfältige Landschaft des Grundschulunterrichts, so ist festzustellen, dass der Hamburger Weg sich vielerorts durchgesetzt hat. Das seit dem Schuljahr 2004/05 in allen 16 Bundesländern implementierte frühe Fremdsprachenlernen enthält in praktisch allen Ländern einsprachige Modelle und die Option oder Verpflichtung zu Englisch. Selbst dort, wo systematisch Entscheidungsspielraum gegeben ist, setzt sich Englisch mehrheitlich durch. Die Entwicklung in Nordrhein-Westfalen ist symptomatisch. Dort stehen Begegnungskonzept und Englisch ab der ersten Klasse als Optionen nebeneinander, was schon deshalb einem Todesurteil für das erste gleichkommt, weil viele Lehrkräfte sich zwar Englisch, nicht aber eine offene Arbeit mit ihnen z. T. unbekannten Sprachen zutrauen und ihnen eine entsprechende Ausbildung ebenso fehlt wie die für Deutsch als Zweitsprache. „[…] die Entscheidung zugunsten des Englischen ist gefallen. Zu präsent ist Englisch als Sprache der Wirtschaft und der neuen Technologie sowie als *lingua franca*" (Mayer 2003: 59).

Hamburger Weg vielerorts durchgesetzt

Was sagt die Forschung zum frühen Fremdsprachenlernen? |8.1.3

Forschungen zu frühem Fremdsprachenlernen waren oft von dem Wunsch geleitet, diese Innovation empirisch fundiert zu befördern und legten ihre Forschung interessegeleitet an oder interpretierten die Ergebnisse im Sinne des erhofften Ergebnisses.

> Betrachtet man die Entwicklung des Fremdsprachenlernens im Grundschulalter aus der Außenperspektive, als kritischer Beobachter, der lange Zeit zu den Protagonisten des Frühbeginns gehörte, dann muss man feststellen, dass wohl über 90 % der Fachliteratur von aktiv beteiligten Lehrern, Fachdidaktikern, Schulverwaltern stammt, die fast immer ein massives Interesse am Erfolg ihrer Forschungen, ihres Unterrichts, ihrer Ideen hatten und haben. Das heißt, sie werden in Veröffentlichungen alle nur möglichen Positiva betonen, die eher negativen Aspekte vielleicht ungünstigen Rahmenbedingungen zuschreiben

und bescheidene sprachliche Ergebnisse [...] freundlich interpretieren. (Sauer 2000: 2)

In einem Beitrag zum frühen Fremdsprachenlernen (Decke-Cornill 2007a) wird bei einem Forschungsüberblick zu drei vielfach ins Feld geführten Legitimationen des Frühbeginns – er steigere die Sprachkompetenz, verbessere Einstellung und Motivation und optimiere das Anfangsalter – deutlich, wie widersprüchlich die Forschungslage ist. Die These der Überlegenheit des früheren gegenüber einem späteren Anfang konnte jedenfalls nicht schlüssig abgeleitet werden. Für Graf/Tellmann ist ganz grundsätzlich „die Suche nach einer allgemein gültigen ‚critical period'" – also nach Lebensphasen bzw. ‚Zeitfenstern' im Lebensalter, in denen Spracherwerb am besten und leichtesten gelingt, die sich danach aber schließen – „für den Spracherwerb nicht sinnvoll, da die Wirksamkeit der individuell unterschiedlichen Umweltfaktoren

Tab. 8.2 Der fremdsprachliche Frühbeginn – wichtigste Erkenntnisse im Überblick	
	1. Frühbeginn kann das natürliche Spracherwerbspotenzial der Kinder anregen.
	2. Ein früher Beginn allein ist keine Erfolgsgarantie.
	3. Motivation wird nicht nur durch Spiel und Spaß, sondern auch durch intellektuelle Anstrengung und das Gefühl von Können gestärkt.
	4. Eine natürliche Erwerbsfolge ist erkennbar. (s. Spracherwerbstheorie des Nativismus, Einheit 2)
	5. Sprachbegabung ist nicht angeboren, sondern entwicklungsfähig. Sie kann durch die Auseinandersetzung mit Sprache und die Konstruktion von sprachbezogenen Konzepten gefördert werden.
	6. Einerseits ist Selbstvertrauen in die sprachlichen Fähigkeiten ein zuträglicher Faktor; zugleich muss die Sprachentwicklung auch gelegentlich durch Aktivitäten sprachformbezogener und inhaltlicher Korrektheit angestoßen werden.
	7. Rückmeldungen sind wichtig, müssen aber nicht unbedingt von der Lehrperson ausgehen.
	8. Forschungsergebnisse zeigen, dass der frühe Einbezug von Lesen und Schreiben förderlich ist.
	9. Schon in der vorschulischen Phase des Kindergartens zeigt sich, dass Kinder vom Nachdenken über ihre Sprachlernwege profitieren.
	10. Geschichten spielen wegen ihrer sprachlichen und inhaltlichen Bedeutsamkeit eine wichtige Rolle für das Sprachenlernen und darüber hinaus für narrative u. a. Fähigkeiten.
	11. Gesichertes Wissen über den positiven Beitrag von Unterrichtstechnologien gibt es nicht, wohl aber erste Hinweise darauf, dass diese in der integrierten Form des *blended learning* hilfreich sein könnten.
	12. Problematische sozio-ökonomische Bedingungen des Aufwachsens können einen negativen Einfluss auf das Sprachenlernen ausüben, wenn die Schule nicht dafür sorgt, dass weniger privilegierte Schüler/innen in vollem Umfang vom Sprachlernangebot profitieren können.
	13. Der Spracherwerbsertrag ist – wenig überraschend – abhängig vom Konzept und Ziel. Hier sind die bilingualen Modelle überlegen, während die primär interkulturell und sprachintegrativen Modelle den geringsten Spracherwerbsertrag erbringen.
	14. Früher Fremdsprachenunterricht bedarf substanzieller Lehrerbildung und -fortbildung.

eine generalisierende Beschreibung weitgehend verbietet" (1997: 57, vgl. auch Edelenbos u. a. 2006: 147, Legutke u. a. 2009: 23).

Der europaweite Forschungsüberblick von Edelenbos u. a. (2006: 147 ff.) fasst die vierzehn wichtigsten Einsichten zum fremdsprachlichen Frühbeginn zusammen, die in der Tabelle in knapper Form wiedergegeben werden.

europaweiter Forschungsüberblick

Diese Zusammenschau europäischer Befunde zum Frühbeginn wirft ein Licht auf die Komplexität der Einflussfaktoren. Zu der Komplexität, auf die die Forschung trifft, gehört die mannigfaltige Heterogenität von Lerner/ innen und Lehrer/innen. Ebenso wichtig ist die damit zusammenhängende Vielschichtigkeit ihrer Beziehungen untereinander: Der Faktor „co-presence", d. h. „the mere fact that classroom language learning and teaching have to take place in the presence of others", ist ein „key contextual factor in classroom language learning" (Allwright 2000: 10, vgl. auch Legutke u. a. 2009: 26). Vielfach beschrieben, aber wenig erfasst ist auch das Verhältnis von Unterrichtskommunikation und Kommunikation in außerschulischen Kontexten. Dies sind nur drei der Gemengelagen, die ‚saubere' Forschung erschweren bzw. zu einer Komplexitätsreduktion der Forschung führen, wie sie Legutke u. a. (2009: 27) an der Forschung von Pienemann u. a. (2006: 50 ff.) kritisieren.

Komplexität der Einflussfaktoren

Die Phase der allerersten Euphorie gehört inzwischen der Vergangenheit an. Die Aufmerksamkeit gilt heute den Folgen einer unprofessionellen Realisierung. Elsbeth Stern vom Max-Planck-Institut für Bildungsforschung warnt vor Erwartungsdruck an Kinder, Eltern, Lehrer/innen und Schulen, der mit dem frühen Fremdsprachenlernen verbunden ist. Sie beurteilt den Englischunterricht in der Grundschule in einem Interview als

> unter den gegebenen Verhältnissen kontraproduktiv. [...] Unsere Schulen sind so große Baustellen, dass man sich eigentlich nicht den Luxus erlauben kann, ein neues Fach zu etablieren, ohne dass wir eine Didaktik dafür haben oder die Effekte des Unterrichts kennen. [...] Etwas anderes sind bilinguale Grundschulen oder Kitas, wo eine Erzieherin oder Lehrerin den ganzen Tag Englisch oder Französisch mit den Kindern spricht. Das erleichtert das spätere Fremdsprachenlernen sicherlich. (DIE ZEIT v. 2. 3. 2006: 37; zur ‚bilingualen' Form des Frühbeginns s. 8.2.3.3)

Elemente eines aussichtsreichen frühen Fremdsprachenunterrichts |8.1.4

Früher Fremdsprachenunterricht findet in komplexen Situationen statt und muss der Komplexität einer Lerngruppe gerecht werden. Bei vorsichtiger Auswertung des derzeitigen Wissens benötigt er Folgendes:

► eine sprachlich und spracherwerbsdiagnostisch kompetente, Geschichten erzählende, vorlesende, Lieder und Sketche einübende, spannende und ergebnisoffene Aufgaben ersinnende Lehrperson, die erklärt, berät und Rückmeldungen gibt und das Fremdsprachenangebot in inhaltlich-thematisch anregende und handlungsorientierte Kontexte einbettet;

► Inputangebote für selbst gewählte und selbstständige Sprachbegegnung, z. B. CDs (ggf. in Kombination mit entsprechenden Büchern), bebilderte Sach-, Vorlese-, Bastel-, Witzbücher, Zeitschriften und Spiele, dazu Lehr- und Nachschlagewerke;

► Gelegenheit, mit der neuen Sprache risikofreudig und produktiv zu experimentieren (Sambanis 2008);

► Integration von Bewegung, wie sie z. B. *Total Physical Response*-Verfahren, *action stories* oder ein fremdsprachlich geführter Sportunterricht ermöglichen;

► Gelegenheit, sich über sprachliche und kulturelle Hypothesen zu verständigen und dabei alle in der Lerngruppe vertretenen Sprachen einzubeziehen und unterschiedliche Spracherfahrungen zu reflektieren;

► Angebote zur Begegnung mit Schrift (Reichart-Wallrabenstein 2003, Diehr/Rymarczyk 2008);

► das Angebot, sich mit dem eigenen Sprachlernprozess zu befassen und Sprachbewusstsein, Sprachlernbewusstsein und Selbsteinschätzungsfähigkeiten weiterzuentwickeln, z. B. mit Hilfe eines Sprachenportfolios (s. Einheit 9; zur Portfolioarbeit in der Grundschule vgl. Kolb 2007, 2008, Burwitz-Melzer 2008a, Rau/Legutke 2008);

► Möglichkeiten zur Arbeit in Kleingruppen, denn Studien zeigen, „dass die Lerner/Lerner-Interaktion bei sprachlichen Lernaufgaben Einsichten erzielen und Aufmerksamkeit wecken kann, die im Plenum oder in Einzelarbeit nicht vorkommen" und „dass Interaktionen, in denen Bedeutungen ausgehandelt werden, besonders lernfördernd wirken" (Edmondson/House 2007: 244 f.);

► häufigen Sprachkontakt, denn eine kürzere tägliche Sprachbegegnung ist offenbar effektiver als eine seltenere von längerer Dauer (vgl. Rixon 2000).

8.2 | Bilingualer Unterricht

Die zweite tragfähige Innovation im Fremdsprachenunterricht der Jahrtausendwende ist der sog. bilinguale Unterricht. Wie auf flächendeckender Ebene der Frühbeginn in den Grundschulen, so hat in zahlreichen weiterführenden Schulen der bilinguale Unterricht zu einem Mehr an Fremdsprachlichkeit an Schulen geführt.

8.2.1 | Zum Begriff

Der Begriff Bilingualer Unterricht ist irreführend, weil dieser Unterricht in der Regel nicht zweisprachig durchgeführt wird, sondern die Fremdsprache Arbeitssprache ist. Bilingualer Unterricht kann also tendenziell einsprachig sein. Neben diesem eingebürgerten Begriff werden andere Bezeichnungen genutzt, die auch auf unterschiedliche Akzentuierungen hinweisen: Sachfachunterricht im Medium einer Fremdsprache und Immersionsunterricht werden dabei insofern synonym verwendet, als sie das Mediale der Fremdsprache und das Zentrale des Fachs ebenso betonen wie die Einsprachigkeit. Die Bezeichnungen *Content-and-Language-Integrated Learning* (CLIL) bzw. *Enseignement d'une Matière par l'Intégration d'une Langue Étrangère* (EMILE) implizieren dagegen einen integrierten Fremdsprachen- und Sachfachunterricht. Mit dieser Integration und dem aus dem fachlich-sprachlichen Zusammenwirken erwachsenden neuen didaktischen Potenzial im Blick definiert Birte Rottmann (2006: 53):

Bilingualer Unterricht ist Unterricht in einem Sachfach, der aus der Sicht der Lernenden in einer Fremdsprache geführt wird. Ziel ist dabei nicht nur der vermehrte Sprachkontakt in der Fremdsprache und das Lernen sachfachlicher Inhalte im fremdsprachlichen Medium, sondern auch das Schaffen und Nutzen spezifischer *Lerngelegenheiten*, die im Zusammenführen beider Komponenten *sowohl* das sachliche *als auch* das sprachliche Lernen gezielt fördern oder die durch diese Kombination erst entstehen.

Definition

Entstehungsgeschichte

|8.2.2

Die ersten Impulse für diesen Ansatz stammen aus dem deutsch-französischen Kooperationsvertrag von 1963, in dessen Folge deutsch-französische (Züge an) Gymnasien in Deutschland und Frankreich gegründet wurden. Der europäische Zusammenschluss war ein breitenwirksamer Motor für ähnliche Modelle. Auf den sprunghaften Anstieg der Zahl der Schulen mit bilingualem Angebot zu Beginn der 1990er Jahre folgte eine ununterbrochene, wenn auch nicht gleichmäßig verteilte Zunahme der Neugründungen. Gleichzeitig und mit ebenso sprunghaftem Beginn wurde Englisch Hauptsprache des Bilingualen Unterrichts (zur Entwicklung der Zahlen von Anfang an vgl. Breidbach 2007: 50 f.), während die Zahl französischer Züge stagniert (KMK 2006: 13). 1999, genau 30 Jahre nach Gründung der ersten bilingualen Schule mit Französisch in Singen, machten 366 Schulen bilinguale Angebote, 2005 waren es schon 847 (ebd.: 8). In Einzelfällen wird das Konzept im Übrigen auch mit anderen Sprachen wie Italienisch, Polnisch, Sorbisch realisiert. Kaum je wird ein einmal eingerichtetes bilinguales Angebot wieder zurückgenommen. Insgesamt ist der bilinguale Unterricht inzwischen ein gut etablierter und angesehener Bestandteil des Bildungsangebots an weiterführenden Schulen, vor allem an Gymnasien, aber auch an Real-, Gesamt- und berufsbildenden Schulen, kaum jedoch an Hauptschulen.

deutsch-französischer Kooperationsvertrag

Zahl der Schulen mit bilingualem Angebot

Organisationsformen

|8.2.3

Eine verbindliche Struktur der Umsetzung bilingualer Angebote gibt es nicht, aber es haben sich einige Formen der Institutionalisierung als tragfähig erwiesen, die Vorbilder für Neueinrichtungen sind.

8.2.3.1 | *Das Grundmodell*

organisatorisches
Grundmodell

In der Sekundarstufe I, in der am häufigsten bilinguale Bildungsgänge beginnen, hat sich so etwas wie ein organisatorisches Grundmodell entwickelt. Es sieht ab der Jahrgangsstufe 5 (bzw. 7) eine erhöhte Anzahl von Wochenstunden in der Fremdsprache als Vorbereitung vor, auf die dann ab Jahrgangsstufe 7 (bzw. 9) der eigentliche fremdsprachliche Unterricht im Sachfach folgt, zunächst in einem, dann oft in einem weiteren Fach. Die Fortsetzung in der Sekundarstufe II ist an vielen Schulen üblich. Derzeit ist allerdings ein Trend zu „weniger strukturierten Angeboten" (KMK 2006: 9) erkennbar, d. h. bilinguale Angebote werden nicht mehr grundsätzlich linear auf Jahre hin angelegt, sondern können sich auch auf zeitlich befristete, sich für diese Konstellation besonders anbietende Module und Phasen des Unterrichts beschränken.

Trend zu „weniger
strukturierten
Angeboten"

8.2.3.2 | *Kompetenzkurse für die Sekundarstufe II*

Teilimmersion

Eine Sonderform des bilingualen Unterrichts ist die Teilimmersion in den Kompetenzkursen der Sekundarstufe II, die vor allem auf fachliches Leseverstehen in der Fremdsprache zielen (Fraedrich/Lehberger 2001: 186). Es handelt sich um Grundkurse in einem Sachfach, die neben deutschen Materialien auch fremdsprachliche Texte einbeziehen. Dabei werden meist übergreifende Themen wie Faschismus, Gentechnologie, Klima o. Ä. bearbeitet. Die Schüler/innen können einen Kompetenzkurs doppelt einbringen, weil er auf Sachfach und Fremdsprachenfach angerechnet wird. Fraedrich/Lehberger veranschaulichen am Beispiel eines Kompetenzkurses Biologie/Englisch zum Thema Genetik/Evolutionslehre, dass gute Voraussetzungen für so einen Kurs gegeben sind, wenn

► es in diesem Themenkomplex eine intensive, englisch geführte internationale Forschung gibt,
► bei diesem Thema unterschiedliche Wertungen der wissenschaftlichen Ergebnisse im deutschen und anglo-amerikanischen Sprachraum bestehen und damit auch kulturspezifische Sichtweisen auf naturwissenschaftlich-gesellschaftliche Arbeitsfelder möglich sind,
► das Thema Möglichkeiten bietet, sich an internationalen Projekten per E-Mail und Internet zu beteiligen. (ebd.)

Studierfähigkeit

Ziel dieses Konzepts ist es, zur Studierfähigkeit der Teilnehmenden beizutragen, d. h. nicht nur fremdsprachliche Kompetenz in einem Fachgebiet zu vertiefen, sondern durch semesterweisen Wechsel zwischen unterschiedlichen Fächern auch auf breiter Basis ihre wissenschaftliche Methodenkompetenz auszubilden.

Bilingualer Unterricht in der Grundschule |8.2.3.3

Beide in dieser Einheit vorgestellten Innovationen, der fremdsprachliche Frühbeginn und der Sachfachunterricht im Medium der Fremdsprache, werden
in partnerschaftlichen Schulmodellen in besonderer Weise integriert. Dazu
zählen die *Staatlichen Europaschulen Berlin* (SESB), die zwei Arbeitssprachen   *Staatliche Europa-*
haben, neben Deutsch z. B. Englisch, Spanisch, Französisch, Polnisch, Tür-   *schulen Berlin*
kisch, Italienisch, Russisch. Sie haben im Idealfall eine sprachlich einschlägige
und ausgewogen gemischte Schülerschaft und ein ebensolches Kollegium und
bieten die Hälfte der Fächer in der einen, die andere in der anderen Sprache an
und wechseln dabei (Franceschini 2007: 71).

Darüber hinaus hat sich eine kleine, aber viel beachtete Reihe von bilingu-   bilinguale Grund-
alen Grundschulen in Deutschland etabliert, die eine Fremdsprache durch-   schulen
gehend als Arbeitssprache in allen Fächern außer Deutsch nutzen. In diesen
immersiven Schulen wird die Fremdsprache nicht als Fach unterrichtet, son-   immersive Schulen
dern von Grundschullehrkräften mit fremdsprachlicher Fakultas ausschließlich über ihren sachfachlichen Gebrauch in den verschiedenen Lernbereichen,
und zwar von Schulbeginn an.

Begründungen und Erwartungen |8.2.4

Die Gründe für die Einrichtung bilingualen Unterrichts und die mit ihm verbundenen Erwartungen sind vielfältig. Für ihn spricht u. a.

► aus der Sicht des Spracherwerbs die Erweiterung des Sprachangebots   Sicht des Sprach-
und damit der erhöhte Sprachkontakt; die Mitteilungsorientierung bzw.   erwerbs
die Reduktion der im klassischen Fremdsprachenunterricht typischen
Sprachformorientierung; die Anregung des Sprachbewusstseins z. B. durch
Begriffsvergleiche und Vergleiche fach- und wissenschaftssprachlicher
Darstellungstraditionen und Diskurse (vgl. Gnutzmann 2003); eine vertiefte kommunikative und interkulturelle Kompetenz im Fachgebiet (vgl.
Küster 2004); die Anbahnung einer breiten Sprachkompetenz, die von
Basic Interpersonal Communication Skills (BICS) bis zur *Cognitive Acade-
mic Language Proficiency* (CALP) reicht, d. h. Alltags- und Wissenschafts-
sprache umfasst, und sich in kontextreichen wie in kontextreduzierten
Kommunikationssituationen bewährt (vgl. dazu Cummins 1984: 139 sowie
die aktuelle Diskussion um Bildungssprache).

► aus bildungspolitischer Sicht die gezielte Stärkung internationaler Kom-   bildungspolitische
munikations- und Mobilitätsmöglichkeiten; Begabtenförderung (KMK-   Sicht
Beschluss vom 11. 10. 1991, s. KMK 2006: 10); Wirtschaftlichkeit durch
die Synergieeffekte von Sprach- und Sachunterricht („two for the price of
one"); dadurch freiwerdende Kapazitäten für die Beschäftigung mit weiteren Sprachen mit dem Ziel der Mehrsprachigkeit;

► aus Sicht der Schul- und Unterrichtsentwicklung die Abkehr von der Belie-   Sicht der Schul- und
bigkeit der Inhalte des sprachlichen Fachs durch sachfachlich relevante   Unterrichtsentwick-
    lung

137

Inhalte (vgl. kritisch dazu Decke-Cornill 1999a: 165) und aus sachfachdidaktischer Sicht die fachliche Perspektivenvervielfältigung auf einen Sachverhalt.

Es wird deutlich, dass die Argumentation für den bilingualen Unterricht das Potenzial für die fremdsprachliche Bildung deutlicher herausarbeitet als das für die fachliche Bildung. Die Fächer, die in bilingual unterrichteten Zügen in Deutschland bisher dominieren, gehören der gesellschaftswissenschaftlichen Fächergruppe an: Geschichte, Politik, Geographie. Dagegen spielen Mathematik und die naturwissenschaftliche Fächergruppe, aber auch der musisch-ästhetische Bereich nur eine Nebenrolle. Grundsätzlich eignen sich jedoch alle Sachfächer für das bilinguale Konzept und können davon profitieren (vgl. die Beiträge in Bonnet/Breidbach 2004), wobei für jede Fächergruppe gilt, dass sie „ein spezifisches Potenzial in den bilingualen Unterricht einbringt und in je eigener Weise eine fruchtbare Wechselwirkung zwischen sprachlichem und sachfachlichem Kompetenzerwerb stattfinden *kann*" (Zydatiß 2004: 89). In der fachdidaktischen Diskussion sind aber Versuche gemacht worden, über diese fachliche und fachgruppenspezifische Perspektive hinaus eine didaktische Verortung des bilingualen Konzepts vorzunehmen.

Sachfächer im bilingualen Konzept *(Randnotiz)*

8.2.5 | Didaktische Verortung

Vehikularsprachenmodell *(Randnotiz)*

Eine solche Verortung bot in den Anfängen das sog. Vehikularsprachenmodell. In diesem Modell spielte sich die Bilingualität auf der Ebene der Sprache ab, nicht aber auf der Ebene der inhaltlichen Konzepte, d. h. Sprache wurde als „inhaltsneutraler ‚Spediteur' für den Transport von Informationen aufgefasst" (Breidbach 2007: 77). Demnach wäre der bilinguale Unterricht von der fremden Sprache inhaltlich-fachlich unberührt geblieben, die Curricula würden einfach in einer anderen Sprache durchlaufen.

Bikulturalismus-Modell *(Randnotiz)*

Einheit von Kultur, Sprache und Nation *(Randnotiz)*

Eine andere Problematik barg das Bikulturalismus-Modell, dem die unhaltbare Vorstellung von je einheitlichen, monolithisch in sich geschlossenen Nationalkulturen unterliegt. Ihm zufolge gehörten die Lernenden *einer* Kultur an und beschäftigten sich im bilingualen Unterricht mit einer *anderen*. Das Modell basiert also auf der Voraussetzung einer Einheit von Kultur, Sprache und Nation. Ein solches Verständnis ist fragwürdig (s. hierzu Einheit 13.5). Moderne Gesellschaften sind heterogene und nach innen und außen durchlässige Gebilde, in denen sich laufend *communities of practice and thought* bilden, die manchmal wenig Affinität zu gleichsprachigen, viel aber zu anderssprachigen haben. In ihnen existieren unterschiedliche Interessen und Sichtweisen. Es wäre irreführend, einer Sprachgemeinschaft eine einheitliche Verständigungsbasis (Kultur) zu unterstellen; zuversichtlich kann man aber unterstellen, dass jede Sprachgemeinschaft von unterschiedlichen Lebensweisen und Identitäten und tiefgreifenden materiellen und symbolisch-diskursiven Auseinandersetzungen bestimmt ist.

Spuren des Bikulturalismus-Modells lassen sich in Wolfgang Hallets (1998) Didaktikkonzept für den bilingualen Unterricht erkennen. Sein „Bilingual Triangle" fußt nach eigenen Worten auf der Einsicht,

„Bilingual Triangle"

> daß die Inhalte des bilingualen Sachfachs auf keinen Fall deckungsgleich sein können mit denen des muttersprachlichen Fachunterrichts, dass aber andererseits nicht einfach der Geschichts-, Erdkunde- oder sonstige Fachunterricht der Zielsprachenländer in deutsche Klassenzimmer importiert werden kann oder soll. Vielmehr muss der bilinguale Sachfachunterricht verstanden werden als Fachunterricht eigenen Zuschnitts, der die Bildungsziele und die Lernziele des jeweiligen muttersprachlichen Bezugsfachs eben nicht beiseite drängt, sondern sie einerseits über das Zielfeld I integriert, durch die Zielfelder II und III andererseits aber entscheidend darüber hinausführt. (119 f.)

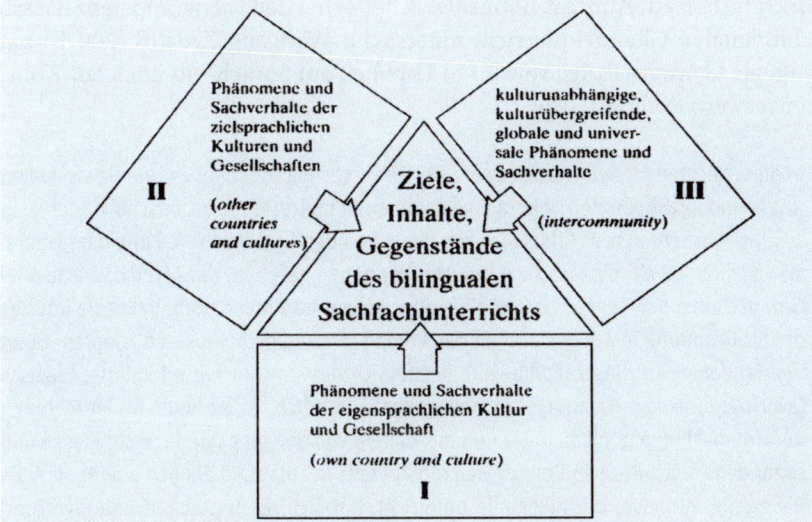

Abb. 8.1
Das bilinguale
Dreieck

Zwar führt Hallet mit dem Zielbereich III eine übergreifende Perspektive in das bilinguale Konzept ein. „Nichtsdestoweniger teilt das *bilingual triangle* mit dem Bikulturalismus-Modell die an sprachlichen und politischen Gemeinschaften orientierte, landeskundliche Vorstellung von Kultur" (Breidbach 2007: 74), impliziert also eine Identität von Sprache, Land, Kultur.

In der aktuellen Diskussion ist diese nationalkulturelle Sichtweise überwunden. Der potenzielle Kompetenzerwerb im Bilingualen Unterricht wird nun in Kategorien gefasst, die viel Gemeinsames mit dem potenziellen Kompetenzerwerb im herkömmlichen Fremdsprachenunterricht haben, aber auch Spezifisches aufweisen. Bonnet, Breidbach und Hallet (2009) unterscheiden vier Kompetenzdimensionen: (1) die konzeptuale Dimension des Erwerbs fachlich-wissenschaftlicher Begriffe und Konzepte in der Fremdsprache; (2) die Dimension der Diskursfähigkeit in der Fremdsprache, welche allge-

nationalkulturelle
Sichtweise
überwunden

Kompetenzerwerb im
Bilingualen Unterricht

meinsprachliche Mitteilungsfähigkeit, fachsprachliche Rezeptionsfähigkeit, Darstellungs-, Erklärungs- und Bewertungsfähigkeit sowie Aushandlungs- und Reflexionsfähigkeit umfasst; (3) die praktisch-methodische Dimension der Selbsttätigkeit durch Lern- und Arbeitstechniken; und (4) die die persönliche und kulturelle Identität betreffende reflexive Dimension, bei der es um die Bildungswirkung des bilingualen Unterrichts geht, also um seinen Einfluss auf das Verhältnis der Lernenden zu sich selbst und zur Welt.

Der bilinguale Unterricht wirft eine Fülle von Forschungsfragen auf und ist bereits Gegenstand einer Reihe empirischer Forschungsaktivitäten geworden. So haben – um hier nur einige zu nennen – Henning Wode (z. B. 2002) und seine Kieler Forschergruppe den Spracherwerb im bilingualen Unterricht sowohl auf Sekundar- und Primarstufe als auch in Kindertagesstätten untersucht; Una Dirks (z. B. 2002) hat sich mit den Berufsbiographien bilingualer Lehrkräfte befasst; Andreas Bonnet (z. B. 2004) hat den Fachkompetenzerwerb im bilingualen Chemieunterricht untersucht; Wolfgang Zydatiß (2007b) hat bilinguale Gymnasialzüge sowohl in Hinblick auf Sprach- als auch auf Kompetenzerwerb evaluiert; usw.

Reihe empirischer Forschungsaktivitäten

Zusammenfassung

> In dieser achten Einheit wurden zwei Ansätze vorgestellt, die zwei eherne Gewissheiten des Fremdsprachenunterrichts in Frage stellten, nämlich, dass Grundschulkinder noch zu jung zum Lernen bzw. Erforschen von ihnen fremden Sprachen seien und dass Fremdsprachenlernen ein eigenes Fach braucht. Wir haben gesehen, dass Fremdsprachen an Grundschulen eine lange, aber wenig einflussreiche Tradition hatten, bevor sie im Zuge der EU-Gründung fester Bestandteil des Primarschulunterrichts werden konnten. Unter den Modellen für diesen Frühbeginn setzte sich das einsprachig orientierte, Englisch favorisierende sog. Hamburger Modell weitgehend durch. Es ist heute in der Mehrheit der Grundschulen implementiert und die weitere Vorverlegung auf die erste Klasse und sogar den vorschulischen Bereich vielerorts bereits Realität und ähnlich orientiert. Auch die zweite Initiative, der bilinguale Unterricht, hat sich rasch etabliert und favorisiert Englisch. Ihre Erfolgsgeschichte verdankt sich ähnlichen (bildungs)politischen Motiven wie der Frühbeginn. Dabei ist sie jedoch nicht flächendeckend eingeführt, sondern zeigt sich als überwiegend gymnasialer, Elite bildender Ansatz. Beide Initiativen, so lässt sich prognostizieren, werden bleiben und sich weiterentwickeln. Sie haben dafür gesorgt, dass die Schwelle zum Fremdsprachlichen in den Schulen niedriger geworden ist, dass Fremdsprachen selbstverständlicher geworden sind. Sie haben den Fremdsprachenunterricht nicht nur quantitativ, sondern auch qualitativ verändert. Aber sie haben die Gefahr nicht gebannt, dass Englisch andere Sprachen an den Rand drängen könnte. Davon mehr in der folgenden Einheit.

Aufgaben

1 In der obigen Einheit war davon die Rede, dass es an einem Gesamtkonzept für den Umgang mit Sprachen an der Grundschule fehlt, welches sowohl der Einwanderungs-

gesellschaft als auch der Europäisierung als auch der Globalisierung gerecht wird. Skizzieren Sie Ihre Vorstellungen eines solchen Gesamtkonzepts.

2 Welche Kompetenzen braucht eine Lehrkraft, die eine Fremdsprache in der Grundschule unterrichtet?

3 Wie kann ein Unterricht aussehen, der die Mehrsprachigkeit in einer Grundschulklasse und in der Schulumgebung zum Lernfeld macht?

4 In 8.2.4 wurde die These vertreten, dass sowohl die gesellschaftswissenschaftliche als auch die naturwissenschaftliche als auch die musisch-ästhetische Fächergruppe sich grundsätzlich für den Unterricht in einer Fremdsprache eignet. Worin sehen Sie den jeweiligen Gewinn für diese Fächer, worin den für die dabei genutzten Fremdsprachen?

5 Das Fach Sport dient häufig als Einstiegsfach für bilingualen Unterricht. Wie lässt sich das erklären?

6 Stellen Sie sich vor, dass Sie ein bilinguales Angebot an Ihrer weiterführenden Schule einführen wollen und diesen Punkt auf die Tagesordnung für die nächste Gesamtkonferenz gesetzt haben. Welche Argumente werden Sie vortragen? Auf welche Einwände bereiten Sie sich vor?

7 Bilingualer Unterricht muss nicht langfristig als Arbeitssprache eines Fachs eingerichtet sein, sondern kann auch phasenweise eine Rolle spielen. Illustrieren Sie dies an einem Beispiel.

Zum Weiterlesen

Edelenbos, Peter/Johnstone, Richard/Kubanek-German, Angelika (2006): *The main pedagogical principles underlying the teaching of very young learners.* Key Study für die Europäische Kommission. http://p21208.typo3server.info/fileadmin/content/assets/eu_language_policy/key_documents/studies/2007/young_en.pdf, 08. Sept. 2009.

Bleyhl, Werner (2000): *Fremdsprachen in der Grundschule. Grundlagen und Praxisbeispiele.* Hannover: Schroedel.

Bach, Gerhard/Niemeier, Susanne (Hrsg.) (3. Aufl. 2005): *Bilingualer Unterricht. Grundlagen, Methoden, Praxis, Perspektiven.* Frankfurt a. M.: Lang.

Themenheft „Bilinguales Lernen". *Praxis Fremdsprachenunterricht* 2006, Heft 6.

Themenheft „Fremdsprache als Arbeitssprache in Schule und Studium". *Fremdsprachen lehren und lernen* (36) (2007).

Europäische Sprachenpolitik und die Bildungsstandards in Deutschland

Zu den wichtigsten Impulsen für die jüngsten Reformen des Fremdsprachenunterrichts in Deutschland gehört die Europäische Vereinigung. Mit diesem Zusammenschluss entstanden zum einen die Frage nach dem Umgang mit der europäischen Sprachenvielfalt und nach Wegen zu ihrem Erhalt und ihrer Förderung und zum anderen ein Interesse an innereuropäischer Transparenz und Vergleichbarkeit auf dem Gebiet sprachlicher Qualifikationen. Die folgende Einheit thematisiert zunächst europäische Maßnahmen zur Förderung von Mehrsprachigkeit, wendet sich sodann den Maßnahmen zu, die der Transparenz und Vereinheitlichung dienen sollen und präsentiert schließlich die Adaptation solcher Maßnahmen im national-föderalen Kontext des deutschen Bildungssystems in Form von Bildungsstandards. Mehr noch als die in der vorausgehenden Einheit vorgestellten, auch ihrerseits europaweit verbreiteten Initiativen, zeigt sich an den im Folgenden präsentierten die europäische Handschrift.

Förderung von Mehrsprachigkeit | 9.1

Europa ist – wie jeder der Mitgliedsstaaten – mehrsprachig. Erhalt und Förderung dieser Mehrsprachigkeit ist erklärter politischer Wille. Was aber ist darunter zu verstehen? Bei näherer Betrachtung zeigt sich bald, dass die Verwendung des Begriffs in zwei ganz unterschiedliche Richtungen weist. Zum einen bezeichnet Mehrsprachigkeit ein real existierendes Charakteristikum unserer Gesellschaften und Schulen. „Wir schwimmen im Mehr der Sprachen. […] Die vielfältigen Sprachen, die die Kinder einer Klasse mitbringen, sind ein Schatz, den zu heben mühsam sein mag, der jedoch alle miteinander reich machen kann", heißt es etwa bei Inge Büchner (1997: 24). Die andere Verwendung begreift Mehrsprachigkeit erst als Aufgabe und Ziel: „Mehrsprachigkeit bezeichnet im Rahmen der Europäischen Union ein Lernziel von hoher Verbindlichkeit" (Meißner/Reinfried 1998a: 11). Mehrsprachigkeit erscheint einerseits als Gegebenheit, andererseits als Desiderat.

Mehrsprachigkeit als Gegebenheit und Ziel

Wer dieser begrifflichen Unklarheit auf die Spur zu kommen versucht, merkt bald, dass von unterschiedlichen Sprachen die Rede ist. Während die einen auf die Sprachen verweisen, die durch Zuwanderung bereits in unserer

Gesellschaft und ihren Bildungseinrichtungen existieren, haben die anderen Sprachen im Blick, die den Lerner/innen eine Zukunft als *global players* versprechen. Während erstere in der Schule ein bis zum Tabu reichendes Schattendasein führen, erhalten letztere vielseitige Förderung (s. dazu Einheit 8).

Für den Umgang der Schule mit der Vielfalt von Sprachen sind in Deutschland und europaweit folgende Momente charakteristisch:

► Im Vergleich zur vielsprachigen Umgebung ist das Sprachenangebot an Schulen relativ gering.

► Es erstreckt sich vor allem auf Sprachen der westlichen Welt und dabei auf Sprachen mit großer Reichweite (sog. Weltsprachen, deren Verbreitung sich wesentlich der Kolonialisierung verdankt).

► Es deckt sich weitgehend nicht mit den Sprachen der lokalen Umgebung. Sprachen aus der Migration und Sprachen von Nachbarstaaten sind im Regelangebot der Schulen für alle nur selten vertreten.

Diese Topographie der schulischen Sprachenlandschaft bietet eine schwierige Ausgangslage für die vertragliche Übereinkunft, die Amtssprachen in Europa, derzeit 23, gleichberechtigt zu behandeln und auch alle weiteren in Europa verwendeten Sprachen zu achten und zu fördern. Dies aber verlangt das Diskriminierungsverbot in Art. 22 der Charta der Grundrechte der Europäischen Kommission (vgl. Kommission der Europäischen Gemeinschaften 2005: 2). Europarat und Europäische Kommission erklärten angesichts dieser Herausforderung das Jahr 2001 zum „Europäischen Jahr der Sprachen". In den Mitgliedstaaten sollte mit einer Kampagne das Interesse an Sprachen und Sprachenlernen angeregt und ein Bewusstsein für den Sprachenreichtum des Kontinents geweckt werden, im schulischen wie im außerschulischen Bereich. Fünf Zielsetzungen standen dabei im Mittelpunkt:

– **Es soll das Bewusstsein dafür vertieft werden, welchen Reichtum die sprachliche Vielfalt in der Europäischen Union darstellt:** […] Das Ziel besteht nicht ausschließlich darin, zum Erlernen weit verbreiteter Sprachen aufzufordern. Um sich wirklich zwischen Europäern verständigen zu können, muss man die Sprache des anderen und folglich seine Kultur richtig verstehen. […] Auf diese Weise kann dem Konzept der Unionsbürgerschaft ein greifbarer Inhalt verliehen und ein Beitrag zur Ausmerzung von Fremdenfeindlichkeit, Rassismus, Antisemitismus und Intoleranz geleistet werden.

– **Die Sprachenvielfalt soll gefördert werden.**

– **Es soll einer möglichst großen Zahl von Menschen nahe gebracht werden, welche Vorteile die Beherrschung mehrerer Sprachen mit sich bringt:** […] Das Verständnis für andere Kulturen wird […] begünstigt. Die Möglichkeiten für die persönliche und berufliche Entfaltung sowie der Zugang zu den greifbaren Vorteilen der Unionsbürgerschaft, insbesondere das Recht, überall in der EU zu leben und zu arbeiten, werden verbessert. Außerdem wird die Wettbewerbsfähigkeit der europäischen Wirtschaft erhöht.

Sprachenreichtum

- Es soll dazu angeregt werden, sich lebenslang Sprachkenntnisse anzu-
  eignen: Das Erlernen von Sprachen und die Aneignung sprachbezogener
  Fähigkeiten, wie Übersetzungs- und Dolmetschtechniken sowie bestimmter
  allgemeiner und bürotechnischer Fähigkeiten, sollen ein lebenslanger Prozess sein. Zu der Zielgruppe gehören u. a. viele Menschen, die bislang kaum
  die Möglichkeit hatten, Fremdsprachen zu erlernen […].
- Es sollen Informationen gesammelt und verbreitet werden, die den
  Sprachunterricht und das Erlernen von Fremdsprachen betreffen: Diese
  Zielsetzung beinhaltet auch, dass insbesondere durch Studien die vorrangi-
  gen Bereiche für Investitionen erfasst werden. Durch diese Zielsetzung wird
  es auch möglich, dass das Europäische Jahr dazu beiträgt, Informationen
  über die modernen und innovativen Methoden zum Erlernen von Sprachen
  zu verbreiten und somit die Zielpopulation zu motivieren. Schließlich sieht
  diese Zielsetzung auch vor, die Öffentlichkeit mit den Kommunikations-
  instrumenten – seien es technische oder eher herkömmliche – vertraut zu
  machen, die es Menschen mit unterschiedlicher Muttersprache ermöglicht
  [sic], sich untereinander zu verständigen.

(http://europa.eu/legislation_summaries/education_training_youth/lifelong_
learning/c11044_de.htm, 16.2.2010)

Trotz phantasievoller multilingualer Aktivitäten an Schulen und in öffentlichen und virtuellen Räumen überall in Europa bleibt der Bekanntheitsgrad
der Kampagne und ihrer Ziele gering. Die Bemühungen um Mehrsprachigkeit
halten jedoch an: Zum Abschluss des Jahrs der Sprachen beschloss der Minis-
terrat, alljährlich im September einen Europäischen Tag der Sprachen zu insze-
nieren, um den Informationsaustausch zu beflügeln und die im Kampagnen-
jahr geknüpften Netzwerke zu stärken und zu erweitern. 2005 veröffentlichte
die Kommission der Europäischen Gemeinschaften eine „neue Rahmenstrategie für Mehrsprachigkeit", in der sie die zunehmende Tendenz beklagt, „von
‚Fremdsprachenlernen' zu reden und lediglich ‚Englisch lernen' zu meinen"
(2005: 4) und das langfristige Ziel bekräftigt, „die individuelle Mehrsprachigkeit zu fördern, bis alle Bürger/innen zusätzlich zu ihrer Muttersprache über
praktische Kenntnisse in mindestens zwei Fremdsprachen verfügen" (ebd.).
Frühes Fremdsprachenlernen, fremdsprachliche Fachkompetenz, domänen-
spezifische Sprachkompetenzen, lebenslanges Sprachenlernen, Diversifikation des Sprachlernangebots und Förderung von Minderheitensprachen,
Austauschprogramme, Partnerschaften, Stipendien u. v. a. sind Facetten des
europäischen Programms „einer grundsätzlichen Änderung der Förderung
des Sprachenlernens und der Förderung der Sprachenvielfalt" (ebd.). Wie
schwierig es ist, gegen den internationalen Trend zum Leitsprachenlernen und
-nutzen anzugehen, dafür liefert die Europäische Union selbst den Beweis:
Dem erklärten politischen Willen und der vertraglich geregelten Verpflichtung zum Trotz sind ihre Arbeitssprachen Englisch und Französisch.

Rahmenstrategie für
Mehrsprachigkeit

9.2 | Der Gemeinsame Europäische Referenzrahmen für Sprachen (GER)

Während für die Bemühungen um Mehrsprachigkeit nicht zuletzt aufgrund der Omnipräsenz der internationalen Verkehrssprache Englisch ein langer Atem, viel Überzeugungsarbeit und eine Politik der kleinen Schritte erforderlich sind, erfreut sich ein anderes europäisches Projekt großer Popularität und durchschlagender Wirksamkeit: der „Gemeinsame Europäische Referenzrahmen für Sprachen des Europarats: Lernen, lehren, beurteilen" (GER). Zwar dient dieses Dokument auch dem Ziel von Mehrsprachigkeit, aber seinen hohen Bekanntheitsgrad hat es als Bezugssystem für die Beschreibung von Sprachkompetenz erreicht.

9.2.1 | Entstehung

Schon in den Anfängen des Europäischen Zusammenschlusses in den 1970er Jahren gab es Bestrebungen, Wege der Verständigung zu ersinnen, die die Kommunikation und Mobilität in der Gemeinschaft erleichtern würden, ohne die bereits diskutierte Vielfalt zu gefährden. 1991 fand unter der Überschrift „Transparency and Coherence in Language Learning in Europe: objectives, evaluation, certification" in Rüschlikon in der Schweiz ein Symposium des Europarats statt, dessen Ergebnis die Empfehlung jenes Referenzrahmens für Sprachen war. Ausgangsproblem war die Tatsache, dass im Dickicht der unterschiedlichen Bildungssysteme unklar war, welche Sprachkompetenzen sich hinter einer bestimmten Zeugnisauskunft verbargen. Auf dem Symposium wurden nun Möglichkeiten erörtert, die (fremd-)sprachlichen Kompetenzen von Individuen europaweit vergleichbar zu beschreiben. Zu diesem Zweck wurde ein Forschungsprojekt auf den Weg gebracht, das linguistisch, soziolinguistisch und pragmatisch fundierte Kriterien für das Erfassen von Sprachkompetenzen in den verschiedenen Bereichen und Stadien des Sprachenlernens entwickeln und für diese Beschreibung einen einheitlichen Bezugsrahmen konstruieren sollte. Nach verschiedenen Vorveröffentlichungen konnte der Europarat 2001 die verbindlichen Fassungen in den Sprachen der Mitgliedsländer publizieren (Deutsch: Europarat 2001).

(Randnotiz:) unterschiedliche Bildungssysteme

9.2.2 | Anlage und Kernelemente

Der GER ist im Wesentlichen ein Beschreibungsmodell funktionaler fremdsprachlicher Zielsetzungen und Kompetenzen. Sein Anliegen wird eingangs etwas unbeholfen skizziert:

> Der *Gemeinsame europäische Referenzrahmen* stellt eine gemeinsame Basis dar für die Entwicklung von zielsprachlichen Lehrplänen, curricularen Richtlinien, Prüfungen, Lehrwerken usw. in ganz Europa. Er beschreibt umfassend, was Lernende zu tun lernen müssen, um eine Sprache für kommunikative Zwecke zu benutzen, und welche Kenntnisse und Fertigkeiten sie entwickeln müssen, um in

146

der Lage zu sein, kommunikativ erfolgreich zu handeln. Die Beschreibung deckt auch den kulturellen Kontext ab, in den Sprache eingebettet ist. Der *Referenzrahmen* definiert auch Kompetenzniveaus, sodass man Lernfortschritte lebenslang und auf jeder Stufe des Lernprozesses messen kann. (Europarat 2001: 14)

Das Dokument richtet sich an alle mit dem Sprachenlernen befassten Akteur/innen im Bildungswesen: an Lernende, an Unterrichtende in Schulen und in der Lehrerbildung, aber auch an Bildungsbehörden und Lehrmittelverlage. Es formuliert Ziele und Strategien des Spracherwerbs und der Sprachanwendung und versteht sich als Instrument für die Planung von Sprachlerncurricula, Sprachkursen, Lernmaterial, Unterrichtsaktivitäten und – nicht zuletzt – für die Entwicklung von Tests und Prüfungen.

Kernelement ist die Definition sprachlicher Kompetenzen in Form von Handlungsfähigkeiten. Dabei wird die Kann- und nicht die Kann-nicht-Perspektive eingenommen. D. h. es wird gemessen, was Sprachlernende imstande sind zu verstehen, zu äußern und in Interaktion und Mediation zu bewerkstelligen. Zur Unterscheidung der Könnensstufen werden drei Niveaus festgelegt: elementare, selbstständige und kompetente Sprachverwendung. Sie sind jeweils noch einmal unterteilt, so dass sechs Niveaustufen unterschieden werden.

Planungsinstrument

A		B		C	
Elementare Sprachverwendung		Selbständige Sprachverwendung		Kompetente Sprachverwendung	
/	\	/	\	/	\
A1 (Breakthrough)	A2 (Waystage)	B1 (Threshold)	B2 (Vantage)	C1 (Effective Operational Proficiency)	C2 (Mastery)

Abb. 9.1
Die sechs Niveaustufen im Gemeinsamen Europäischen Referenzrahmen

Was sich hinter den sechs Kategorien verbirgt, wird in einer allgemeinen Globalskala in der erwähnten Kann-Form umrissen:

Diese Grundeinteilung wird im Referenzrahmen auf verschiedene Bereiche von Sprachkompetenz angewandt. Sog. Deskriptoren definieren, auf welcher Niveaustufe sich die Sprachlernenden in dem jeweiligen Teilbereich – mündliche und/oder schriftliche Rezeption, Produktion, Interaktion und Sprachmittlung (vgl. Europarat 2001: 25) – befinden. Hier zur Veranschaulichung die Deskriptoren für die Niveaustufe B2 im mündlich-produktiven Teilbereich „Vor Publikum sprechen" (ebd.: 66):

Deskriptoren und Niveaustufen

> **B2** Kann eine klare, vorbereitete Präsentation vortragen und dabei Gründe für oder gegen einen Standpunkt anführen und die Vor- und Nachteile verschiedener Alternativen angeben.
>
> Kann flüssig und spontan eine Reihe von Nachfragen aufgreifen, ohne Anstrengung für sich oder das Publikum.

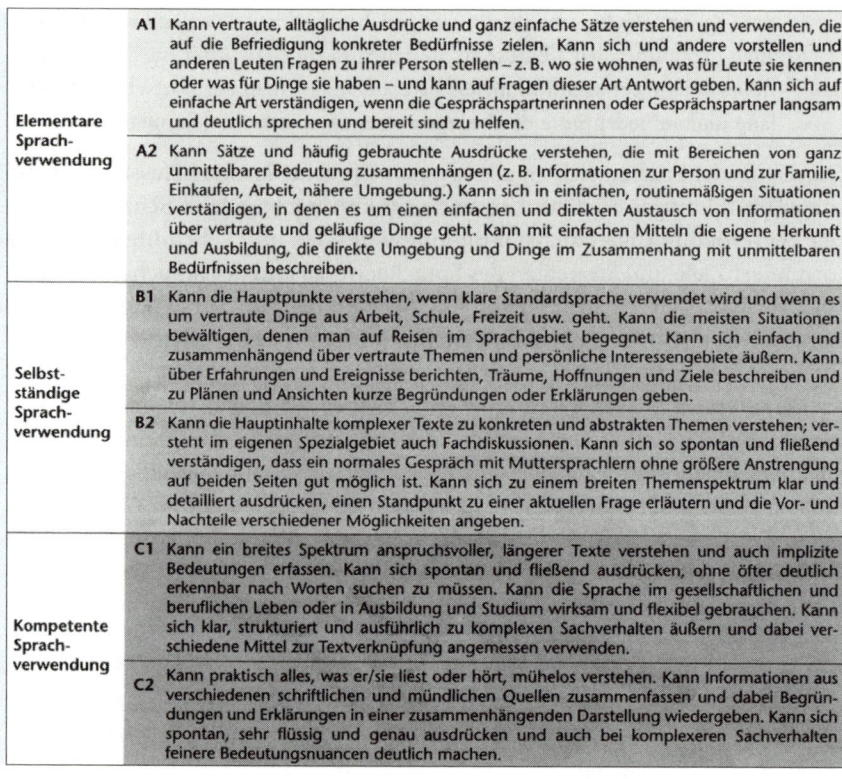

Abb. 9.2
Formulierung der
sechs Niveaustufen
im Gemeinsamen
Europäischen
Referenzrahmen

Elementare Sprachverwendung	**A1**	Kann vertraute, alltägliche Ausdrücke und ganz einfache Sätze verstehen und verwenden, die auf die Befriedigung konkreter Bedürfnisse zielen. Kann sich und andere vorstellen und anderen Leuten Fragen zu ihrer Person stellen – z. B. wo sie wohnen, was für Leute sie kennen oder was für Dinge sie haben – und kann auf Fragen dieser Art Antwort geben. Kann sich auf einfache Art verständigen, wenn die Gesprächspartnerinnen oder Gesprächspartner langsam und deutlich sprechen und bereit sind zu helfen.
	A2	Kann Sätze und häufig gebrauchte Ausdrücke verstehen, die mit Bereichen von ganz unmittelbarer Bedeutung zusammenhängen (z. B. Informationen zur Person und zur Familie, Einkaufen, Arbeit, nähere Umgebung.) Kann sich in einfachen, routinemäßigen Situationen verständigen, in denen es um einen einfachen und direkten Austausch von Informationen über vertraute und geläufige Dinge geht. Kann mit einfachen Mitteln die eigene Herkunft und Ausbildung, die direkte Umgebung und Dinge im Zusammenhang mit unmittelbaren Bedürfnissen beschreiben.
Selbstständige Sprachverwendung	**B1**	Kann die Hauptpunkte verstehen, wenn klare Standardsprache verwendet wird und wenn es um vertraute Dinge aus Arbeit, Schule, Freizeit usw. geht. Kann die meisten Situationen bewältigen, denen man auf Reisen im Sprachgebiet begegnet. Kann sich einfach und zusammenhängend über vertraute Themen und persönliche Interessegebiete äußern. Kann über Erfahrungen und Ereignisse berichten, Träume, Hoffnungen und Ziele beschreiben und zu Plänen und Ansichten kurze Begründungen oder Erklärungen geben.
	B2	Kann die Hauptinhalte komplexer Texte zu konkreten und abstrakten Themen verstehen; versteht im eigenen Spezialgebiet auch Fachdiskussionen. Kann sich so spontan und fließend verständigen, dass ein normales Gespräch mit Muttersprachlern ohne größere Anstrengung auf beiden Seiten gut möglich ist. Kann sich zu einem breiten Themenspektrum klar und detailliert ausdrücken, einen Standpunkt zu einer aktuellen Frage erläutern und die Vor- und Nachteile verschiedener Möglichkeiten angeben.
Kompetente Sprachverwendung	**C1**	Kann ein breites Spektrum anspruchsvoller, längerer Texte verstehen und auch implizite Bedeutungen erfassen. Kann sich spontan und fließend ausdrücken, ohne öfter deutlich erkennbar nach Worten suchen zu müssen. Kann die Sprache im gesellschaftlichen und beruflichen Leben oder in Ausbildung und Studium wirksam und flexibel gebrauchen. Kann sich klar, strukturiert und ausführlich zu komplexen Sachverhalten äußern und dabei verschiedene Mittel zur Textverknüpfung angemessen verwenden.
	C2	Kann praktisch alles, was er/sie liest oder hört, mühelos verstehen. Kann Informationen aus verschiedenen schriftlichen und mündlichen Quellen zusammenfassen und dabei Begründungen und Erklärungen in einer zusammenhängenden Darstellung wiedergeben. Kann sich spontan, sehr flüssig und genau ausdrücken und auch bei komplexeren Sachverhalten feinere Bedeutungsnuancen deutlich machen.

Die für eine solche an der Überprüfbarkeit von Teilkompetenzen interessierte Beschreibung notwendige Parzellierung von Sprache in Domänen der Sprachverwendung und Aspekte und Skalen von Kompetenz ist nicht unproblematisch. Dessen waren sich die Autoren selbst bewusst, als sie sich anschickten, „die große Komplexität menschlicher Sprache überschaubarer zu machen" und „Sprachkompetenz in ihre einzelnen Komponenten" (ebd.: 14) zu zerlegen. Kritisch merken sie an:

> Die Kompetenzen, die im Folgenden getrennt behandelt und klassifiziert werden, interagieren auf komplexe Weise bei der Entwicklung jedes einzelnen Menschen. Als sozial Handelnder geht jeder Mensch Beziehungen mit einem sich ständig erweiternden Geflecht überlappender sozialer Gruppen ein, was insgesamt seine Identität definiert. In einem interkulturellen Ansatz ist es ein zentrales Ziel fremdsprachlicher Bildung, eine günstige Entwicklung der gesamten Persönlichkeit des Lernenden und seines Identitätsgefühls als Reaktion auf die bereichernde Erfahrung des Andersseins anderer Sprachen und Kulturen zu fördern. Man muss es den Lehrenden und den Lernenden selbst überlassen, die vielen Teile wieder in ein sich abgerundet entwickelndes Ganzes zu integrieren. (ebd.)

Obwohl der Referenzrahmen als europäisches Instrument keine Verbindlichkeit für die nationalen Bildungssysteme in Anspruch nimmt, hat er doch in Deutschland und den einzelnen Bundesländern faktisch diesen Status: Bildungspolitische Maßnahmen im fremdsprachlichen Bereich orientieren sich einhellig an ihm, und zwar weniger an seinen Mehrsprachigkeitsforderungen als an seinen Sprachkompetenzbeschreibungen und -einordnungen.

Das Europäische Sprachenportfolio

|9.3

Eng mit dem Referenzrahmen verbunden ist eine weitere europäische Initiative: das Europäische Sprachenportfolio, das nach Voraberprobungen ebenfalls im Jahr 2001 offiziell in Umlauf gebracht wurde. Es handelt sich dabei um eine Sammelmappe im Eigentum der Sprachlernenden, in die sie Dokumente einlegen können, die Auskunft über ihre Sprachenkompetenz und deren Entwicklung geben. Der Auftrag zur Konzipierung des Europäischen Portfolios der Sprachen stammt wie der zur Entwicklung des Referenzrahmens aus dem Jahre 1991 und wurde ebenfalls auf der Konferenz in Rüschlikon beschlossen (vgl. Thürmann 2006: 434). Von 1998 bis 2000 wurden in einem guten Dutzend Länder und Regionen vier transnationale Portfolio-Fassungen für unterschiedliche Alters-, Lern- und Zielgruppen geprüft. Im Herbst 2000 setzte dann der Europarat ein Validierungskomitee ein, das seither für die Akkreditierung neuer Portfolio-Fassungen zuständig ist (für laufende Informationen vgl. http://www.coe.int/T/DG4/portfolio/, 15. 4. 2010).

Bestandteile

|9.3.1

Das Europäische Sprachenportfolio umfasst drei Teile:

(1) einen Sprachenpass, der z. B. bei Klassen- oder Schulwechsel, beim Übergang von einer Bildungsphase in die nächste und bei Bewerbungen und beruflichen Veränderungen vorgelegt werden kann. Er dokumentiert alle Sprachfähigkeiten des Eigentümers/der Eigentümerin, unabhängig davon, ob sie innerhalb oder außerhalb der Schule erworben wurden. Diese Fähigkeiten werden nach den Niveaustufen des Referenzrahmens eingestuft und beschrieben. Darüber hinaus enthält er Informationen über erworbene Zertifikate und abgelegte Prüfungen sowie über Kurse, an denen der Inhaber/die Inhaberin teilgenommen hat, und über Auslandskontakte und -aufenthalte. Seit 2005 sind in Vernetzung mit dem Europäischen Sprachenportfolio und seinen Bestandteilen verschiedene Varianten eines Europasses entwickelt worden, z. B. das „Europass Diploma Supplement" oder der „Europass Mobilität".   Sprachenpass

(2) eine Sprachenbiografie – gelegentlich auch Logbuch genannt –, die die eigene Sprachlerngeschichte und interkulturelle Erfahrungen aufzeichnet. Dafür werden Instrumente zur Selbstbeurteilung und Hilfen zur Reflexion   Sprachenbiografie

und Planung eigener Zielsetzungen und Überprüfungen des Sprachenlernens bereitgestellt.

Dossier (3) ein Dossier mit einer Sammlung eigener, selbst ausgewählter Arbeiten, die dokumentieren, was man in verschiedenen Sprachen geschaffen hat.

9.3.2 | Funktionen

Zwei Grundfunktionen Zwei Grundfunktionen standen bei der Konzeption im Mittelpunkt: zum einen eine lerner- und lernprozessorientierte, pädagogische, in der das Portfolio als Lernbegleiter für das alltägliche Sprachenlernen dient, zum anderen eine mitteilungsorientierte, dokumentarische Funktion, in der das Portfolio als Berichts- und Vorzeigedokument den aktuellen Lern- und Erfahrungsstand veranschaulicht.

> Das europäische Portfolio der Sprachen erfüllt im Bereich des Fremdsprachenlernens zwei Aufgaben: Es ist zugleich Lernbegleiter und Informationsinstrument. Es gibt Anregungen und Hinweise und stellt eine Reihe von Arbeitsblättern und Formularen zur Verfügung, welche die Schülerinnen und Schüler einerseits für das Sprachenlernen motivieren und ihnen dabei helfen sollen und sie andererseits bei der Erstellung einer guten Dokumentation ihrer sprachlichen und interkulturellen Lern- und Kommunikationserfahrungen unterstützen.
>
> Mit Hilfe des Sprachenportfolios können die Schülerinnen und Schüler eine strukturierte Sammlung von Dokumenten unterschiedlichster Art (z. B. Bestätigungen, Selbstbeurteilungen, Zertifikate) und von Beispielen persönlicher Arbeiten zusammenstellen und immer wieder ergänzen und aktualisieren, um ihre Mehrsprachigkeit, ihre Kompetenzen in verschiedenen Sprachen, ihr Sprachenlernen, ihre Sprachkontakte und ihre interkulturellen Erfahrungen für sich selbst und für andere transparent und international vergleichbar zu dokumentieren. (http://www.learn-line.nrw.de/angebote/eps2, 3.1.2010)

Lernbegleiter Als Lernbegleiter ermöglicht das Sprachenportfolio den Lernenden, ihre Sprachlernprozesse wahrzunehmen, zu reflektieren und zu steuern. „Lernende sollen – im Sinne selbstbestimmten Lernens – mehr Verantwortung zum einen für die Beurteilung des eigenen Könnens, zum anderen für den Lernprozess übernehmen" (Kolb 2007: 33). Das Sprachenportfolio soll damit zu Lernerautonomie und Individualisierung des Lernens beitragen: sich eigene Ziele setzen, Lern- und Erschließungsstrategien erproben und reflektieren, Selbsteinschätzung üben usw. Das Portfolio kann dabei Instrument für lebenslanges Lernen werden, also z. B. individuelle Sprachlernziele enthalten und den Transfer von einmal erworbenen Sprachlernkompetenzen auf das Lernen weiterer Sprachen anregen.

Vorzeigedokument In seiner Funktion als Vorzeigedokument bezieht es sich nicht nur auf Leistungen in den Schulsprachen, sondern erfasst auch Erfahrungen und Kompetenzen in anderen Sprachen, nicht zuletzt in den sog. Herkunftssprachen.

150

Damit trägt es zu deren Wertschätzung bei und versteht sich insofern auch als Instrument der Mehrsprachigkeitsförderung. Zugleich ist es ein alternatives Beurteilungsinstrument, das sich am Können und nicht an den Defiziten orientiert, dabei nach außen informativ ist und zudem Inspiration sein kann, das eigene Sprachenlernen weiter voranzutreiben. „Diese Erweiterung bezieht sich auf den Zeitraum (Beobachtung von Entwicklung statt punktueller Leistungsfeststellung), die Art der Aufgabenstellungen und die sprachlichen Fähigkeiten (komplexere kommunikative Fähigkeiten)", so Kolb (2007: 32).

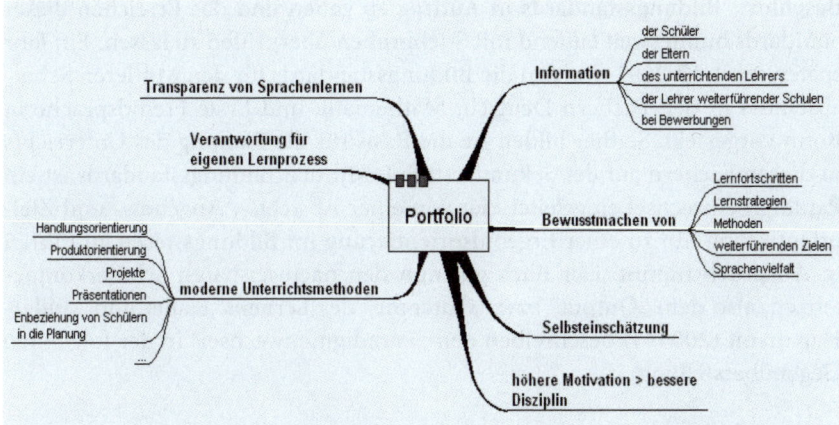

|Abb. 9.3

Funktionen des Europäischen Portfolios der Sprachen

Mit allen diesen Funktionen verfolgt das Sprachenportfolio, wie dies auch der Referenzrahmen tut, sprachenpolitische Ziele und Ziele der Schul- und Unterrichtsentwicklung. Thürmann zufolge verlangt das Europäische Portfolio der Sprachen Schulen und Unterrichtenden einiges ab, nämlich:

- die didaktisch-curriculare Koordination des EPS in mehreren sprachlichen Fächern und damit die Stärkung des fachübergreifenden und fächerverbindenden Lernens
- die Umstellung der unterrichtlichen Praxis in Richtung schülerorientierter und schüleraktivierender Arbeitsformen und die fördernde Begleitung des selbstgesteuerten und selbstverantworteten Lernens
- die didaktisch-curriculare Aufwertung des interkulturellen Lernens (2006: 435)

Kompetenzorientierung und Bildungsstandards |9.4

Dass der GER in der Bildungspolitik eine so breite Wirkung entfalten konnte, hängt nicht zuletzt damit zusammen, dass seine Entstehung in eine Zeit fiel, in der die Befunde aus Vergleichsuntersuchungen von Schulleistungen – PISA (2001), IGLU (2003), DESI (2008) u. a. – in Deutschland eine tief greifende bildungspolitische Verunsicherung auslösten und in der Bildungspolitik eilige Maßnahmen für eine Verbesserung gefragt waren.

9.4.1 | Der Paradigmenwechsel zur Kompetenz- und Standardorientierung

Die Misere in zahlreichen Bereichen des Bildungswesens in Deutschland und das bedenkliche Gefälle zwischen den einbezogenen nationalen Bildungssystemen wie auch den einzelnen Bundesländern und innerhalb der Schülerpopulation veranlassten die Kultusministerkonferenz (KMK) 2002 zu dem Beschluss, Bildungsstandards in Auftrag zu geben und das Erreichen dieser Standards bundesweit laufend mit Stichproben überprüfen zu lassen. Ein Jahr später, am 4.12.2003, wurden die Bildungsstandards für den Mittleren Schulabschluss in den Fächern Deutsch, Mathematik und Erste Fremdsprache in Bonn vorgestellt. Seither bilden sie die Basis für die Planung des Unterrichts in diesen Fächern auf der Sekundarstufe I. Mit den Bildungsstandards ist ein
von der Ziel- zur Ergebnisorientierung Paradigmenwechsel eingeleitet, der von einer Absichts-, Angebots- und Zielorientierung hin zu einer Ergebnisorientierung im Bildungswesen zu führen in Anspruch nimmt. Der Blick gilt nun den nachweisbaren Schülerkompetenzen, also dem „Output" bzw. „Outcome" des Lernens. Hallet und Müller-Hartmann (2006: 3) beschreiben den „Paradigmenwechsel" in der folgenden Gegenüberstellung:

Lehrpläne Orientierung auf Lernziele	**Bildungsstandards** Orientierung auf Lernergebnisse
– beschreiben **Intentionen** und **Fachinhalte** im Rahmen des schulischen Bildungs- und Erziehungsauftrags	– beschreiben konkrete **Leistungserwartungen** zu den Kernbereichen eines Faches
– sprechen **fachspezifisch** und **fachübergreifend** von **Lernkompetenz** mit den Aspekten der Sach-, Methoden-, Selbst- und Sozialkompetenz	– sprechen **im Fach** von **Kompetenzbereichen**, beziehen sich auf unterschiedliche Anforderungsniveaus, sind konkretisiert durch Aufgabenbeispiele
– sind **verbindlich,** werden bislang nicht regelmäßig auf Realisierung im Unterricht überprüft	– sollen durch Vergleichsarbeiten regelmäßig **überprüft** und **weiterentwickelt** werden
– geben Anregungen für die **Unterrichtsgestaltung** sowie zur **Leistungsermittlung**	– geben Anregungen für die gezielte Auswertung und Weiterentwicklung der **Unterrichtsergebnisse**
	– sind **abschlussbezogene Regelstandards**

Tab. 9.1 | Von der Lehrplan- zur Bildungsstandardorientierung

9.4.2 | Begriffsbestimmungen

Mit der Hinwendung zu Bildungsstandards wird der Lernzielkatalog, der bis dahin als leitend für die Unterrichtsplanung und -überprüfung galt, durch Kompetenz- und Standardmodelle abgelöst. In Deutschland sind sie das zentrale bildungspolitische Steuerungsinstrument zu Beginn des 21. Jahrhunderts.

Ein Kompetenzmodell legt Kernbereiche eines Fachgebiets fest, definiert für jeden der Kernbereiche die darin zu erwerbenden Kompetenzen und stuft sie in Niveaus ihrer Ausprägung. Es orientiert sich an Lernergebnissen und geht davon aus, dass eine Kompetenz durchaus an unterschiedlichen Inhalten erworben werden kann. Kompetenzen werden so beschrieben, dass ihr Erreichen beobachtbar ist und getestet werden kann. Dafür werden aussagekräftige Aufgaben ersonnen, bei deren Bearbeitung sich erweisen muss, auf welchem Niveau oder Standard sich die Kompetenz des Individuums in dem Bereich befindet. Bildungsstandards legen anhand von Kriterien den Grad der Befähigung fest, den Schüler/innen auf einer bestimmten Lernstufe erreicht haben sollen. Dabei wird zwischen Mindest-, Regel- und Maximal-/Optimalstandards unterschieden.

Definition

Eine Fülle von Definitionen zum Begriff ‚Bildungsstandard' findet sich unter http://beat.doebe.li/bibliothek/w01694.html (10.01.2010).

Kompetenzen erweisen sich also erst im Zusammenspiel von Fähigkeiten bei der Bewältigung von mehr oder weniger komplexen Aufgaben bzw. Anforderungssituationen und stehen unter dem Gebot der Test- und Standardisierbarkeit. Das verspricht Freiheiten bei der Wahl von Unterrichtsinhalten und -gegenständen, erzwingt aber eine Orientierung an verbindlichen Ergebnissen. Eine Schlüsselrolle spielen dabei die Aufgaben. Sie laufen Gefahr, so konzipiert zu werden, dass ihre Überprüfbarkeit den entscheidenden Maßstab abgibt und der Unterricht zum *teaching to the test* verkommt.

Test- und Standardisierbarkeit

In der bildungspolitischen Diskussion wird allerdings meist eine weite Fassung des Kompetenzbegriffs entsprechend der Definition von Franz Weinert zugrunde gelegt:

> Kompetenzen sind die bei Individuen verfügbaren oder von ihnen erlernbaren kognitiven Fähigkeiten und Fertigkeiten, bestimmte Probleme zu lösen, sowie die damit verbundenen
> – volitionalen (= durch Willen beeinflussbaren),
> – motivationalen (= antriebsorientierten) und
> – sozialen (= kommunikationsorientierten)
> Bereitschaften und Fähigkeiten, die Problemlösungen in variablen Situationen nutzen zu können. (Weinert 2001: 27 f.)

Weinerts Definition und seine Bestimmung von Fähigkeit, Wissen, Verstehen, Können, Handeln, Erfahrung und Motivation als Facetten von Kompetenz liegen auch der Expertise zur Entwicklung nationaler Bildungsstandards zugrunde, die eine Kommission unter Leitung von Eckhard Klieme verfasste. In ihr wird hoffnungsvoll die Nähe zwischen Kompetenz und Bildung unterstrichen. Kompetenzen, so heißt es da, seien

Kompetenz und/oder Bildung

> Fähigkeiten der Subjekte, die auch der Bildungsbegriff gemeint und unterstellt hatte: Erworbene, also nicht von Natur aus gegebene Fähigkeiten, die an und in bestimmten Dimensionen der gesellschaftlichen Wirklichkeit erfahren wurden

und zu ihrer Gestaltung geeignet sind, Fähigkeiten zudem, die der lebenslangen Kultivierung, Steigerung und Verfeinerung zugänglich sind, so, dass sie sich intern graduieren lassen, z. B. von der grundlegenden zur erweiterten Allgemeinbildung; aber auch Fähigkeiten, die einen Prozess des Selbstlernens eröffnen, weil man auf Fähigkeiten zielt, die nicht allein aufgaben- und prozessgebunden erworben werden, sondern ablösbar von der Ursprungssituation, zukunftsfähig und problemoffen. (Klieme u. a. 2007: 65)

9.4.3 | Die Bildungsstandards für die erste Fremdsprache (Englisch/Französisch) für den Mittleren Schulabschluss

Im Mai 2003 traf die KMK eine Vereinbarung über Standards für den Mittleren Schulabschluss (Jahrgangsstufe 10) in den Fächern Deutsch, Mathematik und erste Fremdsprache, ein Jahr später erschienen die anderen Bildungsstandards für den Hauptschulabschluss. Sie sind u. a. eine Antwort auf die PISA-Befunde einer großen Streuung der Leistungen im föderalen Deutschland und fehlender Vergleichbarkeit und Urteilsgerechtigkeit (vgl. Köster-Bunselmeyer 2006: 77 f.). Die KMK griff dabei Bemühungen aus den frühen 1990er Jahren auf, „Qualifikationen zu beschreiben, die zugleich ein Niveau des Sprachkönnens erkennen lassen" (ebd.: 70). Die Bemühungen waren daran gescheitert, dass sie „nicht durch Aufgabenbeispiele mit dem Unterricht verknüpft und deshalb schwer aufschließbar für Lehrkräfte" waren und ohne „Perspektive einer Messung und Überprüfung" (ebd.: 71) auskommen mussten.

fehlende Vergleichbarkeit (margin note)

Tab. 9.2 | Die vier Kompetenzbereiche der Bildungsstandards für die erste Fremdsprache

Funktionale kommunikative Kompetenzen	
Kommunikative Fertigkeiten	**Verfügung über die sprachlichen Mittel**

– Hör- und Hör-/Sehverstehen
– Leseverstehen
– Sprechen
  – an Gesprächen teilnehmen
  – zusammenhängendes Sprechen
– Schreiben
– Sprachmittlung
	– Wortschatz
	– Grammatik
	– Aussprache und Intonation
	– Orthographie

Interkulturelle Kompetenzen	
– soziokulturelles Orientierungswissen – verständnisvoller Umgang mit kultureller Differenz – praktische Bewältigung interkultureller Begegnungssituationen	
Methodische Kompetenzen	
– Textrezeption (Leseverstehen und Hörverstehen) – Interaktion – Textproduktion (Sprechen und Schreiben) – Lernstrategien – Präsentation und Mediennutzung – Lernbewusstheit und Lernorganisation	

Für die erste Fremdsprache wurden drei Kompetenzbereiche identifiziert sowie als vierter Bereich die Verfügung über sprachliche Mittel (vgl. KMK 2004: 8). Diesem letzten Bereich wird allerdings nur „dienende Funktion" zugesprochen, denn: „Im Vordergrund steht die gelungene Kommunikation" (ebd.: 14).

Fachliches und kompetenzbezogenes Lernen fusionieren in diesem Konzept – Köster-Bunselmeyer (2006: 79) sieht in ihm eine „radikale Konzentration des Faches auf seine Kernbereiche aus der Sicht des Nutzers". Eine radikale Neuerung stellt das Konzept jedoch nicht dar. Das bisherige Leitziel von Fremdsprachenunterricht, nämlich die kommunikative und interkulturelle Kompetenz in der anderen Sprache, wird vielmehr aufgegriffen und dabei vor allem der Sprachhandlungsgedanke ausbuchstabiert und bekräftigt. Hier ist Kontinuität erkennbar.

Das mittlere Niveau, das die Schülerinnen und Schüler beim Mittleren Schulabschluss in der ersten Fremdsprache erreicht haben sollen, ist die Stufe B1 (selbstständige Sprachverwendung) des GER. In einigen Bereichen, vor allem in rezeptiven Kompetenzen in Englisch, wird auch B1+ als Standard angesetzt. Die festgelegten Standards sind Regel-, nicht Minimalstandards, was, so eine verbreitete Befürchtung, „im Lernprozess zu einer Vernachlässigung der schwächeren Lerner führen" (Hallet/Müller-Hartmann 2006: 8) kann. Die Klieme-Kommission hatte für Mindeststandards plädiert.

Regel- vs. Mindeststandards

Hier die Vorschläge für Textsorten und Aufgabenformen zum Kompetenzbereich „Kommunikative Fertigkeiten" im Fach Französisch (KMK 2004: 20):

Kommunikative Fertigkeiten	Niveaustufe	Textsorte/Textart	Aufgabenformen
Hörverstehen	B 1	Zugansage (Kurz)interviews Telefongespräch	Auswahlantworten Einsetzaufgaben
Leseverstehen	B 1	Interviewzitate	Informationen nach vorgegebenen Kriterien auswerten und zuordnen
	B 1	Zeitschriftenartikel	Informationen nach vorgegebenen Kriterien auswerten und zuordnen
	B 1	Erzählung (Auszug)	Informationen nach vorgegebenen Kriterien auswerten und zuordnen
Sprechen – Zusammenhängendes Sprechen/An Gesprächen teilnehmen	B 1	Bildimpuls	Kontakt aufnehmen Bildinhalte präsentieren Meinungen austauschen
Schreiben	B 1	Kleinanzeige	ein Bewerbungsschreiben verfassen
	B 1	Anzeige	eine Anfrage verfassen
Sprachmittlung – mündlich	B 1	Hotelprospekt	Informationen auf Deutsch zusammenfassen
Sprachmittlung – schriftlich	B 1	Werbebroschüre	Informationen auf Französisch zusammenfassen

| Tab. 9.3
Textsorten und Aufgabenbeispiele für den Kompetenzbereich Kommunikative Fertigkeiten

In der „Anlage zu den Bildungsstandards 1. Fremdsprache Englisch/Französisch" (KMK 2003) werden die Teilkompetenzen genauer gefasst. Aus dem Vergleich der Beschreibung der Teilkompetenz „Zusammenhängendes Sprechen" nach Klasse 9 und Klasse 10 wird deutlich, wie schwierig die deskriptive Unterscheidung von Niveaustufen ist.

Tab. 9.4

Teilkompetenz „Zusammenhängendes Sprechen" in der „Anlage zu den Bildungsstandards 1. Fremdsprache Englisch/Französisch" der KMK

Hauptschulabschluss (nach Klasse 9)	Mittlerer Abschluss (nach Klasse 10)
Die Schülerinnen und Schüler können eine einfache Beschreibung von Menschen, Lebens-, Schul- oder Arbeitsbedingungen, Alltagsroutinen, Vorlieben oder Abneigungen usw. geben und zwar in kurzen, einfach strukturierten Wendungen und Sätzen (A2). Sie können – eine kurze, einfache Präsentation zu einem vertrauten Thema geben (A2), – etwas erzählen und in Form einer einfachen Aufzählung berichten (A2), – kurz und einfach über eine Tätigkeit oder ein Ereignis berichten (A2).	Die Schülerinnen und Schüler können Erfahrungen und Sachverhalte zusammenhängend darstellen, z. B. beschreiben, berichten, erzählen und bewerten (B1). Sie können – mit einfachen Mitteln Gegenstände und Vorgänge des Alltags beschreiben, z. B. Rezepte, Wegbeschreibungen, Spielregeln, Bedienungsanleitungen (A2), – eine vorbereitete Präsentation zu einem vertrauten Thema vortragen, wobei die Hauptpunkte hinreichend präzise erläutert werden (B1), – für Ansichten, Pläne oder Handlungen kurze Begründungen oder Erklärungen geben (B1).

Und schließlich zur Veranschaulichung ein konkretes Aufgabenbeispiel für Französisch um einen Auszug aus Tahar Ben Jellouns *Rachid l'Enfant de la télé*:

Text 9.1

Standardbezug [s. Tab. 9.2: Textrezeption]
Die Schülerinnen und Schüler können die Aussage einfacher literarischer Texte verstehen.

Hinweise
Der Inhalt orientiert sich an der Lebenswelt der Schülerinnen und Schüler. Die Schülerinnen und Schüler haben mit einfachen literarischen Texten gearbeitet. Das Aufgabenformat „multiple choice" ist ihnen vertraut. Einfache französischsprachige Arbeitsanweisungen sind erarbeitet und geübt worden. Die Nutzung eines zweisprachigen Wörterbuchs ist möglich. Die folgende Aufgabe ist auf 20–25 Minuten angelegt.

Lösungserwartungen
Die Schülerinnen und Schüler erfassen die wesentlichen Textaussagen und können entsprechend die angemessene Zuordnung in den „multiple choice"-Aufgaben vornehmen.

Consigne

Lisez le texte et les questions. Marquez la réponse correcte par une croix (**X**).

[…]

Catastrophe! La télé tombe en panne! Malheureux et triste, Rachid tourne en rond dans l'appartement. Il essaie de réparer l'appareil, en vain. Il demande à sa mère s'il peut aller chez les voisins pour regarder la télé, mais les voisins sont absents. Alors il met les écouteurs de son walkman sur les oreilles et ferme les yeux, mais aucune image n'apparaît. Il n'ouvre plus son cartable, ne boit plus son chocolat. Il boude, devient méchant avec sa sœur et, quand son père rentre, il casse une assiette. Puni, Rachid va dans sa chambre sans dîner. […]

« Qu'est-ce que je vais devenir sans télé? se dit-il. Je vais devenir rien, un clochard à la maison, […]! C'est quoi, cette télé qui ne fonctionne plus? Ce n'est pas une vraie télé. Je vais écrire dans les journaux et les gens n'achèteront plus cette marque … » Cette nuit-là, il fait un cauchemar: des images de toutes les couleurs envahissent sa chambre, déchirent ses livres et ses cahiers. Elles sortent d'une télévision éteinte[5] et traversent les murs, les fenêtres et même le petit corps de Rachid […]. Il appuie de toutes ses forces sur la télécommande mais rien ne s'arrête […].

Alerté par les cris, son père vient le voir. Rachid est en larmes, […]. Il le serre dans ses bras et promet de lui faire un beau cadeau, un beau voyage au Maroc pour les vacances de Pâques. […] «Les images ne sont que des images, lui dit son père. Que dirais-tu d'aller derrière ces images pour découvrir des paysages merveilleux, des montagnes extraordinaires, des forêts immenses avec des arbres plus hauts que notre immeuble, des plaines infinies, des animaux sauvages, un ciel bleu le jour, plein d'étoiles la nuit …?

Annotations:

1. il tourne en rond; *Il va et vient* – 2. le cartable; *la serviette* – 3. bouder; *être de mauvaise humeur* – 4. envahir; *entrer dans* – 5. une télévision éteinte; *qui n'est pas allumée* – 6. alerté; *alarmé*

1. Rachid est malheureux parce que…/qu'…
A. sa petite copine dont il est très amoureux ne lui téléphone pas.
B. la télévision ne fonctionne pas.
C. l'émission qu'il aime le plus va commencer bientôt.
D. il cherche la télécommande.

2. Il veut aller chez les voisins pour …
A. faire ses devoirs.
B. aller promener leur chien.
C. regarder la télé.
D. leur dire bonjour.

3. Rachid va dans sa chambre sans dîner. Pourquoi?
A. Il n'a pas faim.

B. Il est trop fatigué.

C. Il n'aime pas ce que sa mère a préparé.

D. Il a été méchant.

4. Le garçon décide d'écrire aux journaux. Pourquoi?

A. Il aime écrire des lettres.

B. Il veut dire aux lecteurs d'acheter une télé d'une autre marque.

C. Il veut connaître le titre d'une émission.

D. Il n'a pas envie de faire ses devoirs.

5. Pendant les vacances de Pâques, son père lui offre un voyage au Maroc. Pourquoi?

A. Rachid doit connaître sa famille.

B. Rachid a besoin d'un changement de climat pour sa santé.

C. Rachid doit connaître la différence entre les images et la réalité.

D. Rachid doit écrire un article de journal sur les paysages au Maroc.

9.5 | Kritik an der Sprachenpolitik

Während die Initiativen zur Mehrsprachigkeit erst sehr verhalten Wirkung in der Bildungslandschaft zeigen und das Europäische Sprachenportfolio trotz breiter Akzeptanz bisher mit den Schwierigkeiten der Implementation ringt, sind die Bildungsstandards und auf dem Weg über sie auch der GER bereits weitgehend durchgesetzt. Sie sind allerdings auch Gegenstand von profunder Kritik.

Vielen erscheinen sie als Wiederkehr von Totgeglaubtem, denn hier leben Überlegungen aus behavioristischen Konzepten der 1970er Jahren wieder auf. Damals ging es um die Formulierung verbindlicher Inhaltsbereiche und Lernziele, um die „Operationalisierung" von Wissens- und Könnensbeständen, um die zuverlässige Überprüfbarkeit von Lernergebnissen. Lernziele waren auch damals nicht als fromme Wünsche („Die Schüler/innen sollen …"), sondern als beobachtbares Verhalten („Die Schüler beschreiben, unterscheiden, benennen …") zu formulieren. Dieses behavioristische Insistieren auf dem Sichtbaren war in Chomskys Unterscheidung zwischen Kompetenz und Performanz problematisiert worden, aus der folgte, „dass aus beobachtbarem Verhalten nicht mit Sicherheit auf die zugrunde liegenden, zur Planung, Steuerung, Ausführung und Bewertung einer Handlung erforderlichen psychischen Ressourcen und Organisationskapazitäten geschlossen werden kann." (Küster 2006a: 19)

Heute ist zwar durchweg die Rede von Kompetenzen, aber bei der Formulierung zahlreicher Aufgabenbeispiele und bei der geforderten Orientierung am Beobachtbaren „wird in Kauf genommen, dass die Grenzen zwischen Kompetenz- und Performanzaspekten verschwimmen und die Komplexität von Lern- und Bildungsprozessen aus dem Blick zu geraten droht" (ebd.). Mit der Testdiagnoseorientierung ist die Kompetenzorientierung schwer verein-

Wiederkehr von Totgeglaubtem

bar. Diese wird von jener derzeit aus dem Feld geschlagen. Das ist daran zu erkennen, dass instrumentelle Ziele in den Bildungsstandards differenziert ausformuliert und für die Überprüfbarkeit aufbereitet sind, interkulturelle, musisch-ästhetische und reflexive dagegen nicht. Sprache und Kommunikation sind auf Funktionalität reduziert; komplexe Prozesse der Verständigung, der Sinnstiftung und Bedeutungsaushandlung verschwinden aus dem Blickfeld. Lothar Bredella (2006a: 113) weist in seiner Analyse der Bildungsstandards für die erste Fremdsprache nach, dass die Aufgaben zum Leseverstehen „wesentliche Aspekte des Leseprozesses nicht berücksichtigen. Ein Grund für diese Schwäche liegt wohl darin, dass die Aufgaben sich nicht an den Einsichten der Lese-, sondern an der Testdidaktik orientieren." Das Denken vom Ende, von der Testbarkeit her, wird angeregt, nicht das Denken von den Schüler/innen und ihren Bildungsprozessen her.

Reduktion auf Funktionalität

Wolfgang Hallet und Andreas Müller-Hartmann sehen nicht nur die Gefahr des *teaching to the test* gegeben, sondern bezweifeln ebenfalls, dass die Aufgabenbeispiele „tatsächlich dem ihnen zugrunde liegenden Kompetenzbegriff entsprechen" (2006: 5). Sie fordern daher die Entwicklung von Aufgaben, „die weit über die Aufgabenbeispiele der Standards hinausgehen" (ebd.). Auch die Kommission um Klieme warnt vor der Gefahr, die Schüler/innen trivialen, fragmentierten Sprachlernangeboten auszusetzen. Genau diesen Mangel hatten die internationalen Vergleichsstudien aus den Schülerleistungen abgelesen und „mangelnde Kumulativität des schulischen Lernens" (Klieme 2007: 27) verantwortlich gemacht.

Trivialisierung von Sprachlernangeboten

Bildungsziele wie Mündigkeit, Solidarität, Toleranz, Fremdverstehen werden letztlich entwertet, denn sie widersetzen sich der Standardisierung: Sie brauchen Langfristigkeit und sind schwer testbar. Hartmut von Hentig zitierend verteidigt Lothar Bredella indes solche Ziele, weil sie „zwar nicht eindeutig messen, was ein Schüler nach einer bestimmten Zeit gelernt haben muss, aber die Richtung der Lehrenden und Lernenden bestimmen" (2006: 109).

Der im Europäischen Sprachenportfolio zum Ausdruck kommende Wunsch nach mehr Gelegenheit zu autonomem Lernen und Selbsteinschätzung wird ebenfalls als zweischneidig betrachtet. Einerseits ist der Gedanke der Individualisierung und der Selbstplanung, -gestaltung und -evaluation von Lernprozessen kennzeichnend für schülerorientierten Unterricht und geradezu eine Gegenbewegung gegen die Standardisierung. Andererseits erschwert die enge Anbindung des Sprachenportfolios an den GER und seine Niveauskalen diese Gegenbewegung und verhindert, dass die Schüler/innen in ihrer Heterogenität wirklich als Akteur/innen und Subjekte ihrer eigenen Bildungsprozesse ins Spiel kommen können. „Es ist der Ausverkauf der Pädagogik, der sich hier vollzieht", schreibt Rolf Arnold (2005: 66), der in der Standardorientierung ein neoliberales Steuerungs- und Kontrollinstrument sieht.

neoliberales Kontrollinstrument

So dramatisch sieht Tenorth (2005) das zwar nicht, aber auch er betont, dass eine zuverlässige Bestimmung von Kompetenzen und Standards nach

159

unverrückbaren und objektiven Normen eine Illusion sei. Über welche Kompetenzen Lernende am Ende einer Jahrgangsstufe verfügen sollen, welche Lernerbilder, Sprachvorstellungen und Schulkonzepte dabei im Blick sind, das ist Sache kontroverser gesellschaftlicher Aushandlungsprozesse, und dabei spielen Machtverhältnisse und Interessen eine Schlüsselrolle. „Legitimation gewinnt dieser Prozess einerseits durch die Absicherung in politisch eindeutigen Entscheidungsprozessen, andererseits dadurch, dass er sich selbst der Erprobung unterwirft – und offen ist für Revision", fordert deshalb Tenorth (2005: 31). Es gilt also, diesen Prozess kritisch zu beobachten, ihn offen zu halten und an seiner Gestaltung mitzuwirken.

Zusammenfassung

Die obige Einheit widmet sich sprachenpolitischen Innovationen zu Beginn des 21. Jahrhunderts, die ohne den europäischen Zusammenschluss undenkbar wären. Europa muss sich mit der Frage der sprachlichen Vielfalt auseinandersetzen und tut dies auch, wie gezeigt wurde. Dabei sind die Weltsprachen Französisch, Spanisch und besonders Englisch mächtige Kontrahenten der Sprachen mit geringerer internationaler Reichweite. Neben den Mehrsprachigkeitsinitiativen wurden Bestrebungen vorgestellt, das Sprachenlernen in Europa zu vereinheitlichen. Von zentraler Bedeutung ist hierbei vor allem der vom Europarat in Auftrag gegebene Gemeinsame Europäische Referenzrahmen für Sprachen (GER). Er legt Kompetenzen in sprachlich-kommunikativen Kernbereichen fest, liefert durch Niveauskalen und Deskriptoren Gradmesser für deren Erreichen und ist prinzipiell auf jede Sprache anwendbar. Daneben wurde als weitere Innovation das Europäische Sprachenportfolio beschrieben, das der Dokumentation der Kompetenzen eines Individuums in allen ihm verfügbaren Sprachen dienen, den individuellen Sprachlernprozess sichtbar machen und zur Planung eigener Sprachlernvorhaben anregen soll. Schließlich wurde der Einfluss des GER auf die nationale Einrichtung von Bildungsstandards durch die KMK beschrieben und an den Bildungsstandards für die erste Fremdsprache illustriert. Die Einheit schließt mit einem Blick auf kritische Aspekte einer standardorientierten Schulsprachenpolitik.

Aufgaben

1 In der derzeitigen Bildungspolitik sind Tendenzen der *Outcome*- und Standardorientierung mächtig, während in der Erziehungswissenschaft einschließlich der Fremdsprachendidaktik für Subjekt- und Bildungsprozessorientierung plädiert wird. Lassen sich beide versöhnen?

2 Lesen Sie Karin Vogts (2006: 24 ff.) Auseinandersetzung mit den Aufgabenbeispielen der Bildungsstandards, schreiben Sie ihre Kernaussagen nieder und beziehen Sie dazu Stellung.

3 Entwickeln Sie eine eigene Schreibaufgabe für die Niveaustufe A2 und halten Sie die Schwierigkeiten fest, die Ihnen bei der Entwicklung der Aufgabe begegnen.

4 Worin sehen Sie die Vorzüge, worin die Probleme des Europäischen Sprachenportfolios?

Zum Weiterlesen

Decke-Cornill, Helene/Gebhard, Ulrich (2007): Ästhetik und Wissenschaft: Zum Verhältnis von literarischer und naturwissenschaftlicher Bildung. In: Bredella, Lothar/Hallet, Wolfgang (Hrsg.): *Literaturunterricht, Kompetenzen, Bildung.* Trier: WVT, 11–29.

Themenheft „Bildungsstandards": *Der fremdsprachliche Unterricht Englisch* (41) 81 (2006).

Timm, Johannes-Peter (Hrsg.) (2006): *Fremdsprachenlernen und Fremdsprachenforschung: Kompetenzen, Standards, Lernformen, Evaluation.* Tübingen: Narr.

Sprachliche Mittel funktional-kommunikativer Kompetenzen: Wortschatz und Grammatik

Die in der vorigen Einheit vorgestellten Bildungsstandards haben auf den ersten Blick zwar nur eine begrenzte Tragweite (die erste Fremdsprache der Sekundarstufe I), dennoch haben sie eine modellbildende Funktion auch für alle anderen Sprachlernfelder, zumal die länderspezifischen Rahmen- bzw. Lehrpläne sich in der Regel nach ihnen richten. Daher werden auch wir uns im Folgenden an dem in ihnen verankerte Kompetenzmodell orientieren. Wie oben gesehen, kommt in ihm den **funktional-kommunikativen Kompetenzen** eine dominante Stellung zu. Entsprechend ausführlich gehen wir auf diese ein, zunächst in Einheit 10 auf den Sektor der sprachlichen Mittel, und hier insbesondere auf die Wortschatz- und Grammatikarbeit, bevor wir in Einheit 11 die **kommunikativen Fertigkeiten** näher vorstellen. Hier wie dort möchten wir Perspektiven aufzeigen, mit welchen unterrichtlichen Verfahren der Erwerb sprachlicher Mittel mit dem der kommunikativen Fertigkeiten verzahnt werden kann. In den anschließenden Einheiten wenden wir uns dann den Feldern der methodischen und der interkulturellen Kompetenzen zu, gehen aber auch auf einen zu Unrecht vernachlässigten Bereich, den der literarisch-ästhetischen Kompetenz und Bildung, näher ein.

> dominante Stellung der funktional-kommunikativen Kompetenzen

Aus der Sicht der Bildungsstandards sind die sprachlichen Mittel allesamt den kommunikativen Fertigkeiten unter- und zugeordnet. Ihnen kommt mithin kein Wert „an sich" zu. Wortschatz und Grammatik als vormals zentrale Säulen des fremdsprachlichen Anfangsunterrichts sind nun vielmehr beide eng auf die fünf sprachlich-kommunikativen Fertigkeiten zu beziehen. Doch sehen wir uns zunächst die beiden Bereiche im Einzelnen an.

Wortschatzarbeit

> **10.1**

Der Begriff des Wortschatzes ist eine Metapher, die irreführende Assoziationen nahe legt. So denken wir beim Wort „Schatz" vielleicht an Stevensons „Die Schatzinsel" oder an andere Abenteuergeschichten, in denen es um verborgene Schätze voller Kostbarkeiten geht. Schätze werden sorgsam gehütet und versteckt, damit sie nicht geraubt oder unachtsam vergeudet werden. Wie wir sehen werden, verhält es sich mit dem Wortschatz jedoch ganz anders. Sein Reichtum wächst, wenn die Schatztruhe – um im Bild zu bleiben – weit offen ist und ihr Inhalt eifrig zirkuliert. Auch besteht dieser Inhalt weniger aus einzelnen Elementen, welche Goldstücken vergleichbar wären, sondern

> Metaphorik

aus einem dichten Gewebe von Verbindungen. In Bezug auf den individuellen Wortschatz sprechen wir auch vom **mentalen Lexikon**. Doch auch diese Metapher ist trügerisch. Zwar kommt sie der Struktur mentaler Speicherungen näher, da Lexika bekanntlich auch eine Vielzahl von Querverbindungen ausweisen, doch die Dynamik, die unser Gehirn bei der Prozessierung lexikalischer Einträge (Items) entfaltet, unterschlägt sie. Wie auch die Metapher des Wortschatzes ist sie statisch.

10.1.1 | Das mentale Lexikon

Es gibt verschiedene Modelle, die versuchen, die Struktur des mentalen Lexikons zu erfassen. Doch bevor wir eines davon genauer vorstellen, möchten wir Sie einladen, auf www.bachelor-wissen.de eine Wort-Assoziationsübung zu machen, die vermutlich bereits erste Hinweise auf die Verknüpfungsmöglichkeiten von Einträgen im individuellen Wortschatz liefert.

In Lehrveranstaltungen haben wir die Übung bereits verschiedentlich durchgeführt. Dabei hat sich herausgestellt, dass bestimmte Assoziationen gehäuft vorkommen, was ein Indiz dafür ist, dass Wörter nicht isoliert in unserem Wortschatz verankert sind. (Auf der Seite www.bachelor-wissen.de finden Sie eine Liste von Begriffen, die in mündlichen Kommunikationssituationen genannt wurden.) Wenn wir ein Wort mit einem anderen in Verbindung bringen, ist dies keineswegs zufällig. Wir stellen oft folgende Verbindungen her:

► Synonyme, wie ‚Cousin‘ und ‚Vetter‘
► Antonyme, wie ‚arm‘ und ‚reich‘
► Komposita, wie ‚Telefon‘ ‚-buch‘
► Kollokationen, wie ‚leben lassen‘
► prototypische Eigenschaften, wie ‚Tinte‘ und ‚blau‘
► lautliche Brücken, wie in ‚Stock und Stein‘

Ordnung des mentalen Lexikons

Ergebnisse empirischer Untersuchungen (in Kielhöfer 1994) lassen darauf schließen, dass wir dazu tendieren, Ordnung in unser mentales Lexikon zu bringen, indem wir Wörter nach bestimmten Kategorien sortieren. Kielhöfer unterscheidet grob Begriffsfelder, Wortfelder, syntagmatische Felder, Sachfelder, Wortfamilien, Klangfelder und affektive Felder (vgl. ebd.: 213). Christiane Neveling (2004: 196) bevorzugt zwar den Netzbegriff, kommt aber zu einer ganz ähnlichen Klassifizierung, die sie an Beispielen des Französischen illustriert (s. Tab. 10.1 auf der folgenden Seite).

Wie dieser Systematisierung leicht zu entnehmen ist, gehören einzelne Wörter jeweils unterschiedlichen Netzen an. Schematische Schubladenzuordnungen verbieten sich aber auch aus anderen Gründen. Denn das mentale Lexikon eines jeden Individuums weist sowohl kollektiv verankerte als auch sehr individuell bestimmte ‚Einträge‘ auf. Ferner sind Lexik und Grammatik nicht sauber zu trennen. Schließlich beinhaltet die **syntagmatische Verknüp-**

fung einzelner Elemente mit anderen bereits implizit die Regeln dieser Verknüpfung, d. h. ‚Grammatik'. Die Vernetzung über Klangassoziationen macht darüber hinaus deutlich, dass Wörter nicht zuletzt auch akustisch gespeichert werden (vgl. auch Aitchison 1997, Wolff 2002a).

Kognitive Ordnungskategorien des mentalen Lexikons	Teilnetztypen
räumliche, zeitliche Kontiguität, Meronymie-Beziehungen, logische Zusammenhänge: *la B. D., la rédaction, le scénario ; la vignette, l'image, la bulle; trop soif → mort*	Sachnetz
(Ko-)Hyponyme: *le plan de l'image: le gros plan, l'arrière-plan ...*	Begriffsnetz
Synonyme: *le thème = le sujet,* Antonyme: *en bas de ≠ en haut de; en banlieue ≠ au centre-ville*	Merkmalsnetz
Satzteile: *s'imaginer qc, se passer, jouer du piano/aux cartes...,* Kollokationen: *passer le bac, travailler comme une fourmi*	syntagmatisches Netz
Derivata: *le dessin, dessiner, le dessinateur...* Komposita: *eau, un verre d'eau*	Wortfamiliennetz
Homophone: *ver vert vers verre vert; la mer – la mère,* Reime: *l'image, cage, plage*	Klangnetz
emotional belegte Assoziationen: *l'eau: un verre, soif, plage, vacances, la mer, boire*	affektives Netz

Tab. 10.1

Kognitive Ordnungskategorien des mentalen Lexikons

Schon in der strukturalistischen Linguistik werden dem einzelnen Wort unterschiedliche Aspekte zugeordnet. Dies illustriert Scherfer (1989: 5) an folgendem Schaubild:

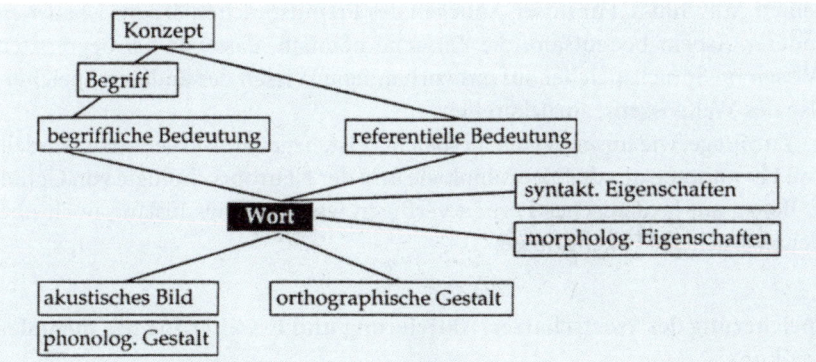

Abb. 10.1

Das Wort und seine Dimensionen in strukturalistischer Sicht

Aus der Psycholinguistik kennen wir das sogenannte TOT-Phänomen. TOT steht für *tip of the tongue*: Ein Wort liegt uns „auf der Zunge", wir wissen genau, was wir meinen, haben vielleicht eine visuelle Vorstellung des Gemeinten, uns fällt aber die Bezeichnung zu ihm nicht ein. Das häufige Vorkommen dieses Phänomens legt die Vermutung nahe, dass die Ebenen von Signifikat und Signifikant, von Gegenstand und Begriff nicht automatisch in Koppelung zueinander gespeichert sind. Von hier ist es nicht weit zur Frage, ob die Einträge des

TOT-Phänomen

165

mentalen Lexikons im Wesentlichen sprachintern oder sprachenübergreifend vernetzt sind. Hierzu gibt es in der Fremdsprachendidaktik unterschiedlich akzentuierte Positionen. Kielhöfer (1994: 218) ist der Auffassung, dass die Stellung eines Wortes vor allem intralingual zu definieren ist, auch wenn das Ausmaß des Interlexikons (Schnittmenge gemeinsamer Lexeme) verschiedener Sprachen, wie z. B. bei den romanischen Sprachen, sehr groß ist. Florio-Hansen (1996) dagegen vertritt die These, dass das mentale Lexikon eines mehrsprachigen Sprechers eben auch mehrsprachig vernetzt sei. Scherfer (1989) führt drei lernerabhängige Varianten auf: die eines getrennten, eines koordinierten und eines gemischten Systems. Auch die Unterscheidung in einen passiven, einen aktiven und einen potenziellen Wortschatz verweist auf die Mehrsprachigkeit des mentalen Lexikons: Während „passiv" der Teil des individuellen Wortschatzes genannt wird, der es erlaubt in der Textrezeption Begriffe richtig zuordnen zu können und „aktiv" auf jenen lexikalischen Bestand begrenzt ist, der für Akte der Sprachproduktion zur Verfügung steht, umfasst der potenzielle Wortschatz alle Wörter, die aus anderen Sprachen oder aus binnensprachlichen Wortverwandtschaften abgeleitet werden können (vgl. Nieweler 2006: 175). Auf diesen Zusammenhängen fußt die Idee einer Mehrsprachigkeitsdidaktik, die wir weiter unten vorstellen werden (s. Einheit 10.2.4).

Mehrsprachigkeit des mentalen Lexikons

Halten wir uns zunächst aber noch einmal das kognitionspsychologische Modell des informationsverarbeitenden Ansatzes nach Wolff (1990) vor Augen (s. Abb. 3.1, S. 41). In ihm ist ein einziger Speicher vorgesehen für das Sprachwissen. Über die innere Organisation dieses Speichers gibt das Modell – jenseits der Unterscheidung zwischen deklarativem und prozeduralem Wissen – keinen Aufschluss. Für unser Anliegen des Fremdsprachenlernens ist aber ein anderer Aspekt bedeutsam, die Tatsache nämlich, dass wir bei begrenztem Wissen im Sprachspeicher auf das vorhandene Wissen des anderen Speichers, also des Weltwissens, zurückgreifen.

Zur Frage, wie unser Wissen gespeichert ist, liegen uns Ergebnisse, Modelle und Hypothesen aus der Neurobiologie und der Neuropsychologie vor. Gerade in Bezug auf lexikalisches Lernen verfügen wir allerdings bislang noch über wenig gesicherte Erkenntnisse.

10.1.2 | Speicherung des Wortschatzes, Aktivierung und Erweiterung des mentalen Lexikons

modulare vs. konnektionistische Modelle

In der gedächtnispsychologischen wie auch in der psycholinguistischen Forschung sind zunächst modulare, später verstärkt auch konnektionistische Modelle entworfen worden. Erstere gehen von eher linearen und sukzessiven Prozessen der Informationsverarbeitung und -speicherung, letztere von eher parallelen und gleichzeitig auf unterschiedlichen Ebenen angesiedelten Prozessen aus. So arbeitete man in der Gedächtnispsychologie lange Zeit mit einem **Drei-Speicher-Modell**, demzufolge Informationen zunächst im sensorischen

Register oder Ultrakurzzeitgedächtnis aufgenommen, sodann im Arbeitsspeicher oder Kurzzeitgedächtnis bearbeitet und bei häufiger Reaktivierung im Langzeitgedächtnis verankert werden. Die Funktion des Gedächtnisses liegt – überspitzt formuliert – allerdings weniger darin, etwas zu behalten, als vielmehr darin, zu vergessen, das nämlich, was als nicht wichtig eingestuft wird. Wir sondern aus, um Platz zu schaffen für das, was längerfristig gespeichert werden soll. Im Gegensatz zum modularen Speichermodell belegen neuere Forschungsergebnisse, dass stabile Erinnerungsinhalte an die häufige Aktivierung neuronaler Netze gebunden sind. Dies unterstreicht ein eher dynamisches und konnektionistisches Verständnis von Erinnern und Vergessen. Bemerkenswerterweise sind wir in der Lage, umso mehr Informationen zu speichern, je mehr wir bereits wissen. Neue Informationen benötigen vorhandene Wissensbestände, an die sie sich „andocken" können. Generell lässt sich darüber hinaus sagen, dass uns einzelne Elemente dauerhafter und lebhafter in Erinnerung bleiben, wenn sie eingebunden sind in Handlungsketten, wenn wir mit ihnen eine Geschichte verbinden können. Die Lebendigkeit der Erinnerung ist zudem umso größer, je stärker derartige Geschichten auch affektiv besetzt sind, je mehr also Kognition und Emotion miteinander verwoben sind. Einschränkend ist allerdings darauf hinzuweisen, dass es auch emotionale Barrieren der Informationsverarbeitung gibt. Denken wir an die von Freud beschriebenen Verfahren der Verdrängung und Verleugnung unliebsamer Vorstellungen oder Krashens These vom Affektiven Filter (s. S. 28).

Kognition und Emotion

Lernen über die Sinne		
Was ist mehrkanaliges Lernen? Die Wege zu unserem Gedächtnis sind unsere fünf Sinne, in erster Linie Auge und Ohr. Sie sind die Kanäle, durch die das Lernpensum in unser Gedächtnis findet.		
Sinnesorgan	*Informationsaufnahme*	
Auge	10 000 000 Bits/Sekunde	
Ohr	1 500 000 Bits/Sekunde	
Tastsinn	400 000 Bits/Sekunde	
Ein Bit ist die kleinste Informationseinheit.		
Wir nehmen unsere Umwelt also zu etwa 90 % über das Auge wahr. Man könnte daraus folgern, die anderen Kanäle seien für das Lernen von untergeordneter Bedeutung. Dies ist nicht der Fall.		
Beim Lernen mit	*behalten wir*	*und vergessen*
Ohr: Hören	20 %	80 %
Auge: Sehen	30 %	70 %
Mund: Sprechen	70 %	30 %
Hände: Tasten und Tun	90 %	10 %

Tab. 10.2
Lernen über die
Sinne

Im Hinblick auf die Verarbeitung von Wortschatz ist es ferner wichtig hervorzuheben, dass in Sprache, zumal in mündliche Sprache, immer auch Elemente dessen mit eingehen, was der rechten Hirnhälfte zugeschrieben wird: Prosodie (Satzmelodie), Mimik, Gestik, Körperhaltung, insgesamt kontextgebundene Anteile. Wir haben es also mit einer interaktiven Leistung des gesamten Nervensystems zu tun. Weiterhin gilt als gesichert, dass Behaltensleistungen generell umso höher sind, je stärker **unterschiedliche Wahrnehmungskanäle** angesprochen werden. Sehen wir uns hierzu folgende Aufstellung an, die Axel Polleti (2003: 5) unter Berufung auf Kleinschroth erstellt hat (s. Tab. 10.2 auf Seite 167). Die dort genannten Zahlen entsprechen Durchschnittswerten. Darüber darf jedoch nicht übersehen werden, dass Individuen über unterschiedliche Dispositionen verfügen, die im Einzelfall andere Verteilungen ergeben können. Darüber hinaus spielt der jeweilige situative Kontext eine entscheidende Rolle.

der lexikalische Zugriff

Einmal gespeicherte lexikalische Einträge werden bei der Sprachrezeption wie auch bei der Sprachproduktion in Bruchteilen von Sekunden aktiviert. Zur Beschreibung der hierbei ablaufenden Prozesse werden wie schon in Bezug auf Speicherungsvorgänge modulare und konnektionistische Modelle vorgeschlagen. Unstrittig aber ist, dass der lexikalische Zugriff immer sowohl von *Bottom-up-* als auch von *Top-down-*Prozessen geprägt ist. Dies lässt sich am Beispiel der Prototypensemantik verdeutlichen:

Definition

> **Prototypen** sind repräsentative Vertreter einer Gattung, die ein Bündel als charakteristisch angesehener Eigenschaften in sich versammeln. Fremdsprachenlerner/innen neigen dazu, ein neues Wort mit den vertrauten prototypischen Elementen zu verbinden (*top-down*). Man nennt dieses (zumeist unbewusste) Verfahren Generalisierung. Erst differenziertere Semantisierungen grenzen dann das neue Wort von anderen ab (*bottom-up*).

So werden muttersprachliche deutsche Spanischlernende das Wort *bar* zunächst mit einer deutschen (Nacht-)Bar verbinden. Erst einem genaueren Blick wird sich der spezifische Charakter spanischer *bares* enthüllen, als Orte nämlich, in denen man ebenso sein Frühstück wie zu späterer Stunde verschiedene kleinere Speisen (*tapas* z. B.) zu sich nehmen, Heißgetränke, Kaltgetränke, Alkoholisches und Nichtalkoholisches genießen kann.

Konstruktivismus

In Einheit 2.3.2 haben wir schon darauf hingewiesen, dass aus der Sicht des Konstruktivismus Lernen ein Prozess der Wirklichkeitskonstruktion ist, in dem ebenfalls die bereits bestehenden kognitiven Strukturen eine entscheidende Rolle spielen. Diese werden nur dann erweitert, wenn sie zur Bewältigung neuer Aufgaben nicht mehr ausreichen, wenn sie nicht mehr „viabel" sind. Mit anderen Worten, Lernen setzt voraus, dass bestehende Muster der Wahrnehmung und Deutung „perturbiert", also gestört werden. Da das jeweilige individuelle Vorwissen sehr unterschiedlich ist, heißt das zugleich, dass die mentalen Operationen, welche Lernen initiieren, individuell auch sehr verschieden sind. Lernprozesse können folglich nicht unmittelbar extern gesteuert, sehr wohl aber durch Bereitstellung einer geeigneten Lernumgebung gefördert werden. Lernen ist demzufolge nicht ein Produkt des Lehrens, sondern ein autonomer Prozess der Wirklichkeitserweiterung. Geeignet ist eine Lernumgebung aus konstruktivistischer Sicht dann, wenn sie einen hohen Komplexitätsgrad aufweist und damit individuelle Selektionsprozesse gestattet. Denn je reduzierter ein Lerngegenstand dargeboten wird, desto weniger hat der/die Einzelne Gelegenheit, ihn mit eigenen Wissensbeständen in Beziehung zu setzen. Je stärker umgekehrt der Anreiz gegeben ist, eigenständige Operationen der Zuschreibung von Bedeutung und Sinn vorzunehmen, desto höher ist die Wahrscheinlichkeit, dass Lernprozesse stattfinden.

Didaktisch-methodische Perspektiven der Wortschatzarbeit

| 10.1.3

Aus Sicht der Lernforschung ist es empfehlenswert, neue Vokabeln in Verbindung zu bekannten zu stellen, intralingual und interlingual. Letzteres bedeutet, die Möglichkeiten eines mehrsprachig vernetzten mentalen Lexikons zu nutzen. Die Tatsache, dass wir uns Neues nur vor dem Hintergrund des Vorhandenen aneignen können, unterstreicht die Bedeutung eines systematischen Rückgriffs auf Vertrautes. Bei der Einführung neuer Wörter ist daher nicht nur auf Überlappungen, sondern auch auf eine Abgrenzung von bereits bekannten zu achten.

Rückgriff auf Vertrautes

Aus der gedächtnis- und neuropsychologischen Forschung leiten sich die Forderungen ab, der sprachliche *input* habe beide Hirnhemisphären zu aktivieren, sei folglich „mehrkanalig" (also auditiv, visuell und sensorisch gestützt sowie in Handlungsketten eingewoben) darzubieten, um einerseits eine bessere Behaltensleistung zu gewährleisten, andererseits aber auch um der Komplexität von Kommunikation gerecht zu werden. Auf elementarer Ebene legen diese Thesen nahe, Lexik auch visuell gestützt zu präsentieren. Holtwisch (1998: 218) illustriert dies an folgenden Wortbildern:

mehrkanalig

| Abb. 10.2
Wortbilder

Behaltensförderlich sind derartige Wortbilder unbestritten. Ob die Lexik damit zugleich für die aktive Sprachverwendung zur Verfügung steht, ist indes fraglich. Um dies zu erleichtern, sollten neue Wörter nicht isoliert, sondern jeweils in größere formale und inhaltliche Kontexte eingebettet präsentiert und geübt werden. D.h. Einzelwörter sollten in Kollokationen (mehr oder minder festen Wortverbindungen) erscheinen und möglichst als Bestandteile einer Geschichte oder Argumentationskette erfahrbar werden. Das Handlungselement kommt insbesondere dann zum Tragen, wenn wir ein Wortfeld in Form eines Rollenspiels festigen. Behaltensförderlich ist es zudem, wenn die Wörter für die Lernenden eine emotionale Relevanz erhalten. Auch aus diesem Grund sollten sie kontextuell eingebettet sein und z. B. durch Stimm-modulation, Mimik, Gestik bzw. Körpersprache lebendig werden.

Das wachsende Bewusstsein von der Individualität und Komplexität mentaler Operationen nährt allerdings Skepsis gegenüber Steuerungsmodellen generell. Nicht umsonst sprechen wir von einem Paradigmenwechsel in der Didaktik von der Instruktion zur Konstruktion oder von der Lehrer- zur Lernerzentrierung. Denn in dem Maße, in dem die Fremdsprachendidaktik Forschungsergebnisse der Kognitionswissenschaften rezipiert, verändert sie ihr Verständnis sprachlicher Lernprozesse. Da diese als simultan mehrdimensional **vernetzendes Denken** zu begreifen sind, gewinnt eigenständiges und vernetzendes Denken auch im Fremdsprachenunterricht zunehmend an Bedeutung. Zweisprachige Vokabellisten sind infolge dessen denkbar schlecht geeignet, den aktiven Wortschatz systematisch zu erweitern, da Begriffe zumeist zusammenhanglos, d. h. ohne eine syntagmatische Einbettung, ohne benachbarte Begriffe, ohne Synonyme und Antonyme präsentiert werden. Auch Mindmaps beschränken sich in der Regel auf einzelne Wörter, zumeist Nomina. Wie das folgende Beispiel zeigt, lassen sie sich jedoch auch auf Kollokationen bzw. Chunks erweitern:

Abb. 10.3
Mindmap

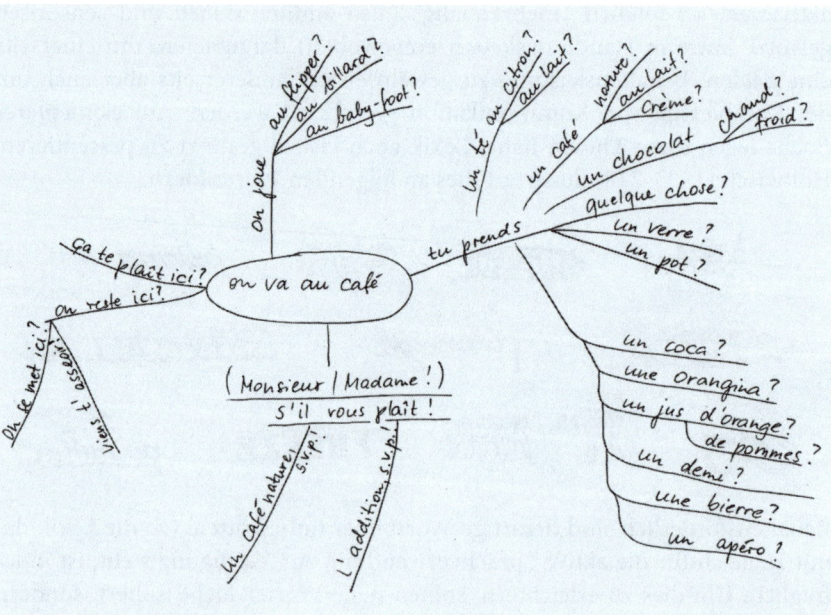

Wie bereits gesagt, lässt sich aus der Spracherwerbsforschung kein kohärentes didaktisches Modell ableiten. Dennoch treffen einzelne konkrete Forderungen, die von Krashens Vorstellungen inspiriert sind, auch heutzutage auf breite

Zustimmung. Das gilt vor allem für die Forderung, dass der Fremdsprachenunterricht reichen *comprehensible input* bereitstellen solle. Auf diese Weise
wird der Versuch unternommen, ein dem „Erwerbsprozess" möglichst nahe
kommendes sprachliches *intake* und darauf aufbauend die Herausbildung
unbewussten Sprachkönnens zu fördern. Doch auch der Einsatz bewusster
Lernstrategien kann sich als förderlich erweisen; hierauf werden wir in Einheit 11 näher eingehen.

comprehensible input

Ansätze einer Mehrsprachigkeitsdidaktik

|10.1.4

Das Prinzip vernetzenden Lernens steht im Zentrum eines Ansatzes, der für
den Wortschatzerwerb, vor allem die Erweiterung des rezeptiven und potenziellen Wortschatzes besonders interessant ist, der Mehrsprachigkeitsdidaktik.
Sie verfolgt drei miteinander verflochtene Hauptziele, ein sprachenpolitisches
und zwei sprachdidaktische. Zum einen geht es auf der Ebene sprachpoliti-
scher Setzungen darum, Kompetenzen in möglichst vielen Sprachen anzu-
bahnen, zum anderen sollen über die Vernetzung der einzelsprachlichen
Lernprozesse untereinander Synergieeffekte genutzt und darüber hinaus ein
Bewusstsein für sprachliche Vielfalt gefördert werden. Insgesamt geht es der
Mehrsprachigkeitsdidaktik um eine Aufmerksamkeit für interlinguale Verknüpfungen und deren Verwendung für Sprachlernprozesse. Auf diese Weise
erhält der Aspekt von Sprache als formalem System eine gewisse Aufwertung.
Die Mehrsprachigkeitsdidaktik will aber zugleich für die Interdependenz von
interlingualen und interkulturellen Aspekten sensibilisieren. Daher betont
Bausch (2007: 443) zu Recht, dass sie zu kurz griffe, wenn sie auf einen aus
der Systemlinguistik stammenden Sprachbegriff rekurrierte, vielmehr sei von
einem weiten, interkulturellen Sprachbegriff auszugehen. Sehen wir uns die
genannten Ziele näher an:

Die Mehrsprachigkeitsdidaktik weiß sich jenen Zielen einer Förderung
sprachlicher Vielfalt verpflichtet, die in Einheit 9 zur Sprache kamen. Sie steht
insofern im Einklang mit den Bestrebungen des Europarates um ein sprachen-
teiliges und -tolerantes, multilinguales und multikulturelles Europa. Sie kommt
zudem Anforderungen des Wirtschaftslebens entgegen, wo die Beherrschung
des Englischen vielfach vorausgesetzt wird, weitere Sprachkenntnisse aber
dringend erwünscht sind. Mehrsprachigkeit ist nach gängiger Terminologie
dann gegeben, wenn Kompetenzen in drei oder mehr modernen Sprachen –
inklusive der Erstsprache(n) – vorhanden sind.

Förderung sprach-
licher Vielfalt

Natürlich steht den meisten Lernenden nicht unbegrenzt Lernzeit zur
Verfügung, und so wäre es illusorisch, rein quantitativ zu argumentieren
und schlicht ein Mehr an Sprachkenntnissen einzufordern. Bausch (2007:
443) schlägt daher vor, die Ziele des Erst-, Zweit- und Drittsprachenlernens
jeweils unterschiedlich zu profilieren. Eine Differenzierung in allgemein- und
fachsprachliche Profile käme hier in Frage, aber auch eine unterschiedliche

Gewichtung produktiver und rezeptiver Kompetenzen. In diesem Zusammenhang sind Zielvorstellungen einer breit angelegten rezeptiven Mehrsprachigkeit entwickelt worden (vgl. u. a. Meißner/Reinfried 1998). Diese haben durchaus ihren Reiz: Sprecher sehr unterschiedlicher Erstsprachen könnten dieser Vision zufolge darauf zählen, von Angehörigen anderer Sprachgemeinschaften verstanden zu werden, ohne selbst auf Fremdsprachen auszuweichen, denn ein jeder könnte sich in seiner/n Herkunftssprache/n äußern. Ein solches Kommunikationsmodell ist jedoch nur schwer umsetzbar, da eine strikte Trennung von rezeptiven und produktiven Sprachkompetenzen von vielen als künstlich empfunden und abgelehnt wird. Sprachdidaktisch bleibt die Anbahnung produktiver Sprachkompetenz daher auch in den nachgelernten Fremdsprachen zentrales Anliegen – ohne den Anspruch allerdings, eine *near-nativeness* zu erreichen.

Der wesentliche Ansatzpunkt der Mehrsprachigkeitsdidaktik liegt darin, die Curricula der einzelnen Fremdsprachen enger miteinander zu verbinden. Traditionell sind die fremdsprachlichen Curricula ja auf das eigene Fach ausgerichtet. Das Sprachangebot der einzelnen Schulen lässt zwar nur bestimmte Sprachenfolgen zu und lenkt insofern die Ausbildung von Mehrsprachigkeit – dabei spielen neben organisatorischen vielfach auch sprachdidaktische Überlegungen zur Anschlussfähigkeit einzelner Curricula eine Rolle –, insgesamt aber herrscht ein additives Muster vor. Dem sollen aus Sicht der Befürworter einer Mehrsprachigkeitsdidaktik integrative Konzepte entgegengesetzt werden. Der Verweis auf vorgelernte Sprachen hatte punktuell in den „klassischen" Tertiärsprachen wie Spanisch und Italienisch schon immer Tradition (retroaktives Zusammenwirken). Neu ist demgegenüber vor allem der Anspruch, dass in den erstgelernten Sprachen schon Brücken angelegt werden sollen für die später zu lernenden Sprachen (proaktives Zusammenwirken). Schon bei der Vermittlung der ersten Fremdsprache wäre demnach bewusst und systematisch die Grundlage für das Erlernen weiterer Fremdsprachen zu legen. Das Zauberwort lautet hier „interlinguale Transferbasen". Was damit gemeint ist, wird vielleicht am besten deutlich, wenn Sie versuchen, die Aufgabe 1 (s. S. 179) zu lösen.

Die Berücksichtigung zwischensprachlicher Bezüge bedeutet in der Praxis des Fremdsprachenunterrichts eine Abkehr vom Prinzip der Einsprachigkeit. Dem tragen neuere Lehrwerke bereits Rechnung, indem sie mehrsprachige Vokabellisten anbieten und auf diese Weise das Erbe von Comenius (s. Einheit 4.1.3) aufgreifen. Wichtig wäre allerdings auch, dass die erstsprachlichen Sprachkenntnisse von Migrantenkindern in die fremdsprachlichen Lernprozesse einbezogen werden. Zusätzlich zu den oben aufgelisteten romanischen Sprachen wären folglich die sehr verbreiteten Migrantensprachen wie z. B. das Türkische, Serbokroatische, Polnische usw. zu beachten. Denn die Mehrsprachigkeitsdidaktik will entschieden vom lernenden Subjekt ausgehen. Dies bedeutet, dass im Sinne der Lernerautonomie die Förderung von Erschlie-

rezeptive Mehrsprachigkeit

Curricula miteinander verbinden

interlinguale Transferbasen

Sprachkenntnisse von Migrantenkindern

ßungsstrategien Vorrang hat vor lehrtheoretischen Modellen. Zusammenfas- Erschließungs-
send beschreiben Meißner/Reinfried (1998: 20) die Komponenten der von strategien
ihnen vertretenen Mehrsprachigkeitsdidaktik wie folgt:

- Verarbeitung eines kognitiven Lernbegriffs, in dessen Zentrum der Begriff
  der Inferenz steht
- Nutzung des aus einer L1 bis Ln verfügbaren sprachlichen und kulturellen
  Vorwissens der Lerner für die passive und aktive mentale Verarbeitung einer
  ‚neuen' Fremdsprache (L1 bezeichnet die Muttersprache, Ln alle weiteren
  erworbenen bzw. erlernten Sprachen)
- Vernetzung vor- und nachgelernter Sprachen und Berücksichtigung vor-
  handener Mehrsprachigkeit
- Öffnung und Mehrperspektivität als Organisationsprinzip von Lernszena-
  rien und Textarbeit
- Sprachenbegegnung
- Berücksichtigung der Erkenntnisse der Lernersprachenforschung für die
  pädagogische Einschätzung des ‚Fehlers' […]
- Verzahnung von Mehrsprachigkeits- mit Mehrkulturalitätsaspekten.

Gegenüber den sehr optimistischen, vielfach sogar euphorisch klingenden
Perspektiven, wie sie Verfechter der Mehrsprachigkeitsdidaktik aufzeigen, sind
aber auch Skepsis und Kritik geltend gemacht worden. So gibt Fricke (1998) zu
bedenken, dass die Mehrsprachigkeitsdiskurse in Europa sehr widersprüchlich
seien und in der Öffentlichkeit auf nur geringe Resonanz stießen. Außerdem
bemängelt er, dass die Zielvorstellungen der Mehrsprachigkeitsdidaktik nicht
klar genug umrissen seien und zudem die Wirkung von Interferenzen unter- Interferenzen
schätzt würde. Gemeint sind die **„falschen Freunde"**, also in die Irre führende
Übertragungen vergleichbarer sprachlicher Phänomene von einer Sprache in
die andere – denken wir nur an das ‚Handy', das trotz einer englischen Form
nicht in seiner deutschen Bedeutung ins Englische zu transferieren ist. De Florio-Hansen (2003: 82) weist schließlich darauf hin, dass noch völlig ungeklärt
sei, in welcher Form einzelne Lerner/innen auf mehrsprachige Vernetzungen
ihres mentalen Lexikons zurückgriffen. Ferner sei nicht erwiesen, inwieweit
explizite Hinweise durch Lehrende bzw. in Lehrwerken sich positiv auf Lernprozesse auswirkten. Trotz dieser Einwände werden die Ziele einer Förderung
differenzierter Mehrsprachigkeit in der Fremdsprachendidaktik einhellig
begrüßt. In einer empirischen Studie konnte Bär (2009) zudem die positiven
Effektive von Mehrsprachigkeitsmodulen auf das Erlernen einer zweiten oder
dritten Fremdsprache belegen.

Unabhängig von der Frage der Mehrsprachigkeit wird seit der Kommunikativen Wende der Verfügbarkeit eines breiten Wortschatzes mehr Bedeutung
beigemessen als der Kenntnis und Beherrschung grammatischer Regeln.

10.2 | Grammatikarbeit

Beginnen wir zunächst mit einer genaueren Begriffsbestimmung von Grammatik. In Anlehnung an Funk/Koenig (1991: 13) können wir zwischen folgenden Ebenen unterscheiden:

1. das Regelsystem unabhängig von der Beschreibung,
2. ein externes Regelsystem, ein Kodex, wobei wiederum zu differenzieren wäre zwischen
   - einer linguistischen Beschreibung und
   - einer didaktischen Reduktion; damit sind z. B. ein Nachschlagewerk des Lerners, Selbstlerngrammatiken oder auch alle Formen einer Signalgrammatik (s. u.) gemeint,
3. ein internes Regelsystem, z. B. die „Grammatik im Kopf", auch Lernergrammatik genannt, wie etwa in der Monitorthese Krashens.

Der Begriff Grammatik hat also viele Facetten. Gerade die letztgenannte ist für unsere Zusammenhänge besonders wichtig. Denn die Frage, wie Lerner/innen zu ihrer „Grammatik im Kopf" kommen, wird sehr kontrovers diskutiert, insbesondere mit Blick darauf, welche Rolle Grammatik als expliziter Lerngegenstand im Fremdsprachenunterricht spielen sollte.

Grammatik im Kopf

10.2.1 | Der Streit um die Bedeutung grammatischen Lernens

Der Stellenwert grammatischer Instruktion hat in der Methodengeschichte des Fremdsprachenunterrichts, wie in Einheit 5 bereits gesehen, einige Wandlungen durchlebt. Interessant sind in diesem Zusammenhang die Ergebnisse einer Befragung unter schulischen Lehrkräften, die Günther Zimmermann (1984) durchgeführt hat. 77 % der Befragten gaben seinerzeit an, gerne Grammatik zu unterrichten, Grammatikunterricht nahm 40 bis 60 % der Gesamtunterrichtszeit ein – und dies immerhin zu Zeiten, in denen offiziell Kommunikationsorientierung ganz groß geschrieben wurde! Ob eine ähnliche Befragung heute noch ähnliche Resultate erbrächte? Wir vermuten, annähernd ja. Wir vermuten ebenfalls, dass es Unterschiede zwischen dem Englisch- und dem Französischunterricht gibt, allerdings eher gradueller als prinzipieller Art: Der Französischunterricht an deutschen Schulen dürfte etwas grammatiklastiger als der Englischunterricht sein. So bemängeln deutsche Schüler der ausgehenden Sekundarstufe I ein zu starkes Gewicht grammatischer Inhalte im Französischunterricht (vgl. Küster 2007), aus dem Englischunterricht hingegen sind derartige Klagen nicht zu hören.

Lehrermeinungen

In seiner 2002 erschienenen Fachdidaktik zum Französischen argwöhnt Leupold, dass die Vorliebe von Lehrer/innen für Grammatikarbeit etwas mit deren „strukturierende[r] und disziplinierende[r] Funktion für den Unterricht" zu tun hat. Grammatikstunden – oder Teile davon – seien Momente, in denen Schüler/innen aufmerksam sind, zumal wenn die oft grammatisch

disziplinierende Funktion

ausgerichtete nächste Klassenarbeit vor der Tür stehe (vgl. Leupold 2002: 297). Und Günther Leitzgen (1997: 25) bezeichnet die lehrerzentrierte Grammatikeinführung gar als „magisches Ritual", bei dem „unter der zielsicheren Kreideführung des Lehrers" sich Sätze, deren Sinn plötzlich völlig belanglos sei, in Formeln verwandelten. Das Ganze erinnere an Hokuspokus, mache auf Schüler aber mächtigen Eindruck und lasse die Lehrkraft als eine Art Zaubermeister erscheinen – eine Machtposition, die diese natürlich gerne genieße.

Es ist schon erstaunlich, dass Grammatik als Unterrichtsgegenstand nach wie vor noch eine so dominante Rolle einnimmt. Schließlich sind wir ja von der Grammatik-Übersetzungsmethode methodengeschichtlich schon weit entfernt. Einige Fremdsprachendidaktiker, unter ihnen vor allem Reinhold Freudenstein (2000) und Werner Bleyhl (1995, 1996, 1998), plädieren seit Jahren vehement gegen eine grammatische Progression als Grundlage schulischen Fremdsprachenunterrichts. Unter dem Titel *Grammatik lernen? Nein, danke! Grammatik erwerben? Ja, bitte!* knüpft Freudenstein (2000) an Krashens Erwerbshypothesen unmittelbar an. Er verweist auf Fälle, in denen Lernende über intensive Phasen des Hörverstehens unbewusst und intuitiv eine Lernergrammatik aufgebaut hätten, die ihnen Sicherheit im Sprachgebrauch und Flüssigkeit des Ausdrucks vermittelt hätte. Demgegenüber fallen die Misserfolge grammatischer Instruktion umso mehr ins Gewicht, sie führen in der Breite zumeist nicht zu der kommunikativen Kompetenz, die der Unterricht eigentlich anstrebt. Freudenstein (ebd.) fordert daher

Grammatik lernen? Nein, danke! Grammatik erwerben? Ja, bitte!

- den frühen Beginn eines grammatiklosen Fremdsprachenunterrichts in der Grundschule
- die Beschränkung des obligatorischen Sekundarstufenunterrichts auf rein kommunikative Ziele (d.h. Shakespeare nur in freiwilligen Zusatzkursen der Sek. II)
- den ausschließlichen Einsatz von LehrerInnen mit (zumeist muttersprachlicher) intuitiver Grammatikbeherrschung
- Spracherwerb „vor Ort" (d.h. im Ausland der Zielsprache)
- Verzicht auf Bildungsideale.

Claus Gnutzmann (2000: 69) hingegen hält es für unbestritten, „dass die Verwendung grammatischer Begriffe allgemeine Orientierungs- und Ordnungshilfen für die Lernenden bereitstellen, als Stütze für Gedächtnis- und Erinnerungsleistungen fungieren sowie Handlungsanweisungen für sprachliche Produktionen und Analysen bilden kann." Hulstijn (zitiert in Grotjahn 2000: 98 f.) geht ebenfalls davon aus, dass explizite Grammatikvermittlung den Sprachlernprozess positiv beeinflussen kann, differenziert diese Aussage allerdings. Bei bestimmten grammatischen Phänomenen seien explizite Verfahren hilfreich, bei anderen wiederum sogar schädlich. Fünf Kriterien sind aus seiner Sicht in diesem Kontext entscheidend:

Orientierungs- und Ordnungshilfen

1. die Extension einer Regel, also ihr Anwendungsbereich
2. die Zuverlässigkeit einer Regel; damit ist gemeint, wie viele Ausnahmen sie zulassen muss
3. die Auftretenshäufigkeit sprachlicher Erscheinungen
4. der angestrebte Grad der Beherrschung des grammatischen Phänomens
5. die Verständlichkeit der Regelformulierung

Hulstijn (vgl. ebd.) vertritt die Auffassung, dass Regeln mit sehr geringer Extension, z. B. die Genusregel für maskuline Wörter mit der Endung -a im Spanischen, gar nicht vermittelt werden sollen oder erst im fortgeschrittenen Sprachlernstadium. In Bezug auf das zweite Kriterium fordert er, dass sehr zuverlässige Regeln eine höhere Priorität erhalten sollen als weniger zuverlässige. Analog dazu sollten hochfrequente gegenüber niedrigfrequenten Erscheinungen favorisiert werden. Zu Kriterium 4 gibt Hulstijn zu bedenken, dass es häufig ausreiche, eine Regel im Blick auf die Sprachrezeption zu formulieren, wie z. B. bei den Diminutiven im Spanischen (*pueblecito*). Wenn letztlich eine Regel nur in komplexer metasprachlicher Terminologie präzise gefasst werden könne, sei es ratsam, ganz auf sie zu verzichten. So ist der Unterschied zwischen *ser* und *estar* im Spanischen (beide stehen für das deutsche „sein") durch extensive Grammatikerklärungen deutschen Lernenden oft nicht befriedigend nahe zu bringen. Eine gewisse Sicherheit stellt sich allerdings zumeist durch häufigen Kontakt mit dem sprachlichen Phänomen ein. Lernende entwickeln allmählich ein Gefühl für den Unterschied, ohne ihn im Einzelnen exakt

Sprachgefühl herleiten zu können. Dieses „Sprachgefühl" ist natürlich schwer zu fassen, manchmal auch trügerisch. Untersuchungen zeigen jedoch, dass Lernende sich oft weniger an explizitem Regelwissen als vielmehr an intuitivem Wissen orientieren (vgl. Börner 2000).

Eine starke grammatische Ausrichtung des Unterrichts führt und verführt in der Regel zudem zu einer Betonung sprachlicher Richtigkeit und damit zu penibler Fehlerkorrektur. Wer sich dagegen mehr auf die organisierende Kraft

verständlicher Input eines hohen *comprehensible input* und damit auf Verfahren impliziten Lernens verlässt, ist gegenüber Fehlern toleranter, läuft aber Gefahr, einer Fossilisierung (d. h. einer Verfestigung) von Fehlern Vorschub zu leisten. Doch innerhalb dieser Pole gibt es auch Zwischenwege. So lässt sich etwa herkömmliche Grammatikarbeit (*focus on forms*) von einer Orientierung unterscheiden, die ausgehend von kommunikativen Anlässen nach passenden sprachlichen Realisierungsmöglichkeiten sucht und hierbei formbezogenes Lernen einschließt, dies aber den pragmatischen Zielen unterordnet (*focus on form*). Für Dieter

Reflexion über Sprache Wolff (1995: 216) wiederum steht außer Zweifel, dass „die Reflexion über Sprache ein wesentlicher Teil des Spracherwerbs- bzw. des Sprachlernprozesses ist." Diese These leitet sich aus der Beobachtung monolingual und bilingual aufwachsender Kinder ab. Kinder – so seine Schlussfolgerung aus empirischen Studien – müssen lernen, sich sprachliche Phänomene bewusst zu machen, um Sprache lernen zu können (vgl. Wolff 1993b: 511). Gemeint ist hier aber nicht primär ein formales Regelwissen, sondern eher das, was mit dem Konzept der *Language Awareness* oder **Sprachbewusstheit** gemeint ist. Für Gnutzmann (2000: 76) bietet es die Möglichkeit, als „Grundlage eines holistischen und integrativen Sprachunterrichts" zu fungieren und so den Streit um die Rolle der Grammatik im Fremdsprachenlernprozess zu entschärfen (s. hierzu auch Einheit 12.2.2).

Verfahren grammatischen Lernens und Lehrens

| 10.2.2

Auch wenn folglich der Streit um den Stellenwert bewussten formbezogenen Lernens noch lange nicht entschieden ist, spricht vieles für die Vermutung, dass in den Sprachlernprozess, insbesondere in den gesteuerten Sprachlernprozess, Komponenten sowohl bewusster als auch unbewusster Lernweisen eingehen. Wir haben es hier mit einem Spannungsfeld zu tun, das vielleicht Mittelwege nahe legt. Ein Motto von Sprachlehrern lautet daher: so viel Grammatik wie nötig, so wenig Grammatik wie möglich. Quantität fasst aber bei weitem noch nicht alles. Die Frage ist nicht zuletzt, **wie** kann Grammatik gelehrt und vor allem, wie kann sie gelernt werden. Die Lernprozessorientierung verstärkt die nicht neue Einsicht, dass entdeckendes Lernen nachhaltiger sein kann als nachvollziehendes. Wir sprechen hier von induktiver Grammatikerschließung, d. h. ausgehend von einer soliden Grundlage von Beispielen formulieren Lernende eigenständig eine Regel. Das Gegenstück dazu ist die deduktive Vorgehensweise, bei der – zumeist von der Lehrkraft oder aber vom Lehrbuch – die Regel explizit erläutert und dann an Beispielen illustriert wird. Beide Vorgehensweisen sind insofern problematisch, als sie den Glauben an eine feste Regelhaftigkeit von Sprache nahelegen. Nach Timm (1995) sind sprachliche Regeln aber eher als „fuzzy sets" zu betrachten. Alle Festlegungen haben daher nur begrenzten Erkenntniswert und vor allem begrenzten Nutzwert. „Tenses are not teachable", heißt es nicht umsonst. Für die Unterscheidung der Vergangenheitszeiten in den romanischen Sprachen gilt dieser Stoßseufzer erst recht.

entdeckendes Lernen

induktive Grammatik-erschließung

fuzzy sets

Operable Modelle grammatischer Instruktion bietet die bewusst verkürzende Vorgehensweise einer Signalgrammatik. Sie versucht einen einfach und schnell operierenden Monitor zur Steuerung und Überwachung des produktiven Sprachgebrauchs aufzubauen. Sie kann als Interimsregel von den Schülerinnen und Schülern selbst formuliert bzw. graphisch gestaltet werden. Interimsregel heißt, dass die Regel dem jeweiligen Stand des Sprachlernprozesses (*interlanguage*) entspricht, vor dem Hintergrund umfassender Kompetenz (*near-nativeness*) aber nicht völlig korrekt sein muss. Beispiel einer signalgrammatischen Regel ist die Kennzeichnung adverbialer Bestimmungen der Zeit (hier in Fettdruck), die im Englischen das *present perfect* oder im Spanischen das *pretérito perfecto* nach sich ziehen:

Signalgrammatik

All day long	I have tried	to get her on the phone.
Since last week	I have stopped	smoking.
usw.		
Todo el santo día	he tratado	de llamarla por teléfono.
Desde la semana pasada	he parado	de fumar.

Im Französischen lässt sich eine entsprechende Signalregel für das *passé composé* allerdings nicht formulieren. Insgesamt muss gesagt werden, dass sich derart feste Zuordnungen nur selten vornehmen lassen, oft gilt es den sprachlichen Kontext genauer zu berücksichtigen. Der Hauptteil der unterrichtlichen Grammatikarbeit dürfte allerdings nicht so sehr den Regelbildungen gelten als vielmehr der Festigung des Wissens in Form von Übungen. Wie Krista Segermann (2003: 348) mit Bezug auf neurowissenschaftlich fundierte Studien zu bedenken gibt, sind **sprachformbezogene Übungen** jedoch als wenig effektiv einzustufen, da sie auf das abstrakte System der Sprache begrenzt blieben und damit zu einer sehr einseitigen neuronalen Aktivierung führten. Auf die Komplexität realer, situativ eingebetteter Sprachverwendung, so ihre Schlussfolgerung, bereiten sie in so geringem Maße vor, dass man lieber ganz auf sie verzichten solle.

Urteil von Schüler/innen

Wir sprachen weiter oben von den Einstellungen Lehrender zum Grammatikunterricht. Doch was meinen die Schülerinnen und Schüler? Sie erteilen dem Grammatikunterricht zumeist schlechte Noten. Er wird als langweilig, schematisch, monoton, ritualisiert, schwer verständlich, letztlich als sinnlos erlebt (vgl. Leupold 2002: 297). In einer empirischen Erhebung an Berliner Gymnasien (vgl. Küster 2007) zeigte sich, dass die Wertschätzung grammatischer Inhalte unter Französischschüler/innen der ausgehenden Sekundarstufe I in diametralem Gegensatz zu deren Stellenwert im erlebten Unterricht stand. Hier rangierte Grammatik an erster Stelle, in der Beliebtheitsskala hingegen an letzter. Grammatikunterricht vermittelt offensichtlich wenig Erfolgserlebnisse, sondern weckt im Gegenteil eher Empfindungen von Hilflosigkeit. Die Fokussierung auf sprachformale Aspekte wird vielfach als zu „verkopft" erlebt. Das jedoch muss nach Ansicht Axel Polletis (2003: 4) nicht zwangsläufig so sein:

Grammatik/Gefühl

„Den Begriff ‚Grammatik' assoziieren wir meist mit Analyse, mit logischem Denken, mit abstrakter Begrifflichkeit. Dadurch wird allerdings die Tatsache verstellt, dass Lernen neben der kognitiven immer auch eine affektive Dimension aufruft. Ist diese negativ besetzt, so bleibt Lernarbeit erfolglos. [...] Grammatik und Gefühl – Gefühl für Grammatik: Dies ist ein [...] wichtiges Prinzip, dem in Zukunft viel stärker Beachtung geschenkt werden muss."

mitteilungsbezogene Kontexte

Mit Polleti denken wir, dass Grammatik an Attraktivität gewinnen kann, wenn sie eingebunden ist in mitteilungsbezogene Kontexte, bei denen die Beziehungs-, Selbstoffenbarungs- und Appellebene mündlicher Kommunikation erkennbar sind und die somit Anknüpfungspunkte für **persönliche Identi-**

fikationen bieten (s. Einheit 3.2.1). Übungsaufgaben sollten wie Geschichten einen situativen Rahmen vorgeben, in dem die Figuren der Handlung in ihren Beziehungen untereinander lebendig würden, und in den sich die Lernenden nicht nur kognitiv, sondern auch affektiv hineinversetzen könnten. Hierfür bieten **authentische Texte** am ehesten eine Gewähr. Vor allem aber muss der Lerngegenstand Grammatik seine Nützlichkeit zur Ausbildung funktional-kommunikativer Kompetenzen unter Beweis stellen und so auch zu einem subjektiv positiveren Kompetenzerleben verhelfen.

Sprachliche Mittel wie Wortschatz und Grammatik werden neuerdings vor allem in ihrer Funktion für den Erwerb kommunikativer Kompetenzen gesehen. Wir widmeten uns in dieser Einheit zunächst den Problemfeldern lexikalischen Lernens. In den einführenden Darstellungen zur Metapher des mentalen Lexikons, seinem Aufbau und seiner Funktionsweise unterstrichen wir bereits das Prinzip der Vernetzungen (v. a. sprachlicher Einzelelemente untereinander, unterschiedlicher Wahrnehmungskanäle in der Sprachrezeption und unterschiedlicher Aktivierungskontexte), das dann auch als zentral für alle Aneignungsprozesse herausgestellt werden konnte. Es erhielt zudem eine spezifische Würdigung im Rahmen der Ansätze einer Mehrsprachigkeitsdidaktik. Das induktive, inferentielle Lernen, das diese kennzeichnet, erwies sich im weiteren Verlauf der Darstellung auch für den Erwerb grammatischer Kenntnisse als besonders relevant. Allerdings musste hinterfragt werden, ob bzw. inwieweit explizites Regelwissen für das Erreichen kommunikativer Kompetenzen förderlich oder gar unabdingbar ist. Eine zu starke unterrichtliche Betonung dieses Bereichs, so zeigt die Vergangenheit, führt jedenfalls zu Vereinseitigungen, die einer aktiven Sprachverwendung eher im Wege stehen.

Zusammenfassung

Aufgaben

1   Die folgende Aufgabe zu Suffixen stammt aus Meißner (2001: 34), wurde von uns allerdings noch modifiziert. Tragen Sie die entsprechenden Wörter der Ihnen bekannten Sprachen ein. (Eine Auflösung finden Sie unter www.bachelor-wissen.de.)

Deutsch	Französisch	Italienisch	Spanisch	Englisch
passabel (-abel)				
Passage (-age)				
Human (-an)				
Allianz (-anz)				
Unicum (-cum)				
Dutzend (-end)				
Barbarei (-arei)				
Familiär (-iär)				
Alpin (-in)				

2 Versuchen Sie, sich ein möglichst genaues Bild von der Bedeutung expliziten Grammatikwissens in Ihrer eigenen Verwendung von Fremdsprachen zu machen. Geben Sie an, inwieweit die Aussagen auch auf Sie selbst zutreffen und vergleichen Sie Ihre Ergebnisse mit denen eines/r Mitstudierenden.

	in einer gut beherrschten Fremdsprache, nämlich:	in einer nicht so gut beherrschten Fremdsprache, nämlich:
Beim Sprechen in außerunterrichtlichen Situationen entscheide ich nach Gefühl, was richtig und was falsch ist.		
Beim Sprechen innerhalb von Lernkontexten entscheide ich nach Gefühl, was richtig und was falsch ist.		
Beim Schreiben in außerunterrichtlichen Situationen befrage ich mein Regelwissen, ob etwas richtig oder falsch ist.		
Beim Schreiben innerhalb von Lernkontexten befrage ich mein Regelwissen, ob etwas richtig oder falsch ist.		
Beim Lesen fremdsprachlicher Texte schlage ich unbekannte Wörter möglichst in Wörterbüchern und Grammatiken nach.		
Grammatikbezogene Übungen verhelfen mir zu mehr Sicherheit in mündl. und schriftl. Sprachproduktion.		

Zum Weiterlesen

Bleyhl, Werner (1995): Die Gretchenfrage des Fremdsprachenunterrichts: „Wie hältst du es mit der Grammatik?" In: *Fremdsprachenunterricht* (39/48) 5: 321–327 und 6: 401–405.

De Florio-Hansen, Inez (2003): Mehrsprachigkeit lernen. Zum Stand der Forschung und den Konsequenzen für die Unterrichtspraxis. In: *Neusprachliche Mitteilungen* (56) 2: 80–87.

Polleti, Axel (2000): Vokabeln – ein zentrales Problem des Französischunterrichts? In: *Der fremdsprachliche Unterricht Französisch* (34) 3: 4–9.

Wolff, Dieter (2002): Das mentale Lexikon. Grundlage der Sprachkompetenz in der Muttersprache und der Fremdsprache. In: *Der fremdsprachliche Unterricht Englisch* (36) 1: 11–14.

Fertigkeitsbezogene funktional-kommunikative Kompetenzen

Lange Zeit wurden die sprachlichen Fertigkeiten nach rezeptiven und produktiven bzw. mündlichen und schriftlichen Fertigkeiten unterschieden und in vier Bereiche unterteilt: **Hör-** und **Leseverstehen** sowie **Sprechen** und **Schreiben**. Im Kompetenzmodell der Bildungsstandards wird diese Systematisierung nun erweitert. Entsprechend der wachsenden Bedeutung audiovisueller Medien in allen Feldern öffentlicher Kommunikation wird das Hörverstehen ergänzt um die Komponente des **Hörsehverstehen**s. Als sechste Fertigkeit kommt ferner die **Sprachmittlung** hinzu. Anstelle des Begriffs der Fertigkeiten ist verschiedentlich auch von ‚Teilkompetenzen' die Rede. Wir stellen im Folgenden diese fünf Fertigkeiten im Einzelnen vor und zeigen in aller Kürze Möglichkeiten gezielter Schulung auf.

sprachliche Fertigkeiten

Gezielte Schulung der fünf Fertigkeiten | 11.1

Hör- und Hörsehverstehen | 11.1.1

Die Bedeutung des Hörverstehens für die Bewältigung von Alltagskommunikation kann kaum überschätzt werden. Laut Thaler (2007: 12) beträgt in ihr das Verhältnis von gesprochener zu geschriebener Sprache 95 % zu 5 %. Grotjahn (2005: 115) zitiert ältere Quellen, denen zufolge die Verwendungshäufigkeit der klassischen vier Fertigkeiten mit 45 % für das Hören, 35 % für das Sprechen und 16 % bzw. 9 % für das Lesen bzw. das Schreiben beziffert werden. Dennoch gilt Hörverstehen als Stiefkind des Fremdsprachenunterrichts, zumal es bislang für Lernerfolgskontrollen eine äußerst untergeordnete Rolle spielt. Dies wird sich allerdings im Zuge der Kompetenzorientierung aller Voraussicht nach entscheidend verändern.

Hörverstehen als Stiefkind

Wenn das Hörverstehen oben den rezeptiven Fertigkeiten zugeordnet wurde, soll dies nicht den Eindruck aufkommen lassen, es handele sich um weitgehend passive Vorgänge. Das Gegenteil ist der Fall. Hörverstehen und Hörsehverstehen sind höchst aktive und komplexe Prozesse der Wahrnehmung und des Verstehens. Dies wird deutlich, wenn wir die Dimensionen kommunikativ-funktionaler fremdsprachlicher Kompetenz auf die besonderen Belange des Hörverstehens beziehen. Sie umfassen nach Adelheid Schumann (2009: 189)

- die **linguistische Kompetenz** als die Fähigkeit des phonetischen Diskriminierens, des lexikalischen und grammatikalischen Segmentierens und des Semantisierens des Gehörten,
- die **soziolinguistische Kompetenz** als die Fähigkeit, die soziale Konstellation der Hörsituation zu durchschauen, Sprecherrollen und Gesprächsabläufe zu antizipieren und diese Hypothesen zum Verstehensprozess zu nutzen,
- die **pragmatische Kompetenz** als die Fähigkeit, das Wissen über sprachliche Diskurse, ihre Redemittel und Strukturen vorwegzunehmen oder durch Inferieren zu ergänzen und
- die **strategische Kompetenz** als die Fähigkeit kommunikativ auf das Gehörte zu reagieren, Gehörtes zu bestätigen oder zu kommentieren, nachzufragen oder zu widersprechen.

Sprachverarbeitung

Die einzelnen Prozesse auditiver Sprachverarbeitung lassen sich über das in Einheit 3 zitierte kognitionswissenschaftliche Modell (s. Abb. 3.1, S. 41) erfassen. Die in ihm dargestellte Koordination von *Bottom-up-* und *Top-down-*Prozessen findet in Bruchteilen von Sekunden statt, in denen gleichzeitig akustische und kontextuelle Stimuli aufgenommen und im Rückgriff auf zielsprachliches, strategisches sowie Erfahrungs- bzw. Weltwissen mit Bedeutung versehen werden. Es wäre also zu einfach, wollten wir Verstehensvorgänge als schlichte Informationsübertragung von A nach B deuten. Vielmehr ist jegliches Verstehen als hypothesenbildende und hypothesentestende Generierung von Bedeutung anzusehen. Dabei greifen jeweils form- und inhaltsbezogene Sprachverarbeitungen ineinander. Hermes beschreibt die Vorgänge beim Hörverstehen wie folgt:

> Wer zuhört, ist „ganz Ohr" nimmt unterschiedliche Geräusche und Laute auf, segmentiert sie in kleinere, sodann größere Einheiten (Wort, Phrase, Satz, Zusammenhänge), um sie in einem aktiven Akt der Bedeutungskonstruktion zu verarbeiten […]. Hörverstehen bedeutet immer Dekodieren, Konstruieren von Bedeutung und Interpretieren von Gemeintem oder Inferieren. Die Interpretation hängt dabei vom kulturellen und Weltwissen der Hörer ab. (Hermes 1998a: 221; zu einem eingehenderen Verständnis des Hörverstehens und seiner Schulung vgl. auch Neveling 2000, Dietrich 2007 und Vandergrift 2007)

In fremdsprachlicher Kommunikation sind wir in der Tat oft darauf angewiesen, Gehörtes mehr zu erraten als im Detail zu verstehen. D. h., wir kompensieren das im Vergleich zur Muttersprache geringere sprachliche Wissen durch Rückgriff auf unser Weltwissen (verstärkte *Top-down*-Prozesse). Damit geht zwar eine hohe Gefahr von Missverständnissen, besonders von kulturell bedingten Missverständnissen, einher, insgesamt aber überwiegen die Vorteile, die wir aus dem Fundament des Weltwissens beziehen können.

Rückgriff auf
Weltwissen

Reines Hörverstehen kommt in natürlichen Kommunikationssituationen allerdings nur selten vor. Zumeist ist der visuelle Kanal am Wahrnehmungsprozess beteiligt. Das kann sich auf das sprachlich-auditive Verstehen sehr positiv auswirken, dann nämlich, wenn die Bildsignale inhaltlich kongruent oder komplementär sind mit bzw. zu den verbalen Impulsen und somit Hilfen zur sprachlichen Entschlüsselung bieten. Die gleichzeitige Wahrnehmungslenkung auf den visuellen und den akustischen Kanal kann andererseits aber auch zu Interferenzen und kognitiven Überlastungen führen. Wie solche unterschiedlich-modalen Signale verarbeitet werden, ist in der Kognitionswissenschaft noch nicht endgültig geklärt. Engelbert Thaler (2007: 13) veranschaulicht die Mehrdimensionalität des Hörsehverstehens (bzw. in seiner Schreibung: des Hör-Seh-Verstehens) wie folgt:

Bildsignale

Hör-Verstehen	*Seh-Verstehen*
Allgemeine Kompetenzen	Verstehen von Handlungen
– Weltwissen	– Aktivitäten
– Soziokulturelles Wissen	– Demonstrieren
Linguistische Kompetenzen	– Zeigen
– Phonetisch-Phonologische Kompetenz	Dekodierung ikonischer Elemente
– Lexikalische Kompetenz	– Bilder
– Grammatikalische Kompetenz	– Landschaften
– Semantische Kompetenz	– Objekte
Soziolinguistische Kompetenzen	Deutung paralinguistischer Merkmale
– Register	– Gestik
– Varietäten	– Mimik
– Höflichkeitskonventionen	– Körperhaltung
Pragmatische Kompetenzen	– Augenkontakt
– Diskurskompetenz	– Körperkontakt
– Schemakompetenz	– Proxemik
– Funktionale Kompetenz	Verstehen kinematografischer Techniken
Deutung prosodischer Mittel	– Kameraperspektiven, -bewegungen
– Stimmqualität	– Montage
– Stimmhöhe	– Licht, Musik
– Lautstärke	Weltwissen, soziokulturelles Wissen
– Länge	Leseverstehen
	– Untertitel
	– Inserts
	– Schriftzüge

Tab. 11.1

Hör-Seh-Verstehen

Hör-Seh-Verstehen

Wahrnehmung, Speicherung, Verarbeitung von Ton und Bild
- temporale Beziehung: simultan oder sukzessiv
- inhaltliche Beziehung: Kongruenz/Komplementarität oder Diskrepanz
- Repräsentation: dual oder amodal oder integriert
- Prozesse: *bottom up* und *top down*: Interaktion

situative Kontexte

interpersonale Begegnung

mediale Rezeption

Produkt- und Prozessmedien

Grundsätzlich lassen sich zwei situative Kontexte, in denen Hör- und Hörsehverstehen vorkommen, unterscheiden: die interpersonale Begegnung und die mediale Rezeption. Während in ersterer zumeist die Möglichkeit besteht, durch Rückfragen oder außersprachliche Signale an den Kommunikationspartner Einfluss auf den sprachlichen Input zu nehmen, ist dies bei rein medialem Hörverstehen (Radio, Film, Fernsehen usw.) nicht möglich. Eine Differenzierung auditiver und audiovisueller Medien in Produkt- und Prozessmedien (vgl. Jung 2006: 233 f.) ist insofern sinnvoll, als sie auf einen wichtigen Unterschied unterrichtlicher Handhabungsmöglichkeiten verweist. Zu den Prozessmedien zählen Rundfunk- und Fernsehsendungen bzw. ihre Träger. Da ihr Kommunikationsmodus an die Echtzeit gebunden ist, sind die spezifischen Hörverstehensprozesse für Fremdsprachenlerner in der Regel

Tab. 11.2

Schulung des Hör-Seh-Verstehens

Schritt	Phase	Funktionen
1	Aufbau einer Hör-Seh-Motivation	– Einführung in die Hör-Seh-Situation (Wer, wann, wo?) – Begründung der Notwendigkeit (Warum lohnt es sich?)
2	Vorentlastung (nicht: Vorwegnahme)	– Erklärung wichtiger Wörter und Strukturen – Vermittlung landeskundlichen Hintergrundwissens
3	Verdeutlichung der ersten Hör-Seh-Absicht	– Angabe der Intention: globales oder grobes Verstehen – Stellung und Erläuterung der Vorfragen
4	Erstes Hör-Sehen	Präsentation des gesamten Hör-Seh-Textes
5	Kontrolle des Global-/ Grobverstehens	– Präsentation der Schülerantworten – Besprechung
6	Verdeutlichung der zweiten Absicht	– Vorgabe: detailliertes (selektives, transzend.) Verstehen – Stellung und Erläuterung der Fragen
7	Zweites Hör-Sehen	Präsentation des Materials (gesamt oder Ausschnitt)
8	Kontrolle des Detail-Verstehens	– Präsentation der Schülerantworten (bzw. Selbst-/Partnerkontrolle – Besprechung
9	Optional: 3. Durchgang	– Drittes Hör-Sehen (Ausschnitt) mit spezieller Aufgabe – Kontrolle der Antworten
10	Abschluss	Anschlussaufgaben, Analyse, Diskussion, Transfer, Evaluation, Abrundung

mit einem hohen Stress verbunden. Produktmedien wie Audio-CD oder DVD hingegen erlauben Unterbrechungen, Wiederholungen und sonstige Manipulationen, die ein entspannteres Arbeiten ermöglichen, aber nicht unmittelbar auf die gesamte Bandbreite außerunterrichtlicher Realsituationen vorbereiten. Selbstverständlich bietet auch der Klassenraumdiskurs mit der Lehrkraft als lebendem Sprachvorbild vielfältige Anlässe des Hörverstehens. Doch im Interesse einer Vorbereitung auf außerunterrichtliche Verwendungssituationen ist eine Konfrontation mit mündlichen Texten unterschiedlicher muttersprachlicher Sprecher/innen dringend erforderlich. Hierzu bieten die gut verfügbaren auditiven und audiovisuellen Medien eine unverzichtbare Basis. Klassenraumdiskurs

Die Verfahren der Hör- und Hörsehverstehensschulung reichen von isolierten Aufgaben der Lautdiskriminierung bis hin zu komplexen Anforderungen beispielsweise des Filmverstehens. Eine Progression sollte jedoch in der Regel nicht vom Detail zum Ganzen, sondern umgekehrt verlaufen, d. h. das inhaltliche Verstehen sollte zunächst auf ein tendenziell weniger anspruchsvolles Globalverstehen gerichtet sein, auf dessen Grundlage dann zunehmend das Detailverstehen geschult werden kann. So sind die Mechanismen der Sprachverarbeitung, hier vor allem die *Top-down*-Prozesse, bestmöglich zu nutzen. Vor dem ersten Hören ist es sinnvoll, eine Hör- bzw. Hörsehmotivation aufzubauen und das lexikalische wie auch das kontextspezifische Vorwissen der Lerner zu aktivieren. Exemplarisch listet Thaler (2007: 17) den möglichen Aufbau einer Sequenz zur Schulung des Hörsehverstehens auf (s. Tab. 11.2 auf Seite 184). Verfahren der Hör- und Hörsehverstehensschulung

Globalverstehen
Detailverstehen

Leseverstehen

11.1.2

Aus kognitionswissenschaftlicher Perspektive sind die Prozesse des Leseverstehens denen des Hörverstehens sehr ähnlich. In beiden Feldern arbeiten die Lernenden im Zuge einer Interaktion von *Bottom-up-* und *Top-down*-Prozessen mit Inferenzen und Hypothesen – mit dem Unterschied natürlich, dass beim Leseverstehen die sprachlichen Stimuli graphischer Natur sind. „Lesen als physiologischer Prozess bedeutet" – so schreibt Liesel Hermes (1998b: 229), Inferenzen
Hypothesen

> dass die Augen über grafische Symbole wandern. Sie bewegen sich nicht gleichmäßig, sondern ruckartig. Während sich der Leseanfänger langsam und mühsam Wort für Wort vortastet und zumeist subvokalisiert, d. h. leise mitspricht, lernt der geübte Leser größere Wort- und Sinneinheiten zu überschauen.

Je mehr Letzteres in Erscheinung tritt, desto stärker sind die *Bottom-up*-Prozesse bereits automatisiert. Das Erfassen größerer Wort- und Sinneinheiten weist in der Fremdsprache allerdings eine Reihe von Schwierigkeiten auf, die das Lesen in der Muttersprache nicht in ähnlichem Umfang bietet. Die Phonem-Graphem-Korrespondenz ist nämlich in vielen Fällen noch nicht hinreichend Phonem-Graphem-Korrespondenz vertraut, außerdem sind bestimmte Wortstellungen oder bestimmte idiomatische Ausdrücke und Redewendungen noch ungewohnt. Ferner ist die Zahl unbekannter Wörter deutlich höher und auch vermeintlich bekannte Wörter tauchen bisweilen in noch unbekannten Bedeutungsvarianten auf.

Im herkömmlichen, lehrwerkgestützten Fremdsprachenunterricht lernen die Schüler vor allem nur eine Art des Lesens, nämlich das **lineare, detaillierte Lesen,** welches darauf ausgerichtet ist, sämtliche Einzelheiten des Textes zu erfassen. Dies entspricht jedoch nicht üblichen Lesepraktiken außerhalb von Lehr-/Lernkontexten. Hier herrscht eine Vielfalt intentionsabhängiger Lesestile. So unterscheidet Nieweler (2003: 7) folgende Lesestile und -intentionen:

(Randnotiz: Lesepraktiken)

- Beim **suchenden Lesen** *(scanning)* wird der Text nur nach bestimmten Zeichen wie z. B.: Wörtern, Eigennamen, Jahreszahlen abgesucht.
- Beim **orientierenden Lesen** *(skimming)* wird der Text grob überflogen, wobei die Aufmerksamkeit insbesondere auf Überschriften, grafische Hervorhebungen, Bilder usw. gerichtet ist.
- Beim **kursorischen Lesen** *(receptive reading)* versucht man, (mit Blick auf eine konkrete Fragestellung) die wesentlichen Aussagen des Textes zu erfassen.
- Beim **detaillierten Lesen** werden möglichst alle Informationen verarbeitet.
- Beim **analytischen Lesen** findet eine intensive Auseinandersetzung mit dem Text oder einzelnen Passagen statt, z. B. im Rahmen einer Gedichtinterpretation, einer (historischen) Quellenanalyse oder anderen sprachlich bzw. inhaltlich schwierigen Textpassagen.
- Beim **kombinierten Lesen** setzt man einzelne der oben genannten Lesestile flexibel bzw. wechselnd ein. So kann z. B. zunächst eine orientierende Lektüre erfolgen, und im Anschluss daran werden einzelne, relevante Textpassagen detailliert oder gar analytisch gelesen. [Hervorhebungen im Original]

Ein Ziel des Fremdsprachenunterrichts, so der heutige fremdsprachendidaktische Konsens, sollte sein, Lernende möglichst früh mit diesen Varianten des Lesens vertraut zu machen und sie so zu einer größeren Selbständigkeit im Umgang mit Texten, insbesondere mit nicht-didaktisierten Texten zu führen.

(Randnotiz: informationsentnehmendes Lesen)

Die genannten Arten eines informationsentnehmenden Lesens sind vor allem im Umgang mit referentiellen Texten von Bedeutung. Beim literarischen Lesen hingegen steht die Interaktion zwischen Text und Leser im Mittelpunkt. Literarische Texte wollen ja ästhetisch gelesen werden, kognitiv-affektive Reaktionen auslösen, an den Erfahrungsschatz der Leser anknüpfen. Mit einem rein informationsentnehmenden Lesen wird man ihnen daher nicht gerecht.

(Randnotiz: literarisches Lesen)

Literarisches Lesen in der Fremdsprache braucht aus diesem Grunde mehr Zeit. Gadamer (1990: 391) spricht treffend von einem „gesteigerten Fall von hermeneutischer Schwierigkeit".

Hermeneutische Verstehenskonzepte gehen davon aus, dass jegliches Textverstehen von dem Vorwissen und den Vorerwartungen bestimmt wird, die der Leser an den Text heranträgt. Für die unterrichtliche Schulung des Leseverstehens ist daraus zu folgern, dass der Aktivierung des Vorwissens und dem Aufbau einer Leseerwartung eine besondere Bedeutung zukommt. Gängige Unterrichtvorschläge gliedern sich zumeist in eine *pre-, while- und post-reading*-**Phase**. In vager Anlehnung an Haß (2006: 88 f.) lassen sich unterrichtliche Verfahren wie folgt systematisieren:

Unterrichtvorschläge

Pre-reading	• Hinführung zum Thema, z. B. – Anknüpfen an Aktuelles oder selbst Erlebtes – Sammeln von Eindrücken und Assoziationen zu thematisch einschlägigen Bildern • Aufbau von Lesemotivation, z. B. – Eingehen auf Schülerinteressen – Reaktivierung des schülerseitigen Vorwissens – Aufzeigen von Wissensdefiziten – provokative Statements – Lesen von Überschriften, „Textaufreißern" (bei kürzeren Sachtexten) oder von Klappentexten (bei Büchern) – Formulieren von Spekulationen zu im Text angesprochenen Problemen (bei Sachtexten) oder zum Handlungsablauf und Figurenarsenal (bei literarischen Texten) • Formulierung von Leseaufgaben, z. B. – Fragen/Aufgaben zu im Text angesprochenen Problemen bzw. zum Handlungsablauf, zu Personen und ihren Handlungsmotiven – Leseaufträge, die unterschiedliche Lesestile und -strategien erfordern – nach Anforderungsgrad differenzierte Leseaufträge – lexikalische und/oder strukturelle Vorentlastungen (möglichst wenige) – Vereinbarung jeweils passender Lesestile
While-reading	• stilles Erlesen • Bearbeitung der Leseaufträge (in der Regel allein, ggf. aber auch zu zweit oder in Kleingruppen) • Verfassen eines Leser-Lerner-Tagebuchs (s. u.)
Post-reading	• Vortrag und Vergleich der Ergebnisse • Anschlussaktivitäten, z. B. – eigene emotionale Reaktionen zum Gelesenen schildern (v. a. bei literarischen Texten) – über den Inhalt des gesamten Textes berichten (v. a. bei Sachtexten) – Zwischenüberschriften finden – einen Textteil spielen (bei literarischen Texten) – Bilder/graphische Darstellungen zum Text anfertigen – Textalternativen verfassen (anderen Schluss finden, ...) – eine Stellungnahme/Kritik zum Text schreiben – weitere Informationen zum Text im Internet recherchieren – eine Pro-/Kontra-Debatte planen und durchführen – eine Befragung zum Thema planen und durchführen

Tab. 11.3
Verfahren der Leseschulung

Bei dem in der obigen Tabelle genannten Leser-Lerner-Tagebuch handelt es sich um ein Verfahren, das besonders im Umgang mit längeren literarischen Texten Verwendung findet. Es geht von rezeptionstheoretischen Grundan-

Leser-Lerner-Tagebuch

nahmen aus, denen zufolge die Lesenden die im Text enthaltenen Leerstellen mit ihren Deutungshypothesen füllen, den Text nach weiteren Anhaltspunkten für ihre Vermutungen befragen und so in einen Dialog mit dem Text eintreten. Das Leser-Lerner-Tagebuch soll anhand bestimmter von der Lehrkraft vorgegebener Leitfragen, die sich sowohl auf Gedanken und Gefühle als auch auf Erschließungsschwierigkeiten und deren mögliche Behebung beziehen, diesen Dialogprozess protokollieren. Es ist vom Anspruch her ein Medium genauerer Erkenntnis, und dies in einem dreifachen Sinn. Zum einen verhilft es den Lesenden sich über die eigenen subjektiven Reaktionen und Verstehenshypothesen Rechenschaft zu geben, es spiegelt somit die eigenen kognitiv-affektiven Sichten wider. Auf diese Weise führt es zum anderen aber zugleich auch zu einem eingehenderen Verständnis des Textes selbst. Letztlich dient es der Bewusstmachung individueller Lese- und Sprachlernstrategien – ein Aspekt, auf den wir in Einheit 12 zurückkommen werden.

11.1.3 | Sprechen

Teilnahme an funktionaler Alltagskommunikation

Aussprache

Die Fertigkeit des Sprechens lässt sich untergliedern in **monologisches** und **dialogisches/interaktives Sprechen**. Ersteres betrifft Vorträge und längere Redebeiträge wie Argumentationen, das Erzählen von Geschichten, Letzteres die Teilnahme an funktionaler Alltagskommunikation, an Diskussionen usw. In ähnlicher Weise unterscheidet der GER (Europarat 2001) zwischen den Anwendungsbereichen „An Gesprächen teilnehmen" und „Zusammenhängendes sprechen". In beiden lassen sich form- und inhaltsbezogene Aspekte differenzieren. Was die erstgenannten angeht, verdienen die Komponenten der Aussprache, Intonation und Prosodie besondere Beachtung, denn sie verleihen jeder Sprache ihre eigenen, unverwechselbaren, sinnlich erlebbaren Merkmale. Zudem tragen sie ganz erheblich zu Erfolg oder Nicht-Erfolg kommunikativer Anstrengungen bei. Eine gute Beherrschung der Aussprache korreliert ferner in hohem Maße mit Hörverstehensleistungen. Dennoch wird ihr in unterrichtlichen Zusammenhängen oft nicht die gebührende Aufmerksamkeit zuteil.

Das gesamte Spektrum der komplexen Fertigkeit des Sprechens zeigen Hu/Leupold (2008: 64 f.) auf, wenn sie schreiben:

> Ein funktionierendes Zusammenspiel zahlreicher Komponenten ist erforderlich, um dialogisch oder aber auch monologisch zu sprechen: artikulatorische, phonologische, grammatische, semantische, textuelle, sozio- und pragmalinguistische Kompetenzen, ebenso wie Weltwissen in Form von Schemata und Skripts, müssen miteinander interagieren, um einen Dialog aufrechtzuerhalten, um Informationen zu vermitteln, um sich selbst darzustellen, kurz: um mündlich zu kommunizieren [...]. Sprechen mit oder vor anderen bedeutet darüber hinaus ein gewisses Sich-exponieren und ist – nicht zuletzt in unterrichtlichen Settings – oftmals mit Emotionen wie Angst oder Scham, andererseits aber auch mit Freude und Stolz besetzt [...].

Von der psycholinguistischen Forschung sind weniger die affektiven als vielmehr die kognitiven mentalen Vorgänge von der Sprechabsicht hin zur artikulierten Äußerung näher untersucht worden. Durchgesetzt haben sich hierbei Modellierungen, die das Sprechen als einen interaktiv strukturierten Prozess darstellen. Sie gehen davon aus, dass gleichzeitig unterschiedliche Prozesse ablaufen. Dies wird an einer an Levelt orientierten, vereinfachten Darstellung deutlich, die Wolff (2000: 14 bzw. 2002b: 211) vorstellt:

Sprechen als interaktiv strukturierter Prozess

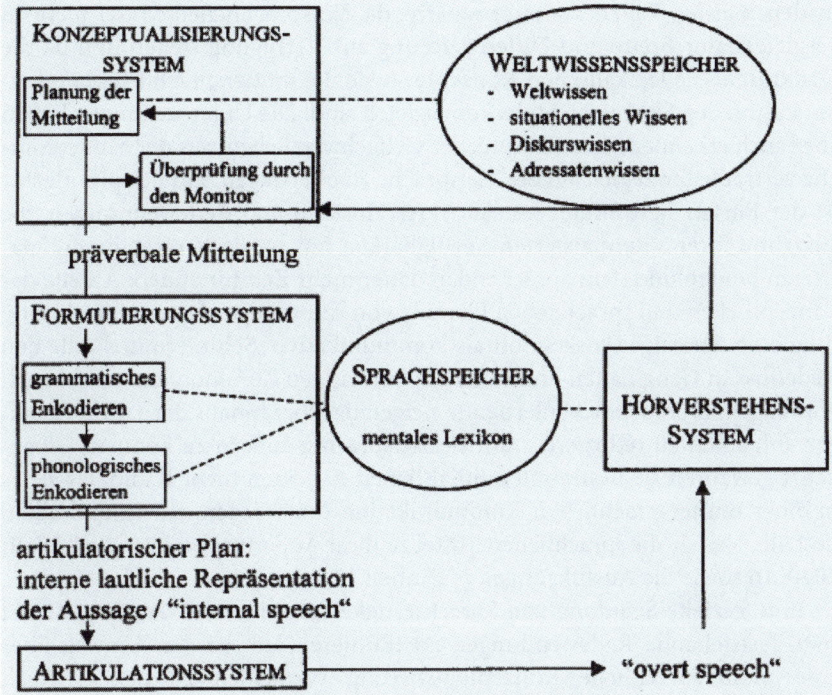

|Abb. 11.1
Paralleles Sprech-
modell nach Levelt

Der Weg von einer präverbalen Phase der Planung über eine mentalsprachliche Realisierung (*internal speech*) zu der artikulierten Äußerung ist dem Modell zufolge also von der Beteiligung dreier unterschiedlicher Systeme geprägt: des **Konzeptualisierungs-**, des **Formulierungs-** und des **Artikulationssystems**. Ihnen zu unterschiedlichen Phasen des Prozesses zugeordnet sind Rückgriffe auf den Weltwissensspeicher und auf den Sprachspeicher. Im Unterschied zu seriellen Sprechmodellen geht man davon aus, dass alle Teilsysteme gleichzeitig arbeiten, sobald ein erster Impuls erfolgt ist. Es muss folglich nicht ein bestimmter Schritt abgeschlossen sein, bevor der nächste einsetzen kann.

Interessant ist, dass nicht durchgängig die Überprüfung der mentalen Vorgänge durch einen internen Monitor angenommen wird. Diese Funktion wird vielmehr weitestgehend vom Hörverstehenssystem übernommen: „Der Sprecher hört mit, während er plant und während er spricht, und bricht die Artikulation ab, wenn er mit dem Geplanten bzw. Artikulierten nicht einverstanden ist" (Wolff 2000: 15). Fremdsprachenlerner/innen sind beim Sprechen natürlich mit besonderen Problemen konfrontiert. Ergebnisse der Psycholinguistik und der Spracherwerbsforschung zeigen, dass sie in hohem Maße dazu tendieren, Formulierungen in der Zweitsprache auf der Grundlage ihrer Erstsprache zu bilden. Auf dem Weg von der Konzeptualisierung zur inneren Verlautbarung im Formulierungssystem findet somit noch ein Zwischenschritt statt, der eine muttersprachliche Phase vor die zielsprachliche rückt. Das ist in den meisten Fällen kontraproduktiv, da die sprachlichen Mittel nicht in vergleichbarer Breite und Differenzierung zur Verfügung stehen und da die Strukturen, die lexikalischen Konzepte sowie die muttersprachlich verankerten kulturellen Skripte nicht deckungsgleich sind. Die Untersuchungen ließen aber auch erkennen, dass L2-Sprecher vielfach versuchen, aus der Muttersprache vertraute Strategien auf die Zielsprache zu übertragen. Ein Beispiel hierfür ist der Einsatz bestimmter feststehender **Floskeln** und **Redewendungen**, die aufgrund ihrer automatisierten Verfügbarkeit nur wenig Verarbeitungskapazitäten binden und dem Sprechenden daher mehr Zeit für andere Anteile der konzeptuellen und sprachlichen Planung von Äußerungen lassen. Gleichzeitig fungieren derartige Floskeln oft als kommunikative „Schmiermittel", die den Redefluss in Gang halten und so einem vorzeitigen Kommunikationsabbruch vorbeugen. Fremdsprachenlernende neigen darüber hinaus dazu, ihre Aussagen inhaltlich zu reduzieren, um sie zielsprachig äußern zu können. Umgekehrt gewähren sie bestimmten inhaltlichen Aspekten mehr Raum, als sie es in einer muttersprachlichen Kommunikation tun würden, einzig und allein deshalb, weil sie die sprachlichen Mittel zu ihrer Äußerung besitzen (vgl. Wolff 2000: 16 sowie die Ausführungen in Einheit 12.2.3).

Eine gezielte Schulung von Sprechfertigkeiten sollte u. a. darauf gerichtet sein, feststehende Redewendungen zu trainieren, um so den Umweg über eine muttersprachliche Konzeptualisierung vermeiden zu helfen. Auch bildgestützte Verfahren bieten sich besonders an, da sie als nichtsprachliche Impulse die Aufmerksamkeitszentrierung auf die vorsprachlichen Konzeptualisierungsvorgänge erleichtern. Generell ist es jedoch nicht einfach, inhaltlich anregende Anlässe und Themen zu finden, die bei den Schüler/innen echte Mitteilungsabsichten wecken. Am meisten haben sich hier handlungsorientierte Verfahren (s. u.) bewährt.

Im Unterricht sollten ferner sowohl monologische als auch dialogisch-interaktive Sprechsituationen zur Geltung kommen. Im Hinblick auf die Unterschiedlichkeit von Gesprächsituationen ist die Vertrautheit mit soziolinguistischen Grundlagen sprachlicher Register eine wesentliche Voraussetzung für **Adressaten- und Situationsangemessenheit** mündlichen Sprachverhaltens. Integrativ, durchaus aber punktuell auch gesondert, sind in allen Feldern mündlicher Äußerungen zudem die spezifischen Belange einer **Aussprache-schulung** zu berücksichtigen. Dabei sollten über den Horizont korrekter Pho-

Fremdsprachenlerner beim Sprechen

Schulung von Sprechfertigkeiten

netik hinaus die intonatorischen bzw. prosodischen Aspekte und mit ihnen die affektiven Ausdrucksmodulationen des Sprechens nicht zu kurz kommen.

Schreiben

|11.1.4

Ebenso wie Hör- und Leseverstehen weisen auch Sprechen und Schreiben untereinander jeweils gewisse Ähnlichkeiten auf. Vieles von dem, was oben zur Sprechfertigkeit gesagt wurde, lässt sich auch auf die Fertigkeit des Schreibens übertragen. So ist der Weg von einer schriftlich zu kodierenden Mitteilungsabsicht bis hin zur graphischen Realisierung in Analogie zum parallelen Sprachproduktionsmodell nach Levelt zu verstehen. Denn auch das Schreiben durchläuft Prozesse präverbaler Konzeptualisierung in Rückkoppelung mit jenen, die im Formulierungssystem stattfinden. Es steht jedoch nicht unter dem Zeitdruck mündlicher Sprachproduktion und kann daher in verstärktem Maße Prozesse des Monitoring aktivieren. Wie bei mündlicher Kommunikation sind in adressaten- bzw. mitteilungsbezogenem Schreiben die jeweils spezifischen Diskursgewohnheiten zu beachten. Private SMS oder E-Mails folgen bekanntlich anderen Regeln als ein berufliches Bewerbungsschreiben. Derartige Registerunterschiede zu beherrschen ist Teil einer soziolinguistischen wie auch einer pragmatischen Kompetenz.

Prozesse des Monitoring

Im fremdsprachendidaktischen Kontext – wie in allen unterrichtlichen Zusammenhängen – erfüllt das Schreiben aber auch andere Funktionen als eine rein kommunikative, nämlich die einer Lernhilfe oder eines Lernmediums. Adelheid Schumann (2009: 198) unterscheidet zwischen einer lernprozess- und einer produktorientierten Variante:

Lernhilfe

Definition

– lernprozessorientiertes Schreiben: Fixieren und Verarbeiten des Gelesenen oder Gehörten, Zusammenstellen und Üben des Wortschatzes, Üben der Grammatik und der Rechtschreibung, Reflexion des Gelesenen (Lesetagebuch), Reflexion des Lernprozesses (Portfolio)
– produktorientiertes Schreiben: Vorbereiten der Textproduktion (thematische Recherche, Ideensammlung, Mind-Map, Gliederung), Zusammenfassen, Analysieren und Kommentieren des Gelesenen oder Gehörten, kreative Weiterverarbeitung des Gelesenen oder Gehörten

Die in der Vergangenheit (s. Einheit 5.3.1) starke Fokussierung des Lehrens und Lernens auf die Schriftlichkeit, gerade in der Funktion einer (vermeintlichen) Lernhilfe, hat sich oft als demotivierend und der selbständigen kommunikativen Sprachverwendung nicht förderlich erwiesen. Dies sollte in Bezug auf die Schulung der Schreibfertigkeit im Blick behalten werden. In allen Verwendungsbereichen ist vielmehr darauf zu achten, dass den einzelnen Lernenden die Sinnhaftigkeit ihres Tuns längerfristig einleuchtet. Dies wird in der Regel darauf hinauslaufen, den mitteilungs- gegenüber den lernprozessbe-

Anlässe authenti-
scher schriftlicher
Kommunikation

zogenen Aspekten des Schreibens Vorrang einzuräumen und nach Anlässen authentischer schriftlicher Kommunikation zu suchen. Gerade die Formen neuer Schriftlichkeit (E-Mails, Blogs usw.) bieten hier ein noch lange nicht ausgeschöpftes Potenzial (vgl. hierzu Nünning/Nünning 2003).

Vier-Phasenmodell

In einschlägigen Publikationen zur Schreibschulung wird vielfach ein Vier-Phasenmodell vorgeschlagen. Hinz (2003: 354) sieht z. B. eine Stufung in die Phasen der **Ideensammlung**, der **Planung**, des **Schreibens** und des **Überarbeitens** vor. Die Sammlung von Gedanken kann z. B. in Form eines Clusters oder einer Mindmap erfolgen, während die Planungsphase eine Strukturierung der Gedanken bis hin zur Erstellung eines Textplans (in der Regel: Einleitung, Hauptteil, Schluss) umfasst. In der Überarbeitungsphase wird der Text auf Merkmale der Textualität (Kohärenz und Kohäsion, also Stimmigkeit inhaltlicher bzw. lexiko-grammatischer und syntaktischer Bezüge) sowie auf sprachliche Richtigkeit hin durchgesehen bzw. korrigiert. Hu/Leupold (2008: 64) warnen mit Bezug auf das Französische allerdings zu Recht davor, dem Kriterium formaler Korrektheit zu viel Gewicht beizumessen. Denn eine mangelnde Beherrschung der Orthographie behindert in der Tat die Kommunikation im Schriftlichen weit weniger als eine stark defizitäre Aussprache im Bereich des Mündlichen.

11.1.5 | Sprachmittlung

Die Sprachmittlung als Fertigkeit oder sprachliche Teilkompetenz hat sich erst über das Kompetenzmodell des GER in der Fremdsprachendidaktik etablieren können. Sie ist keineswegs gleichzusetzen mit Übersetzen oder Dolmetschen.

Definition

> Entsprechend dem sprachpragmatischen Ansatz des Referenzrahmens ist die Fähigkeit gemeint, in mündlicher und schriftlicher Kommunikation Dritten, die einer bestimmten Sprache nicht mächtig sind, zu einer rudimentären Partizipation an der Kommunikation zu verhelfen. Dabei reicht es in der Regel, sprachliche Mitteilungen sinngemäß wiederzugeben.

Gedacht ist an Situationen, in denen z. B. Spanischlernende nicht sprachkundigen Partnern eine auf Spanisch vorliegende Speisekarte erläutern oder ihnen helfen, die Rechnung zu begleichen, eine E-Mail zu verfassen oder dergleichen.

Zur Schulung dieser Fertigkeit gibt es bislang nur wenige Erfahrungen und Vorschläge, erst seit 2008 ist dem Thema eine breitere Aufmerksamkeit geschenkt worden (vgl. u. a. De Florio-Hansen 2008). So sind in neueren Lehrwerken einschlägige Übungen noch rar. Auch sucht man im GER ein Stufenmodell der Sprachmittlung vergebens.

Verfahren integrativer Fertigkeitsschulung im Zeichen von Handlungs- und Aufgabenorientierung

| 11.2

Dem grundlegenden Ziel der Kompetenzorientierung, die Verfügung über sprachliche Mittel und die Beherrschung der Teilfertigkeiten integrativ zur Anwendung zu bringen, entsprechen auch die Zielsetzungen der Handlungs- und der Aufgabenorientierung.

Die Handlungsorientierung in der neueren Fremdsprachendidaktik fußt in wesentlichen Zügen auf einem sozial-konstruktivistischen Lernverständnis. Ihm zufolge wird (fremd)sprachliches Lernen als ein Prozess autonomer Wissenskonstruktion im Rahmen sozialer Interaktionsbeziehungen verstanden. Spracherwerbstheoretisch stehen dabei die Interaktionshypothesen Michael Longs (s. Einheit 2.2.3) Pate, in denen die Aneignung von Sprachen als Ergebnis einer *meaningful interaction* gesehen wird. Darüber hinaus knüpft dieser Ansatz an die weiter zurückliegenden reformpädagogischen Postulate (s. Einheit 4.3.4) an.

Die Zielrichtung und das Profil handlungsorientierten Fremdsprachenunterrichts werden deutlicher, wenn wir uns eine Aufstellung der leitenden Prinzipien ansehen, die Bach/Timm (2009: 13 f.) auflisten:

1. Das sprachliche Handeln der Schüler wird auf zwei Bereiche bezogen: die Schulsituation selbst und die außer- bzw. nachschulische Situation.
2. Aufgabenstellungen, die nicht den Alltagserfahrungen der Schüler entsprechen, werden so gestaltet, dass sie für die Schüler einen Sinn ergeben (z. B. im Spiel).
3. Die Schüler erfahren die fremde Sprache so oft wie möglich als ein Instrument sprachlichen Handelns.
4. Sprachliche Handlungsfähigkeit setzt auch sprachlich-formale Teilkompetenzen voraus.
5. Handlungsorientierte Aufgabenstellungen fördern bewusst die mentalen Verarbeitungsaktivitäten und Lernstrategien der Schüler.
6. Der Unterricht hilft den Schülern, Selbstvertrauen, Experimentierfreude und Risikobereitschaft zu entwickeln.
7. Der Unterricht hilft den Schülern, sich zu autonomen Lernern und Aktionspartnern im (sprachlichen) Lernprozess zu entwickeln.
8. Da der Mensch nur vor dem Hintergrund seiner gesamten Persönlichkeit handeln kann, spricht der Unterricht die Schüler ganzheitlich an.

Beispiele für einen handlungsorientierten Fremdsprachenunterricht gibt es zuhauf. Eins der prominentesten ist das Airport-Projekt von Michael Legutke (1988: 196–211). Schüler/innen einer 6. Gesamtschulklasse bereiten sich im Englischunterricht auf Realbegegnungen mit englischsprachigen Reisenden vor, die sie am nahe gelegenen Frankfurter Flughafen interviewen wollen. Sie entwickeln einen Fragenkatalog und überlegen Einstiegsformulierungen,

Randnotizen: Handlungs-/Aufgabenorientierung · *meaningful interaction* · das Profil handlungsorientierten Fremdsprachenunterrichts · Airport-Projekt

mit denen sie nach dem Zufallsprinzip ausgewählte Fluggäste, die aus einem englischsprachigen Land ankommen, in ein Gespräch verwickeln wollen. Diese Gespräche werden mit der Videokamera aufgenommen und im Unterricht später ausgewertet. Protokolliert werden zudem die vielen englischsprachigen Hinweisschilder, die im Flughafengebäude zu finden sind. Den Abschluss bildet eine Präsentation des Videos und anderer Dokumente, die während des Projekts entstanden sind, vor einem schulinternen Publikum. Das Charakteristische an diesem Projekt ist, dass die Schüler/innen den Arbeitsprozess und das Handlungsergebnis wesentlich selbständig bestimmen und beein-

Fremdsprache als Mittel sozialen Handelns flussen können. Sie erleben und nutzen die Fremdsprache als Mittel sozialen Handelns (mit anderen Worten: es findet *meaningful interaction* statt), und sie erstellen ein Produkt, in dem sie sich wiedererkennen können. Formales Sprachlernen ist dabei den inhaltlichen Erwägungen untergeordnet, wird aber gerade in seiner engen Anbindung an die Bewältigung einer kommunikativen Herausforderung unmittelbar einsichtig.

Aufgabenorientierung Mit dem Prinzip der Handlungsorientierung sehr verwandt ist das der Aufgabenorientierung. Es ist jüngeren Datums und lässt sich als Weiterentwicklung und Spezifizierung des ersteren verstehen. Beide gemeinsam sind auch als „starke Variante" des Kommunikativen Ansatzes zu bezeichnen, insofern sie sprachliche Handlungen nicht nur als Ziel, sondern zugleich als Medium fremdsprachlichen Lernens konzipieren. Im Zentrum des unterrichtlichen Geschehens stehen – wie der Name schon ankündigt – kommunikative Aufgaben. Der Begriff ‚Aufgabe' wird in didaktisch-methodischen Zusammenhängen allerdings in sehr unterschiedlicher Weise verwendet.

Definition Lernaufgaben Um Missverständnissen vorzubeugen, sprechen wir im Folgenden von ‚Lernaufgaben' und meinen damit komplexe Settings im Sinne des *task-based-learning*. Ihr Charakteristikum besteht im Unterschied zu formal-sprachlichen und fertigkeitsbezogenen Übungen darin, im Unterricht möglichst realistische sprachliche Interaktionssituationen zu schaffen.

Zu deren Bewältigung werden sprachliche Mittel benötigt, die in der Regel nur unvollständig vorhanden sind. Der Abstand zum individuell verfügbaren Wissens- und Kompetenzstand stellt einen Lernanreiz dar, der den Einzelnen zu einer Erweiterung seiner sprachlichen Handlungsmöglichkeiten motiviert. Anders als bei dem pragmadidaktischen Ansatz, der eine Bewährungsprobe des Lernens erst für zukünftige „Realsituationen" in Aussicht stellte, geht es Bewährungssituationen im Hier und Jetzt beim *task-based learning* also um stets neue Bewährungssituationen im Hier und Jetzt des Klassenzimmers. Zydatiß (2006: 256 f.) fasst dies sehr bündig zusammen, wenn er schreibt:

> Die zentralen Komponenten sind somit ein hohes Maß an Inhaltsorientierung (= *focus on meaning*) und an Involviertheit bzw. Identifikation des Lernenden

mit der kommunikativen Aktivität (= *personal involvement*). Die Priorität gehört der mitteilungsbezogenen Kommunikation und dem persönlichen Engagement der Lernenden und nicht so sehr der Orientierung am Formaspekt der Zielsprache und am Korrektheitsanspruch der Lehrkraft.

Angestrebt wird eine Befähigung zu problemlösendem Sprachhandeln. Dies wiederum bedeutet, dass die Komplexität und die kontextuelle Eingebundenheit sprachlicher Interaktionen stärker zu beachten sind als dies in herkömmlichen, auf didaktischen Reduktionen basierenden Unterrichtssettings der Fall war. Wie schon die Handlungsorientierung fußt auch die Aufgabenorientierung auf dem spracherwerbstheoretischen Konzept der Bedeutungsaushandlung. Dessen Anwendung bietet eine hohe Gewähr dafür, dass nicht träges Wissen akkumuliert, sondern dynamisches, auf die Realisierung sprachlicher Handlung gerichtetes Wissen generiert wird.

Befähigung zu problemlösendem Sprachhandeln

Doch so homogen wie es auf den ersten Blick scheinen mag, ist das Konzept der Aufgabenorientierung keineswegs. Vielmehr hat sich das Verständnis von *learning tasks* in nahezu 20 Jahren fremdsprachendidaktischer Verwendung gewandelt und erweitert. Als hilfreich hat sich unter anderem Nunans (1989: 40) Unterscheidung zwischen *real-world tasks* und *pedagogic tasks* erwiesen. Erstere beschränken sich strikt auf jene Situationen, die auch außerhalb des Unterrichts vorkommen, während letztere alle, also auch rein lernprozessorientierte Aktivitäten umfassen, die geeignet erscheinen, interne Sprachverarbeitung anzuregen. Im Hinblick auf die Zielrichtung sprachlichen Lernens unterteilt ferner Skehan (1998: 108 ff.) in Aufgaben, die primär *fluency*, *accuracy* oder *complexity* sprachlicher Kommunikation fördern sollen (vgl. Müller-Hartmann/Schocker-von Ditfurth 2005: 10).

real-world tasks
pedagogic tasks

Im Gegensatz zu dem traditionellen PPP-Verfahrensdreischritt (*presentation, practice, production*) folgt Aufgabenorientierung nach Skehan (1996 und 2003) und nach Willis (1996) einem Aufbau in **Pre-task, Task Cycle** und **Language Focus** (siehe die Darstellung von Willis in Abb. 11.2). Formales Sprachlernen fällt somit keineswegs „unter den Tisch", es wird jedoch aus inhaltlichen Interaktionen heraus erst entwickelt.

Das Konzept der Aufgabenorientierung hat im deutschsprachigen Raum ein mittlerweile breites Echo gefunden. Dabei ist es durch eine Erweiterung des ursprünglich pragmatischen Ansatzes durchlässig geworden für die eher tradierten Anliegen einer bildungsorientierten Fremdsprachendidaktik und damit für Inhalte und Verfahren der Literaturdidaktik und der Didaktik des Interkulturellen Lernens. Für die deutsche Rezeption des *task-based-learning* lässt sich daher eine grobe Differenzierung vornehmen zwischen einer engen und einer weiten Fassung. Die erstgenannte ist geprägt von einer Beschränkung auf *real world tasks* und damit auf Alltagskommunikation. In ihrem Mittelpunkt stehen die Aktivierung von Weltwissen und der Ausdruck von Meinungen, Haltungen. In der weiten Fassung bezieht Aufgabenorientierung

Aufgabenorientierung im deutsch- sprachigen Raum

den Umgang mit Texten und den in ihnen angelegten Sinnbildungsprozessen mit ein. Beabsichtigt ist somit eher eine Generierung von Weltwissen und eine Modifizierung bzw. Bildung von Meinungen und Haltungen.

Abb. 11.2 |

Verfahrensdreischritt der Aufgabenorientierung

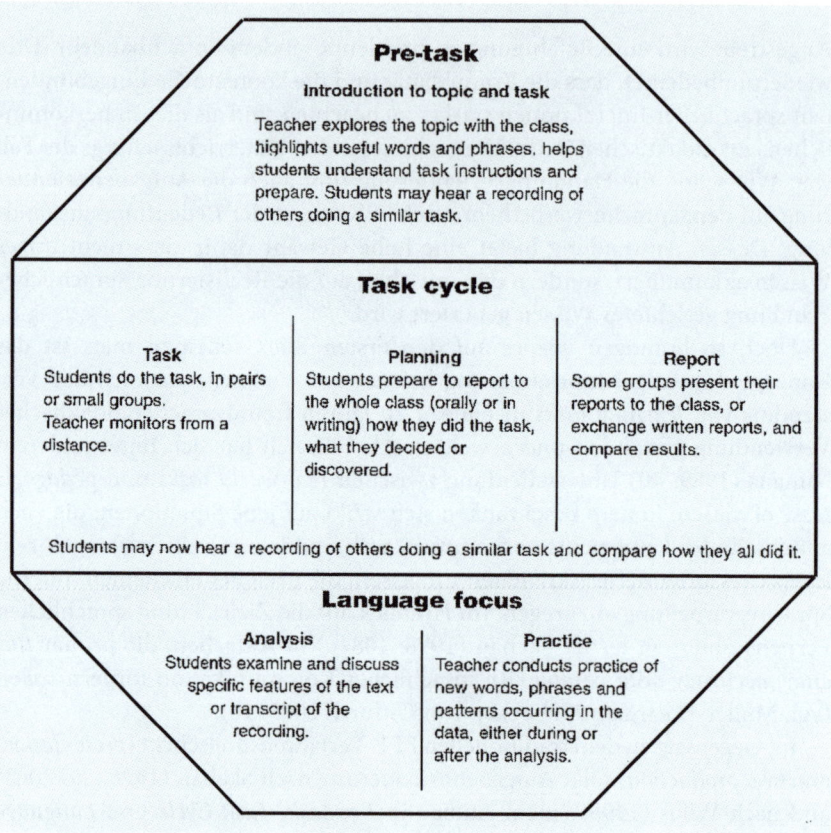

In Lehrwerkskonzeptionen hat dieser Ansatz bisher erst selten und wenn, so zumeist nur ansatzweise Eingang gefunden. Exemplarische Realisierungsmöglichkeiten findet ein aufgabenbezogenes Lernen vor allem in sogenannten „Offenen Unterrichtseinheiten" wie beispielsweise in den mit großem Erfolg praktizierten *Simulations globales* (vgl. Debyser 1986, Arendt 2003), im Verfahren der *Storyline* (vgl. Fehse/Kocher 1998) oder im Rahmen des *Stationenlernens* (vgl. Lusar 2001, Teichmann 2002).

Offene Unterrichtseinheiten

Die beiden erstgenannten sehen vor, dass Schüler vor dem Hintergrund eines situativen und narrativen Impulses ein fiktionales Geschehen entwickeln, dessen Rahmen, Akteure und Handlungssequenzen sie selbst entwerfen. Im Falle einer *Simulation globale* kommt wesentlich hinzu, dass die Lerner die Rolle der von ihnen geschaffenen fiktionalen Figuren übernehmen, Szenen spielen und somit – in einer simulierten Realsituation – miteinander interagie-

Simulation globale

196

ren. Das bekannteste Beispiel ist eine Simulation zum Thema *L'immeuble* (Das Mietshaus) von Francis Debyser (1986). In einem ersten Schritt wird das Haus bevölkert, indem die einzelnen Mietparteien festgelegt und den Bewohner/innen (fiktive) Identitäten zugeschrieben werden. Jede/r Lernende übernimmt eine fiktionale Gestalt, die er/sie mit einer schriftlich verfassten Biographie ausstattet und im Folgenden verkörpert. Während von der Lehrkraft nur die groben Rahmenbedingungen vorgegeben werden, entwerfen die Lernenden in Gemeinschaftsarbeit auf diese Weise eine eigene fiktionale Wirklichkeit, in der in einem zweiten Schritt ein besonderes Vorkommnis alle Figuren zu sprachlichen Interaktionen motiviert. Dies kann die Organisation eines Haus- oder Straßenfestes sein, eine gemeinsame Initiative zur Durchsetzung einer verkehrsberuhigten Zone, ein Protest gegen Abrisspläne des Eigentümers usw. Die sprachlichen Aushandlungen erfordern in der Regel sowohl mündliche Interaktionen als auch schriftliche Sprachproduktion. Am Ende steht eine – wie auch immer geartete – Bewältigung der Handlungssituation bzw. eine Lösung des Konflikts.

Beim Stationenlernen wiederum absolvieren die Schüler/innen in einem Parcours – ähnlich wie beim *circuit-training* des Sportunterrichts – Aufgaben, welche unterschiedliche Wahrnehmungskanäle ansprechen und individuelle Lernwege ermöglichen sollen. Man unterscheidet im Allgemeinen **Erarbeitungszirkel** (auf sprachformale oder thematische Aspekte bezogene Aufgaben entdeckenden Lernens) von **Übungszirkeln** (Aufgabenstellungen zur Festigung bereits eingeführten Stoffs). Während *Stationenlernen* mit relativ geringem Zeitaufwand phasenweise in einen lehrwerksgestützten Unterricht integrierbar ist, stellen *Storylines,* vor allem aber Globalsimulationen, komplexere Lernarrangements dar, die den Zeitrahmen mehrerer Unterrichtsstunden oder -wochen in Anspruch nehmen.

> Stationenlernen

> *Storylines*
> Globalsimulationen

Die Kompetenzorientierung hätte nicht den Stellenwert in der Fremdsprachendidaktik, den sie gegenwärtig besitzt, wäre sie nicht eingebettet in einen fächerübergreifenden, in unterschiedlicher Intensität sogar europaweit verbreiteten Trend neuerer Steuerungsverfahren im Bildungssektor. Wie in Einheit 9 gesehen, sind die Bildungsadministrationen im Zuge einer „empirischen Wende" vor allem seit der PISA-Studie darum bemüht, Ergebnisse schulischen Lernens durch Testverfahren verlässlicher und vergleichbarer abzuprüfen, um so Einfluss auf den vorlaufenden Lehr-/Lernbetrieb zu nehmen und letztlich zu einer „Qualitätssicherung" des Schul- und Unterrichtswesens zu gelangen. In den fremdsprachlichen Fächern stehen hierbei die funktional-kommunikativen Teilkompetenzen im Vordergrund. Daher wollen wir im Folgenden näher auf die Möglichkeiten sprachlicher Kompetenzmessungen eingehen.

> „empirische Wende"

11.3 | Überprüfung sprachlicher Kompetenzstände

Wenn Test- und Messverfahren zum Einsatz kommen sollen, gilt es zunächst einmal zu definieren, was genau Gegenstand der Überprüfung sein soll. Die derzeit entwickelten Kompetenzmodelle in den verschiedenen Fächern bzw. Fächergruppen wollen genau das leisten: eine Festlegung beobachtbarer und daher auch überprüfbarer Konstrukte. Für die neueren Fremdsprachen ist man dementsprechend bemüht, einheitliche Modelle zu entwickeln, die einerseits gewünschte Qualifikationen in möglichst großer Breite und innerer Diversifizierung abbilden, die andererseits aber gleichzeitig soweit elementarisiert sind, dass sie die Grundlage operabler Test- und Messverfahren bilden können. Um unterschiedliche Grade der Zielerreichung beschreibbar machen zu können, müssen zu den einzelnen Kompetenzen ferner Skalierungen bzw. **Stufenmodelle** entwickelt werden. In dieser Hinsicht konnten die Fremdsprachendidaktiken, anders als viele andere Fachdidaktiken, auf erprobte Instrumente zurückgreifen, nämlich auf die Niveaubeschreibungen sprachlich-funktionaler Kompetenzen des GER. Auch gibt es auf dem Markt der Sprachenzertifikate seit Längerem verschiedene Tests, die als Modelle herangezogen werden können. Zu ihnen zählen der *TOEFL*-**Test** (ein Test, der die sprachliche Eignung zur Aufnahme eines Studiums an einer Hochschule der USA feststellen soll), die *Cambridge Certificates*, die offiziellen Sprachdiplome Frankreichs (*DELF* und *DALF*), Spaniens (*DELE*) oder der deutsche *TestDaF*, um nur einige der bekanntesten zu nennen. Sie fußen auf Ergebnissen der Testforschung.

Test- und Messverfahren

11.3.1 | Grundlegende Aspekte der Sprachtestforschung

In Bezug auf die Erhebung sprachlicher Leistungsstände werden Begriffe wie ‚testen‘, ‚messen‘, ‚bewerten‘ und ‚evaluieren‘ verwendet, ohne dass einheitliche Definitionen erkennbar wären.

Definition

> Gemeinhin werden die Verben **‚testen‘** und **‚messen‘** im Kontext quantitativ erfassbarer Vorgänge benutzt. **‚Bewerten‘** bezeichnet hingegen zum einen die Auswertung quantitativer Messergebnisse, zum anderen aber auch Verfahren qualitativer Beurteilungen. Der letztgenannte Aspekt deckt sich im Wesentlichen mit dem semantischen Feld von **‚evaluieren‘**.

In der Testforschung haben sich einige grundsätzliche Unterscheidungen etabliert, die helfen, das Aufgabenfeld sprachlicher Leistungsstandserhebungen genauer in den Blick zu nehmen. Was die Funktion von Tests angeht, wird zunächst differenziert zwischen summativen und formativen Leistungsmessungen. **Summativ** werden jene Verfahren genannt, die punktuell gegen Ende eines Ausbildungsabschnitts Ergebnisse des Lernens feststellen wollen. Dies geschieht oft mit dem Ziel, eine Rangfolge unter den Testteilnehmer/innen herzustellen. **Formative** Tests hingegen versuchen, über einen längeren Zeit-

summative und formative Leistungsmessungen

raum den Prozess des Lernens zu erfassen, um ihn im Interesse einer Qualitätssicherung beeinflussen zu können. Wichtig ist weiterhin die Unterscheidung zwischen norm- oder bezugsgruppenorientierter und kriterienorientierter Bewertung. Im erstgenannten Fall werden die individuellen Ergebnisse der Lernenden in ihrem Verhältnis zu den Resultaten einer Referenzgruppe interpretiert. Das tatsächliche Können jede/r Einzelnen spielt folglich weniger eine Rolle als vielmehr seine/ihre Stellung innerhalb des Leistungsspektrums einer Gruppe. Demgegenüber versuchen kriterienbezogene Beurteilungen die Leistungen eines Einzelnen anhand gestufter, vorab festgelegter Kriterien zu bewerten. Einstufungen nach den *can-do*-Deskriptoren des GER sind ein Beispiel dieses letztgenannten Beurteilungsmodus'. Hierbei wiederum lassen sich globale bzw. holistische von analytischen Bewertungen unterscheiden. Global wäre z. B. die eindimensionale Gesamtbewertung einer fertigkeitsbezogenen Leistung zu nennen, während analytische Bewertungen explizite Aussagen über Teilaspekte der zu messenden Fertigkeit treffen. Neben einer sozialen und einer kriterialen können Leistungsbewertungen aber auch eine individuelle Bezugsnorm zugrunde legen. In diesem Fall werden aktuelle Leistungen der Lernenden an ihren früheren Resultaten gemessen, um so individuelle Entwicklungen diagnostizieren zu können.

norm- oder bezugsgruppenorientierte und kriterienorientierte Bewertung

globale bzw. holistische vs. analytische Bewertungen

Traditionelle Formen schulischer Leistungsbewertung wie die **Benotung** von Klassenarbeiten oder von Referaten, von mündlicher Mitarbeit usw. sind somit in der Regel als bezugsgruppenorientiert und global einzustufen. Informelle Rückmeldungen der Lehrkraft an einzelne Schüler/innen bedenken häufig auch die individuelle Bezugsnorm. Insofern Klassenarbeiten oder mündliche Leistungsstandserhebungen dazu dienen, Lernfortschritte zu erfassen, können sie als formativ bezeichnet werden. In ihrer großen Mehrzahl werden sie jedoch den Gütekriterien von Tests nicht gerecht. Zu diesen zählt in erster Linie die **Trias von Objektivität, Reliabilität und Validität,** in zweiter Linie sind auch Kriterien wie Authentizität, Transparenz oder Praktikabilität zu beachten (vgl. zum Folgenden Vollmer 2007, Grotjahn 2008, Hinger 2009).

Gütekriterien von Tests

► Das Kriterium der Objektivität bezieht sich auf den Grad der Unabhängigkeit vom jeweiligen Untersucher/Bewerter. Eine wichtige Voraussetzung für einen hohen Grad an Objektivität wird in der Standardisierung des Testformats gesehen.

Objektivität

► Reliabilität hingegen meint die Zuverlässigkeit im Sinne einer Reproduzierbarkeit der Testresultate innerhalb bestimmter Toleranzgrenzen. Dabei ist zwischen der Perspektive der Beurteilten und derjenigen der Beurteiler/innen zu unterscheiden. Aus der Sicht der Lernenden müsste ein optimal reliables Verfahren unter gleichen Bedingungen bei gleichzeitiger Durchführung (**Paralleltestreliabilität**) oder bei wiederholter Durchführung (**Retest-Reliabilität**) zu den gleichen Resultaten führen. Mit Blick auf die Bewerter/innen lässt sich hingegen zwischen **Interrater- und Intrarater-**

Reliabilität

Reliabilität differenzieren je nachdem, ob unterschiedliche Bewerter/innen ein und dieselbe Leistung annähernd identisch beurteilen oder ob ein/e Bewerter/in in zeitlich versetzten Beurteilungsdurchgängen zu annähernd identischen Bewertungen der betreffenden Leistung gelangt.

Validität
► Das Kriterium der Validität oder Gültigkeit bezieht sich darauf, ob das Testverfahren auch das misst, was es zu messen vorgibt. Auch dieses Kriterium lässt sich weiter ausdifferenzieren. Erwähnt seien hier nur drei Aspekte, als erstes die **Konstruktvalidität**. Sie betrifft die Frage, „inwieweit das direkt beobachtbare Verhalten der Testpersonen auf bestimmte zugrunde liegende, nicht direkt beobachtbare Fähigkeiten (sogenannte theoretische Konstrukte) zurückgeführt werden kann" (Grotjahn 2008: 166). Demgegenüber gibt die **Inhaltsvalidität** an, inwieweit die Testaufgaben geeignet sind, beispielsweise bestimmte Aspekte eines Lernstoffs oder bestimmte Verhaltensweisen zu erfassen. Die **Augenscheinvalidität** letztlich ist kein wissenschaftliches Kriterium im engeren Sinn. Sie gibt an, inwieweit der Test von den Lernenden, von Eltern oder von Kollegen als solcher erkannt und anerkannt wird. Eine geringe Augenscheinvalidität kann – so Grotjahn (2008: 166) – Kandidaten dazu verleiten, den Test nicht hinreichend ernst zu nehmen und deshalb nicht ihre optimale Leistung zu zeigen.

► Eine **Authentizität** von Testaufgaben ist dann gewährleistet, wenn diese eng auf reale Kommunikations- bzw. Anforderungssituationen des außerunterrichtlichen Alltags in zielsprachigen Kontexten ausgerichtet sind.

► Das Gütekriterium der **Transparenz** von Tests und Aufgaben bedeutet vor allem, dass die spezifischen Leistungserwartungen sowie die Kriterien der Leistungsbeurteilung für die Kandidat/innen leicht erkennbar sind.

► Die **Praktikabilität** letztlich betrifft alle Bedingungen der Durchführung (räumliche, zeitliche Bedingungen) sowie der Reproduzierbarkeit von Tests.

Die in zunehmendem Maße zentralen Lernstandserhebungen, so v. a. ländereinheitliche und länderübergreifende Vergleichsarbeiten, müssen sich an diesen Gütekriterien messen lassen. Schulische Lehrkräfte sollten daher mit ihnen vertraut sein und sie auch bei der Erstellung eigener Tests zu berücksichtigen lernen. Dies ist jedoch ein alles andere als leichtes Unterfangen.

11.3.2| **Problematik eines testorientierten Fremdsprachenunterrichts**

Aus pragmatischen Gründen legen Tests häufig ein enges, auf kognitive Aspekte verkürztes Kompetenzkonzept zugrunde. Das ist verständlich, denn vielschichtig, komplex angelegte Testdesigns bieten zwar eine zufrieden stellende Konstruktvalidität, sind aber im Hinblick auf die Gütekriterien der
Konstruktvalidität
Objektivität und Reliabilität nur sehr schwer zu handhaben. Allen gegenteiligen Ansprüchen und Bemühungen zum Trotz tendieren standardisierte Tests folglich dazu, die Komplexität sprachlicher Anforderungen durch Segmentierung der Anforderungsfelder zu reduzieren. Somit sind sie meistens nicht in

der Lage, z. B. kreative Sprachleistungen zu messen. Dies kann fatale Rückwirkungen auf den vorlaufenden Unterricht haben, den oben (Einheit 9.4.2) beschriebenen *teaching-to-the-test effect*. Er stellt ein gravierendes Problem, wenn nicht *das* Hauptproblem der gegenwärtigen Output- und Standardorientierung dar. Denn notwendigerweise wird sich das Lehren und Lernen auf die Anforderungen der standardisierten Tests ausrichten. Dies gilt sowohl für die Inhalte als auch für die Verfahren des Unterrichts.

teaching-to-the-test effect

Inhalte fremdsprachlichen Lernens scheinen aus dem Blickwinkel der Kompetenzorientierung völlig beliebig zu sein, schließlich geht es ihr ja um die Entwicklung vielseitig einsetzbarer Handlungsfähigkeiten, nicht um themenbezogenes Wissen. Konsequenterweise werden sie in den *Standards* weitestgehend ausgeblendet. Im Blick auf die Ziele des Fremdsprachenunterrichts ist allerdings daran zu erinnern, dass in den KMK-Standards neben den funktionalen kommunikativen Kompetenzen ebenso interkulturelle und methodische Kompetenzen als Zielbereiche genannt werden. Dabei ist zwar deutlich das Bemühen erkennbar, differenzierte Handlungsbereiche auszuweisen. So entscheidende Aspekte wie der einer Reflexionskompetenz, die es den Einzelnen erst gestattet, eigene Einstellungen und Wertungen in Fragen kultureller Differenz zu relativieren, kommen dabei jedoch zu kurz. Die interkulturellen und die Methodenkompetenzen sind naturgemäß schwer zu operationalisieren, vor allem aber kaum standardisiert zu überprüfen. Auffälligerweise gibt es in dem KMK-Dokument zu ihnen keine Aufgabenbeispiele, während die rein sprachpraktischen Komponenten sehr detailliert zur Geltung kommen. Daraus erwächst die Gefahr, dass nur die „harten" nämlich operationalisierbaren Teilkompetenzen sich als praxisleitend erweisen, während die „weicheren" als Teil einer politischen Rhetorik abgetan werden.

Reflexionskompetenz

Auch was die Auswahl von Lern-/Lehrverfahren betrifft, werden in der Fremdsprachendidaktik verschiedentlich Befürchtungen geäußert, dass ein Unterricht, der auf standardisierte Tests im Sinne der Bildungsstandards vorbereiten will, hinter den gegenwärtigen methodisch-didaktischen Entwicklungsstand zurückfällt (vgl. Küster 2006a). Die Gefahr bestehe, dass der Fremdsprachenunterricht zu traditionellen Paukverfahren zurückkehren und darüber handlungs- und aufgabenorientierte Verfahren selbständigen und kooperativen Lernens vernachlässigen werde. Um ihr zu begegnen, werden gegenwärtig Anstrengungen unternommen, Lern- und Testaufgaben zu entwickeln, die standardbezogen, gleichwohl aber der Komplexität realer Kommunikationssituationen angemessen sind. Diese Bemühungen werden im Auftrag der KMK vom „Institut zur Qualitätsentwicklung im Bildungswesen" (IQB), das der Humboldt-Universität zu Berlin angegliedert ist, initiiert und koordiniert. Es bleibt abzuwarten, inwieweit sie gelingen.

Institut zur Qualitätsentwicklung im Bildungswesen

Die Ausrichtung fremdsprachlichen Lernens auf standardisierte Tests, so ist zunächst festzuhalten, erscheint nur schwer kompatibel mit den Postulaten einer Lerner- und Prozessorientierung. Insgesamt drängt sich der Eindruck auf, dass die Standards einen Machbarkeitsoptimismus widerspiegeln, der auf einer irrigen Wirkannahme lehrorientierter („instruktionistischer") Verfahren basiert. Bei allen Einwänden soll andererseits nicht unterschlagen werden, dass das Reformvorhaben auch positive Seiten hat. Es ist durchaus sinnvoll und weiterführend, auf der Grundlage des *Referenzrahmens* Ziele zu formulieren, die im nationalen Binnenverhältnis, aber auch im europäischen Rahmen eine Vergleichbarkeit von Lernergebnissen ermöglichen. Ein positiver *teaching-to-the-test effect* könnte zudem darin bestehen, dass die zuvor wenig beachteten Fertigkeiten des Hör-/Hörsehverstehens und des Sprechens im Unterrichtsalltag eine Aufwertung erfahren.

Zusammenfassung

> Zu Beginn dieser Einheit gingen wir auf die fünf kommunikativen Teilkompetenzen ein. Hierbei wurde deutlich, dass nicht nur die produktiven (Sprechen und Schreiben), sondern auch die „rezeptiven" Fertigkeiten bzw. Teilkompetenzen (Hör- bzw. Hörsehverstehen und Leseverstehen) eine höchst aktive Leistung verlangen. Da sie in der Realität der Sprachverwendung zumeist nicht isoliert zur Anwendung kommen, sollten sie auch im Unterrichtskontext integrativ und möglichst realitätsnah geschult werden. Dabei spielen Prinzipien der Handlungs- und Aufgabenorientierung eine prominente Rolle. Deren Grundzüge wurden zunächst umrissen und anschließend an Beispielen illustriert. Wie in Einheit 9.4.2 gesehen, stellt die Überprüfbarkeit sprachlicher Leistungen ein Kernstück der Standard- und Kompetenzorientierung dar. Wir skizzierten daher zentrale Positionen der Testforschung, bevor wir kurz auf das oft kontrovers diskutierte Problem eingingen, in welchem Maße der bildungspolitisch gewollte, prüfungsbezogene Ansatz der Standardorientierung mit den Prinzipien einer lernerzentrierten, handlungs- und aufgabenorientierten Praxis des Fremdsprachenunterrichts vereinbar ist.

Aufgaben

1 Sehen Sie sich im Internet die *can-do*-Deskriptoren des GER in den einzelnen Fertigkeitsbereichen (Kap. 3.3) (http://www.goethe.de/Z/50/commeuro/i3.htm) an und bestimmen Sie für eine von Ihnen gesprochene Fremdsprache die Niveaus, die Ihrer Selbsteinschätzung nach für Sie zutreffen.

2 Sammeln Sie anhand der Aufstellung von Prinzipien handlungsorientierten Fremdsprachenunterricht Beispiele aus Ihrer Erfahrung als Lernende/r oder Lehrende/r. Machen Sie sich Notizen und vergleichen Sie Ihre Einschätzungen mit denen eines/r Mitstudierenden.

3 Öffnen Sie folgende Internetseite der KMK zu den Bildungsstandards db2.nibis.de/1db/cuvo/datei/bs_ms_kmk_erste_fremdsprache.pdf. Wählen Sie eine der Testaufgaben zum Leseverstehen (KMK 2004: 31 ff.) aus und prüfen Sie, inwiefern sie den Gütekriterien von (Sprach-)Leistungstests entspricht.

Zum Weiterlesen

Bach, Gerhard/Timm, Johannes-Peter (Hrsg.) (4. Aufl. 2009): Handlungsorientierung als Ziel und als Methode. In: Bach, Gerhard/Timm, Johannes-Peter (Hrsg.): *Englischunterricht. Grundlagen und Methoden einer handlungsorientierten Unterrichtspraxis.* Tübingen/Basel: Francke, 1–22.

Europarat (2001): *Gemeinsamer Europäischer Referenzrahmen für Sprachen. Lernen, lehren, beurteilen.* [online] http://www.goethe.de/Z/50/commeuro/i3.htm. (24.6.2008)

Hinger, Barbara (2009): Diagnostik, Evaluation und Leistungsbewertung. In: Grünewald, Andreas/Küster, Lutz (Hrsg.): *Fachdidaktik Spanisch.* Stuttgart/Seelze: Klett-Kallmeyer, 269–310.

Methodische Kompetenzen

Begriffsbestimmungen von Methodenkompetenz | 12.1

Im Verständnis von Eckhard Klieme (2004) bezeichnet ‚Kompetenz' die Fähigkeit zur Bewältigung sowohl inhaltsübergreifender als auch situationsspezifischer Anforderungen. Der erstgenannte Aspekt kommt vielleicht am deutlichsten in der/den sogenannten methodischen Kompetenz/en zum Tragen. Zur Klärung: In den Schriften zur Methodenkompetenz sind sowohl der Singular- als auch der Pluralbegriff zu finden. Darin drückt sich lediglich eine unterschiedliche Fokussierung auf das spezifisch Verbindende oder die Vielfalt der Einzelelemente aus. Ebenso wie später in Bezug auf interkulturelle Kompetenz/en verwenden wir beide Varianten unterschiedslos.

Doch welche Aspekte dieser fächerübergreifenden Kompetenz haben für das Fremdsprachenlernen eine besondere Bedeutung? Sehen wir uns hierzu zunächst die Systematisierungen des GER (Europarat 2001) an. Dieser gliedert die Kompetenzen der Lernenden in Allgemeine Kompetenzen und in Kommunikative Sprachkompetenzen, wobei erstere in vier *savoirs* unterteilt sind. Der französische Terminus wird auch in der englischen und der deutschen Version verwendet, da er sich sowohl auf Wissen als auch auf Können bezieht. Das *savoir* (ohne weiteren Zusatz) bezeichnet das deklarative Weltwissen, wohingegen *savoir-faire* das prozedurale Wissen bzw. Fertigkeiten, *savoir-être* die persönlichkeitsbezogene Kompetenz und *savoir-apprendre* die Lernfähigkeit betreffen. Letzteres wiederum kommt dem, was andere Texte als methodische Kompetenzen beschreiben, am nächsten. Hierzu heißt es in Kap. 5.1.3 des Referenzrahmens:

Systematisierungen des GER

> *Savoir-apprendre* im weitesten Sinn bedeutet die Fähigkeit zur Beobachtung, zur Teilnahme an neuer Erfahrung und zur Integration neuen Wissens in bereits vorhandenes Wissen, das dabei, wenn nötig, verändert wird. Sprachlernfähigkeiten werden im Verlauf von Lernerfahrungen entwickelt. Sie ermöglichen es dem Lernenden, neue Herausforderungen beim Erlernen einer Fremdsprache effektiver und unabhängiger zu bewältigen, zu sehen, welche Wahlmöglichkeiten bestehen, und Chancen besser zu nutzen. Lernfähigkeit besteht aus mehreren Komponenten, wie etwa: Sprach- und Kommunikationsbewusstsein; allgemeine phonetische Fertigkeiten, Lerntechniken und heuristische Fertigkeiten.

Andererseits sind auch Anteile dessen, was der GER unter der Rubrik „Persönlichkeitsbezogene Kompetenz (*savoir-être*)" fasst, als methodische Kompetenzen zu bezeichnen. Dort wird auf den Einfluss von Persönlichkeitsfaktoren auf die Lernfähigkeit verwiesen und danach gefragt, welche von ihnen das Lernen und den Erwerb einer Fremd- oder Zweitsprache fördern bzw. behindern und wie Lernenden geholfen werden kann, Stärken zu nutzen und Schwächen zu überwinden (vgl. ebd.).

Systematisierung in den Bildungsstandards

Die Bildungsstandards für den Mittleren Schulabschluss (KMK 2004) gliedern die sprachrelevanten Kompetenzen demgegenüber, wie oben (in Einheit 9.4.3) aufgeführt, in drei Hauptbereiche, wovon die methodischen Kompetenzen einer sind. Er gliedert sich in folgende Teilaspekte:

- ► Einsatz von Sprachlerntechniken und -strategien
- ► Entwicklung von kooperativen Lern- und Arbeitsformen
- ► Erlangung von Selbständigkeit im Sprachenlernen durch eine Analyse des persönlichen Lernstils und die Auswahl besonders geeigneter Lernverfahren
- ► Nutzung verschiedener Verfahren zur Auswertung geschriebener und gesprochener Sprache
- ► Nutzung verschiedener Verfahren zum anwendungs- und produktorientierten Gestalten von mündlichen und schriftlichen Texten (vgl. ebd.: 13 f.)

Pragmatik und Effizienz

An dieser Aufstellung wird deutlich, dass die Bildungsstandards im Vergleich zum GER den Akzent stärker auf pragmatische Aspekte des Lernens legen. Der hier aufscheinende Gegensatz zwischen einem anthropologisch fundierten, auf Stärkung der Einzelnen bedachten und einem eher instrumentalistischen, auf Effektivierung der Lernprozesse gerichteten Sprachlehr- und -lernverständnis wird uns im weiteren Verlauf dieser Einheit noch häufiger begegnen. Unverkennbar transportieren derartige didaktisch-methodische Akzentuierungen zugleich unterschiedliche Menschenbilder und (bildungs-) politische Leitvorstellungen.

Wir werden uns zunächst mit der Entwicklung und Förderung von Sprachlernkompetenzen beschäftigen. Dabei gehen wir relativ ausführlich auf das Konzept der Lernerautonomie ein, das die fachdidaktische Diskussion in diesem Feld entscheidend geprägt hat. Wir fragen dann nach der Bedeutung von metakognitivem Wissen (Sprachlernbewusstheit) und Lernstrategien für das Sprachenlernen, bevor wir kurz auf kommunikative Sprachverwendungsstrategien zu sprechen kommen und uns schließlich den Medienkompetenzen zuwenden. Einige in diesen Themenbereich fallende Aspekte werden wir allerdings erst in Einheit 13 (literarisch-ästhetische Kompetenzen) näher betrachten, da sie dort breiter einzubinden sind. Aussparen werden wir hier des Weiteren die „Entwicklung kooperativer Lern- und Arbeitsformen", da wir sie in Einheit 7 (Interaktion) erörtert haben.

Aufbau von Sprachlernkompetenzen

Wie in Einheit 3.2 bereits angemerkt, ist in der Fremdsprachendidaktik unter dem Einfluss kognitivistischer Lernforschung die Bedeutung metakognitiven Wissens für den Erfolg des Sprachenlernens neu bewertet worden. Wer weiß, wie er lernt, lernt besser – auf diese kurze Formel lässt sich die auch in den anderen Fachdidaktiken weitgehend einhellig vertretene Grundüberzeugung bringen. Aus ihr sind vielfältige Initiativen erwachsen, welche Schülerinnen dazu anleiten wollen, „das Lernen zu lernen" – so ein seit jener Zeit programmatisches Schlagwort. Doch mit ihm entsteht sogleich eine gar nicht so leicht zu beantwortende Frage: Wenn das Lernen lernbar ist, ist es dann auch lehrbar? Oder ist entsprechend den konstruktivistischen Annahmen (s. Einheit 2.3.2) davon auszugehen, dass Lernen durch Instruktion nicht direkt beeinflussbar ist, sondern eine allenfalls mittelbar zu steuernde autonome Aktivität der Lernenden darstellt? Und was heißt eigentlich „autonom lernen"?

margin: Bedeutung metakognitiven Wissens

Das Konzept der Lernerautonomie

Der Begriff der Lernerautonomie kam in den 1980er Jahren auf und hat in der Fremdsprachendidaktik schnell ein breites Echo gefunden, man kann geradezu einen modisch-inflationären Gebrauch feststellen. Auf diese Weise ist der Begriff aber so unterschiedlich verwendet worden, dass eine einheitliche Bedeutung kaum mehr auszumachen ist.

Zunächst ist zwischen einem deskriptiven und einem normativen Gebrauch des Terminus zu differenzieren. In einem konstruktivistischen Verständnis ist Autonomie eine unhintergehbare Bedingung des Lernens, m. a. W. man kann nicht nichtautonom lernen. Wäre dies in Theorie und Praxis des fremdsprachlichen Lernens allgemein anerkannt und respektiert, müsste über Lernerautonomie nicht weiter nachgedacht werden. Die Popularität des Konzepts macht hingegen deutlich, dass dem nicht so ist: Weder ist der Konstruktivismus als Basistheorie des Lernens unumstritten, noch verzichtet man in unterrichtlicher Praxis durchgängig auf die Hoffnung, Lernen ließe sich unmittelbar über Belehrung herstellen. Vor diesem Hintergrund entfaltet sich die normative Dimension des Konzepts der Lernerautonomie. Ihr entsprechend sollten die Anstrengungen von Lernenden und Lehrenden darauf gerichtet sein, Lernen im Sinne einer autonomen Wissenskonstruktion möglich zu machen bzw. zu erleichtern oder zu optimieren.

margin: deskriptiv vs. normativ

Damit ist jedoch noch nicht gesagt, was „autonom" konkret meint. Dem Wortursprung nach bedeutet es „selbst-" bzw. „eigengesetzlich", von griechisch *autós* ‚selbst' und *nómos* ‚Gesetz'. Autonom lernt folglich jemand, der die Gesetze und die Regeln, die Inhalte und Verfahren seines Lernens selbst bestimmt. In einem radikalen (also auf die Wurzeln zurückgehenden) Verständnis impliziert dies die Möglichkeit, etwas auch bewusst nicht zu lernen. Angesichts der spezifischen institutionellen Rahmenbedingungen wird schnell

margin: Wortursprung

klar, dass schulisches Lernen einer so weiten Fassung des Begriffs nicht folgen kann.

Nun sind es aber gerade die äußeren, immer ja auch politisch gesetzten Bedingungen des Lernens, gegen die Henri Holec (1980) sich wandte, als er den Begriff prägte. Er setzt die einzelnen Lerner/innen ins Zentrum seiner – allerdings von der Erwachsenenbildung ausgehenden – Überlegungen. Der Unterricht, so seine Überzeugung, müsse sich nach den Spracherwerbsmöglichkeiten und -bedürfnissen der Lernenden richten, nicht umgekehrt. Dass dies eine umfassende Umstrukturierung unterrichtlicher Settings mit sich bringen muss, ist ihm sehr wohl bewusst. Lernerautonomie bedeutet für ihn im Wesentlichen, dass der Einzelne Verantwortung über seinen Lernprozess gewinnen kann. Damit ist die Fähigkeit gemeint, Lernziele, -inhalte und -verfahren zu bestimmen, die Kontrolle über den eigenen Lernprozess auszuüben und die Lernergebnisse zu evaluieren. Lernerautonomie hat insofern eine über das Lernen hinausgehende Bedeutung, als sie zugleich auf eine verantwortliche politische Teilhabe an der Gesellschaft vorbereitet.

Schlüsselbegriff Verantwortlichkeit

Demgegenüber verengt Anita Wenden (1991) Lernerautonomie auf die Dimension der Lernverfahren. Ihr geht es lediglich um eine Entwicklung optimierter, individuell angepasster Lernstrategien und somit um das Leitbild eines *good learner*. David Little (1991) wiederum nimmt im Anschluss an Wygotski die Interaktionsbezüge des Spracherwerbs und des Sprachgebrauchs in den Blick (s. Einheit 2.3.3). Seiner breit rezipierten Position zufolge kann Lernerautonomie nicht absolut sein, da Lernen immer eingebettet ist in soziokulturelle Kontexte und von diesen folglich mitbestimmt wird. Er versteht unter dem Begriff die Fähigkeit der Lernenden, das Unterrichtsgeschehen distanziert-kritisch zu reflektieren, Entscheidungen zu treffen und umzusetzen, von fremder Kontrolle in bedeutsamem Umfang unabhängig zu werden und so ein hohes Maß an Freiheit zu erlangen.

Leitbild eines *good learner*

Freiheit

Vor dem Hintergrund dieser Begriffsgeschichte sieht Phil Benson (1997: 25) Lernerautonomie dreifach ausgelegt, nämlich:

1. autonomy as the act of learning on one's own and the technical ability to do so;
2. autonomy as the internal psychological capacity to self-direct one's own learning;
3. autonomy as control over the content and processes of one's own learning.

drei Dimensionen: eine technische, eine psychologische und eine politische

In diesen Zugängen erkennt Benson drei Dimensionen, eine technische, eine psychologische und eine politische. Die technische ist weitgehend identisch mit dem, was auch unter autodidaktischem Lernen oder Sebstinstruktion verstanden wird, d. h. ein Lernen ohne Einbeziehung einer Lehrkraft und außerhalb eines institutionellen Rahmens. Ein solches Lernen ist sehr wohl vereinbar mit einem behavioristischen Lernverständnis, vorausgesetzt, es steht ein Angebot programmierten Lernens bereit wie z. B. ein PC-Selbstlernprogramm. Die

psychologische Dimension zeigt sich demgegenüber in der von Holec betonten Verantwortung für den eigenen Lernprozess. Der Kontrollaspekt letztlich
ist in Bensons Sicht der politischen Dimension zuzurechnen, da er sich auf die
Beeinflussung nicht nur des eigenen Lernens, sondern auch der institutionellen Rahmenbedingungen bezieht.

Die Breite und Heterogenität des Begriffsfeldes zeigt sich gut an einer
Aufstellung unterschiedlicher Begründungslinien von Lernerautonomie als
Erziehungsideal, die Lienhard Legenhausen (1998: 78 ff.) herausarbeitet. Er
unterscheidet

> anthropologische und entwicklungspsychologische Begründungen
> lerntheoretisch-konstruktivistische Begründungen
> sprachlerntheoretische und didaktische Begründungen
> sozialpolitische Begründungen

Begründungslinien
von Lernerautonomie

„In anthropologische Begründungen" – so schreibt er (ebd.: 78) – „wird von
den Grundbedürfnissen des Menschen ausgegangen, zu denen der Drang nach
Selbstverwirklichung und Gewinnung von Kontrolle über die Lebensumstände
gehören". Wir können hier auch eine Verbindung zum motivationspsycholo-
gischen Konzept der Selbstbestimmung nach Deci/Ryan (1985, 1993) und
zu den sozialkonstruktivistischen Ansätzen der Sprachlernmotivation nach
Williams/Burden (1997) ziehen (s. Einheit 3.3). Das Gefühl, Kontrolle über
den eigenen Lernprozess zu besitzen bzw. die Gewissheit, Ziele, Inhalte und
Verfahren als selbstbestimmt zu erleben, wird hier als ein wichtiger, letztlich
auch leistungssteigernder Faktor von Lernmotivation gesehen. Wer in diesem
Sinne autonom lernt, wird nahezu zwangsläufig den eigenen entwicklungs-
psychologisch angelegten Lernneigungen und -möglichkeiten folgen und auf
eine Integration von Lern- und Erfahrungswelt bedacht sein. Man könnte
diese Argumentationslinie auch humanistisch-emanzipatorisch nennen. Ihr
Leitbild ist das eines/r mündigen, selbstbestimmten und selbstverantwortli-
chen Lerners/in.

Leitbild eines/r
mündigen, selbst-
bestimmten und
selbstverantwortli-
chen Lerners/in

Stärker auf die Ebene kognitiver Verarbeitungsmechanismen bezogen
sind die oben bereits angesprochenen Aspekte konstruktivistisch orientierter
Lerntheorie. Ihnen zufolge impliziert Lernen immer, dass neue Impulse der
externen Realität mit den vorhandenen mentalen Wissensstrukturen abgegli-
chen und auf diese Weise neue Bedeutungen generiert werden. Das zentrale
didaktische Postulat besteht darin, den Lernenden eine reiche Lernumgebung
zu verschaffen, damit diese vielfältige Anlässe autonomer Wirklichkeitskonstruktionen erhalten. Diese Richtung entstammt der kognitivistischen Lernforschung, ihr Leitbild ist das eines autonomen Lerners.

Leitbild eines
autonomen Lerners

Die drittgenannte Linie einer sprachlerntheoretischen und didaktischen
Begründung knüpft an die spracherwerbstheoretische Hypothese der natürlichen Reihenfolge (*natural order hypothesis*) an. Denn Sprachlernprozesse
können vor dem Hintergrund dieser Annahme dann als besonders erfolg-

reich angesehen werden, wenn die Lernenden die Möglichkeit erhalten, in authentischen Situationen sprachlich zu interagieren und dabei ihren eigenen Lern- und Mitteilungsbedürfnissen zu folgen. Das zugrunde gelegte Leitbild ist das von Fremdsprachenlernenden, deren Lernprozess in möglichst hohem Maße dem natürlichen Spracherwerb ähnelt und die sich deshalb verhalten wie Sprachverwender/innen in zweitsprachlichen Kontexten.

Leitbild des natür-
lichen Spracherwerbs

Die letztgenannte Begründung ist vor dem Hintergrund der gesellschafts-politischen Bemühungen um eine stärkere Mitbestimmung des Einzelnen und damit um eine breitere Verankerung demokratischer Strukturen in den westlichen Industrienationen zu sehen. „Mehr Demokratie wagen!" – so lautete beispielsweise das Wahlkampfmotto der SPD unter Willy Brandt. Gleichzeitig zeichnete sich immer mehr ab, dass die Halbwertzeit arbeitsmarktrelevanten Wissens immer mehr schrumpfte und wirtschaftliche Umstrukturierungen dem Einzelnen immer größere Anpassungsleistungen abverlangten. Im Bildungssektor entstanden, nicht zuletzt auch auf der Ebene des Europarates, als Antwort auf beide Herausforderungen vielfältige Initiativen, den Einzelnen zu stärken, ihm größere Entscheidungsfeiräume zu verschaffen, ihn damit vor Fremdbestimmung zu schützen, ihn zugleich aber auch zu befähigen, den äußeren Anforderungen einer Wissensgesellschaft besser gewappnet zu sein. Die doppelte Auslegung der Zielformulierung zeigt schon, dass hier durchaus konfliktuelle Aspekte zusammengebracht werden. Denn die nunmehr propagierte Zielrichtung eines lebenslangen Lernens und der daraus erwachsenden Notwendigkeit, das Lernen zu lernen, lässt sich zwar als Stärkung des Individuums, aber auch als höhere Anpassungsleistung interpretieren. Selbstverantwortung zeigt hier ihren Januskopf: Die Einzelnen sind zunehmend unabhängig, aber eben auch zunehmend allein angesichts einer wachsenden Zahl von Veränderungsnotwendigkeiten. So lässt sich hier ein ambivalentes Leitbild feststellen, das nämlich von Staatsbürgern/innen, die Verantwortung für sich und für die Gesellschaft übernehmen, die zugleich aber mit immer weniger Unterstützung durch die Gesellschaft rechnen können.

Leitbild von mündi-
gen Staatsbürgern/
innen

Wenn wir uns die oben dargelegte Breite des Ziel- und Begründungsspektrums von Lernerautonomie vor Augen führen, fällt auf, dass die in den Bildungsstandards vorgenommene Fokussierung auf methodische Kompetenzen und deren inhaltliche Bestimmungen eine erhebliche Reduktion darstellen, die als technizistisch einzustufen ist. Bezeichnenderweise kommt der Begriff Lernerautonomie in den Bildungsstandards an keiner Stelle vor. Stattdessen beschränken sich die Zielformulierungen im Wesentlichen auf den Einsatz von Strategien und Techniken des Lernens, der Textverarbeitung, -erarbeitung und -präsentation sowie über die Aneignung von kooperativen Formen des Arbeitens und Lernens. Eine solche Verengung autonomen Lernens auf das Leitbild eines idealen Informationsverarbeiters kritisiert auch Barbara Schmenk (2004: 73), wenn sie zugespitzt formuliert, der lernende Mensch

Leitbild eines
idealen Informations-
verarbeiters

werde auf diese Weise zum „Manager der je eigenen Lerner-Ich-AG". Da Fremdbestimmung in den gegenwärtigen westlichen Gesellschaften zwar nicht an Kraft verliere, jedoch immer unsichtbarer werde, werde lediglich eine Illusion von Autonomie erzeugt, die sie als „Scheinautonomie" zurückweist (vgl. ebd.: 77 f.) Die hieraus zu ziehende Konsequenz sollte jedoch nicht sein, sich vom Autonomiebegriff zu verabschieden, sondern vielmehr das Spannungsverhältnis von Selbst- und Fremdbestimmung bewusst zu erfahren und zu reflektieren. Hierzu bietet gerade der Fremdsprachenunterricht einen wichtigen Raum, so betont auch Schmenk (vgl. ebd.: 79 f.). Damit sind wir bereits beim Thema „Sprachlernbewusstheit".

Scheinautonomie

Sprach(lern)bewusstheit

|12.2.2

Der Ursprung der didaktischen Diskussionen um Sprachlernbewusstheit geht zurück auf das Prinzip der *language awareness* und dessen Weiterentwicklung zur *language learning awareness*. Angestoßen wurde die Entwicklung durch Eric Hawkins und sein viel beachtetes Buch *Awareness of Language. An Introduction* (1984). Es knüpft an Ergebnisse einer empirischen Erhebung in Großbritannien aus dem Jahre 1975 an, die gravierende sprachliche Mängel bei Abgängern der Primarschule diagnostizierte und zwar besonders bei zweisprachig aufgewachsenen Migrantenkindern. Interessant und weiterführend war jedoch die Erkenntnis, dass diejenigen Migrantenkinder die besten Englischleistungen erbrachten, die intuitiv ihre Erstsprache mit der Zweitsprache verglichen, daraus Hypothesen ableiteten und so eine diffuse Aufmerksamkeit auf die Ebene sprachlicher Kodierungen richtete. Diese Aufmerksamkeit bezeichnete Hawkins als *awareness*. Eine unmittelbare Entsprechung des Wortes im Deutschen gibt es nicht. Gemeint ist eine Wachheit für bestimmte Zusammenhänge, nicht weit entfernt von dem, was in der Psychoanalyse als „freischwebende Aufmerksamkeit" bezeichnet wird. Sie steht im Gegensatz zur Strukturiertheit und Explizitheit formalisierten Wissens. Während Letzteres sich unmittelbar lehren und bewusst lernen lässt, entspricht Erstere eher einer fragenden Grundhaltung, die der Einzelne über eine Veränderung eigener Lernhaltungen und Wirklichkeitsaneignungen erst langsam entwickeln kann.

language awareness

In *Awareness*-Konzepten stehen die einzelnen Lerner/innen mit ihren Wahrnehmungen im Zentrum des Interesses, nicht primär die „Sache", hier also die Sprache. Diese ist implizit mitgegeben als Objekt der Aufmerksamkeit. Entscheidend ist folglich die Art und Weise, wie sich Sprache der/m Einzelnen darstellt bzw. wie diese/r sich die Sprache erschließt. Dabei kommen jedoch nicht nur sprachformale Aspekte in Betracht, sondern auch und vor allem eine kognitiv-affektive Ebene in der Wahrnehmung und Bewertung eigenen und fremden Sprachgebrauchs. Claus Gnutzmann (1997: 232 f.) hat insgesamt folgende vier Dimensionen von *Language Awareness* unterschieden:

4 Dimensionen von *language awareness*

▶ **die affektive Dimension.** Sie kommt in der Herausbildung von Einstellungen und Gefühlsäußerungen der Lernenden zu sprachlichen Phänomenen zum Tragen, z. B. zur sog. *bad language.*

▶ **die soziale Dimension.** Sie manifestiert sich in der Beziehung von Sprecher/innen und Hörer/innen und dem daraus resultierenden Sprachverhalten, z. B. die Differenz von Standardvarietät gegenüber Sozio- und Dialekten.

▶ **die politische Dimension.** Sie verdeutlicht, dass Sprache auch ein wesentliches Vehikel zur Durchsetzung von Herrschaftsinteressen sowie zur Manipulation von Einstellungen ist, z. B. in politischen und Werbetexten.

▶ **die kognitive Dimension.** Sie bezieht sich auf die geistige Durchdringung des Systems Sprache, also auf das Erkennen von sprachlichen Einheiten, von Kontrasten und Regularitäten einschließlich ihrer Funktionen und Verwendungen, dies nicht zuletzt im Rahmen von Fehlerbetrachtung.

Die letztgenannte Dimension ist uns allen vermutlich am vertrautesten. In ihr liegt jedoch eben nicht das vordringliche Ziel von *language awareness.* Statt einer exklusiven Fokussierung der formalen Ebene (*focus on forms*) geht es vielmehr um die Beziehung zwischen sprachlicher Gestaltung und den Intentionen bzw. Wirkungen mündlicher und schriftlicher Texte (*focus on form*). Das schließt ein Bewusstwerden kulturspezifischer Kodierungen von Wirklichkeit mit ein. Insofern wäre Gnutzmanns Liste noch zu ergänzen um

▶ **die interkulturelle Dimension.** Mit ihr rückt die kulturelle Relativität von Sprache in den Blick. Da Sprache zumindest teilweise dem Denken vorgängig ist, denken wir in bestimmten sprachlichen Mustern, die ihrerseits kulturell geprägt sind. Nach W. v. Humboldt manifestiert sich in Sprache sogar eine spezifische „Weltansicht". Zu denken ist in diesem Zusammenhang an die Bildhaftigkeit von Sprache in gängigen Metaphern, aber auch an bestimmte Stereotype, mit denen Randgruppen oder Fremde belegt werden (s. hierzu Einheit 13).

Das Konzept wurde für den Primarschulunterricht in Englisch als Zweitsprache entwickelt. Über diesen ursprünglichen Rahmen hinaus hat es jedoch schnell auch eine Berücksichtigung in der Fremdsprachendidaktik erfahren und dies in einer schulstufenübergreifenden Perspektive. Denn es bietet eine Reihe von Überschneidungen mit den Folgerungen, die aus den Ergebnissen der kognitivistischen Lernforschung gewonnen wurden. Wir erinnern an die Ausführungen in Einheit 3.1. Für Dieter Wolff (1995: 216) z. B. steht außer Zweifel, dass eine Reflexion über Sprache positiven Einfluss auf den Sprach-

Einfluss auf den Spracherwerbs- bzw. den Sprachlernprozess

erwerbs- bzw. den Sprachlernprozess hat. Um Sprache besser lernen zu können, so folgert er (1993b: 511), sollten Schüler/innen lernen, sich sprachliche Phänomene bewusst zu machen. Diese Wirksamkeitsthese ist auch die des *Language Awareness*-Konzepts, vor allem in einer erweiterten Modellierung, die Ute Rampillon (1997: 176) vorschlägt. Unter dem Oberbegriff *Language*

Awareness differenziert sie *linguistic awareness, communicative awareness* (bezogen v.a. auf Kommunikationsstrategien) und *learning awareness* (bezogen v.a. auf die Verwendung von Lernstrategien). Damit wird eine enge Verbindung von Sach- und Metaebene postuliert; gleichzeitig verlagert sich der Schwerpunkt unter dem Gesichtspunkt des Fremdsprachenlernens auf die Aneignungsstrategien.

Language Awareness: Metakognitive Reflexionen zum Frendsprachenlernen	
Linguistic awareness	sprachliche Kenntnisse sprachliche Fertigkeiten
Communicative awareness	Wissen über Funktionsweise von Sprache: – Kommunikationsstrategien – Strategien der Körpersprache – Diskursstrategien – Dominanzstrategien und die Fertigkeit, diese Strategien zu deuten bzw. selber anzuwenden.
Learning awareness	Wissen über Lern-, Denk- und Problemlöseprozesse und die Fertigkeit, diese Strategien zu deuten bzw. anzudeuten. – Stützstrategien – Primärstrategien – Instruktionsstrategien

Tab. 12.1
Language Awareness

Wer als Teil seiner Methodenkompetenz Sprachlernbewusstheit erlangen möchte, wird sich über seine persönlichen Lernstile Rechenschaft geben müssen.

Lernstile sind mit Grotjahn (2007: 326 f.) als „intraindividuell relativ stabile, zumeist situations- und aufgabenspezifische Präferenzen (Dispositionen, Gewohnheiten) von Lernern sowohl bei er Verarbeitung von Informationen als auch bei der sozialen Interaktion" anzusehen.

Definition

Sie sind dem Einzelnen zumeist nicht bewusst, können auch nicht direkt beobachtet, sondern nur indirekt aus Aspekten des Verhaltens erschlossen werden. Lernstile werden gemeinhin durch Oppositionspaare wie extravertiert vs. introvertiert oder visuell vs. verbal näher bestimmt, wobei jeweils von einem Kontinuum zwischen diesen Polen auszugehen ist (vgl. ebd.: 327). Im Einzelnen unterscheidet Grotjahn (ebd.)

1. einen kognitiven Aspekt, wie z. B. die Neigung zu eher analytischer gegenüber globaler Informationsverarbeitung;

213

2. einen exekutiven Aspekt, wie z. B. die Vorliebe für sequentielles Lernen;
3. eine affektive Komponente, wie z. B. die Neigung zu impulsivem Verhalten;
4. ein soziales Element, wie z. B. die Vorliebe für kooperative Lernformen;
5. einen physiologischen Aspekt (Bevorzugung verschiedener Wahrnehmungskanäle). (s. auch Einheit 3.1)

Lernstile sind *per definitionem* weder gut noch schlecht, sondern wertneutral. Unter dem Gesichtspunkt des Aufbaus methodischer Sprachlernkompetenzen kann es jedoch hilfreich sein, herauszufinden, in welchen Anforderungssituationen bestimmte Lernstile effizienter sind als andere, um sich im Rahmen der eigenen spezifischen Dispositionen bestmöglich auf die betreffende Aufgabe einzustellen (vgl. ebd.: 330). Gänzlich verändern kann man seine Lernstile hingegen nicht, insbesondere nicht in den stark persönlichkeits- bzw. temperamentsgebundenen Anteilen. Wichtig ist es daher vor allem, seine persönlichen Stile zu erkennen, zu akzeptieren, eigene Stärken bestmöglich auszubauen und situationsspezifisch geeignete Lernstrategien auszuwählen. Die Präferenz von Lernstrategien und Lerntechniken als wichtiges Merkmal eines eigenen Lernstilprofils lässt sich über Fragebögen annähernd erfassen (s. hierzu Aufgabe 2 unten). Allerdings sollte man sich des hypothetischen Charakters daraus resultierender Schlussfolgerungen bewusst sein, um sich vor vorschnellen Zuweisungen zu schützen und sein Verhalten für Änderungen offen zu halten.

12.2.3 | Der Einsatz von Lern(er)strategien

Lernstrategien Es gibt unterschiedliche Definitionen von Lernstrategien. Generell können wir sie als relativ komplexe mentale Konstrukte betrachten, die der Einzelne einsetzt, um Handlungen zu planen, durchzuführen und auszuwerten. Sie sind jedoch aufgabenspezifischen Handlungsplänen untergeordnet und stellen eher Muster der Problemlösung dar, die individuell und situationsspezifisch unterschiedlich eingesetzt werden. Viele Modellierungen gehen von einer Dreiteilung in kognitive, metakognitive und Stützstrategien aus, letztere werden auch als Strategien des Ressourcenmanagements bezeichnet (vgl. Baumert/Köller 1996: 137 ff.). Dabei ist durchaus strittig, ob mit ‚Strategien' lediglich bewusste Verfahren oder auch automatisierte bzw. unbewusste Steuerungsvorgänge erfasst werden sollen. Ein Kompromiss scheint zu sein, Strategien als prinzipiell bewusstseinsfähig anzusehen. Nach Galloway/Labarca (zitiert in Düwell 1992: 40) handelt es sich um „task-specific tactics or techniques, observable or not observable, that an individual uses to comprehend, store, retrieve, and use information or to plan, regulate, or assess learning." Diese Definition fokussiert ausschließlich die rein kognitiven Aspekte der Informationsverarbeitung. Demgegenüber nimmt Rebecca Oxford (1990: 8) eine viel zitierte, da weiter gefasste Definition vor. Ihr zufolge sind Lernstrategien „specific actions taken by the learner to make learning easier, faster, more enjoyable, more self-directed, more effective, and more transferrable to new situations". Neben eher technizistischen und utilitaristischen Attributen (*easier, faster, more effective, transferrable*) finden wir hier also ansatzweise auch den psychologischen Aspekt positiven Prozesserlebens. Wie ihr Schema zur Strukturierung des Feldes allerdings zeigt (vgl. ebd.), sind die affektiven Strategien doch vorrangig auf die Vermeidung bzw. Verringerung von Angst bezogen. Somit bestätigt sich, was wir oben (Einheit 3) zur Berücksichtigung von Emotionen seitens der kognitivistischen Lernforschung der 1990er Jahre gesagt haben: Affektive Variablen erscheinen in erster Linie als zu eliminierende Störfaktoren, positiv besetzte Emotionen (Neugier, Lust, Freude am Lernen oder am Gegenstand) bleiben weitgehend ausgespart.

Lernstrategien sind nach Oxford (1990: 8) „specific actions taken by the learner to make learning easier, faster, more enjoyable, more self-directed, more effective, and more transferrable to new situations".	Definition

Direkte Strategien	Indirekte Strategien	
Gedächtnisstrategien – gedankliche Verknüpfungen herstellen – Bildvorstellungen verwenden – Gelerntes in Intervallen überprüfen – Lernstoff mit Handlungen verknüpfen	Metakognitive Strategien – Überblick verschaffen, Informationen verbinden – Ziele setzen, Lernplan aufstellen – Ergebnisse (selbst) bewerten	Tab. 12.2 Lernstrategien
Kognitive Strategien – sprachliche Formeln und Muster einüben – folgernd und analytisch vorgehen – Notizen machen – Informationen rasch aufnehmen	Affektive Strategien – Gefühle beachten – Angst vermindern (durch Musik, Lachen) – sich Mut machen	
Kompensationsstrategien – beim Lesen und Hören Wörter aus dem Kontext erraten – beim Sprechen und Schreiben Engpässe überwinden, z. B. durch Wechsel der Sprache, durch Mimik und Gestik	Soziale Strategien – um Klärung, Korrektur bitten – mit anderen zusammenarbeiten – sich in andere Kulturen, Gedanken und Gefühle hineindenken	

Oxfords Systematisierung hat eine weitere Schwachstelle: Sie unterscheidet nicht sauber zwischen Lern- und Gebrauchsstrategien. Denn die aufgeführten Kompensationsstrategien sind eigentlich keine Lern-, sondern Kommunikationsstrategien. Beide Bereiche zusammenführend, wird teilweise auch von Lernerstrategien gesprochen (vgl. Tönshoff 2007: 332). Lernerstrategien

Neben Kompensationsstrategien sind auch Reduktionsstrategien und lernersprachenbezogene Strategien zu den Kommunikationsstrategien fremdsprachlicher Sprecher zu zählen. Mit ersteren sind Verfahren gemeint, die

z. B. darauf abzielen, ein Thema, dessen sprachliche Bewältigung man sich nicht zutraut, zu meiden. Man kann z. B. die Kommunikationssituation verlassen, das Thema wechseln oder es auf jene Elemente reduzieren, die mit den begrenzten sprachlichen Mitteln auszudrücken sind. Reduktionsstrategien führen folglich zu mehr oder minder starken inhaltlichen Einschränkungen der Kommunikation. Bei lernersprachenbezogenen Strategien ist dies in der Regel deutlich weniger der Fall. Gemeint sind Versuche, durch Umschreibungen und Übertragungen aus der Erst- oder aus Zweit- bzw. anderen Fremdsprachen einem Gegenüber Anhaltspunkte des Verstehens zu geben, die im Gespräch ggf. näher erläutert werden können. Ob Kommunikationsstrategien im Unterricht thematisiert und ihr Gebrauch geübt werden soll, ist nicht eindeutig zu beantworten, zumal ein verstärkter Einsatz dem Erwerb der Fremdsprache möglicherweise eher im Wege steht.

Generell gelten Strategien als erlernbar, jedoch nicht im engeren Sinne als *Lerntechniken* lehrbar. Dies unterscheidet sie von Lerntechniken, was leicht ersichtlich ist, wenn wir uns die folgende Aufstellung von Rampillon (1996: 21) ansehen:

Tab. 12.3 | Lerntechniken

vorausgesetzte Kenntnisse	Verfahren, die den Lernprozess vorbereiten		Verfahren, die den Lenprozess steuern	Verfahren, die den Lenprozess kontrollieren	Verfahren, die die Kommunikation unterstützen
	Verfahren, die den Lerngegenstand bereitstellen	Verfahren, die den Lerngegenstand und das Lernumfeld aufbereiten			
Beherrschen des Alphabetes Sozialformen Aufgabenformen *Classroom Discourse* Lautschrift grammatische Terminologie	Wörterbuchbenutzung Grammatikbenutzung Erschließungstechniken kombiniertes Lese- bzw. Hörverstehen segmentiertes Hören überfliegendes Lesen Gliedern Notizen anfertigen	Arbeitsplatzgestaltung Hausheft führen Grammatikheft führen Vokabelheft führen Lernzeitbestimmung	Vokabellernen Grammatikregeln lernen Visualisierungstechniken Notizen anfertigen Auswendiglernen Gliedern	Fehlerstatistik führen Kontrolllesen Tonbandkontrolle	Vermeidungsstrategien (Umschreibungsstrategien) Präsentationstechniken Diskussionstechniken Nachfragetechniken
	⇩ Aufnehmen		⇩ Verarbeiten	⇩ Kontrollieren	

Definition

Lerntechniken sind etablierte Handlungspläne, die einzeln gelernt und geübt und als Elemente einer persönlich ausgewählten Lernstrategie verwendet werden können.

Wenn Lerntechniken etablierte Handlungspläne sind, die einzeln gelernt und geübt und als Elemente einer persönlich ausgewählten Lernstrategie verwendet werden können, so sind sie Letzteren von der Systematik her nachgeordnet. Entwickelte methodische Kompetenzen, so ließe sich etwas plakativ sagen, zeigen sich vor allem darin, dass die einzelnen Lerner im Rahmen eines situations- und aufgabenspezifisch angepassten Strategieneinsatzes Lerntechniken zieladäquat und den eigenen Lernstilen optimal entsprechend nutzen können. Doch auch wenn Lernstrategien nicht unmittelbar lehrbar sind, erscheint es doch sinnvoll, Schüler/innen im Sinne der Sprachlernbewusstheit für die Organisation ihrer Lernprozesse zu sensibilisieren und ihnen Hilfen an die Hand zu geben, ihr Strategienrepertoire zu erweitern und bestmöglich einzusetzen.

Dies soll im Folgenden an einem Beispiel exemplarisch konkretisiert werden, um dabei zugleich die Unterscheidung von Lernstrategien und Lerntechniken zu illustrieren. Wie in Einheit 10 schon angekündigt, geht es um das Hörverstehen und zwar genauer um Hörverstehen im Kontext medialer Kommunikation. Zu den einschlägigen Strategien zählt Leupold (2000: 7) die Aufmerksamkeitslenkung auf

*Beispiel
Hörstrategien*

1. Raum- und Zeitsignale
2. Unterscheidung der Sprecher und Hypothesenbildung zu ihrer Identität
3. Wahrnehmen, Erkennen und Situieren von Geräuschen
4. Wahrnehmung und Interpretation neutraler bzw. emotionalisierter Sprache

Diese einzelnen Fokussierungen sind zwar im Idealfall zu kombinieren, lassen sich zunächst aber auch isoliert vornehmen. Entsprechend den eigenen lernstilbezogenen Präferenzen kommen die Lernenden mit den einzelnen Aufmerksamkeitslenkungen individuell besser oder schlechter zurecht. Wichtig im Sinne eines Ausbaus individuell optimaler methodischer Kompetenzen wäre es, herauszufinden, ob sich Verstehensleistungen eher über globale oder analytische, bei Hörsehverstehen auch, ob eher über akustische oder visuelle Signale am besten ausbauen lassen. Ferner wäre von jeder/m Einzelnen zu erproben, inwieweit bestimmte Techniken hilfreich sind (vgl. hierzu die Schülerhandreichung zum Hörverstehen in: Leupold 2000: 6, einzusehen unter www.bachelor-wissen.de).

Da Hörverstehen vielfach in einem mediengestützten Kontext vorkommt, berühren sich hier Methoden- und Medienkompetenzen. Dabei ist der letzte Begriff für sich bereits sehr weit gefasst. Medienkompetenz hat als Leitziel schulischer Bildung nämlich einen fächerübergreifenden Anspruch.

Aufbau von Medienkompetenzen

|12.3

So griffig der Terminus auf den ersten Blick wirkt, so etabliert er nicht nur in bildungspolitischen Diskursen, sondern auch in der breiten Öffentlichkeit ist, so problematisch ist er doch hinsichtlich seiner Bestimmung und Eingrenzung.

Das gilt bereits für den Begriffsteil ‚Medien' (s. Einheit 6.1). Wir schließen uns hier Norbert Groeben (2002: 14) an, der im Kontext der Medienpädagogik für einen „Medienbegriff mittlerer Reichweite" plädiert und definieren im Anschluss an ihn wie folgt:

- Medien besitzen eine materielle Natur.
- Medien enthalten aber zugleich kommerzielle, politische und ideologische Implikationen.
- Medien sind geprägt durch ästhetische Codes und Konventionen.
- Medien sind eine Instanz individueller und kollektiver Wirklichkeitskonstruktionen.

Ein solcher Medienbegriff verbindet unter dem Dach einer Kommunikationszentrierung technologische Werkzeugaspekte mit sozial-kulturellen Funktionsaspekten (vgl. ebd.).

Medienpädagogik

Doch was bedeutet es konkret, mit Medien kompetent umgehen zu können? In der Medienpädagogik werden auf diese Frage unterschiedliche Antworten gegeben. Sie umfassen ein Spektrum, das von Verstehen über Beherrschen, Verwenden und Gestalten bis hin zum Bewerten von Medien reicht. Unter ‚Beherrschen' wird eher der technische (wie?), unter ‚Verwenden' der funktionale Aspekt (wozu?) der Mediennutzung verstanden. In unterschiedlicher Akzentuierung wird entweder operationalen oder kritisch-kognitiven Dimensionen mehr Gewicht verliehen, generell aber wird eine integrative Perspektive verfolgt, die das Leitbild eines gesellschaftlich handlungsfähigen Subjekts mit dem eines technisch versierten, gestalterisch kreativen Nutzers verbindet. Dies ist z. B. an dem Modell des Medienpädagogen Gerhard Tulodziecki abzulesen. Für ihn bilden Kenntnisse die unverzichtbare Grundlage aller weiteren Fähigkeiten und Fertigkeiten, aus ihnen leitet er medienpädagogische Aufgaben ab:

Tab. 12.4

Medienkompetenz bei Tulodziecki (1997, 1998)

Medienkompetenz				
Kenntnisse über Medien, Analyse- und Urteilsfähigkeit				
Nutzungsvoraussetzungen und -wirkungen von Medien (rezeptiv)		Gestaltungsmöglichkeiten von Medien (produktiv)		Bedingungen von Medienproduktion und -verbreitung
Aufgabenbereiche der Medienpädagogik				
Auswählen und Nutzen von Medienangeboten	Eigenes Gestalten und Verbreiten von Medienbeiträgen	Verstehen und Bewerten von Mediengestaltungen	Erkennen und Aufarbeiten von Medieneinflüssen	Durchschauen und Beurteilen von Bedingungen der Medienproduktion und Medienverarbeitung

218

Das Modell spiegelt einen bestimmten Forschungsstand der Medienpädagogik Ende der 1990er Jahre wider. Im Gegensatz zu frühen Tendenzen einer bewahrpädagogischen Ausrichtung, deren vorrangiges Ziel darin bestand, Kinder und Jugendliche vor realen oder vermeintlichen Gefährdungen durch die Massenmedien zu schützen, vertritt es eine Handlungs- bzw. Interaktionsorientierung. In ihr stehen Rezeptions- und Produktionskompetenz gleichberechtigt nebeneinander; angestrebt wird auf beiden Ebenen ein selbstbestimmter und situationsangemessener Umgang mit Medien. Aus heutiger Perspektive fällt allerdings auf, dass emotionale bzw. ästhetische Aspekte nur in Ansätzen artikuliert werden. Aktuelle Weiterentwicklungen des Konzepts der Medienkompetenz weisen demgegenüber einer medienästhetischen Genussfähigkeit eine gleichrangige Bedeutung zu wie z. B. kognitiv-kritischen Analysefähigkeiten oder sozialen Handlungsfähigkeiten. Schließlich hat auch das Unterhaltungsbedürfnis seine Berechtigung und seinen Wert in sich. Zudem bietet das Ästhetische durch den Zusammenhang von Sinn und Sinnlichkeit eine eigene Form der Welterfahrung. Dementsprechend kennzeichnet Stefan Aufenanger (2008: 62) das Profil von Medienkompetenz so:

> Konkret sollen Kinder und Jugendliche Folgendes können, wenn wir sie als medienkompetent bezeichnen:
> - Medien richtig bedienen können und ihre Funktionsweisen verstehen
> - Texte, Symbole, Bilder, Filme und Töne verstehen und in ihren Zusammenhängen interpretieren
> - Medien angemessen zur Kommunikation und Information einsetzen
> - Inhalte und Botschaften von Medien kritisch bewerten und beurteilen
> - Mit Medien ästhetisch gestalten
> - Sich auf den Erlebnischarakter von Medien einlassen, zugleich aber auch sich davon distanzieren

Auf die Dimension des Ästhetischen werden wir in Einheit 14 näher eingehen. Vor dem Hintergrund des zu Anfang der Einheit aufgezeigten Panoramas methodischer Kompetenzen spielen Aspekte medienästhetischen Gestaltens und Genießens jedoch nur eine untergeordnete Rolle. Im Vordergrund stehen hier vielmehr Fähigkeiten instrumenteller Nutzung von Medien. Zu denken ist vor allem an die Planung und Durchführung eigener Präsentationen; Holtwisch (2006) spricht sogar von einer gesonderten Präsentationskompetenz. Deren spezifisches Merkmal besteht darin, dass sie Fähigkeiten der Sprachverarbeitung und der Mediennutzung miteinander vereint. Denn um ein Referat zu halten, benötigen die Lernenden nicht nur die technischen Mittel und Fertigkeiten einer computergestützten Präsentation, sie müssen zunächst und in erster Linie in der Lage sein, sich Informationen zu besorgen, diese zu selektieren und zu evaluieren und sich dann schließlich überlegen, wie sie sie adressatengerecht in verbaler und visueller Darbietung vorstellen wollen. Was

Handlungs- bzw. Interaktionsorientierung

medienästhetische Genussfähigkeit

Profil von Medienkompetenz

Präsentationskompetenz

die sprach- bzw. sprachlernbezogene Seite des Referates betrifft, brauchen die Vortragenden Anteile einer *language-* und *language-lerarning-awareness*, um einschätzen zu können, über welchen Stand der Sprachrezeptions- und -verarbeitungsfähigkeiten ihre Zuhörer/innen verfügen. Andernfalls drohen sie, über deren Köpfe hinweg zu reden.

media awareness
Doch neben der verbal-auditiven Ebene müssen sie auch die visuelle mitbedenken und sich fragen, mit welchen optischen Impulsen in welcher Dichte sie die Verarbeitungskapazitäten ihres Publikums am besten nutzen. Die entsprechende Fähigkeit lässt sich auch als *media awareness* bezeichnen. Sie hilft der Gefahr zu begegnen, eine mündliche Darstellung durch ein Übermaß ggf. auch nicht hinreichend gut ausgesuchter bildlicher oder schriftlicher Materialien zu überfrachten. Dies gelingt in aller Regel nicht von Anfang an, sondern braucht eine früh beginnende kontinuierliche Schulung. Die Rückmeldungen der Lehrkräfte als Experten/innen der Wissensvermittlung können hier ebenso hilfreich sein wie ein systematisch erhobenes *feedback* durch die Mitschüler/innen. Sinnvoll ist es aber auch, den Lernenden zur Vorbereitung einige Leitlinien an die Hand zu geben (s. Aufgabe 3).

Zusammenfassung
> In den 1990er Jahren wurde der Erwerb methodischer Kompetenzen ganz überwiegend als ein „Lernen des Lernens" verstanden. Im Verlauf der einschlägigen wissenschaftlichen Erörterungen gewannen auch andere Fähigkeiten vor allem im Umgang mit Texten aller Art und damit zugleich mit den „alten" und „neuen" Medien zunehmend an Bedeutung. Der erstgenannte Bereich ist auch im heutigen Verständnis enorm wichtig, um das Fremdsprachenlernen effektiver und möglichst selbstbestimmter zu machen und um die Schülerinnen und Schüler auf ein lebenslanges Lernen vorzubereiten. Wir haben in diesem Zusammenhang das Konzept der Lernerautonomie näher erörtert, das in fremdsprachendidaktischen Kontexten eng verbunden ist mit den *awareness*-Konzepten. Denn autonomes Fremdsprachenlernen erfordert eine erhöhte Aufmerksamkeit für subjektive Wahrnehmungen sprachlicher Kommunikation und sprachlichen Lernens. Die angesprochene Wachsamkeit ist zugleich die Schaltstelle, die in Kenntnis eigener Lernstile die Entwicklung von Lernstrategien unter Nutzung von Lerntechniken steuert.
>
> Analog hierzu ist die Entwicklung von Medienkompetenz nicht ohne das Moment subjektiver Achtsamkeit zu denken. Denn sie bezieht sich nicht allein auf die Entwicklung technischer Fertigkeiten, sondern ebenso auf die Schulung von Interpretations-, wie auch (ästhetischer) Gestaltungsfähigkeiten und schließlich auf ein kritisches Bewusstsein möglicher Medienwirkungen. Wir haben es hier folglich mit einem Bündel von einander überlappenden Teilkompetenzen zu tun.

Aufgaben

1 Untersuchen Sie das Rahmenmodell von Lernerautonomie (Martinez 2005: 72, einzusehen unter www.bachelor-wissen.de) mit den in 11.2.1 vorgestellten Modellierungen.

Versuchen Sie Gemeinsamkeiten und Unterschiede herauszufinden und besprechen Sie das Ergebnis Ihrer Überlegungen mit einem/r Mitstudierenden.

2 Versuchen Sie, anhand des Fragebogens von Rampillon (2003: 42 f. – einzusehen unter www.bachelor-wissen.de) herauszufinden, welche Lernstrategien Sie persönlich bevorzugen. Ziehen Sie anschließend zur Auswertung die weiter unten abgedruckten Kommentare heran. Besprechen Sie bei Bedarf Ihre Beobachtungen mit einem/r Mitstudierenden.

3 Wie würden Sie Leitlinien zur Planung und Durchführung einer mündlichen Präsentation im Fremdsprachenunterricht formulieren? Nutzen Sie die auf www.bachelor-wissen.de zu findenden Satzgerüste und ergänzen Sie sie nach eigenem Ermessen. Anschließend können Sie Ihre Lösung mit der von Herbert Holtwisch (2006: 40) (einzusehen unter www.bachelor-wissen.de) vergleichen.

Zum Weiterlesen

Küster, Lutz (2005a): Medienkompetenz und Ästhetische Bildung im Fremdsprachenunterricht. In: Blell, Gabriele/Kupetz, Rita (Hrsg.): *Fremdsprachenlernen zwischen* Medienverwahrlosung *und Medienkompetenz*. Frankfurt a. M.: Lang, 67–86.

Legenhausen, Lienhard (1998): Wege zur Lernerautonomie. In: Timm, Johannes-Peter (Hrsg.): *Englisch lehren und lernen*. Berlin: Cornelsen, 78–85.

Schmenk, Barbara (2004): Interkulturelles Lernen versus Autonomie. In: Börner, Wolfgang/ Vogel, Klaus (Hrsg.): *Emotion und Kognition im Fremdsprachenunterricht*. Tübingen: Narr, 66–86.

Rampillon, Ute (1997): *Be aware of awareness* – oder *Beware of awareness?* Gedanken zur Metakognition im Fremdsprachenunterricht der Sekundarstufe I. In: Rampillon, Ute/ Zimmermann, Günther (Hrsg.): *Strategien und Techniken beim Erwerb fremder Sprachen*. Ismaning: Hueber, 173–184.

Interkulturelle Kompetenzen – interkulturelles Lernen

Wir haben bereits gesehen, dass die KMK-Bildungsstandards neben den funktional-kommunikativen und den methodischen Kompetenzen einen dritten Bereich ausweisen, den der interkulturellen Kompetenzen. Dieser Begriff war bis zur Jahrtausendwende allerdings eher im außerschulischen Bereich etabliert, in Bezug auf schulischen Fremdsprachenunterricht wurde überwiegend der Terminus ‚interkulturelles Lernen' bevorzugt. Vor allem in den 1990er Jahren gab es einen wahren Boom von Publikationen zu diesem Thema. Dadurch gewann der Begriff des interkulturellen Lernens zwar an Bedeutung – er wurde sogar zum zentralen Leitbegriff des Fremdsprachenlernens insgesamt erklärt (vgl. Breugnot 2000: 288) –, durch seine inflationäre Verwendung verlor er allerdings auch an Konturen. Wir befassen uns im Folgenden zunächst mit diesem Leitkonzept, bevor wir die Akzentverlagerungen beleuchten, die mit dem Wechsel zum Konzept der interkulturellen Kompetenz einhergehen.

Boom in den 1990er Jahren

Dass Sprache und Kultur in einem engen Zusammenhang stehen, ist in dieser Einführung schon an verschiedenen Stellen, nicht zuletzt auch im Kontext der *Language Awareness,* deutlich geworden. Die Verbindung von Sprache und Kultur hat in Theorie und Praxis des Fremdsprachenunterrichts eine lange, oft konfliktreiche Tradition. Dies soll ein kurzer historischer Rückblick zu Beginn der folgenden Ausführungen illustrieren, in dem wir an unsere Ausführungen in Einheit 4.4.1 anknüpfen. Anschließend wenden wir uns der Frage zu, was mit ‚Kultur' bzw. mit ‚kultureller Differenz' gefasst werden kann – einer Frage, die nicht leicht zu beantworten ist. Kulturverständnis zeigt sich nicht nur dort, wo es explizit thematisiert wird, sondern auch und oft gerade dort, wo implizit, unterschwellig und unhinterfragt bestimmte Weltsichten in die Inhalte des Fremdsprachenunterrichts einfließen. Darauf werden wir im dritten Abschnitt dieser Einheit eingehen. Wie schon auf der Ebene der Begrifflichkeit deutlich wird, haben **Fremd**sprachen etwas mit Fremdheit zu tun. Und Fremdheit wiederum ist ein Phänomen, das über seine kognitive Erfassung hinaus immer auch mit Einstellungen, Wertungen und Emotionen verknüpft ist, die weit über den Rahmen des einzelsprachlichen Lernstoffes hinausreichen. Damit gelangen wir zu Fragen interkulturellen Lernens, die sowohl in der Allgemeinen Erziehungswissenschaft als auch in der Fremdsprachendidaktik, sowohl im fächerübergreifenden Raum schulischer Erziehung und Bildung insgesamt als auch im fremdsprachlichen Klassenzimmer ihren Ort finden. Die Gewichtung affektiver und kognitiver Lernziele ist dabei sehr umstritten. Das werden wir

Verbindung von Sprache und Kultur

Fremdsprachen und Fremdheit

ansprechen, wenn wir die Ziele interkulturellen Lernens in fremdsprachlichen Lehr-/Lernprozessen näher erörtern. Neben Überlegungen zum Umgang mit Stereotypen stellen wir dabei die „Didaktik des Fremdverstehens" und kulturwissenschaftlich orientierte Ansätze gesondert vor. Da Ziele im Feld interkulturellen Lernens – das sei schon jetzt gesagt – sehr weit gefasst sind, fällt es schwer, ihre Umsetzung in schulischem Unterricht an bestimmten Inhalten und Verfahren festzumachen. Dennoch wollen wir einige unterrichtliche Setzungen und Settings, die einem interkulturellen Lernen bzw. dem Aufbau interkultureller Kompetenzen förderlich sein können, näher kennzeichnen. Im Anschluss beleuchten wir das Leitkonzept der interkulturellen Kompetenz. Nach einem Blick auf eine gängige Modellierung zeichnen wir einige Argumentationslinien zu der vieldiskutierten Frage nach, ob bzw. inwieweit und wie interkulturelle Kompetenz gemessen oder evaluiert werden kann.

13.1 | Historische Aspekte der Kultur- und Landeskunde

Wie wir in den Einheiten 4 und 5 gesehen haben, wurde bis ins 20. Jahrhundert hinein dem Unterricht in den neueren Fremdsprachen – in Analogie zum altsprachlichen Unterricht – eine Bildsamkeit nicht nur wegen ihres formallogischen Aufbaus, sondern auch wegen der über sie zu erschließenden Texte und Inhalte der Hochkultur zugeschrieben. Eine solche philologische Legitimation des Fremdsprachenunterrichts nährt sich in Deutschland aus einer

kulturalistische Tradition kulturalistischen Tradition, die mit der romantischen Sprachphilosophie und dem Denken Wilhelm von Humboldts verbunden ist und die sich auch in den neusprachlichen Philologien fest verankert hat. Humboldt zufolge wohnt jeder Sprache eine bestimmte Weltansicht inne – Sprachunterricht ist damit notwendigerweise zugleich auch Kulturunterricht. Vom 19. bis weit ins 20. Jahrhundert hinein beherrschte dabei die Vorstellung eines durch eine Sprache

Sprache – Kultur – Nation und eine Kultur identifizierten, geographisch geschlossenen Nationalstaates das Denken in den sprachlichen Unterrichtsfächern. Es erfuhr in dieser Zeitspanne allerdings einige Wandlungen.

Die zunächst weitgehend ideengeschichtliche Auseinandersetzung mit der Kultur des Ziellandes wurde in der Reformzeit des ausgehenden 19. Jahrhun-

Realienkunde derts in Frage gestellt und neu akzentuiert. Unter der Bezeichnung ‚Realienkunde' wurde den Lernenden enzyklopädisches Wissen über die Zielkultur angeboten: Die Schüler sollten Fakten lernen, Wissen über die fremde Nation akkumulieren. Dem Schulwesen lagen die patriotische Gesinnung und die expansionistischen Tendenzen deutscher Großmachtpolitik jener Jahre zugrunde. Der französische und der englische Nachbar wurden als Kulturnationen anerkannt, während sie zugleich auf politischer Ebene als Konkurrenten auf der Weltbühne bekämpft wurden. Ein Zitat aus den Jahren 1903/1904 belegt, dass auch von den Neuphilologien erwartet wurde, „im Wettkampf mit den alten Handels- und Industrievölkern dem deutschen Volke den Sieg zu erstreiten" (Scheffler in Raddatz 1996: 242).

Nach dem Ersten Weltkrieg geriet die Realienkunde als Ausdruck einer Fehleinschätzung in die Kritik. Das Faktenwissen über die Kriegsgegner hatte nicht dazu geführt, deren Verhalten einschätzen, geschweige denn verstehen zu lernen. Der nun zur „Kulturkunde" verpflichtete Fremdsprachenunterricht sollte in Zukunft zweierlei leisten: die „Wesensart" des Nachbarvolkes vermitteln und dabei das Fremde als Folie für das Verständnis des Eigenen nutzen, d. h. „durch den Kontrast mit dem Ausland […] dem gebildeten Deutschen die Werte seiner vaterländischen Kultur zum Bewusstsein bringen" (zitiert in Raddatz 1996: 243) (s. auch Einheit 4.4.1). Dem Fremdsprachenunterricht wurde also eine patriotisch-mobilisierende Funktion zugesprochen. Andererseits wurden zugleich aber auch Forderungen nach einem an Völkerverständigung interessierten und für den Frieden in Europa arbeitenden Fremdsprachenunterricht laut. Die in der Weimarer Zeit noch eher offene – einerseits völkisch-revanchistisch, andererseits europäisch-pazifistisch ausgerichtete – „Kulturkunde" entwickelte sich später unter der nationalsozialistischen Ägide zu einer propagandistischen „Volkstumskunde". In den ersten beiden Jahrzehnten der Nachkriegsentwicklung beschränkte man sich in der Bundesrepublik auf eine schlichte Umkehrung der zuvor herrschenden Prämissen und versuchte, unmittelbar an die vorherige Phase anzuschließen. Der Gedanke einer humanistischen Bildung sowie die Überwindung nationaler Selbstbezogenheit in einer positiv wertenden Öffnung gegenüber dem Ausland, insbesondere natürlich gegenüber den Siegermächten, erschienen politisch der sicherste Boden (vgl. Raddatz 1996: 244). Der Wille zu politisch-ideologischer Enthaltsamkeit ist an den Lehrbüchern und Medien dieser Zeit gut erkennbar.

In einer zweiten Phase der Nachkriegsentwicklung traten pragmatische Gesichtspunkte in den Vordergrund. Landeskunde erhält nun zunächst eine dienende Funktion als Bedeutungskunde. Sie liefert Kontextwissen, das für das Gelingen von Kommunikation mit den Angehörigen anderer Sprachgruppen nötig ist. Im Laufe der Zeit setzt sich das Bewusstsein durch, dass Kommunikative Kompetenz als Teil einer umfassenderen Kulturellen Kompetenz zu verstehen ist. Die „von der Pragmalinguistik gestiftete Illusion, die von ihr beschriebenen Sprechakte seien kultur-unabhängige Universalien" (Breugnot 2000: 293), wird Gegenstand kritischer Debatten. Diese kritische Haltung geht auch ein in die sog. Politische Landeskunde, die in den 1970er/80er Jahren eine politisch-weltanschauliche Perspektive in die Fremdsprachendidaktik bringt und parallel zu den emanzipatorischen Ansätzen des kommunikativen Paradigmas gesellschaftskritischen Inhalten den Weg ins Klassenzimmer bahnen will, mit Themen wie *Poverty in Britain*, *Rastafarianism*, *Centralisme et régionalisme en France*, *Dictaduras y violencia en Latinoamérica* usw.

Wenn man landeskundliche Themen und Texte betrachtet, so wird deutlich, dass ihr Interesse ganz der anderen, fremden Kultur gilt. Der Standpunkt

Randnotizen:

Kulturkunde

Volkstumskunde

Gedanke einer humanistischen Bildung

Landeskunde als Bedeutungskunde

Politische Landeskunde

der Wahrnehmung wird dabei ausgeblendet, er wird weder kritisch reflektiert noch Teil des didaktischen Vorhabens. Dass jede Wahrnehmung aber ihrerseits sozial und kulturell bedingt ist, diese Einsicht wird in der Fremdsprachendidaktik erst im Zuge der Auseinandersetzung mit der interkulturellen Debatte rezipiert. Unter dem Signalbegriff der „Interkulturalität" werden nunmehr die Wechselseitigkeit von Verstehensprozessen und die Dynamik einer handelnden Begegnung mit dem jeweils Fremden betont.

Interkulturalität

13.2 | Zielformulierungen interkulturellen Lernens

Überwiegend wird interkulturelles Lernen in der Fremdsprachendidaktik als Vorbereitung auf die erfolgreiche Realisierung interkultureller Kommunikation verstanden. Wie sich allerdings inter- von intrakultureller Kommunikation unterscheidet, liegt nicht unmittelbar auf der Hand. Das grundsätzliche Problem jeder Kommunikation liegt schließlich im Aushandeln von Bedeutungen und ist daher für alle denkbaren Kommunikationssituationen gleichermaßen konstitutiv. Als einziges Unterscheidungsmerkmal ziehen Knapp/Knapp-Potthoff (1990: 66) die sprachliche Differenz heran, den Umstand nämlich dass sich „einer der an ihr beteiligten Kommunikationspartner typischerweise einer zweiten oder fremden Sprache bedienen muß, die nicht eine Varietät seiner eigenen ist". Für das Englische als *lingua franca* ist häufiger noch die Konstellation gegeben, dass keine/r der Beteiligten die gemeinsame Sprache als Erstsprache spricht. In beiden Fällen gilt, dass interkulturelle Kommunikation eng an die Zugehörigkeit zu unterschiedlichen Sprachgemeinschaften geknüpft wird. Aus dieser Gedankenführung leitet sich die häufig vertretene Einschätzung ab, der Fremdsprachenunterricht sei ein bevorzugter Ort für interkulturelles Lernen bzw. für interkulturelle Erziehung (vgl. z. B. Buttjes 1991). Wir müssen aber festhalten, dass Interkulturalität keineswegs auf fremdsprachlich geprägte Situationen beschränkt ist. Interkulturelle und intrakulturelle Kommunikation unterscheiden sich durch besondere sprachliche Gegebenheiten, nicht aber prinzipiell voneinander.

erfolgreiche Realisierung interkultureller Kommunikation

Fremdsprachenunterricht als bevorzugter Ort für interkulturelles Lernen

Definition

> Prozesse, welche den Einzelnen in der Beziehung zu eigenen wie zu fremden kulturellen Kontexten bestimmen, lassen sich drei Dimensionen zuordnen: der kognitiven, der affektiven und der pragmatischen, also der Verhaltensdimension. Mit anderen Worten, es werden sowohl Kenntnisse als auch Gefühle aktiviert, gemeinsam finden diese ihren Ausdruck in bestimmten symbolischen oder konkreten Handlungen.

Wie ist nun das Präfix „inter-" zu verstehen? Wird z. B. von Kindern in interkultureller Situation gesprochen, so bezieht sich der Begriff auf die Zwischenstellung zwischen einer Herkunfts- und einer Zielkultur, auf das Zwischen der kulturellen Prägung durch das Elternhaus einerseits und die Schule andererseits. Weiter gefasst, richtet sich der Blick auf die Beziehung zwischen

Menschen, die in jeweils unterschiedlichen kulturellen Systemen beheimatet sind.

Die Fremdsprachendidaktik hat dabei ein bestimmtes Grundarrangement fokussiert: Sie hat für die Fremdsprachenlernenden die Gast-, nicht die Gastgeberrolle als Normalität unterstellt. Die angenommenen Bedürfnisse deutscher Reisender, auch Geschäftsreisender, bestimmten daher weitgehend die Definition von Zielkompetenzen. Weniger hat die Fremdsprachendidaktik – auch in der interkulturellen Diskussion – reflektiert, dass in den Klassenzimmern selbst seit langem oft nicht nur deutsche Kinder und Jugendliche sitzen, sondern dass diese Klassenzimmer selbst in neuer, auch sprachlicher Weise Ort interkultureller Begegnung geworden sind. Hans Hunfeld (1994: 95) stellt fest, dem etablierten Fremdsprachenunterricht sei es stets „mehr um den fernen als um den nahen Fremden" gegangen. Selbst in der Fremdsprachendidaktik zeigt sich damit der „monolinguale Habitus" der deutschen Schule (Gogolin 1994).

der ferne und der nahe Fremde

Die Zielsetzungen eines interkulturellen Fremdsprachenunterrichts sind seit jeher umstritten. Edmondson/House haben in verschiedenen Schriften interkulturelles Lernen sogar zum überflüssigen Begriff in der Fremdsprachendidaktik erklärt. Ihnen sei keine Interpretation für den Begriff Interkulturelle Kommunikation bekannt, die mehr beinhalte als fremdsprachliche Kommunikation. Damit werde die Terminologie tautologisch und unnütz. Suspekt wird ihnen die Debatte dadurch, dass es den Verfechter/inne/n der Interkulturalität weniger um sprachliche als vielmehr um affektive Lernziele zu gehen scheine. Das Fremdsprachenlernen hingegen habe frei zu bleiben vom Ballast derartig externer Aufgabenzuschreibungen (vgl. Edmondson/ House 1998: 173). Anders argumentiert Bredella (1999: 102). Er wendet sich gegen eine Reduktion der Ziele auf rein sprachliche Aspekte und betont, dass schulischer Fremdsprachenunterricht immer Teil an dem umfassenden Erziehungs- bzw. Bildungsauftrag der Institution Schule insgesamt haben müsse. Dieser Auftrag wird in den Lehr- und Bildungsplänen der Länder mit Zielen wie dem der Völkerverständigung und der Friedenserziehung beschrieben.

ein überflüssiger Begriff?

Völkerverständigung

Knapp/Knapp-Potthoff (1990: 83) formulieren eine entscheidende Frage so:

> Ist das Ziel die Verbesserung der Fähigkeit zur Kommunikation mit Angehörigen einer bestimmten anderen Kultur oder eine Verbesserung der Fähigkeit zur Kommunikation mit Angehörigen beliebiger anderer Kulturen?

Schon diese Fragestellung ist problematisch. Die Vorstellung von einer kulturell monolithischen Sprachgemeinschaft, die in diesem Zitat erkennbar ist, wird, wie oben gesehen, längst in Frage gestellt. In der Fremdsprachendidaktik lebt sie aber noch. Dort, wo sie vertreten wird, führt sie zur Bevorzugung von Kulturkontrastivität. In der Unterrichtspraxis dominiert sie nicht selten, so z. B. in der Arbeit mit und an Stereotypen.

Bevorzugung von Kulturkontrastivität

13.3 | Umgang mit Stereotypen

Historisch hat sich, wie oben schon angemerkt, eine Sicht etabliert, die Eigenes und Fremdes nach dem Kriterium nationalstaatlicher Zugehörigkeit unterschied. Sie legt essentialisierende Zuschreibungen nahe wie: „Die Engländer, US-Amerikaner, Franzosen Spanier usw. sind dem Wesen nach so, wir Deutschen sind anders". Derartige Vorstellungen sind Grundlage von Karikaturen in Bild und Schrift, wie die humoristischen Zeichnungen, die Sie auf dieser Seite sehen und wie der folgende Witzspruch:

> Heaven is
> where the police is British,
> the cooks French,
> the mechanics German,
> the lovers Italian,
> and it's all organized by Swiss.

> Hell is
> where the chefs are British,
> the mechanics French,
> the lovers Swiss,
> the police German,
> and it's all organized by the Italians. (Anonym)

Wir erkennen in dieser Zusammenstellung einige „klassische" Nationalstereotypen wieder. Ohne diesen Wiedererkennungseffekt wären die Sentenzen nicht komisch. Während in ihnen jeder „Nationalcharakter" ebenso mit positiven wie negativen Wertungen gekennzeichnet wird, dominiert in anderen Kontexten eindeutig die abwertende und ausgrenzende Dimension von ethnisch-kulturellen Stereotypen. In der Regel dienen negative Stereotypen der diskursiven Herstellung von Gemeinschaft durch Abgrenzung nach außen.

Auf weniger leicht erkennbare Weise und zumeist unter positivem Vorzeichen operiert der Fremdsprachenunterricht ebenfalls mit kollektiven Zuschreibungen. Schon der Begriff der „Zielkultur" verrät eine Tendenz zur Vereinheitlichung (vgl. Hu 2003: 289), desgleichen lässt der Terminus des Interkulturellen die Vorstellung erkennen, bei der Begegnung von Menschen unterschiedlicher Muttersprachen träfen Mitglieder von zwei in sich weitgehend homogenen Kulturgemeinschaften aufeinander. Diese Sichtweise liegt in der Regel der Stereotypieforschung zugrunde, so z. B. bei Gottfried Keller (1994, 1996a, 1996b). Sein Konzept einer Verbindung landeskundlichen und interkulturellen Lernens geht von den Auto- und Heterostereotypen aus, die in Kulturgemeinschaften vorherrschen und die diese wechselseitig in Beziehung zueinander setzen. Der Kontrast zwischen der eigenen Sicht auf Angehörige einer anderen Gemeinschaft und der fremden Sicht auf die eigene Gemeinschaft lädt, so Keller, dazu ein, die umgekehrte Blickrichtung, also die fremde

Abb. 13.1 |
Nationalstereotypen

Sicht des Eigenen, probehalber zu übernehmen und sich selbst demzufolge quasi von außen zu sehen. Ein derartiger Perspektivenwechsel wiederum könne zu selbstkritischen Einsichten führen.

Perspektivenwechsel

Stereotypen sind statisch verfasst. Gegen diese Form der Festschreibung – wie auch gegen jede andere Fixierung – machen postmodern-poststrukturalistische Ansätze die Notwendigkeit unabschließbarer Revisionen und Veränderungen geltend. Sie nehmen daher eine Abkehr von binären Denkstrukturen vor und „dekonstruieren" Stereotypen. D.h. sie zeigen auf, wie heterogen in sich Gemeinschaften und die in ihnen vorkommenden Selbst- und Fremdeinschätzungen sind. Damit ebnen sie differenzierenden Sichtweisen den Weg. Andererseits spielen Stereotypen und Vorurteile in den Köpfen der Lerner eine wichtige Rolle. Pädagogisch-didaktische Bemühungen um interkulturelles Lernen kommen daher nicht umhin, sie zunächst einmal ernst zu nehmen, sie aber auch zum Gegenstand kritischer Reflexionen zu machen. Insofern können Vorurteile – wie Adelheid Hu (1995) entwickelt – im unterrichtlichen Geschehen sehr wohl eine positive Rolle spielen.

postmodern-post-strukturalistische Ansätze

Halten wir fest: Die Festlegung der anderen auf ein konkretes Bild folgt zumeist der Bequemlichkeit und dem Automatismus vorgegebener Wahrnehmungsroutinen. Die Opposition von Eigenem und Fremdem darf nicht zu einem Schematismus statischer Zuweisungen werden. Der Fremdsprachenunterricht, so die einhellige Meinung von Fremdsprachendidaktikern, bietet die Möglichkeit, im Zugang auf fremde Sprachen die prinzipielle Fremdheit des anderen wahrzunehmen, die Relativität eigener Weltsichten zu erfahren, sich zugleich aber auch dem Fremden zu öffnen und es sich annähernd zu erschließen. Voraussetzung hierzu ist allerdings, dass Fremdheitserfahrungen thematisiert und reflexiv erschlossen werden. Einen viel diskutierten Beitrag zu einer Didaktik, die sich diesem Ziel verschreibt, liefern hermeneutische Ansätze. Ihnen sind die meisten Beiträge des 1991 von Lothar Bredella und Herbert Christ ins Leben gerufenen Gießener Graduiertenkollegs „Didaktik des Fremdverstehens" verpflichtet.

Didaktik des Fremdverstehens

| 13.4

Nicht zu Unrecht behauptet Schüle (1995: 78), im Grunde sei Fremd**sprachen**unterricht nie **Fremd**sprachenunterricht gewesen. Gefühle von Fremdheit sind in der Tat oft unliebsam und werden verdrängt. Jürgen Trabant (1997: 100) meint, die Fremdheit der Sprachen sei „etwas Erschreckendes bzw. eine tiefdeprimierende Erfahrung", „die man nur schwer aushält". Julia Kristeva sieht dies auch so, sie erweitert das Blickfeld allerdings auf den Aspekt der Selbstfremdheit. In „Étrangers à nous-mêmes" (1988) legt sie im Zuge psychoanalytischer Überlegungen dar, wie sehr die Abwehr des äußeren Fremden mit der des Fremden in uns selbst korreliert. Ein Annehmen des äußeren Fremden

Gefühle von Fremdheit

bedingt in ihrer Sicht eine Konfrontation mit den ungeliebten und als fremd erlebten Anteilen der eigenen Persönlichkeit.

das Fremde und das Eigene

Das „Fremde" verweist notwendig auf seinen Gegenpart, das „Eigene". Fremdheit kann daher keine absolute, sondern immer nur eine relationale Größe sein: Niemand ist fremd oder vertraut *per se*, sondern ist dies lediglich aus der Sicht des anderen. Daher geraten einerseits die Individualität und die „Identität" der Lernenden hier näher in Betracht. Auf der anderen Seite, im Blick nämlich auf die Fremdheit des Fremden, scheiden sich die Geister in jene, die universalistisch und andere, die kulturrelativistisch argumentieren.

universalistische vs. kulturrelativistische Ansätze

Für Erstere ist eine gemeinsame Basis des Menschseins grundlegend; alle Menschen sind in ihrer Sicht von Natur aus gleich und haben Anspruch auf dieselben Rechte (Gedanke der Französischen Revolution, Menschenrechts-Charta). Letztere sehen hingegen die sozialisatorischen Prägungen als bedeutsamer an. Jede/r könne nur aus dem Verständnis des eigenen Kulturkreises und kollektiven Wertesystems heraus urteilen, folglich könne man der Andersartigkeit anderer Wertesysteme nicht wirklich gerecht werden. Dieses Denken birgt die Gefahr in sich, Ausgrenzungen zu provozieren bzw. zu verfestigen. Der andere ist dann eben ganz anders, er kann nicht wirklich zum eigenen Kulturkreis gehören. Wer umgekehrt universelle Maßstäbe postuliert, macht sich verdächtig, Fremdes zu vereinnahmen und dem eigenen Denken allzu leicht anzupassen. Damit kommen wir zu der Frage, ob Fremdverstehen überhaupt möglich ist.

Im Rahmen eines Ansatzes kritischer Hermeneutik unterstreicht Hunfeld (1991: 52), dass zwischen dem Eigenen und dem Fremden eine Kluft bestehe, die es zunächst einmal anzuerkennen gelte.

> Nicht das Verstehen des Fremden, das immer in Gefahr steht, es auf den Begriff des Eigenen zu bringen, sondern die bewußte Anerkennung seiner nicht nach eigenen Begriffen verstehbaren Andersheit würde das Zusammenleben von vielfach Fremden im viel beschworenen Haus Europa orientieren. (Hunfeld 1993: 289)

Relativierung des eigenen Standpunktes

Der Wesenszug hermeneutischer Annäherung an das Fremde liegt jedoch in seinem dialogischen Charakter. Der Prozess des Verstehens ist ohne eine Relativierung des eigenen Standpunktes, d.h. ohne eine Veränderung des Selbst nicht denkbar. Gerade das macht ihn ja so mühsam und so wenig vorhersehbar. Neben lebensweltlichen Erfahrungen stellen literarische Rezeptionsprozesse – so die Grundüberzeugung des oben erwähnten Gießener Ansatzes – ein wichtiges Experimentier- und Lernfeld des Verstehens dar. Aus der Überlegung heraus, dass literarisches Verstehen und interkulturelles Verstehen einander strukturgleich sind, wird die Wirkannahme abgeleitet, dass sich das eine mithilfe des anderen fördern ließe. Zentrale Bedeutung erhält

Konzept des Perspektivenwechsels

hierbei das aus Dieter Geulens (1982) Theorie sozialen Handelns entlehnte Konzept des Perspektivenwechsels. Drei Stadien werden angenommen. Auf niedrigster Stufe setzt eine Dezentrierung des eigenen Blickes ein mit einer **Identifizierung** und **Differenzierung** anderer Sichtweisen. **Perspektivenübernahme** bedeutet dann den inhaltlichen Nachvollzug fremder Perspektiven, während die **Perspektivenkoordination** sich auf einer Meta-Ebene vollzogener Integration unterschiedlicher Perspektiven ansiedelt (vgl. Burwitz-Melzer 2000). Beim Lesen eines Romans z. B. versetzt sich der Leser in die Figuren der Handlung, sieht die literarisch gestaltete Welt zumindest teilweise mit deren Augen. Da moderne Romane in der Regel nicht von einer monoperspektivischen Erzählweise gekennzeichnet sind, muss der Leser hier schon verschiedene Sichtweisen nachvollziehen. Und je mehr er sich dieser mentalen Prozesse bewusst wird, desto eher wird er sich selbst zum erzählten Geschehen positionieren und verschiedene Perspektiven versuchen zu koordinieren. Hierauf werden wir in der nachfolgenden Einheit näher eingehen.

Das skizzierte Ideal des Verstehens und der Verständigung lebt von der Bereitschaft des Einzelnen, eigene Standpunkte zu revidieren oder zumindest zu relativieren und eine symmetrische, nicht von Machtinteressen geprägte Kommunikation zu wagen. Da dies in den gegebenen gesellschaftlichen Strukturen oft illusorisch ist, lässt sich hermeneutischen Verstehensvorstellungen vorwerfen, sie verschleierten reale Macht- und Herrschaftsverhältnisse. Aus Sicht des erkenntnistheoretischen Konstruktivismus ist darüber hinaus jegliche Verstehensbehauptung als Anmaßung zu bewerten, da das individuelle Bewusstsein als informationell geschlossen betrachtet wird. Beide Einwände haben insofern Gewicht, als sie vor einer mentalen Vereinnahmung des Fremden warnen. Sie sollten uns allerdings nicht dazu verleiten, jegliche Verstehensbemühungen zu unterlassen.

Vereinnahmung des Fremden

Kulturwissenschaftlich orientierte Zugänge

| 13.5

Das Kulturverständnis, das implizit und explizit in Lehrwerken vermittelt wird, war lange Zeit von Geschlossenheit gekennzeichnet. Weder ethnische noch soziale Differenzen werden gemeinhin offen gelegt. Die klassischen Lehrwerksfiguren entstammen der Mittelschicht und leben in einem ethnisch-kulturell homogenen Umfeld. Erst in den 1990er Jahren setzt sich die Einsicht durch, dass z. B. das Französische nicht nur die Sprache Frankreichs und „der Franzosen", sondern auch die der ehemaligen Kolonien ist. Noch zögerlich allerdings finden Hinweise auf das französischsprachige Kanada und auf frankophone afrikanische Länder Eingang in die gängigen Lehrwerke, offensichtlicher ist demgegenüber die Berücksichtigung ethnischer Vielfalt in französischen Großstädten. Für den Bereich des Englisch- und des Spanischunterrichts lassen sich analoge Tendenzen erkennen.

Mischungen und
Durchdringungen

„Unsere Kulturen haben de facto längst nicht mehr die Form der Homogenität und Separiertheit, sondern sind weitgehend durch Mischungen und Durchdringungen gekennzeichnet" – schreibt der Philosoph Wolfgang Welsch (1999: 51) und fährt fort: „Diese neue Struktur der Kulturen bezeichne ich, da sie über den traditionellen Kulturbegriff hinaus- und durch die traditionellen Kulturgrenzen wie selbstverständlich hindurchgeht, als *transkulturell*." Der Begriff der „Transkulturalität" unterstreicht folglich die wachsende Heterogenität kultureller Sphären. Zur Veranschaulichung transkultureller Strukturen prägt Welsch das Bild von Geweben, die „aus unterschiedlichen Fäden zusammengesetzt und auf unterschiedliche Weise gewebt" (ebd.: 59) sind. So bleiben zwar Unterschiedlichkeiten erkennbar, doch ist der Blick auf interne Heterogenität gerichtet. Eine ausgrenzende Trennung in Eigenes und Fremdes ist vor diesem Hintergrund kaum mehr möglich.

Transkulturalität

In kulturwissenschaftlicher Forschung finden wir auf diachroner wie auf synchroner Ebene eine nahezu unüberschaubare Anzahl von Definitionen dessen, was ‚Kultur' meinen kann. Einige wenige Entwicklungstendenzen wollen wir kurz streifen: Nach einer lange Zeit gültigen Eingrenzung des Gegenstandsbezugs auf die sogenannte hohe Kultur hat sich im 20. Jahrhundert eine Erweiterung auf Phänomene der Alltags- und Massenkultur durchgesetzt. In diesem Rahmen ist nicht zuletzt der ethnologisch-interpretative Ansatz von Clifford Geertz zu verorten, der Kultur als selbst gesponnene Bedeutungsgewebe sieht, in die Menschen verstrickt sind (vgl. Gerbel/Musner 2002: 13). Von hier ist es nicht weit zur Metapher „Kultur als Text". Doris Bachmann-Medick (1996: 9 f.) erläutert diese wie folgt:

Kulturverständnisse

Kultur als Text

> Kultur gilt in der interpretativen Kulturanthropologie nicht mehr nur als einheitliches Gesamtgefüge, das in der Summe von Normen, Überzeugungen, kollektiven Vorstellungen und Praktiken aufgeht. Kultur ist vielmehr eine Konstellation von Texten, die – über das geschriebene oder gesprochene Wort hinaus – auch in Ritualen, Theater, Gebärden, Festen usw. verkörpert sind. […] Ziel ist es, im Horizont der Metapher von Kultur als Text Zugang zu den Selbstbeschreibungsdimensionen einer Gesellschaft zu gewinnen. Erst indem man auch Handlungen, Ereignisse und soziale Situationen als ‚Texte' betrachtet, werden sie – über ihre Situationskontingenz hinaus – für den kulturellen Prozeß der Objektivierung von Bedeutungen erschlossen.

Die Vorstellung einer textuellen Verfasstheit von Kultur impliziert, dass man sich ihrem Gegenstandsgebiet nur deutend nähern kann. Kulturen sind immer heterogen. In ihnen kreuzen und überlappen sich unterschiedliche Einflüsse bzw. Texte; sie sind stets offen für neue Durchmischungen. Hieraus ergeben sich literaturdidaktische Implikationen, die in Einheit 14 zur Sprache kommen werden.

Performative Deutungen des Kulturbegriffs unterstreichen zudem, dass die Rede **über** Kultur bereits als Teilhabe **an der** Kultur zu verstehen ist. Gerade im Blick auf das Lernen fremder Sprachen hat dieser Aspekt eine besondere Relevanz. Denn indem die fremde Sprache dem Einzelnen die Teilnahme an ursprünglich fremden Diskursgemeinschaften ermöglicht, erscheinen diese nunmehr subjektiv als Teil eigener Lebenswelt. Und umgekehrt integriert die fremdsprachliche Diskursgemeinschaft „fremde" Stimmen und wandelt sich damit zu einem vielstimmigen, vielschichtigen und hybriden System.

Die subjektive Seite dieses Prozesses hat Claire Kramsch im Blick, wenn sie von einem dritten Ort jenseits der Ausgangs- und Zielkultur spricht, den Fremdsprachenlerner einnehmen. Dieser Dritte Ort ist als mentale Selbstverortung zu verstehen, als Entwurf einer gemischten Identität. Er ermöglicht es dem Einzelnen, über die Inkorporierung fremder Sprachen die Dichotomie des Eigenen und Fremden zu durchbrechen und – in den Worten Kramschs (1995: 63) – „jemand anderes in der eigenen Sprache und man selbst in der Sprache anderer" zu sein. Auf der Ebene des Subjekts sind kulturelle Bedeutungszuschreibungen in der Tat eng mit persönlichen Identitätskonstruktionen verknüpft. Geschlossene Kulturmodelle bieten die Grundlage festgefügter und somit stabiler Identitätskonstrukte, wie wir im Kontext der Stereotype versucht haben aufzuzeigen. Diese jedoch verkürzen die Komplexität sozialer Beziehungen und erweisen sich als eher hinderlich bei der Ausbildung von wechselseitiger Akzeptanz und Toleranz, vor allem aber bei der Ausbildung von Verstehen (kognitiv) und Verständnis (kognitiv-affektiv). Der Vielschichtigkeit und Dynamik individueller wie auch kollektiver Identitäten angemessener ist die Vorstellung situationsabhängiger, multipler, sich wandelnder Identitäten, die durch Begriffe wie *fluid, situated* und *shifting identities* zum Ausdruck gebracht wird. Diese gehen davon aus, dass wir uns synchron und diachron unterschiedlichen Gruppen zugehörig fühlen und daraus jeweils anders nuancierte Identitätskonstrukte ableiten. In diesem Sinne kann ich mich kontextabhängig z. B. primär über ein berufliches oder genderspezifisches, ein nationales oder globales Selbstverständnis definieren, das sich im Diskurs unablässig transformiert.

Die deutsche Fremdsprachendidaktik hat – wenngleich nur in begrenztem Umfang – Einflüsse der britischen *Cultural Studies* verarbeitet. Der von Michael Byram (1989) stammende Begriff der *tertiary socialisation* verdeutlicht die Untersuchungsperspektive der *Cultural Studies*. Er geht von dem individuellen Aspekt der Entwicklung menschlicher Sozialisation aus und richtet sich von dort auf fremdkulturelle Kontexte. Diese bilden nach dem familiär-primären und dem eigenkulturell-sekundären Umfeld (Kindergarten, Schule) den Rahmen der bezeichneten dritten Sozialisationsstufe (Eingliederung in eine mehrsprachige Weltgemeinschaft und aktive Teilhabe an ihr).

Während die vorgenannten Ansätze vor allem den Aspekt der Durchdringung und Vermischung unterschiedlicher kultureller Einflüsse hervorheben, versuchen andere Kulturwissenschaftler, das orientierungsstiftende Moment kultureller Konventionen wissenschaftlich genauer zu fassen. Zu ihnen gehört

der „Dritte Ort"

Identitätskonstruktionen

tertiary socialisation

das orientierungsstiftende Moment kultureller Konventionen

Els Oksaar (1988), die den Begriff des **Kulturems** eingeführt hat. In Analogie zu den linguistischen Kategorien der Phoneme, Morpheme, Lexeme usw. bezeichnet dieser kleinste Einheiten kultureller Kommunikation wie Rituale des Grüßens, des Ablehnens, des Dankens usw. Auf einer höheren Ebene angesiedelt sind die sogenannten **Kulturstandards**. Diese sind laut Alexander Thomas (1996: 112) zu verstehen als „alle Arten des Wahrnehmens, Denkens, Wertens und Handelns [...], die von der Mehrzahl der Mitglieder einer Kultur für sich persönlich und andere als normal, selbstverständlich, typisch und verbindlich angesehen werden." Zu ihnen zählen z. B. gesellschaftlich etablierte Vorstellungen von Pünktlichkeit oder Muster des Verhaltens der Geschlechter untereinander. Vom Ansatz her ähnlich ist das Konzept der ‚**kulturellen Deutungsmuster**', mit dem Altmayer (2006: 51) „überlieferte, im kulturellen Gedächtnis einer Gruppe gespeicherte und abrufbare Muster von einer gewissen Stabilität" bezeichnet. Während Kultureme und Kulturstandards in der Regel auf einen nationalstaatlichen Rahmen bezogen werden, sieht Altmayer (ebd.: 52) kulturelle Deutungsmuster bereits auf der Mikroebene gesellschaftlicher Gruppen wie Fußball-Fanclubs und dergleichen angesiedelt.

Auch wenn die aufgezeigten kulturwissenschaftlichen Erklärungsmuster untereinander nicht widerspruchsfrei sind, halten wir dennoch als wichtige Eckpunkte Folgendes fest:

Definitionen

> ► Kultur ist ein vielschichtiges Konstrukt mit offenen Rändern, das von Überlappungen, Vermischungen und wechselseitigen Durchdringungen gekennzeichnet ist.
> ► Kultur ist ein diskursiv verfasstes Konstrukt. M. a. W.: Kultur ist kein vorfindliches objektives Phänomen, sondern eine gesellschaftliche Praxis der Bedeutungszuweisung, an der jede/r Einzelne teilhat.
> ► Gleichwohl sind auf unterschiedlichen Ebenen sozialer Organisation kollektive Deutungsmuster und Verhaltenskonventionen zu beobachten, die Individuen und Gruppen Orientierungsangebote liefern.
> ► Kulturelle Identitäten sind dynamische Selbstverortungen von Individuen und Gruppen, in denen „Eigenes", „Fremdes" und „Übergreifend-Gemeinsames" situationsspezifisch jeweils neu definiert werden (*floating identites/situated identities*).

Nur wer als Lehrende/r ein Verständnis für die angesprochene Vielschichtigkeit entwickelt, wird dies in den unterschiedlichsten Kommunikationskontexten auch gegenüber den Lernenden zum Ausdruck bringen und ihnen Anregungen geben können, ihre Sichtweisen zu hinterfragen und zu differenzieren. Differenzierte Betrachtungsweisen sind nötig, um vor schnellen und totalisierenden Abgrenzungen zu schützen und Brücken der Verständigung mit dem „Fremden" offen zu halten. Aufgabe von Fremdsprachenunterricht ist es demzufolge, einen Erfahrungsraum interindividueller Verständigungsprozesse bereitzustellen, in dem sich derartige Positionen jenseits eigener und fremder Perspektiven entfalten können.

Fremdsprachenunterricht als Erfahrungsraum interindividueller Verständigungsprozesse

Inhalte und Verfahren interkulturellen Lernens | 13.6

Ein klassisches Lernfeld für bikulturellen Vergleich und interkulturelles Lernen bildet der Schüleraustausch. Eine Begegnung mit Angehörigen der zielsprachigen Kultur wird meist durch Einüben situationsgerechter Redemittel und kontrastive Inventarisierung von Gebräuchen und Kommunikationsstrategien vorbereitet. Das Vertrauen in die Kontakt-Hypothese, das gegenseitige Kennenlernen führe automatisch zum Abbau von Vorurteilen, ist inzwischen berechtigter Skepsis gewichen. Die Verhältnisse sind komplexer, als dass sie sich durch unreflektierte Erfahrung annähernd erfassen ließen. Erst die Rückführung gemachter Erfahrungen auf den eigenkulturellen wie auch auf den eigenbiographischen Hintergrund erlaubt eine produktive, d.h. Fragen generierende Annäherung an das Fremde. Zu diesem Zweck empfiehlt sich das Führen eines Lernertagebuchs (vgl. z.B. Fellmann 2006). Zentraler Ort für Hinterfragungen aber ist die Reflexion unterschiedlicher Erfahrungen im Unterrichtsgespräch. Das heißt zugleich, dass die Lehrkraft selbst über ein eigenes Bewusstsein von der Komplexität kultureller Zuschreibungen verfügen sollte, denn nur dann kann sie die Schüler/innen mit angemessen weiterführenden Fragen konfrontieren.

Schüleraustausch

Führen eines Lernertagebuchs

Ebenfalls komparatistisch angelegt, jedoch mehr auf sozialwissenschaftliche Fragestellungen bezogen, verstehen sich Konzepte landeskundlichen Lernens als Teil einer politischen Bildung. Im Gegensatz zu der früher üblichen Ausrichtung auf fremdkulturelle Institutionen und Fakten („Realienkunde") erweitert sie ihr Blickfeld nunmehr verstärkt auf Phänomene des Alltagslebens. Die Ziele landeskundlichen Lernens gehen dementsprechend über eine Informationsaufnahme hinaus in Richtung auf eine Sensibilisierung für das „Fremdspezifische" (Robra 1999). Auch auf der Ebene von Begriffen des Alltagslebens und ihrer unterschiedlichen kulturellen Bedeutungen (Denotationen und Konnotationen) oder auf der Ebene von Konversationsroutinen kann ein Sprachvergleich Einsichten in die Verschiedenheit kultureller Referenzsysteme vermitteln und die Sensibilität für kulturelle Differenz (*cultural awareness*) fördern (vgl. u.a. Brunzel 2002, Volkmann 2006, Naumann 2006, Küster 2008).

Sensibilisierung für das „Fremdspezifische"

Kommunikations- bzw. handlungsorientierte Ansätze versuchen, eine Verbindung kognitiver Lernziele mit denen einer pragmadidaktisch inspirierten Kommunikativen Didaktik herzustellen. Kulturelles und sprachliches Lernen gehen in vielen Feldern Hand in Hand. Hinsichtlich der Lehr- und Lernverfahren muss die kognitive Ausrichtung der Landeskunde zudem keineswegs zu Lehrerzentrierung im Unterricht führen. Sie erlaubt vielmehr eine Methodik des entdeckenden Lernens unter Einschluss projektorientierter Verfahren. An den (mediengestützten) Einsatz dramatischer Techniken ist hier zu denken, aber auch an E-Mail-Korrespondenzen. Ihr Potenzial für interkulturelle Lernprozesse entfalten diese Verfahren und Lernkontexte allerdings erst da,

kommunikations- bzw. handlungsorientierte Ansätze

wo sie auf einer metakommunikativen bzw. metakognitiven Ebene reflektiert und zum Anlass von Einstellungsänderungen genutzt werden.

Konstruktivistisch gesehen, beschränkt sich die Aufgabe einer interkulturellen Didaktik darauf, geeignete und vielfältige und vor allem irritierende, nicht umstandslos assimilierbare Lernanlässe bereitzustellen, die gleichwohl Verbindungen zu eigenen Erfahrungs- und Gedankenwelten zulassen. Die Arbeit an *critical incidents* kann in diesem Sinne gestaltet werden. Mit *critical incidents* oder *hotspots* sozialer Interaktion sind Fälle kulturell bedingter Missverständnisse und Konflikte gemeint, die oft zum Misslingen bzw. zum Abbruch von Kommunikationsversuchen führen (vgl. Heringer 2004: 162 ff.). Unter konstruktivistischem Vorzeichen werden die Lernenden vor die Frage gestellt, wie sie sich selbst in ähnlichen Situationen verhalten würden, worauf im konkreten Fall die Kommunikationsprobleme zurückzuführen sind, wie diese sich vielleicht vermeiden lassen usw. Neben der Förderung einer *cultural awareness* kann die Arbeit mit solchen Fallvignetten aber auch einem „instruktivistisch" angelegten Verhaltenstraining dienen, das wesentlich auf die Wahrnehmung und Überwindung von Stereotypen ausgerichtet ist (vgl. Müller-Jacquier 2000). Ein weites Feld interkulturellen Lernens eröffnet sich darüber hinaus in der Behandlung von literarischen Werken, Spielfilmen, Werbespots usw. Darauf wird in Einheit 14 einzugehen sein.

Auf die Frage, inwieweit und wie Ziele interkulturellen Lernens *realiter* in der Praxis des Fremdsprachenunterrichts berücksichtigt werden, gibt eine europäische Studie mit dem Namen „Sprachen und Kulturen in Europa/Languages and cultures in Europe (LACE)" (Europublic sca/cva: 2007) zumindest ansatzweise Aufschluss. Aus einer Online-Erhebung mit 213 sowie aus Telefoninterviews mit weiteren 78 Fremdsprachenlehrer/innen verschiedener Länder der Europäischen Union geht hervor, dass 80 % der Befragten eigenem Bekunden nach interkulturelles Lernen vorrangig durch mündliche Wissensvermittlung anzuregen versuchen. Simulationen, Rollenspiele, Aktivitäten mit Lernaufgaben und Arbeit mit literarischen Texten, Videos usw. folgen erst auf weiteren Rängen. Insgesamt zeichnet sich ab, dass überwiegend kognitive Aspekte landeskundlichen Lernens als interkulturell relevant eingestuft und vermittelt werden, haltungs- und reflexionsbezogene Schwerpunktsetzungen hingegen sind nur schwer ausfindig zu machen. Da nimmt es nicht wunder, dass 92,5 % der Umfrageteilnehmer/innen einen Mangel an spezifischen Hilfestellungen zur Vermittlung interkultureller Kompetenzen beklagen (vgl. ebd.: 8).

critical incidents (margin note)

Behandlung von literarischen Werken (margin note)

LACE (margin note)

13.7 | Zur Modellierung interkultureller Kompetenz(en)

Dass sich im Kontext des Fremdsprachenlernens derzeit der Begriff der interkulturellen Kompetenz gegenüber dem des interkulturellen Lernens durchsetzt, hängt offenkundig mit der politisch gewünschten Output- und

236

Standardorientierung des Bildungswesens zusammen (s. Einheit 9.4). Er stellt ein Zielkonstrukt dar, m. a. W. er bezeichnet das Ergebnis von Lernen. Demgegenüber betont der Begriff des interkulturellen Lernens mehr den Prozesscharakter. Da der Kompetenzbegriff vorrangig die Aspekte des Wissens und des Könnens, hier insbesondere des problemlösenden Handelns betont, ist darauf zu achten, dass mit dem Wechsel des Zielkonzepts keine Verkürzung des Verständnisses interkulturellen Lernens einhergeht. Denn als grundlegend für interkulturell reflektiertes Verhalten sind, wie oben dargelegt, neben Wissen auch so schwer zu operationalisierende Faktoren wie Neugier auf andere Menschen, Empathiefähigkeit, Selbstkenntnis, *cultural awareness* usw. anzusehen. Wie die Diskussion um den Zielbegriff des Fremdverstehens dokumentiert, umfasst interkulturelles Lernen neben kognitiven wesentlich auch affektive und attitudinale Aspekte, die eher mit dem Begriff der Persönlichkeitsbildung bezeichnet werden.

> Aspekte des problemlösenden Handelns

Ein sehr weites und breit rezipiertes Modell interkultureller Kompetenz hat Michael Byram (1997) vorgelegt. Seine Aufgliederung in 5 *savoirs*, die später in modifizierter Form auch dem GER zugrunde gelegt wurde, erlaubt es, die Dimensionen interkultureller Kompetenz so zu fassen, dass ebenfalls Aspekte interkultureller Bildung inbegriffen sind.

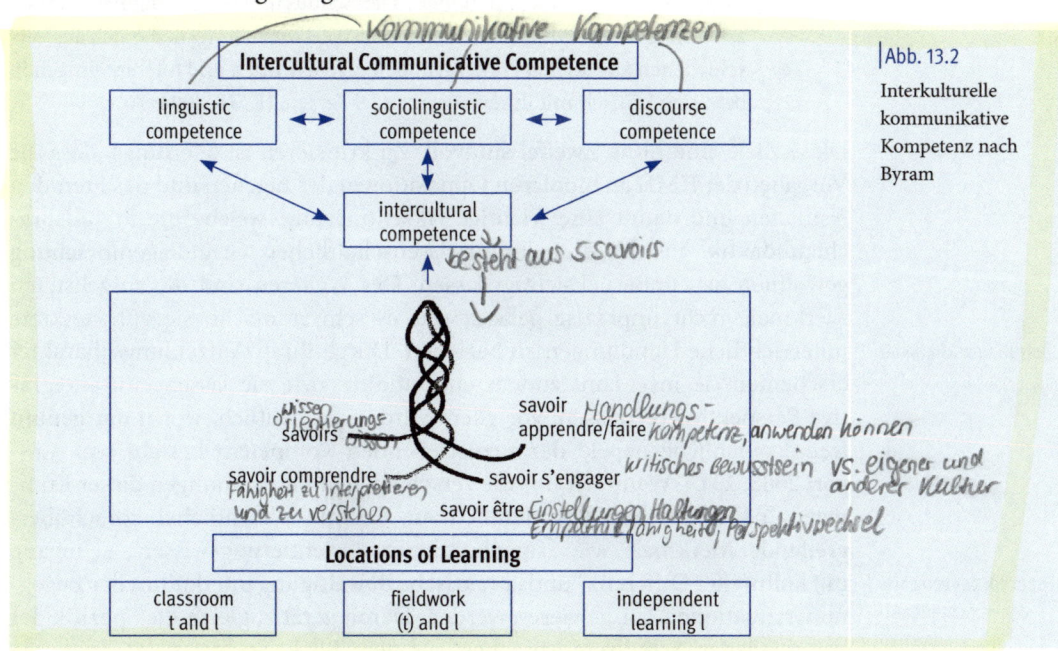

Abb. 13.2

Interkulturelle kommunikative Kompetenz nach Byram

Mit den *savoirs* ist kulturelles, auch landeskundliches Wissen gemeint, während *savoir être* eine persönlichkeitsbezogene Kompetenz bezeichnet, insbesondere die Bereitschaft und Fähigkeit, sich von ethnozentristischen Sichtweisen zu lösen (vgl. ebd.: 54). Allerdings hat Byrams Modell eine kognitivistische

Schieflage. Die affektiven Seiten einer interkulturellen Empathiefähigkeit werden in ihm nur ansatzweise berücksichtigt.

Verständnis der
Bildungsstandards

Gleiches gilt für die Bildungsstandards. Nach einer recht allgemein gehaltenen Zielformulierung, „Schülerinnen und Schüler zu kommunikationsfähigen und damit offenen, toleranten und mündigen Bürgern in einem zusammenwachsenden Europa zu erziehen", ihnen zu einem „Zuwachs an Erfahrung" und zu einer „Stärkung der eigenen Identität" zu verhelfen (KMK 2004: 6), werden einzelne Aufgabenbereiche wie folgt ausgewiesen:

- thematisches soziokulturelles Orientierungswissen für fremdsprachliches kommunikatives Handeln in mehrsprachigen Situationen. Die Schülerinnen und Schüler können z. B. Informationen über die englisch- bzw. französischsprachige Lebenswelt aufnehmen und verarbeiten.
- Fähigkeiten im Umgang mit kultureller Differenz: Umgang mit Stereotypen, Erkennen von eigen- und fremdkulturellen Eigenarten, Fähigkeiten zum Perspektivwechsel. Die Schülerinnen und Schüler können z. B. ihren eigenen Lebensbereich mit dem der Zielsprache vergleichen.
- Strategien und Fähigkeiten zur praktischen Bewältigung interkultureller Begegnungssituationen – Umgang mit Missverständnissen, mit schwierigen Themen und Konfliktsituationen. Die Schülerinnen und Schüler können z. B. mit unterschiedlichen Normen und Wertvorstellungen, die sich aus verschiedenen kulturellen Hintergründen ergeben, offen und tolerant umgehen bzw. sich kritisch mit ihnen auseinander setzen. (KMK 2004: 10)

Diese Ziele sind ohne Zweifel sinnvoll. Zu kritisieren ist allerdings, dass die Vorgaben der KMK an bipolaren Oppositionen des Eigenen und des Fremden festhalten und damit eine wichtige Akzentuierung, welche die Fremdsprachendidaktik aus neuerer kulturwissenschaftlicher Grundlagenforschung gewonnen hat, unberücksichtigt lassen. Des Weiteren sind die aufgelisteten Merkmale recht unpräzise gefasst, was es schwer macht, sie auf konkrete

Aufzählungscharakter

unterrichtliche Handlungen zu beziehen. Durch ihren Aufzählungscharakter erscheinen sie insgesamt zudem eher additiv, d. h. sie lassen eine integrative Perspektive vermissen; vor allem wird nicht deutlich, worin der genuin fremdsprachliche Aspekt der anzustrebenden Kompetenz besteht (vgl. Caspari 2008: 23 f.). Wenn wir uns die verschiedenen Bestimmungen dieser Kompetenz näher ansehen, fällt nämlich auf, dass im Wesentlichen sprachübergreifende Merkmale wie „soziokulturelles Orientierungswissen", „Umgang

Spezifik der verschiedenen Schulfremdsprachen

mit kultureller Differenz" und „praktische Bewältigung interkultureller Begegnungssituationen" ausgewiesen werden. Damit gerät zugleich die Spezifik der verschiedenen Schulfremdsprachen aus dem Blick. So bietet das Englische durch seine Bedeutung als *lingua franca* bestimmte Chancen und Grenzen zum Aufbau interkultureller Kompetenz, die sich von denen des Spanischen oder anderer stärker „kulturalisierter" Fremdsprachen sehr wohl unterscheiden.

Wie in den voraus gegangenen Einheiten gesehen, folgt die Kompetenzorientierung dem Ziel, Ergebnisse schulischen Lernens so zu modellieren, dass sie möglichst valide (d. h. gegenstandsadäquat) und objektiv überprüft werden können. Dies zu leisten, fällt im Bereich der interkulturellen Kompetenz hingegen schwer. Bislang verzichten daher die KMK-Bildungsstandards auf Stufenmodelle, mit denen der Grad einer Zielerreichung beschreibbar wäre. Dies kann einerseits als Chance begriffen werden, außerhalb der engen Grenzen einer Überprüfbarkeit auch reflexive und ethische Aspekte sprachlichen Lernens im Unterricht zur Geltung kommen zu lassen. Andererseits wird verschiedentlich die Befürchtung artikuliert, dass Ziele des Fremdsprachenunterrichts, die sich der Kompetenzmessung entziehen, in unterrichtlicher Praxis schlichtweg unberücksichtigt bleiben. Um dieser Gefahr zu entgehen, werden Versuche unternommen, „auch die schwer messbaren Kompetenzen soweit zu operationalisieren, zu stufen und durch Aufgaben zu normieren, dass sie – zumindest teilweise – evaluierbar werden" (Hu 2008: 11, zum gegenwärtigen Stand der Forschung vgl. Hu/Byram 2009). Diese Bemühungen stehen derzeit noch am Anfang. Als am besten geeignet erscheinen derzeit Evaluationen, die auf Lernerportfolios basieren. Diese erlauben Rückschlüsse auf erreichte Niveaus der Wahrnehmung und der Reflexion interkultureller Zusammenhänge, ohne dass im Interesse einer Vergleichbarkeit Komplexität unbotmäßig reduziert würde. Eine Leistungsbeurteilung und -bewertung im Sinne breit angelegter Lernstandserhebungen ist mit diesem Instrument allerdings nicht möglich. Ob bzw. inwieweit interkulturelle Kompetenzen einer vergleichenden Messung zugänglich zu machen sind, ohne zugleich das Konstrukt unbotmäßig zu verkürzen, werden die Forschungen und Diskussionen der kommenden Jahre zeigen.

Überprüfung interkultureller Kompetenz

Lernerportfolios

Zusammenfassung

In welchem Kontext und mit welcher Zielsetzung auch immer Lehrende versuchen, interkulturelles Lernen zu fördern – das, was wir mit dem Begriff bezeichnen, ist ein äußerst vielschichtiger, oft langwieriger und darüber hinaus schwer steuerbarer Prozess. In ihm fließen Wissens-, Haltungs- und Verhaltensaspekte zusammen (kognitive, emotive und konative Komponente). Es braucht sowohl Kenntnisse über kulturell Differentes/Fremdes als auch eine emotionale Öffnung (Empathie) ihm gegenüber, die sich zugleich auf der Verhaltensebene niederschlägt, damit wirklich von ‚Lernen' gesprochen werden kann. Es liegt auf der Hand, dass ein Wissenserwerb relativ leicht zu lenken ist, dass aber Haltungsveränderungen und interkulturell wachsames Verhalten nur mittelbar zu induzieren und kaum verlässlich zu überprüfen sind. Dass wir es hier mit Bildungsprozessen und folglich mit den Paradoxien von Bildungsautonomie zu tun haben, schließt nicht aus, dass darüber nachgedacht werden kann und sollte, durch welche Anlässe und Kontextbedingungen derartige Prozesse begünstigt werden können.

Interkulturelles Lernen geschieht nur dort, wo vermeintliche Gewissheiten in Frage gestellt und eigene Sichtweisen in der Konfrontation mit anderen relativiert werden, Annäherungen an anderes stattfindet, m. a. W. dort, wo ein echter Dialog (oder Polylog) aufgenommen wird. Diese dialogische oder polylogische Grundstruktur interkulturellen Lernens wiederum legt nahe, dass auch seine Anbahnung dialogisch oder polylogisch ausgelegt sein sollte. Im unterrichtlichen Rahmen kommt dem Lehrenden und den Mitlernenden daher eine besondere Bedeutung zu. Lehrkräfte sollten selbst über ein hohes Maß an *cultural awareness* verfügen und vor deren Hintergrund weiterführende Fragen aufwerfen, die Lernenden mit neuen Sichtweisen konfrontieren und in ihnen einen kognitiven Konflikt auslösen. Lehrende sollten in diesem Sinne Texte bzw. Materialien auswählen, die von Lernenden als Anlässe eigener Sensibilisierung und Wissenserweiterung genutzt werden können. Sie sollten zudem nach Möglichkeit Begegnungsräume für einen Austausch mit Fremden bereitstellen (Schüleraustausch, E-mail-Partnerschaften, Einladungen an Vertreter anderer Kulturräume usw.) und vor allem die hier gemachten Erfahrungen einer vertieften Reflexion zuführen.

Aufgaben

1 Zeichnen Sie ähnlich grobschnittig wie bei einem „Ampelmännchen" die Umrisse eines menschlichen Körpers. Verorten Sie dann die verschiedenen Sprachen, die Sie sprechen, in dieser Zeichnung, z. B. das Deutsche im Bauch, das Englische an der rechten Hand usw. Tauschen Sie sich dann mit einer/m Mitstudierenden darüber aus, was diese Symbolisierungen für Sie bedeuten. Dies kann Ihnen und Ihrem Gegenüber Aufschluss über Ihre persönlichen sprachlich-kulturellen Identitätskonstruktionen geben. (Die Anregung zu diesem Verfahren ist Krumm 2003 entnommen).

2 Überlegen Sie, welche *critical incidents* Ihnen im Zuge Ihrer persönlichen Erfahrungen in interkultureller Kommunikation begegnet sind. Welche Lösungen verlangten diese *incidents*, welche Kenntnisse und Haltungen waren zu diesen Lösungen notwendig bzw. wären notwendig gewesen? Welche Aufschlüsse ergaben Ihnen diese Erfahrungen über unterschiedliche Kulturstandards oder kulturelle Deutungsmuster? Besprechen Sie Ihre Erfahrungen und deren Deutungen mit einer/m Mitstudierenden.

3 Lesen Sie den Ausschnitt aus den Schilderungen der japanischstämmigen Autorin Yoko Tawada (1996) auf www.bachelor-wissen.de. Welche Phänomene kultureller Fremdheit beschreibt die Autorin, wie begegnet sie ihnen? Inwieweit gelingt es Ihnen eigener Einschätzung nach, die Perspektive der Autorin nachzuvollziehen? Wodurch wird möglicherweise Ihr Perspektivenwechsels begrenzt?

4 Versuchen Sie, die frei gelassenen Felder in der Matrix von Caspari/Schinschke (2009: 286 f.), einsehbar unter www.bachelor-wissen.de, auszufüllen. Vergleichen Sie Ihre Einschätzungen mit denen eines/r Mitstudierenden.

Zum Weiterlesen

Bredella, Lothar (1999): Zielsetzungen interkulturellen Fremdsprachenunterrichts. In: Bredella, Lothar/Delanoy, Werner (Hrsg.): *Interkultureller Fremdsprachenunterricht*, Tübingen: Narr, 85–120.

Bredella, Lothar/Christ, Herbert (Hrsg.) (2007): *Fremdverstehen und interkulturelle Kompetenz*. Tübingen: Narr.

Breugnot, Jacqueline (2000): Fremdsprachen. In: Reich, Hans H./Holzbrecher, Alfred/Roth, Hans-Joachim (Hrsg.): *Fachdidaktik interkulturell. Ein Handbuch. Opladen*: Leske + Budrich, 287–310.

Hu, Adelheid/Byram, Michael (Hrsg.) (2009): *Interkulturelle Kompetenz und fremdsprachliches Lernen. Modelle, Empirie, Evaluation/Intercultural competence and foreign language learning. Models, empiricism, assessment*. Tübingen: Narr.

Kramsch, Claire (1995): Andere Worte – andere Werte: Zum Verhältnis von Sprache und Kultur. In: Bredella, Lothar (Hrsg.): *Verstehen und Verständigung durch Sprachenlernen?* Bochum: Brockmeyer, 51–66.

Raddatz, Volker (1996): Fremdsprachenunterricht zwischen Landeskunde und Interkulturalität. In: *Fremdsprachenunterricht* (40/49) 4: 242–252.

Literarisch-ästhetische Kompetenzen:
die Arbeit mit Literatur, Film, Comics, Bildern

Texte als Gegenstände des Fremdsprachenunterrichts | 14.1

Kompetenzen gelten als handlungsleitende Dispositionen (s. Einheit 8.4.2). Sie lassen sich zwar fachbezogen ausdifferenzieren, sind jedoch im Wesentlichen inhaltsneutral bzw. inhaltsindifferent. D.h., man kann Kompetenzen an sehr vielen Gegenständen erwerben und zur Geltung bringen. In Bezug auf die Medienkompetenzen, die wir in Einheit 12 besprochen haben, trifft dies allerdings nur in eingeschränktem Maße zu, geht es in ihnen doch um den Umgang mit bestimmten Gegenständen, eben den Medien in ihrer ganzen Bandbreite. Zu den Medien gehört auch die Literatur. Sie hat als Inhalt schulischen Fremdsprachenunterrichts eine lange Tradition, muss im Zuge der aktuellen Kompetenzorientierung allerdings um ihre Daseinsberechtigung kämpfen. Sofern sie zum Einsatz kommen soll, muss nunmehr ersichtlich werden, welches spezifische Potenzial sie im Blick auf den angestrebten Kompetenzerwerb besitzt. Zur Begründung wird vielfach darauf hingewiesen, dass die Auseinandersetzung mit Literatur einen hohen Beitrag zum interkulturellen Lernen (s. Einheit 13) leisten kann. Demgegenüber werden in jüngster Zeit Stimmen laut, die einen eigenen Kompetenzbereich literarischer oder literarisch-ästhetischer Kompetenz/en einfordern und diesen den bisher benannten an die Seite stellen wollen (vgl. z. B. Mordellet-Roggenbuck 2006). Hierauf werden wir weiter unten näher eingehen. Sehen wir uns aber zunächst das didaktische Potenzial der Gegenstände selbst, also literarischer bzw. im weiteren Sinn ästhetisch verfasster Texte generell, näher an. Wir schildern, welche Bedeutung ihnen in der Vergangenheit zugeschrieben wurde, welche Akzentuierungen die fremdsprachenbezogene Literaturdidaktik in neuerer Zeit erfahren hat und erörtern dann ihren didaktischen Stellenwert in den jetzigen Zeiten der Kompetenzorientierung.

Beitrag zum Kompetenzerwerb

Wenn wir von Texten sprechen, meinen wir mehr und anderes als der Alltagssprachgebrauch unter ihnen versteht. Gemeinhin werden mit ‚Texten' ja lediglich Schriftstücke bezeichnet. In einem neueren wissenschaftlichen Verständnis, das an Studien der Semiotik anschließt, gelten hingegen alle Korpora von Zeichen als ‚Texte', welche die Merkmale Kohäsion und Kohärenz aufweisen. ‚Kohäsion' meint dabei den oberflächlich-formalen Zusammenhang medienspezifischer Ausdrucksmittel, während mit ‚Kohärenz' der beim Sinnerstellen entstehende prozessual-inhaltliche Zusammenhang erfasst wird

semiotisches Textverständnis

(vgl. Lörscher 1995). Demzufolge fallen Bilder, Comics, Filme, Musikstücke usw. ebenfalls unter den Textbegriff (vgl. Eco 1991, Wendt 1997). Dementsprechend befassen wir uns in dieser Einheit mit kunsthaft verfassten Texten unterschiedlicher medialer Kodierung. Die sogenannte „schöne Literatur" oder Belletristik gehört seit geraumer Zeit zum festen Kanon fremdsprachenunterrichtlicher Lehr- und Lerninhalte. Doch in jüngerer Zeit haben auch Filme, Comics und Werke Bildender Kunst zunehmend Beachtung gefunden. Ihnen allen ist ein ästhetischer Anspruch gemein und mit ihm – in unter-
Deutungsoffenheit schiedlich intensiver Ausprägung – das Merkmal der Deutungsoffenheit.

Entsprechend ihrer historisch gewachsenen Bedeutung nimmt in der vorliegenden Einheit die Literatur eine bevorzugte Stellung ein. Die Funktionszuschreibungen, die Literatur in der Nachkriegszeit erfahren hat, lassen im Rückblick unterschiedliche Grundhaltungen erkennen, die auch in heutigen Kontroversen sichtbar werden. Im ersten Hauptteil unserer Erörterungen geht es um unterschiedliche Verfahren unterrichtlicher Literaturbehandlung, also vorwiegend um methodische Fragen. Allerdings sind methodische Entscheidungen aufs Engste von Inhalten und Zielsetzungen, also von didaktischen Entscheidungen abhängig. Diese werden wir daher immer mitreflektieren und beide – die methodische und die didaktische Ebene – aufeinander beziehen. In einem zweiten Hauptteil kommen wir dann auf visuelle, audiovisuelle und akustische Medientexte in ihrer Bedeutung für einen lebendigen Fremdsprachenunterricht zu sprechen, bevor wir mit einem Ausblick auf die schon erwähnten literarisch-ästhetischen Kompetenzen schließen.

14.2 | Entwicklungstendenzen fremdsprachenbezogener Literaturdidaktik

14.2.1 | Ein Rückblick auf die Zeit bis ca. 1990

Die Kontroversen um die Bedeutung von Literatur im schulischen Fremdsprachenunterricht lassen sich auf drei unterschiedliche Referenzsysteme beziehen:

► auf Bildungspolitik,
► auf Sprachdidaktik und
► auf Literaturwissenschaft.

Unter bildungspolitischem Vorzeichen wird Literatur bis in die fünfziger und sechziger Jahre des vergangenen Jahrhunderts hinein als unverzichtbarer Kern vor allem des gymnasialen Fremdsprachenunterrichts angesehen. Hierin
literarische Bildung lassen sich Spuren seiner Geschichte erkennen: Literarische Bildung war im 19. Jahrhundert den *leisure classes* vorbehalten, also Adel und Großbürgertum und dabei besonders auch den Frauen. Sie war damit Ausweis der Zugehörigkeit zu den herrschenden Schichten. Im Zuge der ideologiekritischen Bestrebungen der 1968er-Bewegung wird der Gebrauch bzw. Missbrauch von

Literatur als Ausweis sozialer Überlegenheit entschieden zurückgewiesen. Das Literarische gilt nunmehr als problematischer Zufluchtsort einer spätbürgerlichen Innerlichkeit (vgl. Rück 1990: 7). Dementsprechend wird das Festhalten an einem idealistischen Bildungsbegriff mit Malte Dahrendorf (1970: 38) als „elitär-mittelständisch" abgelehnt.

Sprachdidaktisch bahnen sich zu gleicher Zeit utilitaristische Zielvorstellungen ihren Weg. Zurückzuführen ist dies, wie gesehen (s. Einheit 5.3.3 und 5.4), auf die Einflüsse zunächst strukturalistisch-behavioristischer Theoreme, später der linguistischen Pragmatik. Spätestens mit der sogenannten „Kommunikativen Wende" gewinnt in den 1970er Jahren eine funktionale Betrachtung von Sprache eine unbestrittene Vorrangestellung in den fremdsprachendidaktischen Publikationen und in den einschlägigen Lehrplänen. Ihr zufolge kann Literatur tendenziell keine Daseinsberechtigung im Fremdsprachenunterricht mehr beanspruchen. funktionale Betrachtung von Sprache

Die linguistische Pragmatik legt eine Ausrichtung an der Realisierung von Sprechabsichten nah. Vor allem aber wird dem Mündlichen eine klare Präferenz gegenüber dem Schriftlichen gegeben und im Bereich des Schriftlichen avancieren Gebrauchstexte wie Werbeanzeigen, Fahrpläne, Speisekarten u.ä. zu bevorzugten Textsorten. Sachtexten hält man ihren unmittelbaren Wirklichkeitsbezug zugute, literarischen Texten hingegen wird ein rein innerliterarischer Verweisungszusammenhang unterstellt. Die Fiktionalität von literarischen Texten gilt als Beweis ihrer Irrelevanz (vgl. Rück 1989: 441). Bildungspolitisches und sprachdidaktisches Denken münden folglich beide in eine Abwehr und Abwertung des Literarischen. Abwehr und Abwertung des Literarischen

Durchgehalten wird diese Abwehr jedoch nie. Die Gegenkräfte der gymnasialen Herkunft des Fremdsprachenunterrichts mit seinem bildungsbürgerlichen Anspruch sowie die Lehrerbildung, die von großen literaturwissenschaftlichen Anteilen geprägt ist, verhindern einen Siegeszug der Pragmatik und eine Entsorgung der Literatur aus dem Fremdsprachenunterricht.

Wichtige Impulse für das Verständnis des Literarischen im Kontext schulischer Allgemeinbildung kommen aus der **Literaturwissenschaft**. In der Entwicklung der Literaturtheorie lassen sich vereinfacht drei Fokussierungen ausmachen: die auf den Schöpfer des Werks, den großen, genialen Geist; die auf das Werk selbst, den Text; und schließlich die auf den/die Leser/in. Für die Literaturdidaktik seit den 1970er Jahren sind vor allem die letzten beiden Akzentsetzungen relevant, d.h. zwei Theorien der Literaturwissenschaft von nachhaltiger Wirkung: der *New Criticism* und, in Opposition zu ihm, die Rezeptionsästhetik (vgl. Bredella 1989).

New Criticism bezeichnet eine in den USA seit den 1920er Jahren entstehende und bis in die 1970er Jahre einflussreiche Literaturauffassung. Die Bezeichnung geht auf eine 1941 von John Crowe Ransom herausgegebene Anthologie zurück, die den Namen *The New Criticism* trug. Die Schule der *New Critics* richtete sich gegen das vorherrschende Interesse der Literaturkritik des 19. Jahrhunderts an den Autorenbiographien und der Deutung von Werken im Lichte der Lebensgeschichte ihrer Verfasser. Stattdessen rückten sie den Text in die Mitte ihrer Arbeit und versuchten, ihn unter Ausschluss aller textexternen Faktoren zu beschreiben und so etwas wie eine „objektive Literaturwissenschaft" hervorzubringen. Im Mittelpunkt ihres Interesses stand die Lyrik, insbesondere die formalen Gesetze eines Gedichts, das sie als ein in sich geschlossenes und unabhängiges Gebilde betrachteten. Der ideale Text war in ihrer Sicht ein formal einheitliches Ganzes, zu dem jedes einzelne Element einen Beitrag leistete. Sie vertraten die Auffassung, dass es eine begrenzte Zahl idealer Texte gebe und dass dieser Kanon guter Texte zeitlos sei, sein Studium die Leser/innen erbaue, ihre Sensibilität erhöhe und sie von den ungebildeten Massen unterscheide. Hohe und populäre Kultur waren trennscharfe Kategorien. Der *New Criticism* stieß auf vielfache Kritik: Sein elitärer Anspruch sei undemokratisch, seine Fokussierung auf Lyrik vernachlässige andere Gattungen, er verabsolutiere die Tradition der westlichen Kultur und verkenne die Widersprüchlichkeit und Diversität literarischer Produktion.

Dennoch behauptet sich der *New Criticism* innerhalb der Literaturdidaktik im fremdsprachlichen Kontext bis in die Gegenwart hinein. Auf ihn, insbesondere auf die Ausklammerung des Leserbezugs, ist die z. T. noch immer praktizierte Trennung von Textanalyse und persönlichem Kommentar zurückzuführen. Letzterer wird verstanden als ein außerhalb des Interpretationsaktes angesiedelter Ausdruck von Subjektivität, die ihrerseits keine Rückschlüsse auf Bedeutungsschichten des untersuchten Werks zulasse. Im Verwendungszusammenhang des fremdsprachlichen Literaturunterrichts erwiesen sich die interpretativen Verfahren der strukturalistischen Literaturwissenschaft bzw. des *New Criticism* bei Lehrkräften als äußerst beliebt. Denn sie erlaubten es ihnen, in der Rolle der Experten/innen den Interpretationsprozess kleinschrittig zu kontrollieren. Mit vorbereiteten Tafelbildern, die in einem fragend-entwickelnden Unterrichtsgespräch nur scheinbar von den Schüler/innen (mit)entwickelt wurden, veranschaulichten sie den inneren Zusammenhalt des literarischen Texts. Den Lernenden blieb zumeist nur das Nachvollziehen der „Meisterinterpretationen". Derartige Verfahren einer Textanalyse sind nicht nur monoton, sondern töten auch die Leselust, weil sie mit den Leseerfahrungen der Schülerinnen und Schüler wenig zu tun haben.

Sowohl die ältere Auffassung, dass die Bedeutung von Texten sich aus dem Studium ihrer Entstehung und der Autorenabsicht ableiten ließe, als auch die (strukturalistische) Auffassung, dass sie in der Immanenz des Textes liege, wird durch die *Response Theory* und **Rezeptionsästhetik** bestritten, die nun die Leser/innen in den Mittelpunkt ihrer Betrachtung rücken. Erst im „Akt des Lesens" (Iser) werde der ästhetische Gehalt eines Textes erzeugt. Der wirkungsästhetischen „Konstanzer Schule" um Hans Robert Jauß (1970) und

Randnotizen:
objektive Literaturwissenschaft

Kanon guter Texte

Kritik am *New Criticism*

Trennung von Textanalyse und persönlichem Kommentar

Lehrerzentriertheit der Verfahren

Wolfgang Iser (1972, 1976) zufolge ist der Text als Kommunikation mit einem „impliziten Leser" angelegt. Er enthalte Leerstellen, Nicht-Determiniertes, Unbestimmtheitsstellen die ohne Leseraktivität nicht gefüllt werden könnten, die auf den Sinngebungsprozess beim Lesen angewiesen ist.

der „implizite Leser"

Unbestimmtheitsstellen

Der/die Leser/in ist dieser wirkungsästhetischen Auffassung zufolge also in den Text selbst in gewisser Weise eingeschrieben. Zwar ist eine Vielfalt von Lesarten möglich, aber diese müssen sich am Text legitimieren. Interessanterweise sind das tatsächliche, empirische Lesen und vorhandene Rezeptionsdokumentationen nicht Gegenstand der Rezeptionsästhetik geworden, sondern haben eher die Literatursoziologie beschäftigt. Die Rezeptionsästhetik – und hier zeigt sich deren Nähe zu den *New Critics* – lehnte die Beschäftigung mit solchen Zeugnissen als eher zufällig und wenig aussagekräftig ab. Insofern ist, angereichert um die textimmanent angelegte Rezeptionsdimension, die Textorientierung auch in dieser Schule manifest.

Literatursoziologie

An dem von der Rezeptionsästhetik vertretenen Modell eines Interaktionsprozesses zwischen Text und Leser/in zeigt sich noch das Erbe der Hermeneutik, wie sie z. B. in Gadamers *Wahrheit und Methode* (1960: 289 ff./1990: 311 f.) und seinem Konzept der „Horizontverschmelzung" dargelegt ist. Ihm zufolge setzt Textverständnis die Rekonstruktion seines Sinnhorizonts in seiner Zeit voraus. Damit erweitern die Lesenden ihren eigenen, von ihrer Zeit und Situation geprägten Horizont. Da das Vorwissen der Lesenden sich immer im Wandel befindet, muss der hermeneutische Verstehensprozess notwendigerweise unabgeschlossen und vielfältig bleiben. Andererseits ist das individuelle Vorwissen in starkem Maße auch historisch und gesellschaftlich geprägt. Verstehen ist keineswegs nur subjektiv und beliebig, es ist aber auch nicht festschreibbar.

Hermeneutik

Horizontverschmelzung

Im unterrichtlichen Kontext treten die Ansprüche von Textadäquatheit einerseits und von Lernerorientierung andererseits vielfach in Konflikt miteinander. Dieses nach wie vor ungelöste Spannungsfeld prägte lange Zeit einen großen Teil der Publikationen zum fremdsprachlichen Literaturunterricht. Schon 1989 kommt Glaap (1989: 122) zu der Diagnose:

Textadäquatheit vs. Lernerorientierung

> Zwei unterschiedliche Zugriffsweisen haben sich als Gegenpole im fremdsprachlichen Literaturunterricht herauskristallisiert: Zum einen die sogenannte Textinterpretation im Anschluß an Verständnis- und Interpretationsfragen, der ein Erkenntnismodell zugrundeliegt, nach dem zunächst das Inhaltsverständnis gesichert und sprachliche Schwierigkeiten geklärt sein müssen, bevor eine persönliche Stellungnahme, also die Subjektivität des Lesers, zugelassen wird. Zum anderen ein Vorgehen, das sich am Verstehens- und Sinnbildungsprozeß orientiert, das auf kreatives Verstehen zielt, bei dem sich der Lernende durch den Text herausfordern und zu unterschiedlichen Deutungen auffordern läßt. Hier geht es nicht um das Identifizieren literarischer und textsortenspezifischer Merkmale, sondern um Selbsterfahrung und Vermutungen, die den Verste-

hensprozeß anregen und Verständigung über unterschiedliche Deutungen im Gespräch ermöglichen.

14.2.2 | Leitlinien kreativer Textarbeit

Angeregt von den Impulsen der Rezeptionsästhetik haben sich in der schulischen Praxis schülerorientierte Verfahren Geltung verschafft, bei denen nicht mehr die Texte, sondern die subjektiven Sichtweisen der Lernenden, deren Lesereaktionen und deren möglichst kreativer Umgang mit Literatur im Mittelpunkt des Interesses stehen. Die einschlägigen Publikationen entfalten eine breite und bunte Palette von Gestaltungsideen. Das Evozieren von Vorwissen, die Orientierung am Leseprozess und die gemeinschaftliche Auseinandersetzung mit den verschiedenen Reaktionen auf Texte haben zur Entwicklung von sogenannten *pre-, while- und post-reading activities* Anlass gegeben. Ergänzend zu den in Einheit 11.1.2 präsentierten Konkretisierungen, kommen im besonderen Bezug auf literarische Texte noch kreative Verfahren in Betracht wie Phantasiereisen oder das Anknüpfen an bereits bekannte literarische Texte (*pre-reading*), die Stimulierung eines subjektiven Responses, z. B. durch Spontanäußerungen zum Textbeginn, das eigenständige Fortschreiben eines Textfragments (*while-reading*) sowie bei narrativen Texten das Erzählen der Geschichte aus einer anderen personalen Perspektive oder das Umschreiben des Textes in eine andere Textsorte bzw. ein anderes Medium wie z. B. Hörspiel, Theaterstück (*post-reading*) (vgl. Küster 2003a: 97 f.).

kreative Verfahren

Die Verfahren kreativer Literaturarbeit haben in den 1990er Jahre in deutschen Klassenzimmern einen wahren Boom erlebt. Sie wurden als Verfahrensvorschläge schnell in Lehrpläne und Handreichungen aufgenommen und haben ganz wesentlich dazu beigetragen, den Unterricht lebendiger zu gestalten. Allerdings ist auch Kritik laut geworden. Beliebigkeit im Umgang mit dem Text, Oberflächlichkeit der Ergebnisse, methodischer Aktionismus – so resümiert Caspari (2005) einige markante Vorwürfe. Problematisch ist es in der Tat, wenn die literarische Vorlage nur als Impulsgeber fremdsprachlicher Textproduktion herhalten muss, ohne dass das Verständnis von Literatur und einzelner literarischer Werke vertieft würde. Das jedoch ist weder Ziel noch unvermeidbare Folge kreativitätsorientierter Verfahren. Diese können im Gegenteil dazu führen, das Verständnis von Literatur zu vertiefen. „Wenn Schüler auf der Grundlage eines im Unterricht gelesenen Textes im Nachhinein, beispielsweise durch Ummodellieren, Ergänzen, Entflechten oder durch Änderung der (Erzähl-)Perspektive, einen eigenen Text produzieren, dann führen solche *post-reading activities* zu Kreativität und zum Entdecken von Textelementen, die womöglich bisher gar nicht erkannt wurden", bemerkt Glaap (1996: 359).

Kritik an den kreativen Verfahren

Der Raum, in dem derartige Entdeckungen erfahren und begriffen werden können, ist zwar in den meisten Fällen das Unterrichtsgespräch, kann aber auch darüber hinausgehen und sich z. B. in Inszenierungen, szenischen Lesungen, Illustrationen, Featuresendungen usw. niederschlagen. Hierin verbinden sich die Prozesse des Sprachlernens mit denen des literarischen Lernens. Darauf haben zahlreiche Autoren, unter ihnen Brusch (1989) mit seinem Konzept von „Literatur- als Sprachunterricht" und Zydatiß (1993: 332) mit seiner Leitvorstellung eines „integrierten Literatur-Sprach-Unterrichts" hingewiesen. Auf der Grundlage kognitionswissenschaftlicher Erkenntnisse gelangt der Sprachdidaktiker Dieter Wolff (2003) sogar zu der Einschätzung, dass gerade unter den funktionalen Aspekten des Aufbaus sprachlich-kommunikativer Kompetenzen der Beschäftigung mit literarischen Texten eine hohe Bedeutung zukommt. Ein literarischer Text werde nicht automatisiert verarbeitet, er bedinge eine verstärkte Aktivierung vorhandenen deklarativen und prozeduralen Wissens und fördere Prozesse des Inferierens. Die unterrichtliche Behandlung mache zudem den Verarbeitungsprozess bewusster und führe so zu einer tieferen und zugleich nachhaltigeren Sprachaneignung.

> *Verknüpfung fremdsprachlichen und literarischen Lernens*

Dennoch: Literatur im Fremdsprachenunterricht erschöpft sich nicht in einem Sprachunterricht, dessen alleiniges Ziel die Bewältigung von Alltagssituationen wie das Erfragen des Weges oder das Einkaufen wäre. Sie vermag vielmehr einen Eindruck von der Macht, Gestaltungskraft und Wirkung von Sprache – von Sprache als „Tatort" (Decke-Cornill 1999a), von Sprache als Reichtum – zu vermitteln. Dieses Potenzial sollte der Fremdsprachenunterricht nicht ungenutzt lassen.

Schulung literarischen Lesens

| 14.2.3

Es ist eine Selbstverständlichkeit, dass am Anfang jeder Beschäftigung mit Literatur das Lesen steht. Lesen in einer fremden Sprache bereitet erfahrungsgemäß jedoch besondere Probleme. Gerade in den Diskussionen um Lernerautonomie und Strategienlernen wird daher der Förderung des Leseverstehens eine hohe Bedeutung beigemessen. Die subjektive Position der Lesenden bzw. Lernenden kann, so die Annahme, nur dadurch gestärkt werden, dass ihnen unterschiedliche Zugangsweisen zum Text bewusst werden. Damit sind zugleich Fragen methodischer Kompetenz angesprochen.

> *Entwicklung unterschiedlicher Lesestrategien*

Von grundlegender Bedeutung ist eine Unterscheidung zwischen den Lesarten des informationsentnehmenden und des ästhetischen Lesens. Im Feld des **informationsentnehmenden Lesens** sind jene Lesetechniken zu nennen, die wir bereits in Einheit 11.1.2 beschrieben haben wie z. B. *skimming, scanning, search reading*. Innerhalb der Lesart des **ästhetischen Lesens** lassen sich zwei Subspezies unterscheiden:

> *Lesetechniken*

► Analytisches Lesen setzt eine textkritische Lesehaltung voraus. Es versucht, den Text über seine Inhaltsmerkmale hinaus hinsichtlich seiner formalen Gestaltungselemente zu erfassen. Im Mittelpunkt des Interesses steht der Text in seiner spezifischen inhaltlich-formalen Struktur.

▶ Beim responsiven Lesen (*responsive reading*) hingegen tritt der Text zurück hinter seine Wirkung als Stimulus eigener gedanklicher oder emotionaler Reaktionen. Der/die Lesende lässt den eigenen Assoziationen freien Lauf und verknüpft das Gelesene mit den eigenen lebensweltlichen Erfahrungen. Auf diese Weise bietet die Lektüre einen Raum der Auseinandersetzung mit eigenen Gefühlen, Gedanken, Erfahrungen und Vorstellungen. Laut Donnerstag (1993b: 298) charakterisiert ein assoziatives Lesen allerdings meist schlechte Leser/innen, die nicht über ein ausreichend ausgebildetes prozedurales Sprachwissen verfügen. Dem ist wiederum entgegen zu halten, dass sich gerade hier oft persönlich bedeutsame, mit Versunkenheit und Selbstvergessenheit verbundene Leseerfahrungen vollziehen, die sich einer Operationalisierung und Instrumentalisierung entziehen.

fragende Grund-
haltung

Worauf auch immer sich primär die Aufmerksamkeit der Leser/innen richtet, entscheidend im Hinblick auf eine autonome Lesekompetenz ist eine fragende Grundhaltung gegenüber dem Text. Die Entwicklung von Hypothesen zu Leerstellen, die Antizipation von Handlungsabläufen und dergleichen verknüpfen Rezeptionsprozesse mit Verfahren kreativer Textproduktion. Ein erfolgreich erprobtes Verfahren, Leseorientierung im Literaturunterricht mit Prozess- und Handlungsorientierung zu verknüpfen, liegt – wie in Einheit 11.1.2 dargestellt – mit dem Konzept des sogenannten „Leser-Lernertagebuchs" oder kurz „Lesetagebuchs" vor. Vor dem Hintergrund kognitionspsychologischer Forschung erscheinen dagegen einige konventionelle Methoden der Texterschließung als fragwürdig. Unter Verweis auf die Ergebnisse lesepsychologischer Forschung gibt Donnerstag (1993b: 298) zu bedenken, dass die beliebte Arbeitsform des *summary writing* zu literarischen Texten nicht hilfreich sei. Denn sie aktiviere Strategien, die für das informationsorientierte Lesen natürlich seien, nicht aber für das literarische. Dies zeichnet sich, wie oben beschrieben, dadurch aus, dass der Textoberfläche mehr Aufmerksamkeit gewidmet wird.

Auch im Zuge der gegenwärtigen Kompetenzorientierung des Fremdsprachenunterrichts droht die Verschiedenheit eines informationsentnehmenden und eines literarischen Lesens aus dem Blick zu geraten. Die Kompetenzorientierung im Sinne der Bildungsstandards ist auf eine Überprüfbarkeit, möglichst sogar Messbarkeit schulischer Leistungen ausgerichtet. In dieser

kognitive Kompetenz-
modelle

Hinsicht eignen sich eingeschränkt kognitive Kompetenzmodelle besser als weiter gefasste, welche affektive, volitionale (also willensbezogene), motivationale und attitudinale Komponenten mit einbeziehen. Dementsprechend ist die Messung von Lesekompetenzen in den groß angelegten Vergleichsuntersuchungen wie PISA und in weniger ausgeprägtem Maße auch in DESI weitgehend auf die Fähigkeit zur Informationsentnahme begrenzt worden. Den komplexeren Prozessen literarischer Rezeption wird dies allerdings nicht hinreichend gerecht, so betont auch der Deutschdidaktiker Volker Frederking (2008). Neuere Studien versuchen nun, diesem Mangel beizukommen, indem sie Dimensionen einer für literarische Rezeption spezifischen Lesekompetenz eingrenzen. So stellt z. B. Swantje Ehlers (2007) auf der Grundlage kognitionswissenschaftlicher und experimenteller Studien das Bilden von Inferenzen auf verschiedenen Ebenen als wesentliches Merkmal heraus. Im Einzelnen listet sie neun Typen von Inferenzen auf, die beim Lesen narrativer Texte auftreten können. Diese beziehen sich auf:

Bilden von Inferenzen

1. Referenzidentität (Herstellen anaphorischer und kataphorischer Beziehungen)
2. Kausale Ursachen
3. Handlungsziel
4. Thema
5. Emotionen von Figuren
6. Kausale Folgen
7. Eigenschaften von Personen/Objekten
8. Reaktionen des (impliziten) Lesers
9. Textintentionen (Ehlers 2007: 121)

Eine Anwendung dieses Rasters illustriert Ehlers (2006: 127) an einem deutschen Textbeispiel:

Typ von Inferenz	Text	Inferenz
Ziel	Ein Granitblock/.../wollte mit seinem Geld ins Kino	Ein Granitblock wollte ins Kino.
Referenzidentität	und zwar hatte er von einem lustigen Film gehört/.../	Granitblock ist Antezedent zu *er*.
Folgehandlung	Er ging also an die Kasse	Er geht ins Kino.
Konzeptmodulation:	und verlangte 5 Plätze.	Granitblock ist groß.
kausale Ursache		Er verlangt fünf Plätze, weil er groß ist.
Hindernis	Zuerst wollte sie ihm die Kassiererin nicht geben,	Grund ist nicht eindeutig.
Konzeptmodulation	da sagte der Granitblock bloß „oho"	Der Granitblock ist stark/bedrohlich.
Kausalität	und schon hatte er die Billette.	Die Kassiererin gibt ihm die Billette, weil sie eingeschüchtert ist.
Kausalität	Er hatte erste Reihe gelöst, weil er seine Brille vergessen hatte.	Er setzt sich in die erste Reihe, weil er dort ohne Brille besser sieht.
Konzeptmodulation	Als sich/.../krachten gleich alle Armlehnen zusammen.	Der Granitblock ist breit und schwer.
Kausalität		Deshalb brechen alle Armlehnen zusammen.

Tab. 14.1

Inferenzen beim Lesen

Lesen in der Fremdsprache

Vergegenwärtigen wir uns noch einmal, dass literarisches Lesen in der Fremdsprache die Verlangsamung verstärkt, welche das literarische Lesen ohnehin charakterisiert. Was Gadamer (1990: 391) als einen „gesteigerten Fall von hermeneutischer Schwierigkeit" bezeichnet, bedeutet eine Gefahr und eine Chance zugleich. Die Kombination beider Momente führt zu einer vermehrten Aktivierung bestehender Schemata und entsprechender Verarbeitungsprozesse. Eine nicht zu unterschätzende Gefahr besteht nun einerseits darin, dass fremdsprachige Leserinnen und Leser ein literarisches Werk inadäquat normalisieren, d.h. adäquate kulturelle Skripte, die Muttersprachler in der Regel abrufen können, durch eigene, die literarisch gestaltete Welt jedoch verzerrende Skripte ersetzen. Andererseits können derartige Brüche in der Rezeption einen wertvollen Anlass bieten, die Unterschiedlichkeit kultureller Deutungsmuster im Unterricht zur Grundlage gemeinsamer Reflexion zu machen. In diesem Sinne äußert sich auch Donnerstag (1993a: 68):

Unterschiedlichkeit kultureller Deutungsmuster

> Die Stärke des literarischen Textes scheint mir gerade darin zu liegen, daß er derartige Wahrnehmungsprozesse lebendig vorführen kann und damit beim Leser einen Reflexionsprozeß auf die eigenen Stereotypen auslösen kann, den man in der Schule auch thematisieren sollte. [...] Die kulturelle Fremdwahrnehmung anhand von Literatur hat somit den Vorteil, immer auch die Wahrnehmung der eigenen Kultur zu befördern [...].

14.2.4 | Literatur als Anlass interkulturellen Lernens

Die hier angesprochene Verbindung von Literatur und Kultur ist in jüngerer Zeit wieder „in". „Kultur als Text" – so lautet die bündige Formel, mit der Doris Bachmann-Medick (1996) beispielsweise eine „anthropologische Wende in der Literaturwissenschaft" eingeläutet sieht. Nicht der von strukturalistischer Seite verkündete „Tod des Autors" beherrscht damit das Zentrum des Interesses, sondern der Mensch in seinen lebendigen Bezügen zum kulturellen Kontext. Damit eröffnet sich ein weites Feld für die Verknüpfung literarischen und interkulturellen Lernens – ein Aspekt, den wir bereits in Einheit 13 angesprochen haben. Dort hatten wir gesehen, dass die Anleitung zum Perspektivenwechsel das zentrale Element der hermeneutisch inspirierten Didaktik des Fremdverstehens war. Aus diesem Grund werden in interkultureller Perspektive im Bereich der Literatur ganz vorwiegend narrative Texte verwendet, möglichst sogar solche, in denen auf der Ebene des Dargestellten selbst Aspekte des Kulturkontakts thematisiert werden. Nur sehr vereinzelt finden lyrische oder dramatische Werke Berücksichtigung. Auch wenn dies der Breite literarischer Gattungen nicht gerecht wird, kommt es den Lesegewohnheiten jugendlicher Lerner/innen sicher entgegen. In interkultureller Perspektive sollen die Schüler/innen lernen, sich in unterschiedliche Figuren der Handlung hineinzuversetzen, Empathie für diese und ihre kulturell geprägten Verhaltensweisen zu entwickeln (Perspektivenübernahme), aber auch unterschiedliche fremde und

Anleitung zum Perspektivenwechsel

eigene Sichtweisen in Frage zu stellen bzw. miteinander zu verbinden (Perspektivenkoordination). Der Schonraum der Fiktionalität erleichtert es – so die Überlegung –, probeweise Einstellungsänderungen zu vollziehen, die dann auch im lebensweltlichen Kontext zur Anwendung kommen.

Während traditionelle Verfahren der Hermeneutik nahezu ausschließlich auf die Ebene der Sinnkonstitution gerichtet sind, beziehen neuere Ansätze Erkenntnisse und Methoden der Erzählforschung (Narratologie) in ihre Überlegungen ein. Der Anglist Ansgar Nünning (2000) z. B. entwirft Modelle eines interkulturell orientierten, zugleich aber auch narratologisch fundierten Literaturunterrichts. Er unterstreicht zunächst, dass Lerner- und Lehrerperspektive auf den Text in der Regel nicht identisch sind. Die Verständigung über diese Unterschiede sei bereits als Teil eines Fremdverstehens zu deuten. Im Hinblick auf die innerliterarischen Vermittlungsebenen differenziert er zwischen dargestelltem Fremdverstehen und der formal-erzählerischen Inszenierung von Fremdverstehen. Hier liefert die Narratologie, wie Roy Sommer (2000: 33) anschaulich schreibt, einen „Werkzeugkasten', aus dem sich – je nach Bedarf – kompliziertere oder weniger komplizierte Instrumente entnehmen lassen." Wichtig ist in diesem Zusammenhang natürlich, dass Schüler lernen, zwischen *story* und *discourse* zu unterscheiden und Erzählerfunktionen bzw. Fokalisierungsinstanzen zu erkennen (*Who speaks?* bzw. *Who sees?*; vgl. ebd.) Weitergehend kann es gerade im Blick auf die Bewusstmachung interkultureller Deutungsmuster aufschlussreich sein, einen narrativen Text im Blick auf in ihm zugrunde gelegte gesellschaftsspezifische Deutungsmuster hin zu untersuchen. Umgekehrt, so illustriert Nünning (2000: 96–108), sind in der literarischen Rezeption gewonnene Sichtweisen auf lebensweltliche Kommunikationskontexte übertragbar; auf beiden Ebenen kommt die Fähigkeit zu Perspektivenwechsel und Perspektivenübernahme zum Tragen.

> aus dem ‚Werkzeugkasten' der Narratologie

> Übertragung auf lebensweltliche Kommunikationskontexte

In Einheit 13.5 war bereits von Claire Kramschs Verständnis von kultureller Vielstimmigkeit die Rede. Auch in diesem Sinne bietet die Beschäftigung mit literarischen Werken ein anregungsreiches Lernfeld, da sie Lernende mit einer Vielzahl von Stimmen, Charakteren und Deutungsmustern konfrontiert, die ihrerseits unterschiedliche kulturelle Einflüsse widerspiegeln. Für Prozesse interkulturellen Lernens ist es allerdings wichtig, dass die Schülerinnen und Schüler ihre Auseinandersetzung mit den literarisch gestalteten Sinn- und Lebensentwürfen in unterrichtlichen Anschlussgesprächen reflektieren und sie zum Anlass nehmen, Selbstverortungen vorzunehmen bzw. diese zu hinterfragen (Decke-Cornill 2004, 2007). Denn ohne eine Versprachlichung derartiger Reflexionen droht die Wirkung literarischer Rezeption ohne Nachhall zu verpuffen.

> kultureller Vielstimmigkeit

Eng mit dem Konzept der Vielstimmigkeit verbunden sind die Konzepte der Intertextualität (Decke-Cornill 1994) und der Intermedialität. In ihnen manifestiert sich ein Zusammengehen vormals getrennter Wissenschaftsdisziplinen. Die Literaturwissenschaft entwickelt sich bekanntlich seit Jahren hin zu einer integrativen Medienwissenschaft. In neueren Erzähltheorien z. B. fin-

> Intertextualität und Intermedialität

den „transgenerische und intermediale Applikationen und Erweiterungen" –
wie Vera und Ansgar Nünning (2002: 11) belegen – eine breite Aufmerksamkeit. Hierauf bezieht sich der Englischdidaktiker Wolfgang Hallet mit seinem

**Interplay der Texte
und Kulturen**

2001 dargelegten Konzept eines „Interplay(s) der Texte und Kulturen". Der
Fremdsprachenunterricht sollte in seiner Sicht einen „realen oder virtuellen
interkulturellen und diskursiven Begegnungsraum" darstellen,

> in dem Texte, Äußerungen und Stimmen der zielsprachlichen Kultur(en), aber
> auch der Lehrenden und der Lernenden sowie von diesen bereits früher rezi-
> pierte, aber jederzeit verfügbare und evozierbare Texte aller Art, die verschie-
> denen und verschiedenartigen muttersprachlichen und fremdsprachlichen Dis-
> kursen entnommen sind, in ein Zusammenspiel eintreten. (Hallet 2001: 130)

Dies legt nahe, literarische und nicht-literarische, schriftliche und audiovisuelle, traditionell-lineare und Hypertexte in ihren wechselseitigen Verknüpfungen auch im Unterricht zur Geltung zu bringen.

Im Folgenden kommen wir daher in gebotener Kürze auf einige Subgenres
medialer Texte zu sprechen, die in jüngerer Zeit als Gegenstände fremdsprachlichen Lernens und Lehrens immer wichtiger geworden sind, nämlich visuelle
und audiovisuelle Texte.

14.3 | (Audio-)Visuelle Medientexte

14.3.1 | Bilder

Dass Darstellungen, wie eingangs erwähnt, eher „offen" oder „geschlossen"
sein können, ist in Bezug auf Bilder offenkundig. Wir alle kennen Fotos und
graphische Darstellungen, die lediglich etwas abbilden sollen, oder Schilder,
die unmittelbaren Verweisungscharakter haben; sie alle bezwecken Eindeutig-
keit. In vielen Fällen jedoch, ganz besonders im Falle von Werken der Bildenden Kunst, lassen Bilder unterschiedliche Sichtweisen zu und sind demzufolge

Deutungsoffenheit

deutungsoffen. Sie sprechen die Rezipient/innen vielfach stärker affektiv an als
Schrifttexte. Das macht einen Großteil ihres Reizes aus.

Hieran knüpfen fremdsprachendidaktische Studien namentlich von Karlheinz Hellwig, Wilfried Gienow und Gabriele Blell an (vgl. u. a. Gienow/
Hellwig 1993, 1994, Blell/Gienow 1998, Blell/Krück 1999). Sie gehen davon
aus, dass zwischen Textmerkmalen und Modi der Informationsverarbeitung
eine enge Verbindung besteht. Dann nämlich, wenn Medientexte von den

**Kriterium subjektiver
Bedeutungszuschrei-
bung**

Lernenden als subjektiv belangvoll betrachtet werden, so die zentrale These,
seien vertiefte **Ver**arbeitungsprozesse zu beobachten, die ihrerseits individuelle Text**er**arbeitung auslösten. Deutungsoffene Bilder, die die Einzelnen
emotional und kognitiv zugleich ansprechen, haben sich in diesem Sinne als
fruchtbare Impulse erwiesen (vgl. Hellwig 1990, 1997). Sprachdidaktisch vor-
teilhaft ist zudem, dass diese Impulse nicht-sprachlich sind, sehr wohl aber

Sprachproduktion freisetzen, so vor allem im deutenden Gespräch, aber auch in „freien Texten". Im Blick auf übergreifende Bildungsziele ist schließlich hervorzuheben, dass die Vielfalt möglicher Deutungen in Rezeptionsgesprächen oder beim Vergleich der „freien Texte" zumeist augenfällig wird und so für die gleiche Berechtigung divergierender Sichtweisen sensibilisieren kann.

Bewährt haben sich laut Hellwig (1995: 94) Verfahren wie

bewährte Verfahren

– die Entwicklung eines Assoziogramms unter vorsichtiger Lenkung durch den Lehrer (*associating, skimming*),
– die Formulierung passender Überschriften (*headlining*),
– ein Vergleich der von den Lernern gefundenen Titel mit dem Originaltitel (*matching/comparing*),
– das Schreiben eines Textes über das Bild (*producing/composing*),
– das Vorlesen und Vergleichen der Lernertexte im Gespräch (*presentation, matching/comparing, discourse evaluation*).

Eine wichtige Herausforderung für Lehrende besteht darin, kreativitätsfördernde Impulse zu setzen. Denn ohne externe Anregungen bleiben Schülerreaktionen leicht an der Oberfläche eines deskriptiven Zugangs. Allzu präzise Aufgabenstellungen bremsen andererseits die Selbständigkeit und Motivation der Lernenden. Lange (1992: 52) schlägt ein Repertoire von acht verschiedenen „individuellen Wegen ins Bild" vor. Sie illustrieren, wie facettenreich persönliches Schreiben zu Bildern sein kann:

kreativitätsfördernde Impulse

Individuelle Wege ins Bild	
Fensterblick Du bleibst als Beobachterin/Beobachter draußen stehen und schaust durch den Bilderrahmen wie durch ein Fenster in diese fremde (oder vertraute) faszinierende Welt.	Gespräch Du entdeckst eine Person, die dich interessiert, und beginnst ein Gespräch mit ihr zu führen.
Filmblick Du bringst die stillstehende Zeit des Bildes zum Laufen. Alles kann sich bewegen. Du schaust zu, was geschieht.	Spiegelbild Du erkennst: Die Person dort drinnen, das bin ich. Was nun? Oder bin ich es doch nicht? Aber diese Ähnlichkeit …
Spaziergang Der Bilderrahmen ist wie eine geöffnete Tür. Du trittst in den Bildinnenraum ein. Du schaust dich um – Du kannst auch hinter die Dinge schauen. Vielleicht fängt manches an, sich zu bewegen.	Traum Es ergeht dir wie im Tagtraum: Du schaust hin, plötzlich kannst du hineinschweben und wunderbare Dinge erleben.
Es war einmal Was du siehst, regt dich an, eine Geschichte zu erzählen.	Meditation Du schaust solange auf das Bild, bis du ganz darin bist. Hellwach und konzentriert, kommt dir etwas zum Bewußtsein, das dir eigen ist.

Tab. 14.2
Individuelle Wege ins Bild

So anregungsreich auch Impulse zur kreativen Verarbeitung des Gesehenen sein können, die Gefahr dass sie – entgegen der Titelüberschrift – schnell vom Bild weg führen können, ist nicht von der Hand zu weisen. Aufgabenstellungen sollten daher sowohl darauf gerichtet sein, die Tiefe des Gegenstandes auszuloten als auch die Subjektivität und Emotionalität der Adressaten anzusprechen. Dieses Spannungsfeld gilt es im Blick zu behalten.

14.3.2| Comics

Wenden wir uns einem anderen Genre zu, das ebenfalls Bild und Sprache integriert und mehr noch als der Film lange Zeit im Rufe der Minderwertigkeit stand – ein Genre, für das wir im Deutschen zwar kein eigenes Wort haben, das aber hierzulande gerade unter Jugendlichen gleichwohl Popularität besitzt: den Comics, alias *comic strips*, *bandes dessinées*, *fumetti* usw. Von der Warte einer Hohen Kultur aus traditionell als „Schund" gebrandmarkt, erfuhren sie im Zuge einer semiotischen Ausweitung des Textbegriffs in den 1970er Jahren eine Aufwertung. Gestützt wurde diese Entwicklung nicht zuletzt durch die Arbeiten der britischen *Cultural Studies*, die eine Öffnung der Literatur- und Kulturwissenschaften hin zu Manifestationen populärer Subkultur forderten und praktizierten. Parallel dazu ist auf der Produktionsseite eine Verfeinerung der Darstellungsmittel zu beobachten, was den Comics wiederum den Zugang zu einem anspruchsvollen Leserpublikum ebnete. Dies gilt in besonderem Maße für Frankreich, wo *bandes dessinées* (B.D.) bereits als achte Kunstform gelten und bei sehr unterschiedlichen Altersgruppen und Bildungsschichten Anklang finden. Auf einem sehr breit sortierten Buchmarkt sind immer wieder Innovationen zu beobachten, so z. B. seit wenigen Jahren ein Boom transmedialer Produkte wie Musik-BD, Literatur-BD: Songtexte der Pop-Szene werden ebenso dem Medium anverwandelt wie klassische literarische Stoffe – sogar einzelne Bände von Prousts *A la recherche du temps perdu*, Inbegriff eines schwer lesbaren Bildungsguts, sind neuerdings in einer Comic-Fassung zu haben.

Für eine Nutzung im Fremdsprachenunterricht sind neben längeren narrativen Comics vor allem die Zusammenstellungen kürzerer, zumeist einseitiger Sequenzen interessant. In Adaptation der bekannten Verfahren kreativer Textarbeit lässt sich beispielsweise über ein Bilder-Puzzle die Handlung (re-) konstruieren, ein zuvor aus den Sprechblasen entfernter Text neu erstellen, ihn auf Passung zur bildlichen Aussage hin überprüfen und vieles mehr.

14.3.3| Spielfilme

Spielfilme zählen zu den populärsten Erscheinungsformen moderner Unterhaltungsindustrie. Im Laufe ihrer über hundertjährigen Entwicklungsgeschichte haben neben billiger Massenware auch sehr anspruchsvolle Produktionen einen Markt erobern können. Nicht zu Unrecht erhebt das Kino

Popularität des Mediums

daher den Anspruch, als eigenständige Kunstgattung zu gelten. Gerade zur Kino als Kunstgattung Erzählliteratur lassen sich viele Parallelen erkennen, was sich nicht zuletzt darin äußert, dass manche Romane mit einer gewissen zeitlichen Verzögerung als Vorlage für Spielfilme genutzt wurden. In didaktisch-methodischer Hinsicht lässt sich nahezu alles, was wir oben zum Umgang mit literarischen Texten gesagt haben, auch auf das Medium Film übertragen. Zu denken ist beispielsweise an das Füllen von Leerstellen, das eigenständige Weitererzählen einer in Ausschnitten gezeigten Filmhandlung, der Entwurf alternativer Handlungsführungen, die Darstellung des Geschehens aus anderer personaler Perspektive oder die Umsetzung von Filmsequenzen in eine andere mediale Form. Wir erinnern an dieser Stelle zudem an unsre Ausführungen in Einheit 6.4.2.

Im wahrsten Sinne des Wortes „augenfällig" ist andererseits die Unterschiedlichkeit semiotischer Kodierung. Wo Erzählliteratur Situationen und Ereignisse durch verbale Sprache vor unserem „inneren Auge" wachruft, operiert der Film weitestgehend mit visuellen Gestaltungsmitteln, welche direkt das „äußere Auge" ansprechen. Ergänzt werden die visuellen durch auditive Elemente. Zu ihnen zählen diegetische und extradiegetische Geräusche (das sind Geräusche, die zur fiktionalen Wirklichkeit gehören und solche, die – wie die unterlegte Filmmusik – in einem nur indirekten Zusammenhang mit dem Dargestellten stehen) sowie natürlich die gesprochene Sprache. Für Fremdsprachenlerner bedeutet die mehrkanalige Aufnahme eine Erleichterung und mehrkanalige Aufnahme eine Erschwernis des Verstehens zugleich. Während die visuelle ebenso wie die nonverbal-auditive Darstellung den Rezeptionsprozess im Vergleich zum literarischen Lesen deutlich entlasten, stellt das Hörverstehen oft eine große Hürde dar. Viele Lerner/innen sehen sich überfordert, wollen sie dem Tempo, der lexikalischen Breite, der soziolektalen und z. T. auch dialektalen Färbung der Sprecher/innen folgen. Hinzu kommt, dass die Aufmerksamkeit für das gesprochene Wort durch visuelle Reize oft überlagert wird. Filme gehören zu Problematik des Hör-Sehverstehens den sogenannten Prozessmedien, d. h. ihre Rezeption ist an ein vorgegebenes Zeitkontinuum gebunden. Das unterscheidet sie von Produktmedien wie dem Buch, das man in selbstbestimmtem Rhythmus lesen und sogar getrost einmal beiseite legen kann, ohne in der Zwischenzeit etwas zu verpassen.

Die unterrichtliche Arbeit mit Filmen muss diesen Schwierigkeiten Rechnung tragen. Generell empfiehlt sich eine „minimalistische Verstehensdidaktik" minimalistische Verstehensdidaktik (Overmann 2000), die darauf abzielt, den Umgang mit dem Nicht-Verstandenen und dem Nicht-Verstehen zu üben. Darüber hinaus ist in der Praxis eine Reihe von Verfahren entwickelt worden, mit deren Hilfe die Schwierigkeiten des Hör-Sehverstehens zu meistern sind (vgl. Liebelt 1989). Dem Einsatz von Filmen kommt eine sprachdidaktisch wichtige Funktion zu, da die Nutzung audio-visueller Medien in heutigen Kommunikationskontexten, eben auch den zielsprachigen, einen breiten Raum einnimmt. Ferner bieten sich viele Filme besonders zur Vermittlung landeskundlicher Kenntnisse und zur Sensibilisierung für kulturelle Differenzen an. Aufgrund seiner Popularität gerade unter Jugendlichen kann der Film als Gegenstand unterrichtlicher Fremdsprachenarbeit schließlich ein beträchtliches Motivationspotenzial freisetzen. *Last but not least* ist schulischer Fremdsprachenunterricht aufgerufen, einen Beitrag zur Förderung von Medienkompetenz zu leisten wie z. B.:

Förderung von
Medienkompetenz

► Entwicklung einer sogenannten *visual literacy* – damit ist die Fähigkeit gemeint, visuelle Medientexte angemessen dekodieren zu können, was wiederum eine Vertrautheit mit filmästhetischen Gestaltungsmitteln einschließt (vgl. Hickethier 2001, Maruniak 1997, Küster 2003b, 2005b, 2008).

► Förderung medienkritischen Bewusstseins – die Schüler/innen sollen lernen, Wirkungsabsichten und -mechanismen zu erkennen und kritisch zu werten (vgl. Küster 2006b).

► Kultivierung einer medienästhetischen Genussfähigkeit – als Gegengewicht zur oben genannten kognitiv-kritischen Distanz einerseits und zu suchthaftem Konsum andererseits sollen Schüler/innen lernen, die hedonistischen Anteile einer Mediennutzung wahrzunehmen.

► Einbeziehung des Internet als Informationsquelle und als Kommunikationsmedium sowie gegebenenfalls die

► Erprobung gestalterischer Kompetenzen bei der Herstellung eigener Videoproduktionen.

14.4 | Zur Modellierung literarisch-ästhetischer Kompetenzen

Wie eingangs erwähnt, stellen die Bemühungen um die Modellierung literarisch-ästhetischer Kompetenzen einen Versuch dar, die Bedeutung des Literarischen als Gegenstand des Fremdsprachenunterrichts auch in den Zeiten von Standard- und Kompetenzorientierung zu behaupten. Schauen wir nämlich in die KMK-Bildungsstandards, so erscheint die Auseinandersetzung mit ästhetischen Texten durchaus verzichtbar. Eine solche Sicht ist bereits im GER vorgezeichnet. An ihm wird deutlich, dass Literatur keineswegs mehr gesicherter Teil sprachlichen Lernens ist, dass sie außerhalb des „muttersprachlichen" Unterrichts nicht zum Kerngeschäft des Sprachunterrichts zählt. In dem rund 260 Seiten umfassenden Referenzrahmen, der die Basis für die Formulierung von fremdsprachbezogenen Rahmenplänen, Richtlinien, Leistungsfeststellungen, Lehrbüchern und Medien in Europa abgibt, findet Literatur praktisch keine Erwähnung. In gerade einmal 11 Zeilen werden „Aesthetic uses of language" (GER 4.3.5) aufgelistet, gefolgt von einem abschließenden Lippenbekenntnis zur Bedeutung des Literarischen. Das Verständnis von Sprache und sprachlicher Bildung beschränkt sich im GER völlig auf funktionales Sprachhandeln. Es sieht nicht gut aus für den Literaturunterricht und die mit ihm verbundenen Bildungsziele.

In einem viel beachteten Beitrag appelliert Wolfgang Zydatiß (2005) daher an die Fremdsprachendidaktik, sich konstruktiv-partizipierend auf die Herausforderungen der bildungspolitisch gewollten Output- und Ergebnisorientierung einzustellen. Er schreibt (ebd.: 279):

Herausforderungen der Output- und Ergebnisorientierung

> Die Fremdsprachendidaktik ist aufgerufen, die Leistungsfähigkeit und die Grenzen des real existierenden Fremdsprachenunterrichts empirisch aufzuzeigen: für die sprachlich-kommunikativen Kompetenzen, für das interkulturelle Lernen und die ästhetisch-imaginative Zielkategorie dieser Fächer. Wenn Fragen dazu kommen, sollten wir (empirisch gesehen) nicht nackt dastehen. Ich fürchte, die Literaturdidaktik und die Didaktik des Fremdverstehens müssen sich sehr bewusst auf das outputorientierte Denken einstellen, wenn sie ihre bisherige Rolle im fremdsprachlichen Curriculum behaupten wollen.

An der Frage der empirischen Überprüfbarkeit, wie schon im Bereich der interkulturellen Kompetenzen gesehen, scheiden sich allerdings die Geister. Einige Fremdsprachendidaktiker/innen, zu denen auch wir uns zählen (vgl. Decke-Cornill 2009, Küster 2006a), vertreten die Auffassung, dass schulisch vermittelte Bildung und Erziehung sich nicht in dem erschöpfen dürfe, was testbar ist. Andere hingegen sind eher bereit, auf nicht abprüfbare Ziele und Inhalte zu verzichten. Lohnenswert scheint vielleicht zu sein, einzelne Kompetenzen des Umgangs mit ästhetischen Texten soweit zu bestimmen, dass sie zwar nicht messbar, zumindest aber annähernd evaluierbar sind. In diesem Sinne ist das Lesekompetenz-Modell, das Eva Burwitz-Melzer (2007, vgl. auch dies. 2005, 2006) entwickelt hat, zu verstehen. Ausgehend von den Phasen eines aufgabenorientierten Literaturunterrichts sieht die Autorin folgende Kompetenzen als konstitutiv für eine umfassende Lesekompetenz an:

Lesekompetenz-Modell von Burwitz-Melzer (2007)

► motivationale Kompetenzen
► kognitive und affektive Kompetenzen
► interkulturelle Kompetenzen
► Kompetenzen der Anschlusskommunikation
► Kompetenzen der Reflexion

Diese Kompetenzen werden in Soll-Beschreibungen auf konkrete Handlungen bezogen, die ihrerseits folgenden Aufgabenbereichen des Unterrichts zugeordnet werden:

► Erwartungshaltung aufbauen und erhalten
► Sinnkonstitution I [bezogen auf die Ebene der Handlung]
► Sinnkonstitution II [bezogen auf die Ebene der Darstellung]
► interkulturelle Kompetenzen fördern
► Recherchekompetenzen fördern
► eigene Textproduktion
► Vorträge und Aufführungen.

Auch wenn sich bei detaillierterer Betrachtung des Modells der Eindruck aufdrängt, dass der Kompetenzbegriff hier als Passe-partout bildungspolitischer und didaktischer Diskurse etwas überstrapaziert wird, bildet es doch die Vielschichtigkeit unterrichtlich angeleiteten literarischen Lesens in wesentlichen Zügen ab.

Bewusst „mehrere Stufen tiefer" setzt das stärker an den Abläufen gängiger Unterrichtspraxis orientierte Stufenmodell von Blume (2007) an, das analog zu den Niveaus des GER konzipiert ist. Es zeigt allerdings, wie sehr die Ausrichtung auf ein Raster von *can-do*-Deskriptoren eine Begrenzung des Blickwinkels auf kognitive Aspekte der Textrezeption nahe legt. In einem Beitrag zur Bedeutung von Emotionen im fremdsprachlichen Literaturunterricht betont Eva Burwitz-Melzer (2008b) demgegenüber, dass unterrichtliche Ziele über das hinausgehen müssten, was auch ihr eigenes Lesekompetenz-Modell abbildet. Die Arbeit mit literarischen Texten habe vielmehr auch jene Ziele interkulturellen Lernens (Fähigkeit zur Perspektivenübernahme, Verstehensfähigkeit usw.) zu berücksichtigen, die als Teil einer umfassenden Persönlichkeitsbildung zu sehen sind.

Kognition und Emotion

„Literarisches Verstehen gelingt dann auf angemessene Weise, wenn subjektives Angesprochensein und genaue Textwahrnehmung in einer Balance sind", schreibt in diesem Sinn Kaspar Spinner (2005: 89). Literarische Kunstwerke halten „eben nicht nur ein Reflexionsangebot bereit, sondern auch ästhetische Erfahrung, die auf Ergriffenheit, und existentielle Erfahrung, die auf Betroffenheit hinaus will" (Griesheimer 1991: 378). Rein kognitiv orientierte Aufgaben stellen sich hingegen zwischen den Text und die Leser/innen. Sie verhindern, dass diese sich vom ihm ansprechen lassen, sich ihm aussetzen, sich von ihm anrühren lassen. Sie sind ein Beleg dafür, wie leicht das standardorientierte Kompetenzverständnis zu einer „Reduktion von Komplexität" und zu einer „Objektivierung auf Kosten der Subjektivität" (Spinner 2005: 88 f.) führen kann und damit der bildende, transformative Wert von Literatur beschnitten wird (vgl. Decke-Cornill/Gebhard 2007).

welterzeugende und welterschließende Kraft von Literatur

Wie Lothar Bredella (2007a) hervorhebt, besitzen literarische Texte nicht nur eine welterzeugende, sondern auch eine welterschließende Kraft. Sie sprechen zum einen unmittelbar jene Fähigkeiten an, die – in den Worten Hallets (2007: 37) – „für das kohärente und systematische (tiefenstrukturelle) Verstehen von ‚Welt' erforderlich sind." Zum anderen bieten sie den Lerner/innen Muster zum Aufbau eigener narrativer Kompetenzen und erlauben so, rezeptive mit produktiven bzw. performativen Aspekten literarisch-ästhetischer Bildung zu verbinden (vgl. auch Nünning/Nünning 2007).

Teil individueller Entwicklungsaufgaben

Einen weiteren wichtigen Aspekt unterstreicht Bredella (2006b), wenn er im Anschluss an Studien zur Bildungsgangdidaktik die in den Schülerinnen und Schülern ausgelösten Prozesse als Teil individueller Entwicklungsaufgaben betrachtet. Diese jedoch lassen sich nur vom Subjekt bestimmen, sie entziehen sich somit einer äußeren Kontrolle und Evaluation. „Wir als Lehrende müssen hier die Grenzen unseres Einflusses erkennen"– schreibt er (ebd.: 199). „Das bedeutet jedoch nicht, dass wir [...] auf das Lehren und auf Entwicklungsaufgaben verzichten. Im Gegenteil, wir müssen uns um sie bemühen." Wie Bredella denken auch wir, dass die intendierte Wirkung schulischer Arbeit an literarischen Texten sich oft erst mit größerer zeitlicher Verzögerung entfaltet, dass sie schwer vorhersehbar ist und jeweils mit den lebensweltlichen Erfahrungen und Lernprozessen quasi „amalgamiert". Die von Nünning beschriebenen Transferleistungen literarischen Fremdverstehens auf lebensweltliches sind schulisch ohnehin nicht valide zu evaluieren. Wollte man dies tun, liefe man Gefahr, Gesinnungsschnüffelei zu praktizieren und Heuchelei zu provozieren.

Solange die Modellierung einer literarischen Kompetenz nicht den Anspruch erhebt, alle Ziele des literaturbezogenen Fremdsprachenunterrichts abzudecken, erscheint uns die hier zu leistende Entwicklungsarbeit jedoch durchaus sinnvoll. Dabei stellen sich u. a. folgende offene Fragen, die Angela Bergfelder (2008) auflistet:

offene Fragen zur Modellierung literarischer Kompetenz

- Worin *genau* besteht literarische Kompetenz? (Dimensionen, (Teil)kompetenzen, Niveaustufen)?
- Worin und warum unterscheiden sich die literaturwissenschaftlichen und literaturdidaktischen Konzepte?
- Gibt es außer im sprachlichen Bereich weitere Unterschiede zwischen mutter- und fremdsprachlicher Kompetenz?
- Gibt es Unterschiede zwischen den einzelnen Fremdsprachen?
- Welche Aufgaben eignen sich zur Entwicklung und Überprüfung literarischer Kompetenz?
- Des Weiteren sind konzeptionelle Fragen zu klären, u. a.:
  - Welchen Platz nimmt literarische Kompetenz im Gesamtgefüge der Kompetenzen eines Faches ein?
  - Soll die Didaktik in sich geschlossene, als „Gegenentwurf" zu den KMK-Modellen konzipierte Kompetenzmodelle vorschlagen oder sollte sie eine Erweiterung bestehender Modelle anstreben? [im Original ohne Aufzählungszeichen]

Zusammenfassung

Im einleitenden Rückblick konnten wir sehen, dass sich zur Frage des Stellenwerts literarischen Lernens im Fremdsprachenunterricht immer wieder – mit jeweils eigenen Akzentuierungen – eher utilitaristisch und eher ästhetisch argumentierende Positionen begegneten. Dies ist bis auf den heutigen Tag so. Das Leitbild, das mit der aktuellen Kompetenzorientierung impliziert ist, lässt sich als das eines *homo faber* des postindustriellen, global vernetzten Zeitalters bezeichnen. In ihm können sich bildungstheoretisch fundierte, persönlichkeitsbezogene Ansätze und musisch-ästhetische Inhalte nur schwer behaupten. Dass diese gleichwohl wichtige Potenziale auch sprachlichen Lernens bieten, haben wir versucht, am Beispiel literarischer Texte, Kunstbilder, Comics und Spielfilme aufzuzeigen. Eine besondere Bedeutung, so war zu beobachten, kommt in diesem Zusammenhang den unterrichtlichen Verfahren zu.

Von entscheidender Bedeutung für die Zukunft wird sein, ob sich die Literaturdidaktik dem Druck zur Überprüfbarkeit ihrer intendierten Wirkungen beugen kann und muss. Alle Bemühungen, die Gesamtheit literaturdidaktischer Ziele in ein Modell beschreib- und letztlich auch bewertbarer Schülerkompetenzen zu integrieren, sind derzeit noch recht heterogen und geraten immer wieder an Grenzen, die aus der Sperrigkeit ästhetischer Texte gegenüber jeglichen Versuchen der Normierung resultieren. Dies ist ein Fazit, dem – wie wir finden – durchaus positive Seiten abzugewinnen sind.

Aufgaben

1 Vielfach ist aus Schülermund zu hören, dass die Behandlung literarischer Texte im Unterricht gerade nicht dazu geführt hat, Lust auf Literatur und das Lesen zu wecken, sondern im Gegenteil eher eine abschreckende Wirkung hatte. Welche Erfahrungen haben Sie persönlich gemacht? An welchen Aspekten unterrichtlicher Arbeit machten sich Ihre Reaktionen fest? Tauschen Sie sich darüber mit Mitstudierenden aus.

2 Versuchen Sie, die von Ihnen erlebten unterrichtlichen Verfahren im Umgang mit ästhetischen Texten (Literatur, Filme, Bilder usw.) auf die unterschiedlichen in der vorliegenden Einheit beschriebenen didaktischen Leitlinien zurückzuführen.

3 Welche Inhalte der von Ihnen besuchten literaturwissenschaftlichen Lehrveranstaltungen bieten aus Ihrer Sicht Anschlussmöglichkeiten an literaturdidaktische Perspektiven? Besprechen Sie auch dies nach Möglichkeit mit einer/m Mitstudierenden.

4 Wählen Sie einen geeigneten Beispieltext in der Sprache Ihrer Wahl und untersuchen Sie ihn auf Möglichkeiten unterrichtlicher Behandlung hin.

Zum Weiterlesen

Bachmann-Medick, Doris (Hrsg.) (1996): *Kultur als Text. Die anthropologische Wende in der Literaturwissenschaft*, Frankfurt a. M.: Fischer.

Bredella, Lothar/Hallet, Wolfgang (Hrsg.) (2007): *Literaturunterricht, Kompetenzen und Bildung,* Trier: WVT.

Hallet, Wolfgang (2001): *Interplay* der Kulturen: Fremdsprachenunterricht als ‚hybrider Raum'. Überlegungen zu einer kulturwissenschaftlich orientierten Textdidaktik. In: *Zeitschrift für Fremdsprachenforschung* (12) 1: 103–130.

Nünning, Ansgar (2000): „Intermisunderstanding". Prolegomena zu einer literaturdidaktischen Theorie des Fremdverstehens. In: Bredella, Lothar/Meißner, Franz-Joseph/Nünning, Ansgar/Rösler, Dieter (Hrsg.): *Wie ist Fremdverstehen lehr- und lernbar?* Tübingen: Narr, 84–132.

Nachwort

„Und so sehen wir betroffen/den Vorhang zu und alle Fragen offen" – mit diesen Bertolt Brecht entlehnten Worten pflegte Marcel Reich-Ranicki jede Sendung des „Literarischen Quartetts" zu beenden. Auch wir können nicht verhehlen, dass vieles, was wesentlich zur Fremdsprachendidaktik gehört, offen bleiben musste. Der Versuch, Grundlagen zu vermitteln, impliziert immer eine Auswahlentscheidung darüber, welche Elemente für den Einstieg als unverzichtbar angesehen werden und welche Aspekte späteren Phasen des Studiums vorbehalten bleiben müssen. So konnte, um nur einen wichtigen Bereich zu nennen, die Frage, welche Forschungsinteressen die Fremdsprachendidaktik bewegt haben und bewegen und mit welchen Forschungsmethoden sie belastbare Erkenntnisse gewinnt und zu ihren Ein- und Ansichten gelangt, aus Raumgründen nicht vertieft erörtert werden. Sie sollte allerdings spätestens zu Beginn der Masterphase auf der Agenda stehen, nicht zuletzt um Ihnen, den Studierenden und zukünftigen Lehrkräften, einen Habitus forschenden Lernens nahe zu bringen. Die Entwicklung eines solchen Habitus' hatten wir bei der Formulierung der Reflexionsfragen am Ende jeder Einheit bereits im Blick. Er sollte Sie auch in der zweiten und dritten Phase der Lehrerbildung leiten. Mit der „dritten Phase" ist die tendenziell unabschließbare berufsbegleitende Fort- und Weiterbildung gemeint, die angesichts wachsenden Innovations- und Revisionsbedarfs gewiss auch in Zukunft von immenser Bedeutung für ein qualifiziertes und reflektiertes Lehrerhandeln sein wird.

Wir würden uns sehr freuen, wenn unsere Einführung Sie neugierig gemacht hätte auf die nächsten Schritte Ihrer Professionalisierung, d. h. auf die Erweiterung Ihrer Kenntnisse, die Anbahnung Ihrer berufsbezogenen Kompetenzen und die Vertiefung Ihres fachdidaktischen Urteilsvermögens. Hierzu wünschen wir Ihnen viel Erfolg und viel Freude.

Helene Decke-Cornill & Lutz Küster

Literaturverzeichnis

Abel, Fritz (2000): Interaktion und menschliche Sprachkompetenz. In: Bausch/Christ/Königs/Krumm (Hrsg.), 11–19.

Adams, Lillian S. (1964): Audio-Lingual? Yes, but Let's Think. In: *The French Review* (38) 2: 233–236.

Ahlberg, Allan (1989): *Heard it in the Playground*. London: Penguin-Puffin.

Aitchison, Jean (1997): *Wörter im Kopf. Eine Einführung in das mentale Lexikon*. Tübingen: Niemeyer.

Allwright, Dick (2000a): Contextual Factors In Classroom Language Learning. An Overview. *CRILE Working Papers 35*. Unter: http://www.ling.lancs.ac.uk/groups/crile/workingpapers. htm (30.01. 2010).

– (2000b): Interaction and Negotiation in the Language Classroom: Their Role in Learner Development. *CRILE Working Papers 50*. Unter: http://www.ling.lancs.ac.uk/groups/crile/workingpapers.htm (30.01.2010).

Altmayer, Claus (2006): ,Kulturelle Deutungsmuster' als Lerngegenstand. Zur kulturwissenschaftlichen Transformation der ,Landeskunde'. In: *Fremdsprachen Lehren und Lernen* (35): 44–59.

Anderson, John R. (1980): *Cognitive Psychology and its Implications*. San Francisco: Freeman.

Arendt, Manfred (2003): Aktives Sprachenlernen durch den Einsatz erprobter Unterrichtsverfahren (2). Das Verfahren Simulation. In: *Fremdsprachenunterricht* (47/56) 2: 88–101.

Arnold, Rolf (2005): Die PISA-Lüge. Die Wiedererstarkung mechanistisch-linearer Pädagogik und ihrer Bildungspolitik. In: *Friedrich Jahresheft XXIII* „Standards": 65–66.

Aufenanger, Stefan (2008): Quo vadis Medienpädagogik? – Zum Verhältnis von Medienkompetenz und Jugendmedienschutz. In: Dörken-Kucharz, Thomas (Hrsg.): *Medienkompetenz. Zauberformel oder Leerformel des Jugendmedienschutzes?* Baden-Baden: Nomos, 61–67.

Austin, John (1962): *How to Do Things with Words*. Oxford: Clarendon Press.

Baacke, Dieter (1997a): Die Medien. In: Lenzen (Hrsg.), 314–339.

– (1997b): *Medienpädagogik*. Tübingen: Niemeyer.

Bach, Gerhard/Timm, Johannes-Peter (2009): Handlungsorientierung als Ziel und als Methode. In: dies. (Hrsg.), 1–22.

– (Hrsg.) (3. Aufl. 2003): *Englischunterricht*. Tübingen/Basel: Francke.

– (Hrsg.) (4. Aufl. 2009): *Englischunterricht*. Tübingen/Basel: Francke. Im Folgenden angegeben als: Bach/Timm (Hrsg.) (2009).

Bach, Gerhard/Niemeier, Susanne (Hrsg.) (3. Aufl. 2005): *Bilingualer Unterricht. Grundlagen, Methoden, Praxis, Perspektiven*. Frankfurt a.M.: Lang.

Bachmann-Medick, Doris (1996): Einleitung. In: dies. (Hrsg.): *Kultur als Text. Die anthropologische Wende in der Literaturwissenschaft*. Frankfurt a.M.: Fischer, 7–64.

Bandura, Albert (1977): Self-efficacy. Toward a unifying theory of behavioral change. In: *Psychological Review* 84: 191–215.

– (1997): *Self-efficacy. The exercise of control*. New York: Freeman.

Bär, Marcus (2009): *Förderung von Mehrsprachigkeit und Lernkompetenz. Fallstudien zu Interkomprehensionsunterricht mit Schülern der Klassen 8 bis 10*. Tübingen: Narr.

Battacchi, Marco W./Suslow, Thomas/Renna, Margherita (2. Aufl. 1997): *Emotion und Sprache*. Frankfurt a.M. u.a.: Lang.

Bauer, Silke (2006): *Jan Amos Komensky – Comenius: Letzter Brüderbischof und erster Pädagoge Europas*. Unter: http://www.quod-est-dicendum.org/Persoenlichkeiten_von_gestern_und_heute/Jan_Amos_Komensky_24_04_06_sb.htm (08.05.2010).

Baumert, Jürgen/Köller, Olaf (1996): Lernstrategien und schulische Leistungen. In: Möller, Jens/Köller, Olaf (Hrsg.): *Emotionen, Kognitionen und Schulleistung*. Weinheim: Beltz, 137–154.

Baur, Rupprecht S./Chlosta, Christoph (1999): Begegnung mit Sprachen – Reform oder Konkurs. In: *Wege zur Mehrsprachigkeit* 4: 25–34.

Bausch, Karl-Richard (2007): Zwei- und Mehrsprachigkeit: Überblick. In: Bausch/Christ/Krumm (Hrsg.), 439–445.

– /Christ, Herbert/Krumm, Hans-Jürgen (2007): Fremdsprachendidaktik und Sprachlehrforschung. In: dies. (Hrsg.), 1–9.

– /Christ, Herbert/Hüllen, Werner/Krumm, Hans-Jürgen (Hrsg.) (1. Aufl. 1989): *Handbuch Fremdsprachenunterricht*. Tübingen/Basel: Francke. Im Folgenden angegeben als: Bausch/Christ/Hüllen/Krumm (Hrsg.) (1989).

– /Christ, Herbert/Königs, Frank G./Krumm, Hans-Jürgen (Hrsg.) (1998): *Kognition als Schlüsselbegriff bei der Erforschung des Lehrens und Lernens fremder Sprachen*. Tübingen: Narr.

– /Christ, Herbert/Königs, Frank G./Krumm, Hans-Jürgen (Hrsg.) (2000): *Interaktion im Kontext des Lehrens und Lernens fremder Sprachen*. Tübingen: Narr.

– /Christ, Herbert/Krumm, Hans-Jürgen (Hrsg.) (5. Aufl. 2007): *Handbuch Fremdsprachenunterricht*. Tübingen/Basel: Francke. Im Folgenden angegeben als: Bausch/Christ/Krumm (Hrsg.) (2007).

Benner, Dietrich (1989): Auf dem Weg zur Öffnung von Unterricht und Schule: Theoretische Grundlagen zur Weiterentwicklung der Schulpädagogik. In: *Die Grundschulzeitschrift* (3) 27: 46–55.

Benson, Phil (1997): The Philosophy and Politics of Learner Autonomy. In: ders./Voller, Peter (Hrsg.): *Autonomy and Independence in Language Learning*. London u.a.: Longman, 18–34.

Bergfelder, Angela (2008): Literarische Kompetenz. In: *Praxis Fremdsprachenunterricht* (5) 6: 59.

Bernecker, Walther L. (2006): Die Entwicklung des Spanischen in der Bundesrepublik Deutschland. In: Martinez/Reinfried (Hrsg.), 151–165.

Bernhard, Alfred (Hrsg.) (1937): *Englisch für die deutsche Jugend*. München: Kellerer.

Beyer-Kessling, Viola/Decke-Cornill, Helene/MacDevitt, Laraine/Wandel, Reinhold (1998): *Die Fundgrube für den handlungsorientierten Englischunterricht*. Berlin: Cornelsen Scriptor.

Bialystok, Ellen (1982): On the relationship between knowing and using linguistic forms. In: *Applied Linguistics* (3) 3: 181–206.

– (1986): Factors in the growth of linguistic awareness. In: *Child Development* 57: 498–510.

Blell, Gabriele/Gienow, Wilfried (Hrsg.) (1998): *Interaktion mit Texten, Bildern, Multimedia im Fremdsprachenunterricht*. Hamburg: Kovač.

Blell, Gabriele/Krück, Brigitte (Hrsg.) (1999): *Mediale Textvielfalt und Handlungskompetenz im Fremdsprachenunterricht*. Frankfurt a.M. u.a.: Lang.

Bleyhl, Werner (1995): Die Gretchenfrage des Fremdsprachenunterrichts: ,Wie hältst du es mit der Grammatik?' In: *Fremdsprachenunterricht* (39/48) 5: 321–327 und 6: 401–405.

– (1996): Der Fallstrick des traditionellen Lehrens und Lernens fremder Sprachen. Vom Unterschied zwischen linearem und nicht-linearem Fremdsprachenunterricht. In: *Praxis des neusprachlichen Unterrichts* (43) 4: 339–347.

– (1998): Selbstorganisation des Lernens – Phasen des Lehrens. In: Timm (Hrsg.), 60–69.

– (2000a): *Fremdsprachen in der Grundschule. Grundlagen und Praxisbeispiele*. Hannover: Schroedel.

– (2000b): Interaktion, die soziale Komponente im bio-psycho-sozialen Geschehen des Spracherwerbs. In: Bausch/Christ/Königs/Krumm (Hrsg.) (2000), 33–44.

– (2000c): Thesen zum Fremdsprachenunterricht der Zukunft. In: Fery/Raddatz (Hrsg.), 114–116.

266

– (2001): Fremdsprachen in der Grundschule: eine Herausforderung für die Grundschule, die Fremdsprachendidaktik und das Schulsystem. In: Abendroth-Timmer, Dagmar/Bach, Gerhard (Hrsg.)
(2001): *Mehrsprachiges Europa. Festschrift für Michael Wendt*. Tübingen: Narr, 193–206.
– (2002): *Was wissen wir über das Lernen von Sprache?* Hamburg: Universität, Fachbereich Erziehungswissenschaft.
– (2004): Das Menschenbild als Basis für eine Didaktik des Fremdsprachenunterrichts. In: *Zeitschrift
für Fremdsprachenforschung* (15) 2: 207–235.
Bloomfield, Leonard (1933): *Language*. New York: Holt, Rinehart & Winston.
Blume, Otto-Michael (2007): Die Lücke schließen. Versuch eines Kompetenzmodells zur Textarbeit.
In: *Der fremdsprachliche Unterricht Französisch* (41) 88: 36–43.
Bonnet, Andreas (2004): *Chemie im bilingualen Unterricht. Kompetenzerwerb durch Interaktion*.
Opladen: Leske + Budrich.
– /Breidbach, Stephan (2004) (Hrsg.): *Didaktiken im Dialog. Konzepte des Lehrens und Wege des
Lernens im bilingualen Sachfachunterricht*. Frankfurt a. M. u. a.: Lang.
– /Breidbach, Stephan/Hallet, Wolfgang (2009): *Fremdsprachlich handeln im Sachfach. Bilinguale
Lernkontexte*. In: Bach/Timm (Hrsg.), 172–198.
– /Decke-Cornill, Helene/Hericks, Uwe (2010, im Druck): Kooperatives Lernen. In: Surkamp, Carola
(Hrsg.): *Metzler Lexikon Fremdsprachendidaktik*. Stuttgart: Metzler.
Börner, Wolfgang (2000): ‚Das ist eigentlich so 'ne Übung, wo man überhaupt nicht nachdenken
muß' – Lernermeinungen zu Grammatikübungen. In: Riemer, Claudia (Hrsg.) (2000): *Kognitive
Aspekte des Lehrens und Lernens von Fremdsprachen. Cognitive Aspects of Foreign Language
Learning and Teaching*. Tübingen: Narr, 323–337.
– /Vogel, Klaus (Hrsg.): *Emotion und Kognition im Fremdsprachenunterricht*. Tübingen: Narr.
Bredella, Lothar (1989): Literaturwissenschaft. In: Bausch/Christ/Krumm (Hrsg.), 46–54.
– (1999): Zielsetzungen interkulturellen Fremdsprachenunterrichts. In: Bredella, Lothar/Delanoy,
Werner (Hrsg.): *Interkultureller Fremdsprachenunterricht*. Tübingen: Narr, 85–120.
– (2004): Bend It Like Beckham: Überlegungen zu einer rezeptionsästhetischen Filmdidaktik. In:
Der fremdsprachliche Unterricht Englisch (38) 68: 28–32.
– (2006a): Bildungsstandards und ihre Umsetzung. In: Timm (Hrsg.), 105–120.
– (2006b): Entwicklungsaufgaben der Bildungsdidaktik bei der Interpretation mehrkultureller literarischer Texte. In: Martinez/Reinfried (Hrsg.), 191–201.
– (2007a): Die welterzeugende und die welterschließende Kraft literarischer Texte. Gegen einen
verengten Begriff von literarischer Kompetenz und Bildung. In: Bredella/Hallet (Hrsg.), 65–85.
– (Hrsg.) (1995): *Verstehen und Verständigung durch Sprachenlernen?* Bochum: Brockmeyer.
– /Meißner, Franz-Joseph/Nünning, Ansgar/Rösler, Dieter (Hrsg.) (2000): *Wie ist Fremdverstehen
lehr- und lernbar? Vorträge aus dem Graduiertenkolleg ‚Didaktik des Fremdverstehens'*. Tübin-
gen: Narr.
– /Christ, Herbert/Legutke, Michael K. (Hrsg.) (2000): *Fremdverstehen zwischen Theorie und Praxis*.
Tübingen: Narr.
– /Christ, Herbert (Hrsg.) (2007): *Fremdverstehen und interkulturelle Kompetenz*. Tübingen: Narr.
– /Hallet, Wolfgang (Hrsg.) (2007): *Literaturunterricht, Kompetenzen und Bildung*. Trier: WVT.
Breen, Michael P. (1985): The Social Context for Language Learning – A Neglected Situation. In: *Stu-
dies in Second Language Acquisition* 7: 135–158.
– (2001): Overt participation and covert acquisition in the language classroom. In: ders. (Hrsg.):
Learner Contributions to Language Learning. Harlow: Pearson Education, 112–140.
Breidbach, Stephan (2007): *Bildung, Kultur, Wissenschaft. Reflexive Didaktik für den bilingualen
Sachfachunterricht*. Münster: Waxmann.
Breugnot, Jacqueline (2000): Fremdsprachen. In: Reich/Holzbrecher/Roth (Hrsg.), 287–310.

Brown, H. Douglas (3. Aufl. 1994): *Principles of Language Learning and Teaching*. Englewood Cliffs, N. J.: Prentice Hall Regents.

Brügelmann, Hans (2001): Kindgemäßheit. In: *Die Grundschulzeitschrift* (15) 144: 50–52.

Brunzel, Peggy (2002): *Kulturbezogenes Lernen und Interkulturalität. Zur Entwicklung kultureller Konnotationen im Französischunterricht der Sekundarstufe I*. Tübingen: Narr.

Brusch, Wilfried (1989): Die Rolle der Literatur beim Spracherwerb. In: *Neusprachliche Mitteilungen* (42) 1: 11–19.

Buchloh, Paul G./Groene, Horst (1983): Englischsprachige Literatur im Film. Philologische Methoden der Filmanalyse. In: Groene, Horst/Jung, Udo O. H./Schilder, Hanno (Hrsg.): *Medienpraxis für den Englischunterricht. Technische Medien und Massenmedien im Fremdsprachenunterricht*. Paderborn u. a.: Schöningh, 256–281.

Büchner, Inge (1997): Mehr mit Sprachen spielen – mit mehr Sprachen spielen. In: *Die Grundschulzeitschrift* (11) 106: 23–38.

Bühler, Karl (3. Aufl. 1999, Original 1934): *Sprachtheorie: die Darstellungsfunktion der Sprache*. Stuttgart: Lucius & Lucius.

Burwitz-Melzer, Eva (2000): Interkulturelle Lernziele bei der Arbeit mit fiktionalen Texten. In: Bredella/Christ/Legutke (Hrsg.), 43–86.

– (2005): Kompetenzen für den Literaturunterricht heute. Ein Beitrag zur standardorientierten Didaktik des Fremdsprachenunterrichts. In: *Fremdsprachen Lehren und Lernen* (34): 94–110.

– (2006): Interkulturelles und sprachliches Lernen mit fremdsprachlichen literarischen Texten: Zwei zentrale Elemente eines neuen Lesekompetenzmodells. In: *Fremdsprachen Lehren und Lernen* (35): 104–120.

– (2007): Ein Lesekompetenzmodell für den fremdsprachlichen Literaturunterricht. In: Bredella/Hallet (Hrsg.), 127–157.

– (2008a): Ein neues Portfolio für den Fremdsprachenunterricht: Übergang und Selbstevaluation. In: Grau/Legutke (Hrsg.), 170–193.

– (2008b): Emotionen im fremdsprachlichen Literaturunterricht. In: *Fremdsprachen Lehren und Lernen* (37): 27–62.

Buttjes, Dieter (1991): Interkulturelles Lernen im Englischunterricht. In: *Der fremdsprachliche Unterricht Englisch* (25) 1: 2–8.

Butzkamm, Wolfgang (1973): *Aufgeklärte Einsprachigkeit. Zur Entdogmatisierung der Methode im Fremdsprachenunterricht*. Heidelberg: Quelle & Meyer.

Byram, Michael (1989): *Cultural Studies in Foreign Language Education*. Clevedon/Avon: Multilingual Matters.

– (1997): *Teaching and Assessing Intercultural Communicative Competence*. Clevedon/Avon: Multilingual Matters.

Caspari, Daniela (2005): Kreativitätsorientierter Umgang mit literarischen Texten – revisited. In: *Praxis Fremdsprachenunterricht* (2) 6: 12–16.

– (2008): Zu den ‚Interkulturellen Kompetenzen' in den Bildungsstandards. In: Fäcke/Hülk/Klein (Hrsg.), 19–36.

– /Schinschke, Andrea (2009): Aufgaben zur Feststellung und Überprüfung interkultureller Kompetenzen im Fremdsprachenunterricht – Entwurf einer Typologie. In: Hu/Byram (Hrsg.), 273–287.

Chomsky, Noam (1959): A Review of B. F. Skinner's *Verbal Behavior*. In: *Language* (35) 1: 26–58. Unter: http://cogprints.org/1148/0/chomsky.htm (23. 02. 2009)

Christ, Herbert (1980): Stationen der Schulsprachenpolitik seit 1945. In: *Die Neueren Sprachen* (79) 2: 210–220.

Cohn, Ruth/Terfurth, Christina (3. Aufl. 1997): *Lebendiges Lehren und Lernen. TZI macht Schule*. Stuttgart: Klett-Cotta.

Comenius, Johann Amos (3. Auflage 1985, zuerst 1658): *Orbis sensualium pictus. Latein/Deutsch*. Dortmund: Harenberg.

– (1993, zuerst 1657): *Didactica Magna = Comenius, Johann Amos: Große Didaktik*. Übersetzt und hrsg. von Andreas Flitner. Stuttgart: Klett-Cotta.

Csikszentmihalyi, Mihály/Schiefele, Ulrich (1993): Die Qualität des Erlebens und der Prozeß des Lernens. In: *Zeitschrift für Pädagogik* (39) 2: 207–221.

Cummins, Jim (1984): *Bilingualism and Special Education. Issues in Assessment and Pedagogy*. Cleveland: Multilingual Matters.

Dahrendorf, Malte (1970): Voraussetzungen und Umrisse einer gegenwartsbezogenen literarischen Erziehung. In: Baumgärtner, Alfred C./Dahrendorf, Malte (Hrsg.): *Wozu Literatur in der Schule?* Braunschweig: Westermann, 27–50.

Debyser, Francis (1986): *L'immeuble*. Paris: Hachette.

Deci, Edward L./Ryan, Richard (1985): *Intrinsic Motivation and Self-Determination in Human Behavior*. New York u. a.: Plenum Press.

Deci, Edward L./Ryan, Richard (1993): Die Selbstbestimmungstheorie der Motivation und ihre Bedeutung für die Pädagogik. In: *Zeitschrift für Pädagogik* (39) 2: 223–237.

Decke-Cornill, Helene (1999a): Im Spiegel der Anderen: Vernichtung und Selbstbehauptung in Countee Cullens ‚Incident' und Maud Sulters ‚My Blackness My Cloak'. In: dies./Reichart-Wallraben-stein (Hrsg.), 225–237.

– (1999b): Einige Bedenken angesichts eines möglichen Aufbruchs des Fremdsprachenunterrichts in eine bilinguale Zukunft. In: *Neusprachliche Mitteilungen* (52) 3: 164–170.

– (2002a): ‚Truth, Justice, and Other Special Effects': Die Beweiskraft der Bilder. In: dies./Reichart-Wallrabenstein (Hrsg.), 209–221.

– (2002b): „We Would Have to Invent the Language we are Supposed to Teach": The Issue of English as Lingua Franca in Language Education in Germany. In: Byram, Michael/Grundy, Peter (Hrsg.): *Context and Culture in Language Teaching and Learning*. Clevedon u. a.: Multilingual Matters, 59–71.

– (2004): Die Kategorie der Authentizität im mediendidaktischen Diskurs der Fremdsprachendidak-tik. In: Bosenius, Petra/Donnerstag, Jürgen (Hrsg.): *Interaktive Medien und Fremdsprachenler-nen*. Frankfurt a. M. u. a.: Lang, 17–27.

– (2007a): Frühes Fremdsprachenlernen. In: Schöler, Hermann/Welling, Alfons (Hrsg.): *Sonderpä-dagogik der Sprache* (Bd. 1). Göttingen: Hogrefe, 1035–1048.

– (2007b): The Issue of Gender and Interaction in the L2 Classroom. In: dies./Volkmann (Hrsg.), 77–90.

– (2010): Filmanfänge. In: Hecke, Carola/Surkamp, Carola (Hrsg.): *Bilder im Fremdsprachenunter-richt: Neue Ansätze, Kompetenzen und Methoden*. Tübingen: Narr, 325–340.

– /Gebhard, Ulrich (2007): Ästhetik und Wissenschaft: Zum Verhältnis von literarischer und natur-wissenschaftlicher Bildung. In: Bredella/Hallet (Hrsg.), 11–29.

– /Luca, Renate (2007): Filmanalyse und/oder Filmerleben? Zum Dualismus von Filmobjekt und Zuschauersubjekt. In: dies. (Hrsg.): *Jugendliche im Film – Filme für Jugendliche*. München: kopaed, 11–30.

– /Reichart-Wallrabenstein, Maike (Hrsg.) (2002): *Fremdsprachenunterricht in medialen Lernumge-bungen*. Frankfurt a. M. u. a.: Lang.

– /Volkmann, Laurenz (Hrsg.): *Gender Studies and Foreign Language Teaching*. Tübingen: Narr.

De Florio-Hansen, Inez (1996): Lernen, wie man Wortschatz lernt. Von der Instruktion zur Lernerau-tonomie. In: *Der fremdsprachliche Unterricht Französisch* (30) 23: 4–11.

– (2003): Mehrsprachigkeit lernen. Zum Stand der Forschung und den Konsequenzen für die Unter-richtspraxis. In: *Neusprachliche Mitteilungen* (56) 2: 80–87.

– (2008): Sprachmitteln. Überlegungen zur Mediation im Fremdsprachenunterricht. In: *Praxis Fremdsprachenunterricht* (5) 5: 3–8, 13.

Delanoy, Werner/Volkmann, Laurenz (Hrsg.) (2008): *Future Perspectives for English Language Teaching*. Heidelberg: Winter.

De Saussure, Ferdinand (1931, zuerst 1916): *Grundlagen der allgemeinen Sprachwissenschaft* (Cours de linguistique générale). Berlin/Leipzig: De Gruyter.

DESI-Konsortium (Hrsg.) (2008): *Unterricht und Kompetenzerwerb in Deutsch und Englisch. Ergebnisse der DESI-Studie*. Weinheim: Beltz.

De Swaan, Abram (2001): *Words of the World. The Global Language System*. Cambridge UP: Polity.

Dickopp, Karl-Heinz/Frenzel, Maria (1992): Die Systematik einer Interkulturellen Didaktik. In: Borrelli, Michele (Hrsg.): *Zur Didaktik interkultureller Pädagogik*. 2 Bände. Baltmannsweiler: Schneider Hohengehren.

Diehr, Bärbel/Rymarczyk, Jutta (2008): „Ich weiß es, weil ich so spreche". Zur Basis von Lese- und Schreibversuchen. In: *Grundschulmagazin Englisch* 1: 6–8.

Dietrich, Rainer (2. Aufl. 2007): *Psycholinguistik*. Stuttgart: Metzler.

Dirks, Una (2002): LehrerInnenbiographien und bilinguale Bildung. In: Breidbach, Stephan/Bach, Gerhard/Wolff, Dieter (Hrsg.): *Bilingualer Sachfachunterricht. Didaktik, Lehrer-Lernerforschung und Bildungspolitik zwischen Theorie und Empirie*. Frankfurt a. M. u. a.: Lang, 237–251.

Doff, Sabine (2002): *Englischlernen zwischen Tradition und Innovation: Fremdsprachenunterricht für Mädchen im 19. Jahrhundert*. München: Langenscheidt-Longman.

Donath, Reinhard (2002): Internet, Lernerautonomie und der Fremdsprachenunterricht. In: Decke-Cornill/Reichart-Wallrabenstein (Hrsg.), 129–139.

Donnerstag, Jürgen (1993a): Anmerkungen zu einem integrativen Modell fremdsprachlichen literarischen Lesens. In: Gienow/Hellwig (Hrsg.), 59–71.

– (1993b): Literarisches Lesen im fortgeschrittenen Spracherwerbsprozeß. In: Timm/Vollmer (Hrsg.), 292–301.

Dörnyei, Zoltán (2001): *Teaching and Researching Motivation*. Edinburgh Gate: Pearson Education.

Doyé, Peter/Lüttke, Dieter (1977): *Untersuchungen zum Englischunterricht in der Grundschule*. Braunschweig: Westermann.

Dulay, Heidi C./Burt, Marina K. (1977): Remarks on creativity in language acquisition. In: dies./Finocchiaro, Mary (Hrsg.): *Viewpoints on English as a Second Language*. New York: Regents, 95–126.

Düwell, Henning (1992): Strategien des Lernens und Strategien des Lehrens für den Fremdsprachenunterricht. In: Bömmel, Heiner van/Christ, Herbert/Wendt, Michael (Hrsg.): *Lernen und Lehren fremder Sprachen*. Tübingen: Narr, 39–61.

– /Gnutzmann, Claus/Königs, Frank G. (Hrsg.) (2000): Dimensionen der Didaktischen Grammatik. Bochum: AKS.

– (2002): Motivation, Emotion und Motivierung im Kontext des Lehrens und Lernens fremder Sprachen. In: *Französisch heute* (33) 2: 166–181.

Eco, Umberto (1991): *Semiotik. Entwurf einer Theorie der Zeichen*. München: Fink.

Edelenbos, Peter/Johnstone, Richard/Kubanek-German, Angelika (2006): *The main pedagogical principles underlying the teaching of very young learners*. Key Study für die Europäische Kommission. Unter: http://p21208.typo3server.info/fileadmin/content/assets/eu_language_policy/key_documents/studies/2007/young_en.pdf (08.09.2009)

Edmondson, Willis J./House, Juliane (1998): Interkulturelles Lernen. Ein überflüssiger Begriff. In: *Zeitschrift für Fremdsprachenforschung* (9) 2: 161–188.

Edmondson, Willis J./House, Juliane (2007): Interaktion beim Lehren und Lernen fremder Sprachen. In: Bausch/Christ/Krumm (Hrsg.), 242–247.

Ehlers, Swantje (2006): Inferentielle Aktivitäten beim Lesen narrativer Texte. In: Wolff, Dieter (Hrsg.): *Mehrsprachige Individuen – vielsprachige Gesellschaften*. Frankfurt a. M. u. a.: Lang, 121–132.

– (2007): Lesetheorien, Lesekompetenz und Narrative. In: Bredella/Hallet (Hrsg.), 107–126.

Europarat (2001): *Gemeinsamer Europäischer Referenzrahmen für Sprachen. Lernen, lehren, beurteilen*. (GER) Trim, John/North, Brian/Coste, Daniel (Hrsg.). Berlin/München: Langenscheidt. Unter: http://www.goethe.de/Z/50/commeuro/i3.htm (1.1.2010).

Europublic sca/cva (2007): *Sprachen und Kulturen in Europa (LACE): Entwicklung interkultureller Kompetenzen im Fremdsprachen-Pflichtunterricht in der Europäischen Union*. Unter: http://www.ec.europa.eu/education/languages/archive/doc/lace_de.pdf (30.07.2009)

Fäcke, Christiane/Hülk, Walburga/Klein, Franz-Joseph (Hrsg.): *Multiethnizität, Migration und Mehrsprachigkeit*. Stuttgart: ibidem.

Fehse, Klaus-Dieter/Kocher, Doris (1998): Fremdsprachenunterricht als Lernwerkstatt. Handlungsorientiertes Arbeiten mit ‚Storyline‘ im Englischunterricht der Sekundarstufe I. In: *Fremdsprachenunterricht* (42/51) 4: 257–260.

Fellmann, Gabriela (2006): Interkulturelles Lernen sichtbar machen. Lernertagebücher. In: *Praxis Fremdsprachenunterricht* (3) 5: 26–33.

Fery, Renate/Raddatz, Volker (Hrsg.) (2000): *Lehrwerke und ihre Alternativen*. Frankfurt a. M. u. a.: Lang.

Finkbeiner, Claudia (1996): Die Entwicklung des Fremdsprachenunterrichts aus historischer Perspektive: Von der Arbeitsteiligkeit zur Sprachenteiligkeit? In: *Neusprachliche Mitteilungen* 3: 160–167.

Foerster, Heinz v. (1995): Das Konstruieren einer Wirklichkeit. In: Watzlawick, Paul (Hrsg.): *Die erfundene Wirklichkeit. Wie wissen wir, was wir zu wissen glauben?* Beiträge zum Konstruktivismus. München: Piper, 36–60.

Fraedrich, Christiane/Lehberger, Reiner (2001): Kompetenzkurse – Begründungen, Ziele und erste Erfahrungen. In: Bonnet, Andreas/Kahl, Peter (Hrsg.): *Innovation und Tradition im Englischunterricht*. Stuttgart u. a.: Klett, 181–192.

Franceschini, Federica (2007): Fremdsprachenlernen über Fachinhalte. Immersion und bilingualer Unterricht in Deutschland. Frankfurt a. M. u. a.: Lang.

Frederking, Volker (2008): Literarische bzw. (literar)ästhetische Kompetenz. Möglichkeiten und Probleme der empirischen Erhebung eines Kernbereichs des Deutschunterrichts. In: ders. (Hrsg.), 36–64.

– (Hrsg.): *Schwer messbare Kompetenzen*. Baltmannsweiler: Schneider Verlag Hohengehren.

Freudenstein, Reinhold (2000): Grammatik lernen? Nein, danke! Grammatik erwerben? Ja, bitte! In: Düwell/Gnutzmann/Königs (Hrsg.), 55–65.

– (2002): Was morgen geschah ...: Schulischer Fremdsprachenunterricht gestern, heute – und in Zukunft? In: Neveling, Christiane (Hrsg.): *Perspektiven für die zukünftige Fremdsprachendidaktik*. Tübingen: Narr, 45–62.

Fricke, Dietmar (1998): Romanische Mehrsprachigkeit. Ein noch fragwürdiger Versuch, die Mehrsprachigkeit in Europa didaktisch auf den Weg zu bringen. Eine kritische Bestandsaufnahme. In: Meißner/Reinfried (Hrsg.), 81–92.

Funk, Herman/Koenig, Michael (Hrsg.) (1991): *Grammatik lehren und lernen*. Berlin u. a.: Langenscheidt.

Gardner, Robert C./Lambert, Wallace E. (1972): *Attitudes and Motivation in Second Language Learning*. Rowley, Mass.: Newbury House.

Gadamer, Hans-Georg (6. Aufl. 1990): *Wahrheit und Methode. Grundzüge einer philosophischen Hermeneutik*. Tübingen: Mohr.

271

Gerbel, Christian/Musner, Lutz (2002): Kulturwissenschaften: Ein offener Prozess. In: Musner, Lutz/
Wunberg, Gotthard (Hrsg.): *Kulturwissenschaften: Forschung – Praxis – Positionen*. Wien: WUV,
9–23.

Geulen, Dieter (1982): Soziales Handeln und Perspektivenübernahme. In: ders. (Hrsg.) (1982): *Perspektivenübernahme und soziales Handeln. Texte zur sozial-kognitiven Entwicklung*. Frankfurt
a. M.: Suhrkamp, 24–72.

Gienow, Wilfried/Hellwig, Karlheinz (1997): Prozeßorientierung als subjekt- und medienbezogenes
Konzept: Sprach- und Sinnbildung im neusprachlichen Unterricht. In: Siebold, Jörg (Hrsg.): *Sprache und Medien im Fremdsprachenunterricht*. Rostock: Universität Rostock, 13–38.

Gienow, Wilfried/Hellwig, Karlheinz (Hrsg.) (1993): *Prozessorientierte Mediendidaktik im Fremdsprachenunterricht*. Frankfurt a. M. u. a.: Lang.

Gienow, Wilfried/Hellwig, Karlheinz (Hrsg.) (1994): *Interkulturelle Kommunikation und prozeßorien-
tierte Medienpraxis im Fremdsprachenunterricht*. Seelze: Friedrich.

Glaap, Albert-Reiner (1989): *Literaturdidaktik und literarisches Curriculum*. In: Bausch/Christ/Hül-
len/Krumm (Hrsg.), 119–126.

– (1996): Leitfragen, pre-reading, while-reading ... und was sonst noch? Zum Umgang mit Literatur
im Fremdsprachenunterricht. In: Rist, Thomas (Hrsg.): *Sprache, Sprachen und Kulturen. Entdecken, erforschen, lernen, lehren*. Landau: Knecht, 349–360.

Glasersfeld, Ernst von (1995): *Aspekte einer konstruktivistischen Didaktik*. Landesinstitut für Schule
und Weiterbildung Soest, 7–14.

Gnutzmann, Claus (1997): Language awareness. Geschichte, Grundlagen, Anwendungen. In: *Praxis
des neusprachlichen Unterrichts* (44) 3: 227–236.

– (2000): Grammatik lehren und lernen. Zu den allgemeinen Lernzielen des schulischen Grammatikunterrichts. In: Düwell/Gnutzmann/Königs (Hrsg.), 67–82.

– (2003): Language Awareness im bilingualen Sachfachunterricht? In: Hermes, Liesel/Klippel, Friederike (Hrsg.): *Früher oder später? Englisch in der Grundschule und Bilingualer Sachfachunterricht*. Berlin/München: Langenscheidt, 21–34.

Gogolin, Ingrid (1994): *Der monolinguale Habitus der multilingualen Schule*. Münster/New York:
Waxmann.

Goleman, Daniel (1996): *Emotionale Intelligenz*. München/Wien: Hanser.

Gompf, Gundi (1975): *Englischunterricht auf der Primarstufe. Didaktische Modelle und Perspektiven*.
Weinheim: Beltz.

Graddol, David (1997): *The Future of English?* London: The British Council.

Graf, Peter/Tellmann, Helmut (1997): *Vom frühen Fremdsprachenlernen zum Lernen in zwei Sprachen. Schulen auf dem Weg nach Europa*. Frankfurt a. M. u. a.: Lang.

Grau, Maike/Legutke, Michael (Hrsg.): *Fremdsprachen in der Grundschule. Auf dem Weg zu einer
neuen Lern- und Leistungskultur*. Frankfurt a. M.: Grundschulverband.

Gregg, Kevin R. (1984): Krashen's Monitor and Occam's Razor. In: *Applied Linguistics* (5) 2: 79–
100.

Gregor, Gertraud u. a. (2007): *A plus! Cycle court*. Bd. 4. Berlin: Cornelsen.

Griesheimer, Frank (1991): Begreifen, was uns betrifft. Über personales und existiales Verstehen
in der Literaturwissenschaft. In: Griesheimer, Frank/Prinz, Alois (Hrsg.): *Wozu Literaturwissenschaft?* Tübingen: Francke, 365–382.

Groeben, Norbert (2002): Anforderungen an die theoretische Konzeptualisierung von Medienkompetenz. In: Groeben, Norbert/Hurrelmann, Bettina (Hrsg.): *Medienkompetenz. Voraussetzungen.
Dimensionen, Funktionen*. Weinheim/München: Juventa, 11–22.

Grotjahn, Rüdiger (1998): Lernstile und Lernstrategien. Definition, Identifikation, unterrichtliche
Relevanz. In: *Der fremdsprachliche Unterricht Französisch* (32) 4: 11–15.

– (2000): Sprachbezogene Kognitivierung. Lernhilfe oder Zeitverschwendung? In: Düwell/Gnutz-mann/Königs (Hrsg.), 83–106.

– (2005): Testen und Bewerten des Hörverstehens. In: Ó Dúill, Micheál/Zahn, Rosemary/Höppner, Kristina D. C. (Hrsg.): *Zusammenarbeiten*. Bochum: AKS, 115–144.

– (2007): Lernstile/Lernertypen. In: Bausch/Christ/Krumm (Hrsg.) (2007), 326–331.

– (2008): Tests und Testaufgaben: Merkmale und Gütekriterien. In: Tesch/Leupold/Köller (Hrsg.), 149–186.

Grünewald, Andreas/Küster, Lutz (Hrsg.) (2009): *Fachdidaktik Spanisch*. Stuttgart/Seelze: Klett-Kallmeyer.

Haas, Renate (2007a): Language Teaching as a ‚Woman's Job': Historical and Current Perspectives. In: Decke-Cornill/Volkmann (Hrsg.), 31–46.

– (2007b): Femina. Female Roots of ‚Foreign' Language Teaching and the Rise of Mother-Tongue Ideologies. In: *Exemplaria* (19) 1: 139–162.

Habermas, Jürgen (1971): Vorbereitende Bemerkungen zu einer Theorie der kommunikativen Kom-petenz. In: ders./Luhmann, Niklas (Hrsg.): *Theorie der Gesellschaft oder Sozialtechnologie. Was leistet die Systemforschung?* Frankfurt a. M.: Suhrkamp, 101–141.

– (1997/zuerst 1976): Zur Entwicklung von Ich-Identität. In: Baumgart, Franzjörg (Hrsg.) (1997): *The-orien der Sozialisation*. Klinkhardt: Bad Heilbrunn, 173–181.

Hallet, Wolfgang (1998): The Bilingual Triangle. Überlegungen zu einer Didaktik des bilingualen Sachfachunterrichts. In: *Praxis des neusprachlichen Unterrichts* (45) 2: 115–125.

– (2001): Interplay der Kulturen. Fremdsprachenunterricht als ‚hybrider Raum'. Überlegungen zu einer kulturwissenschaftlich orientierten Textdidaktik. In: *Zeitschrift für Fremdsprachenfor-schung* (12) 1: 103–130.

– /Müller-Hartmann, Andreas (2006): For better or for worse? Bildungsstandards Englisch im Über-blick. In: *Der fremdsprachliche Unterricht Englisch* (40) 81: 2–8.

– (2007): Literatur, Kognition und Kompetenz. Die Literarizität kulturellen Handelns. In: Bredella/Hallet (Hrsg.), 31–64.

Haß, Frank (Hrsg.) (2006): *Fachdidaktik Englisch*. Stuttgart: Klett.

Hawkins, Eric (1984): *Awareness of Language: An Introduction*. Cambridge: Cambridge UP.

Hecke, Carola/Surkamp, Carola (Hrsg.) (2009): *Bilder im Fremdsprachenunterricht: Neue Ansätze, Kompetenzen und Methoden*. Tübingen: Narr.

Hellwig, Karlheinz (1990): Anschauen und Sprechen – freie und gelenkte Sprachwirkungen durch künstlerische Bilder bei Lernen des Englischen. In: *Die Neueren Sprachen* (89) 4: 334–361.

– (1995): Sprachlich handeln – von Medium zu Medium. Prozeßorientiert-kreatives Lernen im Eng-lischunterricht durch Sprach-, Bild- und Musik-‚Texte'. In: *Fremdsprachenunterricht* (39/48) 2: 91–96.

– (1997): Freies Schreiben als Sinn-Bildungs-Prozess. Mentale Operationen einzelner Lerner des Englischen beim Schreiben zu künstlerischen Bildern. Empirischer Erkundungsversuch und seine Konsequenzen. In: Kupetz, Rita (Hrsg.): *Vom gelenkten zum freien Schreiben im Fremd-sprachenunterricht: Freiräume sprachlichen Handelns*. Frankfurt a. M. u. a.: Lang, 37–84.

Hentig, Hartmut v. (1998): Jugend im Medienzeitalter. In: *Zeitschrift für Erziehungswissenschaft* (1) 1: 23–43.

Heringer, Hans Jürgen (2. Aufl. 2007): *Interkulturelle Kommunikation*. Tübingen/Basel: Francke.

Hermes, Liesel (1998a): Hörverstehen. In: Timm (Hrsg.), 221–228.

– (1998b): Leseverstehen. In: Timm (Hrsg.), 229–236.

Hickethier, Knut (2001): *Film- und Fernsehanalyse*. Stuttgart/Weimar: Metzler.

Hinger, Barbara (2009): Diagnostik, Evaluation und Leistungsbewertung. In: Grünewald/Küster (Hrsg.), 269–310.

Hinz, Klaus (2003): Kreative literaturbezogene Textproduktion im Englischunterricht: Aufgaben, Text-erstellung und Leistungsbeurteilung. In: *Praxis des neusprachlichen Unterrichts* (50) 4: 351–359.

Holec, Henri (1980): *Autonomie et apprentissage des langues*. Strasbourg: Edition du Conseil de l'Europe.

Holtwisch, Herbert (1998): Behaltensfördernde Verfahren im Fremdsprachenunterricht. In: *Neu-sprachliche Mitteilungen* (51) 4: 212–219.

– (2006): Presenting information. Ein Beitrag zum Erwerb von Methodenkompetenz und zur Lern-stoffverarbeitung. In: *Praxis Fremdsprachenunterricht* (3) 4: 38–41.

Holzkamp, Klaus (1995): *Lernen. Subjektwissenschaftliche Grundlegung*. Frankfurt a. M.: Campus.

House, Juliane (2000): Interaktion und Fremdsprachenunterricht. In: Bausch/Christ/Königs/Krumm (Hrsg.), 111–118.

Hu, Adelheid (1995): Spielen Vorurteile im Fremdsprachenunterricht eine positive Rolle? In: Bredella (Hrsg.), 405–412.

– (2003): *Schulischer Fremdsprachenunterricht und migrationsbedingte Mehrsprachigkeit*. Tübin-gen: Narr.

– (2008): Interkulturelle Kompetenz. Ansätze zur Dimensionierung und Evaluation einer Schlüssel-kompetenz fremdsprachlichen Lernens. In: Frederking (Hrsg.), 11–35.

– /Leupold, Eynar (2008): Kompetenzorientierung und Französischunterricht. In: Tesch/Leupold/Köller (Hrsg.), 51–84.

– /Byram, Michael (Hrsg.) (2009): *Interkulturelle Kompetenz und fremdsprachliches Lernen. Modelle, Empirie, Evaluation/Intercultural competence and foreign language learning. Models, empiricism, assessment*. Tübingen: Narr.

Hüllen, Werner (2000): Ein Plädoyer für das Studium der Geschichte des Fremdsprachenunterrichts. In: *Zeitschrift für Fremdsprachenforschung* (11) 1: 31–39.

– (2005): *Kleine Geschichte des Fremdsprachenunterrichts*. Berlin: Erich Schmidt.

– (2007): The presence of English in Germany. In: *Zeitschrift für Fremdsprachenforschung* (18) 1: 3–26.

Humboldt, Wilhelm von (1960): Theorie der Bildung des Menschen. In: ders.: Werke in fünf Bänden, Bd. 1. *Schriften zur Anthropologie und Geschichte*. Stuttgart: Cotta, 234–240.

Hunfeld, Hans (1991): Zur Normalität des Fremden. In: *Der fremdsprachliche Unterricht Englisch* (25) 3: 50 ff.

– (1993): Fremdsprachenunterricht ohne Literatur? In: Timm/Vollmer (Hrsg.), 285–291.

– (1994): Fern vom „versöhnten Zustand". In: Bausch, Karl-Richard/Christ, Herbert/Krumm, Hans-Jürgen (Hrsg.): *Interkulturelles Lernen im Fremdsprachenunterricht*. Tübingen: Narr, 94–100.

Hymes, Dell H. (1972): On Communicative Competence. In: Pride, John B./Holmes, Janet (Hrsg.): *Sociolinguistics. Selected Readings*. Harmondsworth: Penguin, 269–293.

Iser, Wolfgang (1972): *Der implizite Leser*. München: Fink.

– (1976): *Der Akt des Lesens. Theorie ästhetischer Wirkung*. München: Fink.

Jaffke, Christoph (1994): *Fremdsprachenunterricht auf der Primarstufe. Seine Begründung und Pra-xis in der Waldorfpädagogik*. Weinheim: Deutscher Studienverlag.

– (1998): *Russisch an der Waldorfschule*. Fachverband Moderne Fremdsprachen. Schriften. Bd. 2. Russisch in den alten und neuen Bundesländern, 28–29.

Jauß, Hans Robert (1970): *Literaturgeschichte als Provokation der Literaturwissenschaft*. Frankfurt a. M.: Suhrkamp.

Johnson, David W./Johnson, Roger T./Holubec, Edythe J. (6. Aufl. 1993): *Cooperation in the Class-room*. Edina, MN: Interaction.

Johnson, Karen E. (1995): *Understanding Communication in Second Language Classrooms*. Cam-bridge UP.

Jung, Udo O. H. (2006): Was der Fremdsprachenunterricht von den Medien erwarten darf. In: ders. (Hrsg.): *Praktische Handreichung für Fremdsprachenlehrer*. 4. Aufl., Frankfurt a. M. u. a.: Lang, 231–235.

Kachru, Braj B. (1985): Standards, codification and sociolinguistic realism. The English language in the outer circle. In: Quirk, Randolph/Widdowson, Henry G. (Hrsg.): *English in the World: Teaching and Learning the Language and Literatures*. Cambridge: Cambridge UP (for The British Council).

Keller, Gottfried (1994): Interkulturelles Lernen aus der Perspektive von Systemtheorie und Sozialpsychologie. In: *Neusprachliche Mitteilungen* (47) 2: 81–85.

– (1996a): Zehn Thesen zur Neuorientierung des interkulturellen Lernens. In: *Praxis des neusprachlichen Unterrichts* (43) 3: 227–236.

– (1996b): Interkulturelles Lernen im Spannungsfeld zwischen Gesellschaftstheorie und Empirie. In: Ambos, Erwin/Werner, Irene (Hrsg.): *Interkulturelle Dimensionen der Fremdsprachenkompetenz*. Bochum: AKS-Verlag, 100–118.

Kielhöfer, Bernd (1994): Wörter lernen, behalten, erinnern. In: *Neusprachliche Mitteilungen* (47) 4: 211–220.

Kieweg, Werner (2003): Die Rolle der Emotionen beim Fremdsprachenlernen. In: *Der fremdsprachliche Unterricht Englisch* (37) 63: 4–10.

Klafki, Wolfgang (1971): Didaktik und Methodik. In: Röhrs, Hermann (Hrsg.): *Didaktik*. Frankfurt a. M.: Akademische Verlagsgesellschaft, 1–16.

Klieme, Eckhard (2004): Was sind Kompetenzen und wie lassen sie sich messen? In: *Pädagogik* (56) 6: 10–13.

– u. a. (2007): *Zur Entwicklung nationaler Bildungsstandards: Expertise. Bonn/Berlin: Bundesministerium für Bildung und Forschung*. Unter: www.bmbf.de/pub/zur_entwicklung_nationaler_bildungsstandards.pdf (03. 01. 2010).

Klippel, Friederike (2000): Zum Verhältnis von altsprachlicher und neusprachlicher Methodik. In: *Zeitschrift für Fremdsprachenforschung* (11) 1: 41–61.

KMK = Sekretariat der Ständigen Konferenz der Kultusminister der Länder in der Bundesrepublik Deutschland (2003): Anlage zu den Bildungsstandards 1. Fremdsprache Englisch/Französisch. Unter: http://www.kmk-format.de/material/Fremdsprachen/1-2-2_Anlage_I%20_KMK_Bildungsstandards_1.pdf (08. 05. 2010).

– (2004): *Bildungsstandards für die erste Fremdsprache (Englisch/Französisch) für den Mittleren Schulabschluss (Jahrgangsstufe 10)*. München: Wolters Kluwer. Unter http://www.kmk.org/fileadmin/veroeffentlichungen_beschluesse/2003/2003_12_04-BS-erste-Fremdsprache.pdf (04. 05. 2010).

– (2005): *Bildungsstandards für die erste Fremdsprache (Englisch/Französisch) für den Hauptschulabschluss (Jahrgangsstufe 9)*. München: Wolters Kluwer. Unter: http://www.kmk.org/fileadmin/veroeffentlichungen_beschluesse/2004/2004_10_15-Bildungsstandards-ersteFS-Haupt.pdf (04. 05. 2010).

– (2006): *Konzepte für den bilingualen Unterricht*. http://www.kmk.org/fileadmin/veroeffentlichungen_beschluesse/2006/2006_04_10_Konzepte-bilingualer-Unterricht.pdf (07. 05. 2010).

Knapp, Karlfried/Knapp-Potthoff, Annelie (1990): Interkulturelle Kommunikation. In: *Zeitschrift für Fremdsprachenforschung* (1) 1: 62–93.

Kolb, Annika (2007): *Portfolioarbeit. Wie Grundschulkinder ihr Sprachenlernen reflektieren*. Tübingen: Narr.

– (2008): „Da können wir wissen, was wir wissen." Wie Kinder ihr sprachliches Können einschätzen. In: Grau/Legutke (Hrsg.), 194–210.

Kolboom, Ingo/Kotschi, Thomas/Reichel, Edward (Hrsg.) (2002): *Handbuch Französisch. Sprache, Literatur, Kultur, Gesellschaft*. Berlin: Erich Schmidt.

275

Koller, Hans-Christoph (2004): *Grundbegriffe, Theorien und Methoden der Erziehungswissenschaft.* Stuttgart: Kohlhammer.

Kommission der Europäischen Gemeinschaften (2005): *Mitteilung der Kommission an den Rat, das Europäische Parlament, den Europäischen Wirtschafts- und Sozialausschuss und den Ausschuss der Regionen: Eine neue Rahmenstrategie für Mehrsprachigkeit.* Brüssel. Unter: http://europa. eu/languages/servlets/Doc?id=915 (30.12.2009)

Köster-Bunselmeyer, Doris (2006): Die Bildungsstandards der KMK für den Fremdsprachenunterricht. In: Timm (Hrsg.), 67–84.

Kramsch, Claire (1985): Classroom Interaction and Discourse Options. In: *Studies in Second Language Acquisition* (7) 2: 169–183.

– (1993): *Context and Culture in Language Teaching.* Oxford UP.

– (1995): Andere Worte – andere Werte: Zum Verhältnis von Sprache und Kultur. In: Bredella (Hrsg.), 51–66.

– (1999): Global and local identities in the contact zone. In: Gnutzmann, Claus (Hrsg.): *Teaching and Learning English as a Global Language. Native and Non-Native Perspectives.* Tübingen: Stauffenburg, 131–143.

Krapp, Andreas (1992): Das Interessenskonstrukt. Bestimmungsmerkmale der Interessenhandlung und des individuellen Interesses aus der Sicht einer Person-Gegenstands-Konzeption. In: ders./ Prenzel, Manfred (Hrsg.): *Interesse, Lernen, Leistung.* Münster: Aschendorff, 297–329.

Krashen, Stephen D./Terrell, Tracy (1983): *The Natural Approach. Language Acquisition in the Classroom.* London: Prentice Hall.

Krashen, Stephen D. (1993): *The Power of Reading. Insights from the Research.* Englewood, Colorado: Libraries Unlimited.

– (2003): *Explorations in Language Acquisition and Use.* Portsmouth, NH: Heinemann.

Kristeva, Julia (1988): *Étrangers à nous-mêmes.* Paris: Fayard.

Kron, Friedrich W. (2. Aufl. 1994): *Grundwissen Didaktik.* München: UTB Reinhardt.

Krumm, Hans-Jürgen (2003): ,Mein Bauch ist italienisch ...' Kinder sprechen über Sprachen. In: *Zeitschrift für interkulturellen Fremdsprachenunterricht* (8) 2/3: 110–114. Unter: http://zif.spz. tu-darmstadt.de/jg-08-2-3/docs/Krumm.pdf (28.04.2010)

Kubanek-German, Angelika (2001): *Kindgemäßer Fremdsprachenunterricht.* Band 1: Ideengeschichte. Münster: Waxmann.

Küster, Lutz (2002): Mediales Lernen im Zeichen von Lernerautonomie und Bildungsanspruch. In: Decke-Cornill/Reichart-Wallrabenstein (Hrsg.), 43–52.

– (2003a): *Plurale Bildung im Fremdsprachenunterricht.* Frankfurt a. M. u. a.: Lang.

– (2003b): Die heile Welt der Amélie Poulain. Fremdsprachen- und mediendidaktische Anmerkungen zu einem (sehr) französischen Filmmärchen. In: Abendroth-Timmer, Dagmar/Viebrock, Britta/Wendt, Michael (Hrsg.): *Text, Kontext und Fremdsprachenunterricht.* Frankfurt a. M. u. a.: Peter Lang, 203–217.

– (2004): Interkulturelles Lernen im Sachfachunterricht Französisch. Bildungspolitische und bildungstheoretische Überlegungen. In: *Französisch heute* (35) 2: 134–141.

– (2005a): Medienkompetenz und Ästhetische Bildung im Fremdsprachenunterricht. In: Blell, Gabriele/Kupetz, Rita (Hrsg.): *Fremdsprachenlernen zwischen Medienverwahrlosung und Medienkompetenz.* Frankfurt a. M. u. a.: Lang, 67–86.

– (2005b): Musikvideoclips als Gegenstand des Spanischunterrichts. In: *Hispanorama* 109: 36–42.

– (2006a): Auf dem Verordnungswege. Zu Risiken und Nebenwirkungen der Bildungsstandards für die erste Fremdsprache (Englisch/Französisch). In: *Der fremdsprachliche Unterricht Englisch* (40) 81: 18–21.

276

– (2006b): Au confluent de l'éducation et de la formation. La compétence médiatique dans les cours de langue. In: Holtzer, Gisèle/Bach, Gerhard (Hrsg.): *Pourquoi apprendre des langues? Orientations pragmatiques et pédagogiques.* Frankfurt a. M. u. a.: Lang, 215–223.

– (2007): Schülermotivation und Unterrichtsalltag im Fach Französisch. Ergebnisse einer schriftlichen Befragung an Berliner Gymnasien. In: *Französisch heute* (38) 3: 210–226.

– (2008): Die aktuelle französische Pop-Musik – kulturwissenschaftliche und sprachdidaktische Annäherungen. In: Fäcke/Hülk/Klein (Hrsg.), 83–103.

Lange, Günther (1992): Die Bilder zum Sprechen bringen. Über kulturelle Praxis im Deutschunterricht. In: *Praxis Deutsch* (19) 113: 49–56.

Larsen-Freeman, Diane (1986): *Techniques and Principles in Language Teaching.* Oxford: Oxford UP.

Legenhausen, Lienhard (1998): Wege zur Lernerautonomie. In: Timm (Hrsg.), 78–85.

Legutke, Michael (1988): *Lebendiger Englischunterricht. Kommunikative Aufgaben und Projekte für einen schüleraktivierenden Fremdsprachenunterricht.* Bochum: Kamp.

– (1998): Handlungsraum Klassenzimmer and beyond. In: Timm (Hrsg.), 93–109.

– (2009): Lernwelt Klassenzimmer: Szenarien für einen handlungsorientierten Fremdsprachenunterricht. In: Bach/Timm (Hrsg.), 91–120.

– /Müller-Hartmann, Andreas/Schocker-von-Ditfurth, Marita (2009): *Teaching English in the Primary School.* Stuttgart: Klett.

– (Hrsg.) (2008): *Kommunikative Kompetenz als fremdsprachendidaktische Vision.* Tübingen: Narr.

Lehberger, Reiner (1986): *Englischunterricht im Nationalsozialismus.* Tübingen: Stauffenburg.

– (1988): Philipp Aronstein 1862–1942. *Ein großer Neuphilologe und ein deutsch-jüdisches Schicksal.* Begleitheft zur Ausstellung 1988 aus Anlaß des 50. Jahrestages der ‚Kristallnacht‘ vom 9./10. November 1938. Hamburg: Fachverband Moderne Fremdsprachen.

– (1995): Geschichte des Fremdsprachenunterrichts bis 1945. In: Bausch/Christ/Krumm (Hrsg.), 561–565.

– (2007): Geschichte des Fremdsprachenunterrichts bis 1945. In: Bausch/Christ/Krumm (Hrsg.), 609–614.

Leitzgen, Günter (1997): Welche Grammatik braucht der Schüler? Alte Rituale und neue Wege zur Entkrampfung eines angespannten Verhältnisses. In: *Der fremdsprachliche Unterricht Französisch* (31) 6: 24–25.

Lenzen, Dieter (Hrsg.) (3. Aufl. 1997): *Erziehungswissenschaft. Ein Grundkurs.* Reinbek: Rowohlt.

Lerner, Daniel (1958): *The Passing of Traditional Society. Modernizing the Middle East.* Glencoe (Illinois): The Free Press.

Leupold, Eynar (2000): Didaktische Aspekte des Hörverstehens. In: *Der fremdsprachliche Unterricht Französisch* (34) 48: 4–9.

– (2002): *Französisch unterrichten. Grundlagen – Methoden – Anregungen.* Seelze-Velber: Kallmeyer.

Liebelt, Wolf (1989): Anregungen für den Umgang mit Video im Fremdsprachenunterricht. In: *Praxis des neusprachlichen Unterrichts* (36) 3: 250–259.

Lightbown, Patsy/Spada, Nina (1. Aufl. 1999): *How Languages are Learned.* Oxford: Oxford UP.

Lightbown, Patsy/Spada, Nina (3. rev. Aufl. 2006): *How Languages are Learned.* Oxford: Oxford UP.

Litt, Theodor (1926): Gedanken zum ‚kulturkundlichen‘ Unterrichtsprinzip. In: *Monatsschrift für den Zusammenhang von Kultur und Erziehung in Wissenschaft und Leben* 1: 38–57 und 99–112, abgedr. in: Hüllen, Werner (Hrsg.) (1979): *Didaktik des Englischunterrichts.* Darmstadt: Wiss. Buchgesellschaft, 144–180.

Little, David (1991): *Learner Autonomy: Definitions, Issues and Problems.* Dublin: Authentik.

Loch, Werner (1969): Enkulturation als anthropologischer Grundbegriff der Pädagogik. In: Weber, Erich (Hrsg.): *Der Erziehungs- und Bildungsbegriff im 20. Jahrhundert.* Bad Heilbrunn/Obb.: Julius Klinkhardt, 122–140.

Long, Michael H. (1985): Input and second language acquisition theory. In: Gass, Susan M./Madden, Carolyn (Hrsg.): *Input in Second Language Acquisition.* Rowley, MA.: Newbury House, 377–393.

Loriot (2004): Loriots heile Welt. Zeichnungen um 1971. In: *Ethik und Unterricht* (14) 1: Themenheft: Populäre Medien.

Lörscher, Wolfgang (1995): Textstrukturen im Englischen. In: Ahrens, Rüdiger/Bald, Wolf-Dietrich/ Hüllen, Werner (Hrsg.): *Handbuch Englisch als Fremdsprache.* Berlin: Schmidt, 165–168.

Luhmann, Niklas (2004): Takt und Zensur im Erziehungssystem. In: Lenzen, Dieter/Luhmann, Niklas (Hrsg.): *Schriften zur Pädagogik.* Frankfurt a. M.: Suhrkamp, 245–259.

Lusar, Ricarda (2001): Lernen an Stationen – Offener Unterricht ,light'? In: *Der fremdsprachliche Unterricht Französisch* (35) 2: 4–9.

Martinez, Hélène (2005): Lernerautonomie. Ein konzeptuelles Rahmenmodell für den Fremdspra-chenunterricht ... und für die Fremdsprachenlehr- und -lernforschung. In: *Fremdsprachen Lehren und Lernen* (34): 65–82.

Martinez, Hélène/Reinfried, Marcus (Hrsg.) (2006): *Mehrsprachigkeitsdidaktik gestern, heute und morgen.* Tübingen: Narr.

Maruniak, Sigrid (1997): Filmarbeit im Französischunterricht. In: Raddatz, Volker/Wendt, Michael (Hrsg.) (1997): *Textarbeit im Fremdsprachenunterricht – Schrift, Film, Video.* Hamburg: Kovač, 53–60.

Mayer, Nicola (2003): Wo Fremdsprachenlernen beginnt. Grundlagen und Arbeitsformen des Eng-lischunterrichts in der Primarstufe. In: Bach/Timm (Hrsg.), 56–81.

– (2009): Wo Fremdsprachenlernen beginnt. Grundlagen und Arbeitsformen des Englischunterrichts in der Primarstufe. In: Bach/Timm (Hrsg.), 61–90.

McLaughlin, Barry (1990): ,Conscious' versus ,unconscious' learning. In: *TESOL Quarterly* (24) 4: 617–634.

Mead, George Herbert (10. Aufl. 1995, zuerst 1934): *Geist, Identität und Gesellschaft.* Frankfurt a. M.: Suhrkamp.

Meißner, Franz-Joseph (2001): Aus der Mehrsprachenwerkstatt: Lexikalische Übungen zum Zwi-schen-Sprachen-Lernen. In: *Der fremdsprachliche Unterricht Französisch* (35) 49: 30–35.

– /Reinfried, Marcus (1998): Mehrsprachigkeit als Aufgabe des Unterrichts romanischer Sprachen. In: dies. (Hrsg.), 9–22.

– /Reinfried, Marcus (Hrsg.) (1998): *Mehrsprachigkeitsdidaktik. Konzepte, Analysen, Lehrerfahrun-gen mit romanischen Fremdsprachen.* Tübingen: Narr.

Meyer, Hilbert (6. Aufl. 1994, zuerst 1987): *UnterrichtsMethoden I: Theorieband.* Frankfurt a. M.: Cornelsen Scriptor.

Michel, Andreas (2006): *Die Didaktik des Französischen, Spanischen und Italienischen in Deutsch-land einst und heute.* Hamburg: Kovač.

Modiano, Marko (1999): Standard English(es) and educational practices for the world's lingua franca. In: *English Today* (15) 4: 3–13.

Mordellet-Roggenbuck, Isabelle (2006): Littérature et enseignement du Français langue étrangère. Quels textes pour quels objectifs? In: *Französisch heute* (36) 1: 6–16.

Müller-Hartmann, Andreas/Richter, Annette (2001): From classroom learners to world communi-cators: Das Potenzial der Telekommunikation für den Fremdsprachenunterricht. In: *Der fremd-sprachliche Unterricht Englisch* (35) 54: 4–14.

Müller-Hartmann, Andreas/Schocker-v. Ditfurth, Marita (2005): Aufgabenorientierung im Fremd-sprachenunterricht: Entwicklungen, Forschung und Praxis, Perspektiven. In: dies. (Hrsg.), 1–47.

278

Müller-Hartmann, Andreas/Schocker-v. Ditfurth, Marita (Hrsg.) (2005): *Aufgabenorientierung im Fremdsprachenunterricht. Task-based language learning and teaching.* Tübingen: Narr.

Müller-Jacquier, Bernd (2000): Linguistic Awareness of Cultures. Grundlagen eines Trainingsmoduls. In: Bolten, Jürgen (Hrsg.): *Studien zum internationalen Personalmanagement.* Leipzig: Popp, 20–49.

Multhaup, Uwe (1997): Prozedurales Wissen und Fremdsprachenunterricht. In: *Neusprachliche Mitteilungen* (50) 2: 74–83.

Münnix, Gabriele (2000): Philosophie. In: Reich/Holzbrecher/Roth (Hrsg.), 153–180.

Nakata, Yoshiyuki (2006): *Motivation and Experience in Language Learning.* Oxford u. a.: Lang.

Naumann, Anneke (2006): Zuhause, patrie, ...? Interkulturelles Arbeiten im Französischunterricht. In: *Praxis Fremdsprachenunterricht* (3) 5: 51–56.

Neuner, Gerhard (1987): Fünfzehn Jahre Diskussion um die kommunikative Fremdsprachendidaktik – Rückblick und Ausblick. In: *Neusprachliche Mitteilungen* (40) 2: 74–80.

– (1998): Kognition vs. Emotion im Fremdsprachenunterricht. In: Bausch/Christ/Königs/Krumm (Hrsg.), 134–141.

Neveling, Christiane (2000): Hörverstehen im Fremdsprachenunterricht. Psycholinguistische Grundsatzüberlegungen. In: *Praxis des neusprachlichen Unterrichts* (47) 1: 3–9.

– (2004): Wörterlernen mit Wörternetzen – eine kognitiv-affektive Strategie. In: Börner/Vogel (Hrsg.), 190–216.

Nieweler, Andreas (2000): Sprachenlernen mit dem Lehrwerk – Thesen zur Lehrbucharbeit im Fremdsprachenunterricht. In: Fery/Raddatz (Hrsg.), 13–19.

– (2003): Lesekompetenz im Französischunterricht entwickeln. In: *Der fremdsprachliche Unterricht* (63/64) 3/4: 4–11.

– (Hrsg.) (2006): *Fachdidaktik Französisch.* Stuttgart: Klett.

Nolda, Sigrid (1997): Interaktionsanalysen in der Erwachsenenbildung. In: Friebertshäuser, Barbara/Prengel, Annedore (Hrsg.): *Handbuch Qualitative Forschungsmethoden in der Erziehungswissenschaft.* Weinheim/München: Juventa, 758–768.

Nunan, David (1989): *Designing Tasks for the Communicative Classroom.* Cambridge: Cambridge UP.

Nünning, Ansgar (2000): ,Intermisunderstanding'. Prolegomena zu einer literaturdidaktischen Theorie des Fremdverstehens. In: Bredella/Meißner/Nünning/Rösler (Hrsg.), 84–132.

Nünning, Ansgar/Nünning, Vera (2002): Von der strukturalistischen Narratologie zur ,postklassischen' Erzähltheorie. Ein Überblick über neue Ansätze und Entwicklungstendenzen. In: dies. (Hrsg.): *Neue Ansätze in der Erzähltheorie.* Trier: WVT, 1–33.

Nünning, Ansgar/Nünning, Vera (2003): Narrative Kompetenz durch neue erzählerische Kurzformen. In: *Der fremdsprachliche Unterricht Englisch* (37) 61: 4–9.

Nünning, Ansgar/Nünning, Vera (2007): Erzählungen verstehen – verständlich erzählen: Dimensionen und Funktionen narrativer Kompetenz. In: Bredella/Hallet (Hrsg.), 87–106.

Oerter, Rolf/Montada, Leo (5. vollst. überarbeitete Aufl. 2002): *Entwicklungspsychologie: Ein Lehrbuch.* Weinheim: Beltz.

Oksaar, Els (1988): *Kulturemtheorie. Ein Beitrag zur Sprachverwendungsforschung.* Göttingen u. a.: Vandenhoeck & Ruprecht.

Ortner, Brigitte (1998): *Alternative Methoden im Fremdsprachenunterricht. Lerntheoretischer Hintergrund und praktische Umsetzung.* Ismaning: Hueber.

Overmann, Manfred (2000): Fremdheitserziehung und Medienpädagogik: Apprendre et enseigner avec TV5. In: *Zielsprache Französisch* (32) 1–2: 53–58.

Oxford, Rebecca (1990): *Language Learning Strategies. What every teacher should know.* New York: Newbury House.

Pavlenko, Aneta/Piller, Ingrid (2007): Globalization, Gender and Multilingualism. In: Decke-Cornill/ Volkmann (Hrsg.), 15–30.

Peltzer-Karpf, Annemarie/Zangl, Renate (1998): *Die Dynamik des Frühen Fremdsprachenerwerbs.* Tübingen: Narr.

Pelz, Manfred (Hrsg.) (1989): *Lerne die Sprache des Nachbarn. Grenzüberschreitende Spracharbeit zwischen Deutschland und Frankreich.* Frankfurt a. M.: Diesterweg.

– (1999): *Sprachbegegnung und Begegnungssprache.* Frankfurt a. M.: Diesterweg.

Pfeil, Ulrich (2007): Französischunterricht in der DDR. In: *Themenportal Europäische Geschichte.* Unter: www.europa.clio-online.de/2007/Article=267 (31.03.2009)

Piaget, Jean (1983, zuerst 1970): *Meine Theorie der geistigen Entwicklung.* Frankfurt a. M.: Fischer.

Pica, Teresa/Young, Richard/Doughty, Catherine (1987): *The impact of interaction on comprehension.* In: *TESOL Quarterly* (21) 4: 737–759.

Pienemann, Manfred (2006): Spracherwerb in der Schule. Was in den Köpfen der Kinder vorgeht. In: ders./Kessler, Jörg-U./Roos, Eckhard (Hrsg.): *Englischerwerb in der Grundschule.* Paderborn u. a.: Schöningh, 33–63.

Piepho, Hans-Eberhard (1974): *Kommunikative Kompetenz als übergeordnetes Lernziel im Englischunterricht.* Dornburg-Frickhofen: Frankonius.

Pinker, Steven (1996): *Der Sprachinstinkt.* München: Kindler.

Polleti, Axel (2000): Vokabeln – ein zentrales Problem des Französischunterrichts? In: *Der fremdsprachliche Unterricht Französisch* (34) 45: 4–10.

– (2003): Sinnvoll Grammatik üben. In: *Der fremdsprachliche Unterricht Französisch* (37) 61: 4–12.

Quetz, Jürgen/von der Handt, Gerhard (Hrsg.) (2002): *Neue Sprachen lehren und lernen.* Bielefeld: Bertelsmann.

Quirk, Randolph (1985): The English language in a global context. In: Quirk, Randolph/Widdowson, Henry G. (Hrsg.): *English in the World. Teaching the language and literatures.* Cambridge: Cambridge UP, 1–6.

Raabe, Horst (1998): Lernstrategien (nicht nur) im Französischunterricht. In: *Der fremdsprachliche Unterricht Französisch* (32) 4: 4–10.

– (2007): Französisch. In: Bausch/Christ/Krumm (Hrsg.), 533–538.

Raddatz, Volker (1996): Fremdsprachenunterricht zwischen Landeskunde und Interkulturalität. In: *Fremdsprachenunterricht* (40/49) 4: 242–252.

– /Wendt, Michael (Hrsg.) (1997): *Textarbeit im Fremdsprachenunterricht – Schrift, Film, Video.* Hamburg: Kovač.

Rampillon, Ute (3. Aufl. 1996): Lerntechniken im Fremdsprachenunterricht, Ismaning: Hueber.

– (1997): *Be aware of awareness* – oder *Beware of awareness*? Gedanken zur Metakognition im Fremdsprachenunterricht der Sekundarstufe I. In: dies./Zimmermann, Günther (Hrsg.): *Strategien und Techniken beim Erwerb fremder Sprachen.* Ismaning: Hueber, 173–184.

– (2003): Lernstrategien im autonomen Lernprozess. In: *Der fremdsprachliche Unterricht Englisch* (37) 66: 41–43.

Ransom, John Crowe (1971/1941): *The New Criticism.* Norfolk: New Directions.

Rau, Nathalie/Legutke, Michael (2008): Sprachliches Können dokumentieren und präsentieren. In: Grau/Legutke (Hrsg.), 211–229.

Real, Willi (1984): *Methodische Konzeptionen von Englischunterricht.* Paderborn u. a.

Reich, Hans H./Holzbrecher, Alfred/Roth, Hans Joachim (Hrsg.): *Fachdidaktik interkulturell. Ein Handbuch.* Opladen: Leske & Budrich.

Reichart-Wallrabenstein, Maike (2003): *Kinder und Schrift im Englischunterricht der Grundschule.* 2 Bde. Hamburg: dissertation.de.

Richards, Jack C./Rodgers, Theodore S. (1986): *Approaches and Methods in Language Teaching.* Cambridge UP.

Riemer, Claudia (2002): Wie lernt man Sprachen? In: Quetz/von der Handt (Hrsg.), 49–82.

– (2006): Der Faktor Motivation in der empirischen Fremdsprachenforschung. In: Küppers, Almut/ Quetz, Jürgen (Hrsg.): *Motivation Revisited.* Berlin: LIT, 35–48.

Rixon, Shelagh (2000): *Optimum Age or optimum conditions? Issues related to the teaching of languages to primary age children.* The British Council United Kingdom. Unter: http://appinep. appi.pt/resources/optimum_age_or_optimum_conditions.pdf (09.09.2009).

Robra, Klaus (1999): Das Fremdspezifische und der Französischunterricht. Zur Kritik der Didaktik des Fremdverstehens. In: *Französisch heute* (29) 2: 182–193.

Rottmann, Birte (2006): *Sport auf Englisch. Lerngelegenheiten im bilingualen Sportunterricht.* Wiesbaden: VS Verlag für Sozialwissenschaften.

Rück, Heribert (1989): Literarisches Curriculum. In: Bausch/Christ/Hüllen/Krumm (Hrsg.), 440–444.

– (1990): Fremdsprachenunterricht als Literaturunterricht. In: Fricke, Dietmar/Glaap, Albert-Reiner (Hrsg.): *Literatur im Fremdsprachenunterricht – Fremdsprache im Literaturunterricht.* Frankfurt a. M.: Diesterweg, 7–20.

– (2008, zuerst 2004): *Fremdsprachen in der Grundschule – Französisch und Englisch.* Landau: Empirische Pädagogik.

Rumpf, Horst (1993): Medien – frei von Belehrungswut: Eine Träumerei? In: *Friedrich Jahresheft* XI, „Unterrichtsmedien": 108.

Sambanis, Michaela (2008): Sprechen im Anfangsunterricht oder ist Schweigen Gold? In: Christiani, Reinhold/Cwik, Gabriele (Hrsg.): *Englisch unterrichten in Klasse 1 und 2.* Berlin: Cornelsen Scriptor, 54–67.

Sauer, Helmut (2000): Frühes Fremdsprachenlernen an Grundschulen – ein Irrweg? In: *Neusprachliche Mitteilungen* (53) 1: 3–7.

– (2004): Erfahrungen und Erkenntnisse der Geschichte des frühbeginnenden Fremdsprachenlernens. In: Kierepka, Adelheid/Krüger, Renate/Mertens, Jürgen/Reinfried, Marcus (Hrsg.): *Frühes Fremdsprachenlernen im Blickpunkt. Status quo und Perspektiven.* Tübingen: Narr, 11–33.

Scherfer, Peter (1989): Vokabellernen. In: *Der fremdsprachliche Unterricht* (23) 98: 4–10.

Schmenk, Barbara (2004): Interkulturelles Lernen versus Autonomie. In: Börner/Vogel (Hrsg.), 66–86.

– (2005): Mode, Mythos, Möglichkeiten oder Ein Versuch, die Patina des Lernziels ‚kommunikative Kompetenz' abzukratzen. In: *Zeitschrift für Fremdsprachenforschung* (16) 1: 57–87.

– (2007): Foreign Language Research and the Feminization of Language Learning. In: Decke-Cornill/ Volkmann (Hrsg.), 121–136.

Schmidt, Torben (2005): Selbstgesteuertes Lernen mit Neuen Medien im Fremdsprachenunterricht: Eine Bestandsaufnahme. In: *Zeitschrift für Interkulturellen Fremdsprachenunterricht* [Online], 10 (1), 27 S. Abrufbar unter: http://zif.spz.tu-darmstadt.de/jg-10-1/beitrag/TorbenSchmidt.htm (06.05.2010).

Schorb, Bernd (1998): Stichwort: Medienpädagogik. In: *Zeitschrift für Erziehungswissenschaft* (1) 1: 7–22.

Schröder, Konrad (1980): Kleine Chronik zur Frühzeit des Fremdsprachenlernens und des Fremdsprachenunterrichts im deutschsprachigen Raum, unter besonderer Berücksichtigung des 16. Jahrhunderts. In: *Die Neueren Sprachen* (79) 2: 114–135.

– (Hrsg.) (1984). *Wilhelm Viëtor: „Der Sprachunterricht muß umkehren!".* Ismaning: Hueber.

Schüle, Klaus (1995): Fremdverstehen im fremdsprachendidaktischen Feld. Einige sozialwissenschaftliche und fremdsprachengeschichtliche Gesichtspunkte. In: *Neusprachliche Mitteilungen* (48) 2: 78–86.

Schulz von Thun, Friedemann (14. Aufl. 2005, zuerst 1981, 1989, 1998): *Miteinander reden*. 3 Bde. Reinbek: Rowohlt.

Schumann, Adelheid (2009): Förderung funktionaler kommunikativer Kompetenzen. In: Grünewald/ Küster (Hrsg.), 185–212.

Schwerdtfeger, Inge Christine (1996): Ansätze für eine anthropologische Begründung der Didaktik des Unterrichts Deutsch als Fremdsprache. In: *Info DaF* (23) 4: 431–442.

– (1997): Der Unterricht Deutsch als Fremdsprache. Auf der Suche nach den verlorenen Emotionen. In: *Info DaF* (24) 5: 587–606.

Searle, John (1969): *Speech Acts. An Essay in the Philosphy of Language.* Cambridge: Cambridge UP.

Seedhouse, Paul (1996): ELT classroom interaction: Possibilities and Impossibilities. In: *English Language Teaching Journal* (50) 1: 16–24.

– (2004): *The Interactional Architecture of the Language Classroom: A Conversation Analysis Perspective.* Oxford: Blackwell.

Segermann, Krista (2003): Wortschatz und Grammatik im Dienst der Kommunikation. Methodische Alternativen zu tradierten Prinzipien des Fremdsprachenunterrichts. In: *Praxis des neusprachlichen Unterrichts* (50) 4: 340–350.

– (2007): Formaneignung und Inhaltsmotivierung im Fremdsprachenunterricht: Ein unlösbares Dilemma? In: *Beiträge zur Fremdsprachenvermittlung* (31) 46: 29–58.

Seidlhofer, Barbara (2005): English as a lingua franca. In: *English Language Teaching Journal* (59) 4: 339–341.

Selinker, Larry (1972): Interlanguage. In: *International Review of Applied Linguistics in Language Teaching* (10) 1–4: 209–231.

Skehan, Peter (1996): A Framework for the Implementation of Task-based Instruction. In: *Applied Linguistics* (17) 1: 38–62.

– (1998): *A Cognitive Approach to Language Learning.* Oxford: Oxford UP.

– (2003): Task-based instruction. In: *Language Teaching* (36) 1: 1–14.

Skinner, Burrhus F. (1957): *Verbal Behavior.* Reprinted by the B. F. Skinner Foundation in 1992. Acton, MA: Copley.

Sommer, Roy (2000): Fremdverstehen durch Literaturunterricht. Prämissen und Perspektiven einer narratologisch orientierten Literaturdidaktik. In: Bredella/Christ/Legutke (Hrsg.), 18–42.

Spinner, Kaspar H. (2005): Der standardisierte Schüler: Wider den Wunsch, Heterogenität überwinden zu wollen. In: *Friedrich Jahresheft XXIII* „Standards": 88–91.

Statistisches Bundesamt (2003): Bildung und Kultur, Allgemeinbildende Schulen, Fachserie 11 Reihe 1, Schuljahr 2002/03, Wiesbaden: Statistisches Bundesamt. Unter: https://www-ec. destatis.de/csp/shop/sfg/bpm.html.cms.cBroker.cls?cmspath=struktur,vollanzeige.csp&ID= 1013047 (04.05.2010).

– (2004): Bildung und Kultur, Allgemeinbildende Schulen, Fachserie 11 Reihe 1, Schuljahr 2003/04, Wiesbaden: Statistisches Bundesamt. Unter: https://www-ec.destatis.de/csp/shop/sfg/bpm. html.cms.cBroker.cls?cmspath=struktur,vollanzeige.csp&ID=1014861 (04.05.2010).

– (2006): Bildung und Kultur, Allgemeinbildende Schulen, Fachserie 11 Reihe 1, Schuljahr 2005/06, Wiesbaden: Statistisches Bundesamt. Unter: https://www-ec.destatis.de/csp/shop/sfg/bpm. html.cms.cBroker.cls?cmspath=struktur,vollanzeige.csp&ID=1019279 (04.05.2010).

– (2007): Bildung und Kultur, Allgemeinbildende Schulen, Fachserie 11 Reihe 1, Schuljahr 2006/07, Wiesbaden: Statistisches Bundesamt. Unter: https://www-ec.destatis.de/csp/shop/sfg/bpm. html.cms.cBroker.cls?CSPCHD=00100001000043p5ykLUo00000N8oWdVG8$XEbMydbM31cz w--&cmspath=struktur,vollanzeige.csp&ID=1021182 (06.05.2010).

– (2008): Bildung und Kultur, Allgemeinbildende Schulen, Fachserie 11 Reihe 1, Schuljahr 2006/07, Wiesbaden: Statistisches Bundesamt. Unter: https://www-ec.destatis.de/csp/shop/sfg/bpm. html.cms.cBroker.cls?cmspath=struktur,vollanzeige.csp&ID=1022909 (06. 05. 2010).

Stein, Achim (2002): Das Französische als internationale Verkehrssprache. In: Kolboom/Kotschi/ Reichel (Hrsg.), 136–142.

Stern, Elsbeth (2006): ‚Do you play English?‘, Interview mit anderen Wissenschaftlern, geführt von Martin Spiewak. In: *Die Zeit*, 2.3. 2006: 37.

Sunderland, Jane (2001): Student Initiation, Teacher Response, Student Follow-Up: Towards an Appreciation of Student-initiated IRFs in the Language Classroom, *CRILE Working Papers* 55. Unter: http://www.ling.lancs.ac.uk/groups/crile/workingpapers.htm (30. 01. 2010)

Swain, Merrill (1985): Communicative competence. Some roles of comprehensible input and comprehensible output in its development. In: Gass, Susan M./Madden, Carolyn (Hrsg.): *Input in Second Language Acquisition*. Rowley, MA: Newbury House, 235–253.

Teichmann, Monika (2002): Stationenlernen im Fremdsprachenunterricht. In: *Der fremdsprachliche Unterricht Englisch* (36) 3/4: 4–9.

Tenorth, Heinz-Elmar (1997): Schulische Einrichtungen. In: Lenzen (Hrsg.), 427–446.

– (2005): Auch eine Konvention bedarf der Rechtfertigung. Legitimationsprobleme bei Bildungsstandards. In: *Friedrich Jahresheft* XXIII: 30–31.

Terhart, Ewald (1997): Unterricht. In: Lenzen (Hrsg.), 133–158.

Tesch, Bernd/Leupold, Eynar/Köller, Olaf (Hrsg.) (2008): *Bildungsstandards Französisch: konkret*. Berlin: Cornelsen Scriptor.

Thaler, Egelbert (2007): Schulung des Hör-Seh-Verstehens. In: *Praxis Fremdsprachenunterricht* (4) 4: 12–17.

Themenheft „Bildungsstandards". *Der fremdsprachliche Unterricht Englisch* (40) 81 (2006).

Themenheft „Bilinguales Lernen". *Praxis Fremdsprachenunterricht* 6 (2006).

Themenheft „Fremdsprache als Arbeitssprache in Schule und Studium". *Fremdsprachen lehren und lernen* (36) (2007).

Themenheft „Kooperatives Lernen". *Der fremdsprachliche Unterricht* Englisch (43) 99 (2009).

Themenheft „Neue Medien im Unterricht". *Der fremdsprachliche Unterricht Spanisch* (3) 6 (2005).

Themenheft „Teaching Films". *Der fremdsprachliche Unterricht Englisch* (38) 68 (2004).

Themenheft „WEB 2.0". *Praxis Fremdsprachenunterricht* 1 (2008).

Thomas, Alexander (1996): Analyse der Handlungswirksamkeit von Kulturstandards. In: ders. (Hrsg.): *Psychologie interkulturellen Handelns*. Göttingen: Hogrefe, 107–135.

Thürmann, Eike (2006): Portfolio-Pädagogik und Sprachenlernen. In: Timm (Hrsg.), 427–448.

Timm, Johannes-Peter (1995): Die ‚Fuzziness‘ der Sprache als Begründung für einen ganzheitlich-funktionalen, erfahrungsorientierten Grammatikunterricht. In: ders. (Hrsg.): *Ganzheitlicher Fremdsprachenunterricht*. Weinheim: Deutscher Studien Verlag, 120–148.

– (2009): Schüleräußerungen und Lehrerfeedback im Unterrichtsgespräch. In: Bach/Timm (Hrsg.), 199–229.

– (Hrsg.) (1998): *Englisch lernen und lehren*. Berlin: Cornelsen.

– (Hrsg.) (2006): *Fremdsprachenlernen und Fremdsprachenforschung: Kompetenzen, Standards, Lernformen, Evaluation*. Tübingen: Narr.

Tolman, Edward C. (1932): *Purposive Behavior in Animals and Men*. New York: Appleton-Century-Crofts.

Tönshoff, Wolfgang (2007): Lernerstrategien. In: Bausch/Christ/Krumm (Hrsg.) (2007), 331–335.

Trabant, Jürgen (1997): Fremdheit der Sprache. In: Naguschewski, Dirk/Trabant, Jürgen (Hrsg.): *Was heißt hier ‚fremd‘? Studien zu Sprache und Fremdheit*. Berlin: Akademie, 93–114.

– (2002): Die politische und kulturelle Bedeutung des Französischen. In: Kolboom/Kotschi/Reichel (Hrsg.), 128–136.

Tulodziecki, Gerhard (1997): *Medien in Erziehung und Unterricht.* Bad Heilbrunn: Klinkhardt.

– (1998): Entwicklung von Medienkompetenz als Erziehungs- und Bildungsaufgabe. In: *Pädagogische Rundschau* (52) 6: 693–709.

Vandergrift, Larry (2007): Recent Developments in Second and Foreign Language Listening Research. In: *Language Teaching* (40) 3: 191–210.

Viëtor, Wilhelm (3. Aufl. 1905, zuerst 1882): *Der Sprachunterricht muß umkehren. Ein Beitrag zur Überbürdungsfrage von Quousque Tandem.* Hrsg. von Konrad Schröder (1984). München: Hueber.

Vogt, Karin (2006): Road works ahead! Die Aufgabenbeispiele der Bildungsstandards. In: *Der fremdsprachliche Unterricht Englisch* (40) 81: 24–29.

– (2007): Bewertung interkultureller Kompetenzen: Quadratur des Kreises? In: *Praxis Fremdsprachenunterricht* 6: 7–11.

Volkmann, Laurenz (2006): Konversationsroutinen im Englischen als wesentlicher Bestandteil interkulturellen Lernens. In: *Fremdsprachen Lehren und Lernen* (35): 251–266.

Vollmer, Helmut-Johannes/Henrici, Gert/Finkbeiner, Claudia/Grotjahn, Rüdiger/Schmid-Schönbein, Gisela/Zydatiß, Wolfgang (2001): Lernen und Lehren von Fremdsprachen: Kognition, Affektion, Interaktion. Ein Forschungsüberblick. In: *Zeitschrift für Fremdsprachenforschung* (12) 2: 1–145.

Vollmer, Helmut-Johannes (2007): Leistungsmessung, Lernerfolgskontrolle, Selbstbeurteilung. Überblick. In: Bausch/Christ/Krumm (Hrsg.), 365–370.

Walter, Anton von (1980): Sprachunterricht oder Geistesbildung? Bildungspolitische Einwirkungen auf das Schulfach Englisch im 19. Jahrhundert. In: *Die Neueren Sprachen* (79): 174–187.

Wandruszka, Mario (1979): *Die Mehrsprachigkeit des Menschen.* München/Zürich: Piper.

Watzlawick, Paul/Beavin, Janet/Jackson, Don D. (1969): *Menschliche Kommunikation. Formen, Strömungen, Paradoxien.* Bern: Huber.

Weinert, Franz E. (2001): Vergleichende Leistungsmessung in Schulen – eine umstrittene Selbstverständlichkeit. In: ders. (Hrsg.): *Leistungsmessungen in Schulen.* Basel: Beltz, 17–31.

Welsch, Wolfgang (1999): Transkulturalität. Zwischen Globalisierung und Partikularisierung. In: Drechsel, Paul u.a. (1999): *Interkulturalität. Grundprobleme der Kulturbegegnung.* Mainz: Gutenberg Universität, 45–72.

Wenden, Anita L. (1991): *Learner Strategies for Learner Autonomy. Planning and Implementing Learner Training for Language Learners.* New York u.a.: Prentice Hall.

Wendt, Michael (1997): Einführung: Grundlagen der Textarbeit. In: Raddatz/Wendt (Hrsg.), 18–22.

Weskamp, Ralf (2001): *Fachdidaktik: Grundlagen & Konzepte. Anglistik – Amerikanistik.* Berlin: Cornelsen.

Wienold, Götz (1985): Zu einigen innovativen methodischen Konzepten im Fremdsprachenunterricht. In: *Englisch Amerikanische Studien* (7) 1: 31–35.

Wild, Elke/Hofer, Manfred/Pekrun, Reinhard (2001): Psychologie des Lerners. In: Krapp, Andreas/Weidenmann, Bernd (Hrsg.): *Pädagogische Psychologie.* Weinheim: Beltz, 209–270.

Willenberg, Heiner (1999): *Lesen und Lernen. Eine Einführung in die Neuropsychologie des Textverstehens.* Heidelberg/Berlin: Spektrum.

Williams, Marion/Burden, Robert L. (1997): *Psychology for Language Teachers. A Social Constructivist Approach.* Cambridge: Cambridge UP.

Willis, Jane (1996): *A Framework for Task-Based Learning.* Harlow: Longman.

Wode, Henning (2002): Fremdsprachenvermittlung in Kita, Grundschule und Sekundarbereich: Ein integrierter Ansatz. In: Finkbeiner, Claudia (Hrsg.): *Bilingualität und Mehrsprachigkeit. Modelle, Projekte, Ergebnisse.* Hannover: Schroedel, 33–42.

Wolff, Dieter (1990): Zur Bedeutung des prozeduralen Wissens bei Verstehens- und Lernprozessen im schulischen Fremdsprachenunterricht. In: *Die Neueren Sprachen* (89) 6: 610–625.

– (1993a): Der Beitrag der kognitiv orientierten Psycholinguistik zur Erklärung der Sprach- und Wissensverarbeitung. In: Gienow/Hellwig (Hrsg.), 27–41.

– (1993b): Sprachbewußtheit und die Begegnung mit Sprachen. In: *Die Neueren Sprachen* (92) 6: 510–531.

– (1995): Zur Rolle des Sprachwissens beim Spracherwerb. In: Gnutzmann, Claus/Königs, Frank G. (Hrsg.): *Perspektiven des Grammatikunterrichts*. Tübingen: Narr, 201–224.

– (1997): Lehren lernen. Wege zur Autonomie des Schülers. In: *Friedrich Jahresheft XV „Lernmethoden – Lehrmethoden. Wege zur Selbständigkeit":* 106–108.

– (2000): Sprachproduktion als Planung. Ein Beitrag zur Psychologie des Sprechens. In: *Der fremdsprachliche Unterricht Englisch* (34) 47: 11–16.

– (2002a): Das mentale Lexikon. Grundlage der Sprachkompetenz in der Muttersprache und der Fremdsprache. In: *Der fremdsprachliche Unterricht Englisch* (36) 55: 11–14.

– (2002b): *Fremdsprachenlernen als Konstruktion*. Frankfurt a. M. u. a.: Lang.

– (2003): Texte im Fremdsprachenunterricht. Plädoyer eines Sprachdidaktikers für die Arbeit mit literarischen Texten im Klassenzimmer. In: Abendroth-Timmer, Dagmar/Viebrock, Britta/Wendt, Michael (Hrsg.): *Text, Kontext und Fremdsprachenunterricht*. Frankfurt a. M. u. a.: Lang, 161–172.

– (2004): Kognition und Emotion im Fremdsprachenerwerb. In: Börner/Vogel (Hrsg.), 87–103.

Wygotski, Lew S. (1969, russ. Originalausgabe 1934): *Denken und Sprechen*. Berlin: Akademie-Verlag.

Zimmermann, Günther (1984): *Erkundungen zur Praxis des Grammatikunterrichts*. Frankfurt a. M.: Diesterweg.

Zydatiß, Wolfgang (1993): Integrierter Literatur-Sprach-Unterricht in der Oberstufe. Beispiel Englisch. In: Timm/Vollmer (Hrsg.), 326–334.

– (2004): Einleitung: Sachfachlicher Kompetenzerwerb im bilingualen Sachfachunterricht. In: Bonnet/Breidbach (Hrsg.), 89–90.

– (2005): Bildungsstandards für den Fremdsprachenunterricht in Deutschland. Eine hervorragende Idee wird katastrophal implementiert – oder: Von der Endkontrolle der Schüler zu strukturverbessernden Maßnahmen. In: Bausch, Karl-Richard/Burwitz-Melzer, Eva/Königs, Frank G./Krumm, Hans-Jürgen (Hrsg.): *Bildungsstandards für den Fremdsprachenunterricht auf dem Prüfstand*. Tübingen: Narr, 272–290.

– (2006): Stehen wir vor einem *meltdown* der Persönlichkeitsbildung im schulischen Fremdsprachenunterricht? – Vermutlich ja, aber gerade deshalb sollten empirisch erprobte, integrierte Lern- und Überprüfungsaufgaben für diesen Bereich entwickelt werden! In: Bausch, Karl-Richard/Burwitz-Melzer, Eva/Königs, Frank G./Krumm, Hans-Jürgen (Hrsg.): *Aufgabenorientierung als Aufgabe*. Tübingen: Narr, 256–263.

– (2007): *Deutsch-Englische Züge in Berlin (DEZIBEL): Eine Evaluation des bilingualen Sachfachunterrichts an Gymnasien*. Frankfurt a. M. u. a.: Lang.

Sachregister

Abbildungs- und Quellenverzeichnis

(aufgeführt sind sämtliche nicht eigene und nicht gemeinfreie Abbildungen und Texte, die in den Einheiten selbst nicht belegt wurden. Die exakten Bibliographien entnehmen Sie bitte dem Gesamtliteraturverzeichnis.)

Abb. 1.1: nach Cohn/Terfurth (1997). **Tab. 1.2:** nach Weskamp (2001: 17). **Text 1.1:** http://www.bpb.de/wissen/2N9EU8,0,0,Weltsprache.htm, 13.02.2009. **Abb. 1.3:** Marko Modiano (1999): „Standard English(es) and educational practices for the world's lingua franca", English Today, Volume 15 (4), pp. 3–13, Cambridge University Press. **Tab. 1.3:** Statistisches Bundesamt, Bildung und Kultur, Allgemeinbildende Schulen, Fachserie 11, Reihe 1, Tabelle 3.6. **Abb. 2.1:** B.F. Skinner at the Harvard Psychology Department, circa 1950; aus Wikimedia Commons, Autor: Silly rabbit, lizenziert unter der GNU-Lizenz für freie Dokumentation. **Tab. 2.1:** nach Krashen/Terrell (1983: 29). **Abb. 2.3:** Lightbown/Spada, How Languages are Learned ISBN 978-0194422240, Oxford University Press, 2006: 2, 21. **Abb. 3.1:** Wolff (1990: 616). **Abb. 3.2:** Multhaup (1997: 75). **Abb. 3.4:** Friedemann Schulz von Thun, „Miteinander reden 1. Störungen und Klärungen. Allgemeine Psychologie der Kommunikation" Copyright © 1981 by Rowohlt Taschenbuch Verlag GmbH, Reinbek bei Hamburg. **Abb. 4.7:** Bernhard (1937: 69). **Abb. 5.1:** Meyer, Hilbert (6. Aufl. 1994, 1. Aufl. 1987): Unterrichtsmethoden I: Theorieband. Frankfurt a.M.: Cornelsen Verlag Scriptor, S. 139. **Tab. 5.1:** nach Larsen-Freeman (1986: 9 ff.). **Abb. 5.2:** „Passport to English" Junior Course Bd. 1, hrsg. von G. Capelle, M. Garnier, D. Girare. Verlag Hueber-Didier, Wiesbaden 1965. **Text 5.1:** Lillian S. Adams (1964): Audio-Lingual? Yes, but Let's Think. The French Review 38, No. 2, pp. 233–236, p. 233 **Abb. 6.1:** Loriots heile Welt Copyright © 1983 Diogenes Verlag AG Zürich. **Abb. 6.2:** Gregor, Gertraud u.a.: *A plus!* Cycle court, Band 4. Berlin: Cornelsen 2007: 87. **Abb. 6.3:** www.schule.de/englisch/sarah/index.htm, 29.08.09. **Abb. 6.4:** http://lehrer-fortbildung-bw.de/faecher/englisch/gym/neue_medien/08.05.2010; mit freundlicher Genehmigung von Kurt Sester. **Abb. 7.2:** Seedhouse (2004: 210). **Text 7.1:** Ahlberg (1989: 18). **Abb. 7.3:** Legutke (2009: 110). **Tab. 8.2:** nach Edelenbos u.a. (2006: 147 ff.) **Abb. 8.1:** Hallet (1998: 119). **Abb. 9.2:** http://www.goethe.de/z/50/commeuro/303.htm, 08.05.2010. **Abb. 9.3:** www.bildung-brandenburg.de/fileadmin/bbs/unterricht_und_pruefungen/rahmenlehrplaene/grundschule/implementationsmaterial/fremdsprachen/Portfolio.pdf, 03.01.2010. Portfolio auf S. 151. **Tab. 9.1:** Hallet/Müller-Hartmann (2006:3). **Tab. 9.2:** KMK (2004: 8). **Tab. 9.3:** KMK (2004: 24). **Tab. 9.4:** KMK (2003) 3.1.3.2. **Text 9.1:** KMK (2004: 60 ff.). **Tab. 10.1:** Neveling (2004: 196). **Abb. 10.1:** Scherfer (1989: 5). **Tab. 10.2:** Polleti (2003: 5). **Abb. 10.2:** Holtwisch (1998: 218). **Tab. 11.1:** Thaler (2007: 13). **Tab. 11.2:** Thaler (2007: 17). **Tab. 11.3:** nach Haß (2006: 88 f.). **Abb. 11.1:** Wolff (2000: 14 bzw. 2002: 211). **Abb. 11.2:** Willis (1996: 38). **Tab. 12.1:** Rampillon (1997: 176). **Tab. 12.2:** nach Oxford (1990: 8) und Raabe (1998: 8). **Tab. 12.3:** Rampillon (1996: 21). **Tab. 12.4:** nach Tulodziecki (1997, 1998). **Abb. 13.1:** Christof (o.J.): Enciclopedia delle razze, mit freundlicher Genehmigung von Bianchi Stampe e Cornici – siena-art. **Abb. 13.2:** Byram (1997: 73), wiedergegeben in: Vogt (2007: 8). **Tab. 14.1:** Ehlers (2006: 127). **Tab. 14.2:** Lange (1992: 52).